普通高等教育"十四五"系列教材

工程项目管理
——融资理论与方法

（第3版）

简迎辉 编著

·北京·

内容提要

本书共分九章，在介绍项目投资与融资基本概念、项目融资框架结构与运作程序以及项目融资主要参与者的基础上，首先介绍了项目投融资决策分析的阶段划分与主要内容，着重探讨了项目财务分析与评价的方法，并分别从资本金投资者和债务资金提供者的角度介绍了融资决策分析与评价的关键内容；然后遵循"结构设计"的理念，对项目投资结构、资金结构和资信结构的概念和类型进行了辨析、归纳总结，分析了项目融资框架结构设计的目标、原则、主要影响因素及其常用方法，进而介绍了投资者直接安排融资、设立项目公司安排融资等项目融资基本模式，以及融资租赁、生产支付和"设施使用协议"为基础融资的经典模式的内涵、特点及其运作程序等内容；并专门介绍了项目融资风险管理的相关内容；最后针对国内外应用较为普遍的 PPP 和基础设施 REITs 融资模式，较为系统地探讨了其内涵、类型，以及 PPP 融资模式选择流程、方法和 PPP 特许权合约关键参数设计、REITs 产品方案设计要点等内容。本书的特点是在各章节中都穿插了案例，并在每章末设置了案例阅读与思考，力图使理论与实务紧密结合，帮助读者拓展思维、深入思考。

本书可作为高等院校项目管理、工程管理、工程造价等专业的教材或教学参考书，亦可作为从事项目开发的政府机构、投资开发商的培训教材，并且对具体从事项目融资实践工作的有关人员有一定的参考价值。

图书在版编目（CIP）数据

工程项目管理：融资理论与方法 / 简迎辉编著. -- 3版. -- 北京：中国水利水电出版社，2023.7
普通高等教育"十四五"系列教材
ISBN 978-7-5226-1566-0

Ⅰ.①工… Ⅱ.①简… Ⅲ.①工程项目管理－融资－高等学校－教材 Ⅳ.①F284

中国国家版本馆CIP数据核字(2023)第112621号

书　名	普通高等教育"十四五"系列教材 **工程项目管理——融资理论与方法（第3版）** GONGCHENG XIANGMU GUANLI——RONGZI LILUN YU FANGFA
作　者	简迎辉　编著
出版发行	中国水利水电出版社 （北京市海淀区玉渊潭南路1号D座　100038） 网址：www.waterpub.com.cn E-mail：sales@mwr.gov.cn 电话：（010）68545888（营销中心）
经　售	北京科水图书销售有限公司 电话：（010）68545874、63202643 全国各地新华书店和相关出版物销售网点
排　版	中国水利水电出版社微机排版中心
印　刷	清淞永业（天津）印刷有限公司
规　格	184mm×260mm　16开本　17.5印张　426千字
版　次	2006年11月第1版第1次印刷 2023年7月第3版　2023年7月第1次印刷
印　数	0001—2000册
定　价	52.00元

凡购买我社图书，如有缺页、倒页、脱页的，本社营销中心负责调换
版权所有·侵权必究

第 3 版前言

全球经济的持续低迷，叠加全球新冠疫情和俄乌战争的爆发，经济全球化浪潮遭遇寒流，逆全球化思潮抬头，世界政治、经济陷入一种更加复杂、模糊、不确定和波动的局面，进入新的动荡变革期。在面临世界百年未有之大变局的情势下，我国发展思路从扩大内需到深化供给侧结构性改革，再到"以国内大循环为主体、国内国际双循环相互促进"，投资和消费成为经济增长的主要发力点，尤其是（基建）投资成为短期稳增长和长期转模式的连接点。绿色发展、数字经济、民生保障、区域发展、城市更新和基础设施补短板领域的项目成为未来一段时期的投资重点，如何发挥财政资金的引导作用，有效动员社会资金，盘活存量资产，是新时期新需求提出的重要课题。

2014 年我国修订《预算法》，提出了"堵后门、开前门、抓命门"的总体改革指导思想，转型地方融资平台公司、允许发行地方政府债券、成立政府引导基金促 PPP 模式发展；2017 年推进 PPP 项目资产证券化政策；2020 年不动产投资信托基金（REITs）公募试点政策正式落地。我国融资政策不断推陈出新，市场化融资和直接融资渠道越来越通畅，新型融资模式和方式不断出现。与此同时，国际上流行的无追索或有限追索的项目融资也逐渐为国内金融机构所接受，在基础设施和公用事业项目领域出现了越来越多样化的融资方案，融资实践出现了越来越多鲜活的、具有示范引领作用的案例。在此背景下，本书启动了修订工作，力图反映国内融资最新政策和实践。

第 3 版总体延续了前两版的格式体例与内容框架，采用"基本概念、原理＋案例"的模式以及"模块组合设计"理念构建整本书的框架，但增补调整了一些内容，主要包括：

（1）第二章根据政策规定调整了投资项目可行性研究内容。双碳目标和绿色发展对投资项目可行性研究有了深刻影响，投资项目决策价值观和价值取向有了改变，投资项目可行性研究内容和侧重点随之调整十分必要。本次修订根据最新政策精神和规定对内容进行了调整。

（2）第四章增加了项目股权结构设计内容。项目治理对融资项目的成功和价值的提升有着重要影响，而项目治理与股权结构密切相关，基于此，本次修订增加了项目股权结构设计内容。

（3）增设了第九章基础设施REITs模式相关内容介绍。REITs对盘活利用我国巨额存量资产有着重要意义，其恢复了基础设施企业权益融资功能，具有价值发现功能，提高了企业再投资能力和意愿，搭建了社会公众资金进入基础设施投资领域的通道，在我国也有着巨大发展空间。本次修订新增第九章专门介绍基础设施REITs模式概念、交易结构和产品方案设计要点等内容。

（4）增补替换了部分案例。中国投融资体制改革是渐进、改良式的，并非直接照搬照用国外模式，因此涌现出了许多具有中国特色的融资模式和融资方案设计范式，并成功运用于工程实践中。本次修订为反映这种变化，搜集整理了国内最新的、较具代表性的融资案例替换了第二版中的部分案例。

（5）本次修订对全书进行了校核和修改完善。

本书修订后共九章，包括：绪论、项目投融资决策分析与评价、项目投资结构、项目资金结构、项目融资风险管理、项目资信结构、项目融资结构、PPP融资模式、REITs融资模式。其中，第五章由皖江工学院修雨欣老师修改完善，第六章由皖江工学院毕文臻老师编写，其余章节由简迎辉撰写。简迎辉负责统稿、完善。

本书修订得到了2022年度河海大学重点教材教改项目的资助。受全球新冠疫情影响，线上讲座资源特别丰富，本人在饱享"知识盛宴"的同时，也受到不少启发，极大地拓展了工程项目融资课程教学思路和该领域的研究视野，在此要特别感谢线上讲座的诸多专家。与此同时，在本书修订过程中，还参考了国内外许多专家学者的研究成果，在此一并表示衷心的感谢。限于编者的水平，疏漏与不当之处在所难免，敬请同仁们斧正。

简迎辉

2022年12月于南京

第一版前言

随着经济社会的发展，工程项目的投资规模越来越大，传统的公司融资方式已难以满足大规模筹措工程项目建设资金的需求。一种新型的融资方式——项目融资，自20世纪六七十年代出现后，就受到理论学者和实务工作者的关注，并在世界范围内被迅速推广应用。项目融资是一种以项目的资产和未来收益为基础的有限追索或无追索融资方式。它与依据借款人资信等级的传统公司融资方式不同，能合理地分散项目融资风险，更适合于筹措大型基础设施、资源矿产类等资本密集型项目的建设资金。我国正处于经济高速发展阶段，很多列入建设计划的基础设施项目，需要筹措大量的资金，而项目融资正好为项目资金的筹措提供了一种新的融资路径。同时，项目融资在我国工程项目中的应用，也必将促进我国投资体制的改革和金融市场的完善与发展。

项目融资涉及到经济学、投资学和金融学等多个学科的知识，是一门新兴的、边缘交叉学科，其理论在不断地发展和创新，并被付诸实践。如从20世纪60年代生产支付融资模式的提出，到20世纪80年代的BOT融资模式的产生，以及20世纪90年代PFI融资模式的提出，项目融资模式日益多样化，应用领域也不断扩大，极大地促进了世界经济的发展。当然这离不开项目融资实践经验的总结和系统的理论研究。正是基于此目的，作者在多年教学与研究的基础上着手编写本书，并在编撰过程中注重理论联系实际，力求较系统地介绍项目融资的最新理论和实践成果，使读者不仅能够掌握项目融资的基本理论，而且能够了解国内外项目融资的丰富实践。

本书共分10章，包括：绪论、项目决策分析、项目融资的组织、项目融资的风险、项目融资担保、租赁融资、BOT项目融资模式、ABS项目融资模式、其他常用融资模式和项目融资的筹资方式。本书正文之后还安排了一些与项目融资有关的政策、法规方面的资料作为附录。

为了便于教学，本书在各章节中都穿插了案例，并对每章内容进行了总结，同时给出了复习思考题。

除署名作者外，河海大学谈飞、张云宁和欧阳红祥参加了本书部分章节的编写。

本书可作为高等院校项目管理、工程管理等专业的教材或教学参考书，亦可作为政府部门从事项目开发机构的培训教材，并且对具体从事项目融资实践工作的有关人员有一定的参考价值。

在本书的编著过程中，作者参考了国内外许多专家学者的论文、论著以及相关网站上的资料文献，在此不能一一列举，谨向他们表示深深的谢意。限于编者的水平，疏漏与不当之处在所难免，敬请专家学者们和读者不吝赐教，予以批评指正。

简迎辉

2006年6月于南京

第二版前言

本书第一版 2006 年出版，2009 年售罄，再版工作一拖再拖，不知不觉中已过 5 年时光。在过去 8 年里，项目融资理论有了新的进展，尤其是国内外融资环境、政策法规有了很大变化，新型融资模式不断出现。此外，在第一版的使用过程中，以及在这期间从事的水利工程项目投融资领域的研究和实践，我们获得了不少心得体会，力图探索、总结成功之处和有待改进、提高的地方。鉴于上述两方面原因，加之周围同事和朋友们的不断鞭策，我们于 2013 年 12 月正式启动本书的修订工作，修订大纲经多次讨论于 2014 年 1 月初敲定，2014 年春节前夕开始着手写作，历时数月，到 2014 年 6 月基本修订完毕。

本次修订总体上保持了第一版的风格，采用"基本概念、原理＋案例"的模式介绍项目融资的基本理论和方法，并在吸收项目融资最新发展成果的基础上，对第一版进行了较大幅度的调整。本次修订的主要内容包括：

（1）增加了项目投资相关概念、内涵和投资决策分析内容、方法的介绍。按照项目融资的运作程序，项目投资决策分析是第一步工作，只有确定项目投资可行方可进行下一阶段"融资决策分析"的工作。因此为了从时间维度上完整地体现项目融资运作流程，利于读者的学习和理解，本修订版增加了项目投资基本概念、内涵及其决策分析内容、方法的介绍。

（2）第一版中用较大篇幅（共 3 章）介绍了融资租赁、BOT、资产证券化这 3 种模式的运作及其特点，但随着时代的变迁，国内项目融资模式不再像 90 年代那样比较单一——多为 BOT 模式，而在新世纪后更加多样化，涌现出 BT、DBO 等模式，在国外将之统称为 PPP 模式。因此，本次修订将融资租赁模式、资产证券化模式的内容适当精简，将之归纳入经典模式予以介绍，而将 BOT 模式并入 PPP 模式，将之视为 PPP 模式中的一种类型，并专门用一章的篇幅介绍了 PPP 模式的相关内容。

(3) 引入了"结构设计"和"模式设计（选择）"的理念，并将该种理念贯穿于项目融资框架结构的介绍中。对项目投资结构、资金结构、资信结构、项目融资结构4大模块，遵循"典型类型——结构/模式设计（选择）影响因素分析——结构/模式设计（选择）方法和流程"的套路开展上述4大模块相关内容的介绍。

(4) 将第一版中的"项目信用保证结构"用词更换为"项目资信结构"。其主要原因在于，虽然项目融资的"项目导向"和"有限追索"性使得项目高级债务资金提供者更为重视利益相关方的信用保证，但这不意味着项目的资产和收益不重要，因为项目资产和收益在很大程度上也影响项目的偿债能力，故而本次修订采用"项目资信结构"一词应该更为全面。

(5) 在每章开头增加了"基本要求"，每章末增加了"案例阅读与思考"等内容，但同时删除了第一版中"每章小结"和"复习思考题"。这样调整的目的，是让读者明确学习的重点，并在掌握一定知识点的基础上，对案例中的问题进行分析、思考，以提高分析问题、解决问题的能力。

本书修订后共分8章，包括：绪论；项目投融资决策分析与评价；项目投资结构；项目资金结构；项目融资风险管理；项目资信结构；项目融资结构；PPP融资模式。

本书修订得到了2013年度安徽省高等教育振兴计划、河海大学及其文天学院教改项目的支持。在修订过程中，本书参考了国内外许多专家学者所著文献，也借用了一些工程项目的实际资料。同时河海大学徐丽、孙洁、聂晶晶和吴迪等同学为本书的资料搜集整理、文字校对和图形绘制等方面的工作付出了努力。在此，本人表示衷心的感谢。限于编者的水平，疏漏与不当之处在所难免，敬请同仁们斧正。

简迎辉

2014年6月于南京

目 录

第 3 版前言

第一版前言

第二版前言

第一章　绪论 ··· 1
　　第一节　项目投资概述 ·· 1
　　第二节　项目融资概述 ·· 7
　　案例阅读与思考 ·· 20

第二章　项目投融资决策分析与评价 ······························· 27
　　第一节　项目投资决策分析的阶段与主要内容 ················· 27
　　第二节　项目财务分析与评价 ·· 31
　　第三节　项目融资决策分析与评价 ··································· 39
　　案例阅读与思考 ·· 44

第三章　项目投资结构 ··· 47
　　第一节　项目投资结构的定义及类型 ································ 47
　　第二节　项目投资结构的基本组织形式 ···························· 51
　　第三节　影响项目投资结构设计的因素 ···························· 63
　　案例阅读与思考 ·· 67

第四章　项目资金结构 ··· 72
　　第一节　项目资金类型 ·· 72
　　第二节　项目资金的来源与筹措方式 ································ 74
　　第三节　项目资金成本 ·· 87
　　第四节　项目资金结构设计 ··· 90
　　案例阅读与思考 ·· 103

第五章　项目融资风险管理 ·· 112
　　第一节　项目融资风险概念与类型 ··································· 112
　　第二节　项目融资风险分析 ··· 118

第三节　项目融资风险分配与管理 …………………………………… 126
　　案例阅读与思考 ……………………………………………………… 137

第六章　项目资信结构 …………………………………………………… 140
　　第一节　项目资信概念及其构成 ……………………………………… 140
　　第二节　项目资信增级主要途径——担保 …………………………… 145
　　第三节　影响项目资信结构设计的主要因素 ………………………… 154
　　案例阅读与思考 ……………………………………………………… 156

第七章　项目融资结构 …………………………………………………… 159
　　第一节　项目融资结构设计目标和关键问题 ………………………… 159
　　第二节　项目融资基本模式 …………………………………………… 163
　　第三节　项目融资经典模式 …………………………………………… 168
　　案例阅读与思考 ……………………………………………………… 189

第八章　PPP融资模式 …………………………………………………… 197
　　第一节　PPP融资模式概念和类型 …………………………………… 197
　　第二节　影响PPP融资模式设计的主要因素 ………………………… 202
　　第三节　PPP融资模式选择流程与方法 ……………………………… 205
　　第四节　PPP项目的一般运作流程 …………………………………… 219
　　第五节　PPP特许权合约关键参数设计 ……………………………… 226
　　案例阅读与思考 ……………………………………………………… 236

第九章　REITs融资模式 ………………………………………………… 243
　　第一节　REITs内涵与发展 …………………………………………… 243
　　第二节　REITs交易结构 ……………………………………………… 248
　　第三节　REITs产品方案设计要点 …………………………………… 254
　　第四节　REITs会计与税务处理 ……………………………………… 262
　　案例阅读与思考 ……………………………………………………… 266

参考文献 ………………………………………………………………… 268

第一章 绪 论

基本要求

- 掌握项目投资的含义与类型
- 掌握项目全寿命期费用概念以及与项目投资的关系
- 掌握融资的概念及其类型
- 掌握项目融资、追索、表外融资等相关概念
- 熟悉项目融资与公司融资的区别
- 熟悉项目融资的框架结构
- 了解项目融资的基本运作程序
- 了解项目融资的参与者
- 了解项目投资与经济增长的关系

第一节 项目投资概述

一、项目投资的含义与特点

1. 投资的含义与分类

（1）投资的含义。作为经济学基本范畴之一——投资的内涵，随着社会经济生活的发展而不断发展，迄今已形成多层次、多侧面的经济概念。经济学家们一般是从"经济"和"金融"两层含义上来概括和认识投资的。

美国麻省理工学院经济学教授保罗·A. 萨缪尔森在其著作《经济学》将投资描述为："必须注意：对于经济学者而言，投资的意义总是实际的资本形成——增加存货的生产，或新工厂、房屋和工具的生产。……只有当物质资本形成时，才有投资；只有当社会的消费少于它的收入，把资源用于资本形成时才有储蓄。"而美国斯坦福大学财政金融学教授赫伯特·E. 杜格尔与圣塔克拉拉大学财政金融学教授弗朗西斯·J. 科里根在合著的《投资学》（1920年）一书对投资的金融概念作了如下描述："从投资者或资本供给者的观点来看，投资是投入现在的资金以便用利息、股息、租金或退休金等形式取得将来的收入，或者使本金增值"，"从这种金融的立场出发，储蓄和投资是否用于经济意义上的'生产性'用途是无关紧要的。""无论是投资者从别人那里买进证券，还是把资金用于新的资产，都没有关系……，实际上，一般意义上讲，大多数投资都是金融资产在其所有者之间的转让。"显然，投资在金融意义上的含义，明显地不同于它在经济意义上的含义。后者隐含有这样的意思，即它是以新的建筑、新的生产者的耐用设备或追加存货等形式构成新

的生产性资本。

综合经济和金融意义上的含义，可得到广义的投资含义，即是指经济主体为获取预期收益，将经济要素投入经济运动过程并转化为资产的一种行为或活动。在上述广义投资概念中，经济主体即投资者，包括经济法人和自然人，具体表现为各种类型的企事业单位、个人、政府以及外国投资者等。预期收益不仅包含着投资的动机与目的，也体现着一定的经济关系，包括可计算的微观经济收益，还包括不可直接计算的社会效益和环境效益等。一般对于可计算的微观经济收益而言，应该能补偿预期的通货膨胀率、未来收益的不确定性和投资资金被占用的时间。投入的经济要素，是指从事建设和经营活动所必需的物质条件和生产要素。它可以是现金、机器设备、房屋、运输工具、通信、土地等有形资产，也可以是人力资源，还可以是专利权、商标、工艺技术、经济信息等无形资产。

在我国，"投资"的内涵和外延随着经济管理体制的变化而不断变化。新中国成立初期，借鉴苏联经验和发展模式，引入"基本建设"的概念和管理体制，即在高度集中的统收统支的财政体制下，企事业单位的一切收入要上缴财政，一切扩大再生产的支出和流动资金都由财政统一拨付，而国家是唯一的投资主体。20世纪80年代后，企业的技术改造开始迅速推进，为适应当时管理更新改造资金的需要，理论界提出了固定资产投资的概念，固定资产投资包括基本建设投资和更新改造投资两部分内容。与固定资产投资相对应的，是流动资金投资。20世纪90年代后，随着证券市场和房地产市场的兴起，出现了证券投资、房地产投资的概念。显然，我国对"投资"概念的概括和理解虽是动态的，但在特定的环境和背景下，投资对象却是一定的。

(2) 投资的分类。投资分类标准较多，在此择其要者介绍。

1) 按投资对象划分，可分为实物投资和金融投资。实物投资是指投资者将资金用于建造购置固定资产和流动资产，直接用于生产经营，并以此获得未来预期收益的投资行为。金融投资，也称为证券投资，是指投资者以获得未来收益为目的，预先垫付一定的资金并获得金融资产（股票、公司债券或国债券等有价证券）的行为。二者根本区别在于前者是社会积累的直接实现者，即通过实物投资最终实现社会的积累，而后者只是一种间接的过程，投资者以最终获得金融资产为目的，至于这些资金怎样转化成实物形态则与证券投资者无关。

2) 按是否具有参与投资企业的经营管理权划分，可分为直接投资和间接投资。直接投资是指投资者直接将资本用于购买生产资料、劳动力或其他企业一定比例的股份，通过一定的经营组织形式（合资、独资等）进行生产、管理、销售活动以实现预期收益。间接投资通常是指投资者以购买债券、股票等有价证券的方式所进行的投资行为。

3) 按投资资金周转方式的不同，分为固定资产投资和流动资产投资。固定资产投资包括基本建设投资和更新改造投资两部分。基本建设投资是指以扩大生产能力或工程效益为主要目的的新建、扩建、改建工程及相关投资，其经济实质为固定资产的外延扩大再生产。更新改造投资是指以设备更新、企业技术改造为主要形式的固定资产投资，其经济实质为内含扩大再生产。流动资产投资是相对于固定资产投资而言的，是对企业生产经营中所需劳动对象、工资和其他费用方面的货币的预先支付。

2. 项目投资的内涵与特点

(1) 项目与工程项目的内涵。目前，较为常见的项目定义为：项目是一个专门组织为实现某一特定目标，在一定约束条件下，所开展的一次性活动或所要完成的一个任务，以形成独特的产品或服务。这一描述的内涵包括：①项目应有专门的组织去实施；②项目应具有预定的目标；③项目的实施会受到某些条件制约；④项目是一次性活动或一个任务，项目的结果一般是独特的产品或服务。

工程项目是指在一定的约束条件下，以形成固定资产为目的的一次性活动或任务。工程项目不仅具有一般项目特点，而且还具有其自身特殊性，主要表现在工程项目实体和生产过程两方面，具体为：工程项目实体的单件性、空间的固定性，以及工程项目生产过程的流动性、连续性，且建设周期长、受环境影响大等。

(2) 项目投资的内涵。项目投资有两层含义，一是秉承前述投资内涵，特指经济主体将经济要素投入项目生产过程，以期获得独特产品或服务的一种行为或活动。从经济角度，投入项目生产过程的经济要素最终会转化为某种形式的资产。二是特指项目生产过程中所需付出的费用或代价总和。针对工程项目而言，因所处制度环境不同，项目投资总构成有所不同，但一般而言，可划分为固定资产投资和流动资产投资两部分，其中固定资产投资又可进一步划分为建筑安装工程费用、设备及工器具购置费用和其他费用等。由于工程项目的单件性，其不能像一般工业产品那样按品种、规格、质量成批定价，而只能根据各个工程项目的具体情况单独确定投资。同时从决策、设计、施工整个工程项目的生产过程来看，由于人的有限理性，在工程项目生产不同阶段，对工程项目的认知深度亦有所不同，故而工程项目投资或定价具有动态性和多次性特征。

(3) 项目投资的特点。项目投资具有如下特点：

1) 项目投资具有双重性。项目投资有其自然属性和社会属性。所谓自然属性是指项目投资与生产力、社会化大生产、生态环境相联系的属性，因而自然属性要求投资活动应有助于合理组织生产力、发展生产力、保护生态平衡，同时实现项目投资的效益目标，使投资者得到满意的投资回报。所谓社会属性是指项目投资与生产关系、上层建筑相联系的属性，因而社会属性要求维护现行社会的生产关系，维护生产资料所有者的权益。项目投资的两重性是进行项目投资分析的基本依据和出发点。

2) 项目投资具有约束性、规范性。工程项目投资活动的双重性，必然导致投资活动要受到各种自然条件和社会条件的约束。而投资活动本身又以人为主体，是由人和社会生产发展的需要而派生出来的一种特殊的经济活动。所以由于自然条件和社会条件的约束，迫使和激励人们充分发挥主观能动性和创造性，开展一系列旨在创造社会精神财富和物质财富的投资活动。但是，投资活动又必须依据投资效用最大、投资风险适度等准则来进行。这种用来作为人们投资行为的依据或准则，就是投资活动的规范性。

3) 项目投资具有系统性与科学民主性。项目投资是一项综合性很强的系统工程，它涉及的因素很多，必须遵循客观物质规律和有关准则规范。因此，为提高投资效用和减少投资失误，在具体投资操作和投资决策过程中，应遵循科学化和民主化原则。

二、项目投资与经济增长

1. 经济增长的含义

经济增长（economic growth）是指一个国家或一个地区生产商品和劳务能力的增长。美国经济学家 S·库兹涅茨给经济增长下了一个经典的定义："一个国家的经济增长，可以定义为给居民提供种类日益繁多的经济产品的能力长期上升，这种不断增长的能力是建立在先进技术以及所需要的制度和思想意识之相应的调整的基础上的。"通常用一定时期内国民生产总值（gross national product，GNP）或人均国民生产总值的平均增长速度来衡量。为了避免物价变动的影响，国民生产总值或人均国民生产总值都采用不变价格计算。

经济增长与经济发展（economic development）是两个不同的概念。经济增长主要侧重于"量"的概念，强调经济总量的扩张，而经济发展不仅包括数量的概念，而且包括"质"的概念。经济发展的概念较为宽泛，它不但包括了经济增长，而且包括社会制度和经济结构等的总体进步，是反映一个经济社会总体发展水平的综合性概念。因此，经济增长的概念范围较经济发展概念窄，一些能够引致经济增长的因素却不一定能使得经济发展。总体而言，经济增长是经济发展的基础和必要条件，没有经济增长就不可能有经济发展，但经济增长并非经济发展的充分条件，有经济增长并不一定有经济发展。如果一国或地区片面追求经济增长的速度，而社会福利增长缓慢或不增长，或不考虑其经济增长的代价，那么很有可能出现有增长而无发展的现象，或者说造成增长不经济。市场经济条件下增长不经济的主要表现为两种情况：一是供给相对于有效需求呈过剩趋势，个人对价值增值的追求导致生产与流通的矛盾，这种矛盾的激化就会导致生产过剩和经济危机；二是劳动力、土地、自然资源等生产条件的商品化、资本化方式纳入市场机制运行，从而受到损害，即人们追求价值增值目标的过程，同时也是破坏继续追求这一目标所必需的生产条件过程，如温室效应、湿地减少、酸雨等就是生产条件恶化的表现。战争、以牺牲环境为代价的增长、重复建设、无效的投资项目建设等因素都可能引起经济增长，但并不一定都能促进经济发展，甚至给经济发展带来更为严重的负面影响，使经济发展倒退。要使经济增长促进经济发展，最基本的条件有三：一是这种经济增长必须是可持续的；二是这种经济增长是合理有效配置资源的结果；三是经济增长必须使社会福利得到改善。如果具备了上述三个条件，经济增长就等同于经济发展。

2. 投资与经济增长的关系

投资与经济增长之间存在相互促进、相互制约的辩证关系。西方经济增长理论研究表明，投资对经济增长的影响作用主要通过以下三条途径：

（1）要素投入对经济增长的影响。从要素投入的角度看，主要表现为投资需求对经济增长的拉动作用和投资供给对经济增长的推动作用。投资需求是指因投资活动而引起的对社会产品和劳务的需求。凯恩斯通过对投资需求与经济增长的系统研究，提出了经济学上著名的投资乘数理论，即在一定的边际消费倾向条件下，当总投资增加时，国民收入和就业的增量将是投资增量的 K 倍，K 即投资乘数，用来表示投资的增加会使收入增加到什么程度的系数。投资供给主要是指交付使用的固定资产，既包括生产性固定资产，也包括非生产性固定资产。生产性固定资产的交付使用，直接为社会再生产过程注入新的生产要素，增加生产资料供给，为扩大再生产提供物质条件，直接促进国民生产总值的增长。非生产性固定资产则主要通过为劳动者提供各种服务和福利设施，间接地促进经济增长。国际经验和历史经验的比较研究，普遍支持国民收入高储蓄倾向和高投资比率对于长期经济增长的积极作用。特别是对于后发国家，由国民收入高投资比率驱动的大规模资本积累与快速技术进步，构成其成功赶超战略的核心部分。日本和韩国先后在20世纪70年代和90年代完成对欧美发达国家的经济赶超，而在经济赶超时期维持30%以上的国民收入投资比率。其间，日本的国民收入投资比率在1952—1961年间从26%增加至41%，韩国的国民收入投资比率在1991年达到39%的高峰值。即使作为先发国家的美国，其20世纪90年代以来在信息技术革命中的领先优势也同样依赖于由国民收入高投资比率驱动的大规模资本积累与快速技术进步。

(2) 经济结构调整对经济增长的影响。英国经济学家威廉·配第最早注意到经济增长和产业结构之间存在关联，但经济增长和结构变动之间的关系成为经济学家普遍关注的问题是从库兹涅茨著作《各国的经济增长》出版后开始的。库兹涅茨运用经过改善的研究方法，对57个国家的原始资料分别作了截面分析和历史分析，从中得出结论：19—20世纪里，发达国家的经济增长与结构变动密切相关，现代经济增长不仅仅是一个总量问题。他认为："如果不去理解和衡量生产结构的变化，经济增长是难以理解的。"也就是说，如果离开了结构分析，将无法解释增长为什么会发生和怎么发生，因而现代经济增长本质上是一个结构问题。现代经济的增长不仅来源于要素投入量的增加，而且取决于投入要素的合理配置和优化组合。合理的产业结构是提高宏观经济效益的基本前提，如果产业结构不合理，各产业发展的比例关系不协调，就会影响要素投入的效率，造成产业之间的瓶颈制约，使宏观经济运行失衡，整个经济的发展和效益的提高就失去了合理的产业结构条件。

(3) 技术对经济增长的影响。最早认识到技术创新对经济发展有重要推动力作用的是马克思。马克思在《资本论》中论述了生产量的扩大可以不依赖于资本量的增加情况，如加强对自然力的利用、提高劳动者的技术熟练程度、改进劳动协作和组织、提高劳动生产率等，实际上都与技术进步的作用及其效应相联系。1939年，熊彼特提出了创新理论，认为"技术创新"作为推动经济增长和社会进步与发展的"内生变量"，对经济增长具有不可替代的作用。20世纪80年代出现的新一代增长理论，严格来说并没有真正把技术作为一个独立因素内生化，而是将技术创新内含在物质资本和人力资本中；20世纪90年代，将技术内生化的增长理论是在生产函数中引入研发（R&D）活动。在这种模型中，内生的技术创新（体现为R&D活动投资）是推动经济持续增长的主要力量。技术创新对经济增长的基础性作用缘于它能提高社会劳动生产率以及生产要素的边际生产率和使用效率。同时，通过影响供需结构变化，带动产业结构的优化，从宏观上对经济增长做出贡献。技术创新是促进经济增长的重要因素，而投资是推动技术创新的主要因素。一方面，投资是技术进步的载体，任何技术成果的应用都必须通过某些投资活动来体现，它是技术与经济联系的纽带；另一方面，技术本身也是一种投资的结果，任何一项技术成果都是投入一定的人力资本和资源等的产物，新的技术开发和应用都离不开投资活动。

综上所述，不管是要素的投入、经济结构的合理转换还是技术进步都需要资本的投入而加以改变，即归根结底都是要素的投入对经济增长有着根本影响。反过来，经济增长意

三、项目投资与项目全寿命期费用

味着国民收入的增加，意味着可投入要素的增加，否则投资就成为无源之水。

美国项目管理协会（PMI）认为项目是在一段时间内为完成某一独特的产品或提供独特的服务所进行的一次性努力的过程，具有目标性、一次性/单件性等特征。项目是与日常运作相区别的一个概念，主要强调项目的建设过程，一般分为决策立项、设计、建设和验收交付四个阶段。从任务分工看，传统项目管理工作主要拘囿于项目设计建设阶段，着重关注项目建设质量、成本和进度目标，传统项目管理将项目前期决策、建设和运行人为割裂，使得项目缺乏整体性，由于人的有限理性、信息不对称和自利行为，常常导致整个项目缺少统一的计划和控制系统，只能达到局部优化，而无法实现项目产出物的整体最优。针对传统项目管理视角的局部性和阶段性的缺陷，考虑项目自身价值需求（良好的运行，满足既定的使用功能），20世纪70年代末80年代初，英美国家一些学者和实际工作者提出了项目全寿命期管理理论。所谓项目全寿命期（project life cycle）是指包括项目构思、建造、使用和最终清理的全过程。基于项目全寿命期理论视角，构建了新的项目全寿命期目标系统——时间、费用和质量。

项目全寿命期费用（life cycle cost，LCC）是指项目从决策立项到项目结束期间所消耗的总费用，其不仅包括前述的项目建设总投资，而且还包括项目运行维护费用、更新改造费用、报废拆除费用等；其不仅包括直接费用，而且还包括间接费用，如社会的环境成本等。由此，前述给出的项目投资第二层含义即为项目建设总投资，与项目全寿命期费用是两个完全不同的概念。以高速公路项目为例，有学者将高速公路项目全寿命期费用划分为首善成本、作业成本、服务成本和声誉成本四大类。其中，首善成本包括机会研究成本、可行性研究成本、勘察设计成本和招投标成本；作业成本包括施工成本和其他成本；服务成本包括管理成本、维修成本、改造翻新成本和中断交通损失成本；声誉成本包括使用者成本和社会成本。

类似地，项目全寿命质量不仅仅关注项目建设过程质量、工作质量和工程实体质量，而且还包括设计质量和运行质量。以工程项目为例，设计质量通常由设计标准、设计工作质量、技术标准和可施工性等指标描述；运行质量通常由工程的使用功能、产品或服务质量、运行的安全性、运行和服务的可靠性以及可维修性等指标描述。

实际上，项目全寿命期是与时间相对应的一个概念，通常有设计寿命和服务寿命之分。项目设计寿命是由项目建造/设计结构、材质确定的寿命；项目服务寿命由项目能否满足外界服务需求定义，又进一步分为物理服务寿命和经济服务寿命。通常所说的项目全寿命期往往是指经济服务寿命期。经济服务寿命由两个因素决定：一是在各个部分满足外界服务功能需求的前提下其维修价值等于重建价值的时点，如果维修费用过高则失去进一步使用的价值，也就意味着项目不宜再继续使用；二是由市场决定的寿命，亦称技术寿命，由于市场的衰退、科学技术的进步导致项目产品或服务失去市场，致使项目失去价值。

由于项目建设期远远短于项目运行期，如住宅工程，建设期可能只有1~3年，而运行期长达70年。因此项目全寿命期理论对于项目投资决策分析的启示就是，项目投资决策分析应该从项目可持续发展出发，考虑项目运行期和报废期将要发生的各种费用的影响,投资决策目标之一就是项目全寿命期总费用最低或最小,抑或项目全寿命期总收益最高。也就是说,项目投资决策分析应以项目全寿命期费用为基础,而不能单纯地以项目建设总投资额为基础,特别是对于那些使用过程中经常性开支较大的项目,更应重视全寿命期费用的分析,从投资决策阶段和设计过程起就应考虑全寿命期费用。必要时,应重新审查原始设计和其他与项目全寿命期费用有关的参数,通过对这些参数的比较选择来降低总费用。鉴于以往对项目全寿命期费用考虑不足而造成的经济损失严重的教训,以美国为首的一些国家,率先针对道路、桥梁等设施项目提出了"全寿命经济分析"的概念。关于全寿命的设计理论和原理也已经写入了美国和英国桥梁设计的有关规范和手册。

第二节 项目融资概述

一、项目融资与相关概念

1. 融资的含义与分类

(1) 融资的含义。融资(financing),顾名思义,融通资金,就是资金需求者通过各种渠道和方式向资金供给者筹集资金的过程或活动,其实质是储蓄向投资转化的过程。融资的内在功能可界定为资金的有效动员能力,也就是以最低的成本为资金需求者提供金融资源的能力。从这一点来看,融资与筹资等同,即资金的动员与筹集。

与融资相关的名词有融资方式。所谓融资方式是资金由资金盈余部门向资金亏绌部门转化的形式、手段、途径和渠道。

(2) 融资方式的分类。融资方式的分类标准很多,并且不同的分类标准还会产生交叉与重叠。融资方式常见的分类有以下几点:

1) 按照融资过程中资金来源不同,可将融资方式划分为内源融资(internal financing)与外源融资(external financing)。最早对这两个概念进行划分的是美国经济学家约翰·格利和爱德华·肖,他们认为内源融资是资金需求者利用自我储蓄进行投资,外源融资是资金需求者通过一定方式向其他经济主体筹集资金。

2) 按照融资过程中有无金融中介,可将融资方式划分为直接融资和间接融资。直接融资是不经任何金融中介机构,而由资金短缺部门直接与资金盈余部门协商进行借贷,或者发行有价证券进行资金融通;间接融资则是通过金融机构为媒介进行的融资活动。

3) 按照融资过程中形成的不同信用关系,可将融资方式划分为银行信贷融资、证券市场融资和财政融资。银行信贷融资是银行部门作为资金供给者向资金需求者以偿还为条件的货币借贷行为,其体现的是银行信用;证券市场融资是资金需求者依托证券市场向资金供给者发行股票和债券等有价证券取得资金的融资活动,其体现的是证券信用;财政融资是政府凭借国家信用取得资金的融资活动,其体现的是国家信用。

4) 按照融资过程中形成的不同资金产权关系,可将融资方式划分为股权融资和债权融资。股权融资,又称所有权融资或权益融资,是企业向其股东(或投资者)筹集资金。股权融资获得的资金是企业的股本,它代表企业的所有权,是企业权益资本的主要构成部分;债权融资,则是利用发行债券、银行借贷方式向债权人筹集资金。对企业而言,债权融资获得的资金是负债资本,它代表对企业的债权。

5) 按照融资的追索性质不同,可将融资方式划分为公司融资(corporation financing)和项目融资(projece financing)。所谓追索(recourse)是指在借款人未按期归还贷款时,贷款人要求借款人用除抵押物以外的其他资产偿还债务的权利。融资的追索形式有完全追索、有限追索和无追索。完全追索(unlimited recourse)是指在任何情况下,借款人未按期归还债务时,债权人有权对借款人除抵押物以外的其他资产进行追索,直至债务完全清还;有限追索(limited recourse)是指债权人可以在某一特定阶段或在规定范围内对借款人进行追索,但除此之外,无论出现什么问题,贷款人均不能追索到借款人除抵押资产以及所承担的义务以外的任何资产;无追索(non-recourse)是有限追索的特例,即在任何情况下,债权人均不能追索到借款人除抵押资产以外的任何资产。

公司融资是一种传统的融资方式,是指一个公司利用本身的资信能力所安排的融资,一般具有完全追索性质;而项目融资是一种新型融资方式,其具体含义以及与公司融资的区别,详见下文。

2. 项目融资的含义

项目融资作为一个金融术语至今还没有一个准确、公认的定义。目前国际上对项目融资的界定有广义和狭义之分。广义的项目融资是指一切为了建设一个新项目、收购一个现有的项目或者对一个已有的项目进行重组所进行的融资活动。简言之,针对一个具体项目所安排的融资活动;对于狭义的项目融资,许多学者和机构给出了类似的定义,如美国银行家彼得·内维特(Peter K. Nevitt)在其著作《项目融资》中将狭义的项目融资描述为:项目融资是为一个特定的经济实体所安排的融资,其贷款人最初考虑安排贷款时,满足于使用该经济实体现金流量和收益作为偿还贷款的资金来源,并且满足于使用该经济实体的资金作为贷款的安全保障。国际著名法律公司高伟绅律师事务所(Clifford Chance)给出的项目融资定义为:"融资不是主要依赖项目发起人的信贷或所涉及的有形资产,提供债务的参与方的收益在相当大程度上依赖于项目本身的效益。"

按照上述的狭义项目融资定义,可发现狭义项目融资具有以下三层含义:一是以特定项目为对象安排融资;二是偿还债务的资金来源被限制在特定项目的现金流量和收益;三是融资的安全保证是特定项目的资产。

综合第二和第三两种含义,可知偿还项目债务资金的来源被限制在融资项目本身的经济强度之中,即项目未来的可用于偿还贷款的净现金流和项目本身的资产价值。

由以上描述可知,项目借款人对项目融资承担的债务责任与其本身拥有的其他资产在一定程度上是分离的。如果项目未来有足够的经济强度偿还债务,则项目借款人债务责任仅限于他拥有的项目现金流量和项目资产,不涉及或仅在有限的时间和范围内涉及他的其他资产。如果项目的现金流量和项目资产不足以偿还债务或支撑项目融资时,项目借款人要做出其他形式的担保。需要注意的是,彼得·内维特给出的项目融资定义中的"最初考虑"四个字,对于借款人来说,虽然在项目贷款意向性谈判时可能同意项目贷款完全依赖于项目的现金流量和项目资产价值,但是也必须考虑在最坏的情况下,贷款能否得到偿还的问题。如果项目在最坏的情况下,其经济强度不足以支撑项目贷款的偿还,那么贷款人就有可能要求借款人以直接担保或其他形式的担保为项目提供信用支持。

综上,可对狭义的项目融资给出以下简明定义:以特定项目的现金流量和资产为基础的有限追索或无追索融资。本书在未特别说明的情形下，项目融资取其狭义含义。

3. 项目融资的特点

（1）以项目为导向。以项目为导向主要是指依赖于项目的现金流量和资产而不是依赖于项目的投资者或发起人的资信来安排融资，这是项目融资的第一个特点。贷款人的注意力主要放在项目贷款期间能够产生多少现金流量用于偿还贷款。因此，贷款的数量、融资成本、融资结构与项目未来的现金流量和项目资产的价值相联系。

由于项目导向的特点，有些对于投资者很难借到的资金可以利用项目来安排融资。特别是对一些大型、复杂的工程项目，项目的投资风险超出了投资者所能够和所愿意承担的程度。在这种情况下，若采用传统的公司融资方式，投资者将会望而却步，因为一旦项目失败，投资者受到的损失将不仅仅是在项目中已有的投入，而且还会涉及其他资产和业务，严重者甚至会破产。项目融资利用项目本身的现金流量和资产价值安排有限追索贷款，使这类大型项目的融资成为可能。在传统公司融资方式中，有些投资者的财务和资信能力不足以支撑一个投资规模巨大的工程项目的融资，而若采用项目融资方式，根据项目的经济强度状况可能获得项目总投资60%～80%的债务资金，对于某些项目甚至可以获得100%的债务融资。有些投资者很难获得的担保条件可以通过组织项目融资来实现。另外，项目融资的贷款期可以根据项目投资者的具体要求和项目的经济寿命期统筹设计，从而可以获得较一般商业贷款期限长的贷款期，比如有的贷款期长达20年，甚至更长的期限。

以项目为导向的融资方法也为本来由政府投资兴建的基础设施项目开辟了灵活多样的项目渠道。政府一方面要增加投资，加快基础设施建设，以满足国民经济快速增长的需要；但另一方面，往往受到财政预算的严格限制，政府不能举债过多。此时政府通过安排项目融资就可较为灵活地处理债务对财政预算的影响。例如政府不以直接投资者和直接借款人的身份参与项目，而把基础设施项目授予私营企业经营，获得特许权的私营企业负责项目的融资、建设实施、生产经营，承担项目的债务责任和投资风险，并在特许权期满后，将基础设施项目移交给政府。

（2）有限追索。有限追索是项目融资的第二个特点，也是项目融资与传统公司融资的主要区别。图1-1描述的分别是传统公司融资和项目融资的情形。假设某总公司已有工厂A和工厂B，现拟新建工厂C。对于工厂C的建设资金的筹措，在图1-1（a）传统的公司融资中，总公司以自身的资信能力向银行贷款，或者说，贷款人（如银行）为总公司提供贷款，考虑的是总公司的资信和整体还贷能力（以工厂A、B、C三个项目的未来现金流量作为还款保障），因此银行为总公司提供的是完全追索性质的贷款；在图1-1（b）项目融资中，可以看到总公司为新建工厂C成立了专门的项目公司，项目公司拥有工厂C投资所形成的资产所有权，从而总公司仅以其有限投资（可能仅为项目公司的注册资本）承担有限责任，银行与项目公司签署贷款合同，银行提供贷款主要考虑新建项目（工厂C）未来可预期的现金流量和项目资产情况，对总公司的其他资产（如工厂A、B）情况基本不考虑。在某些情况下，银行也可能要求总公司在某一特定阶段或在规定范围内提供有限担保，但除此之外，无论项目（如工厂C）出现什么问题，贷款人均不能追索到项目借款人的除新建项目资产和现金流量以及所承担的义务以外的任何财产。

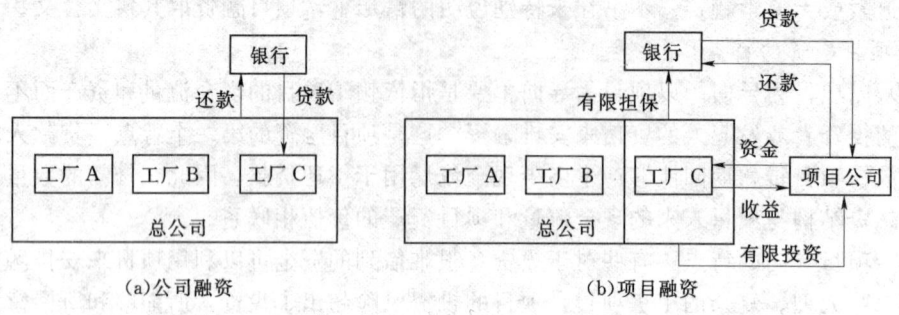

图1-1 公司融资与项目融资比较示意图

有限追索的实质是由于项目本身的经济强度还不足以支撑一个无追索的项目融资,因而还需要项目借款人在项目的特定阶段提供一定形式的信用支持。影响项目融资追索程度的因素主要有项目的性质,现金流量的强度及其可预测性,借款人的经验、信誉、管理能力,以及借贷双方对未来风险的分担方式。对于一个具体的融资项目,其追索程度由借贷双方通过谈判来确定。由于项目风险的程度及其表现形式在项目实施的不同阶段有所不同,因此贷款人对追索的要求也会随之调整。例如,项目贷款人通常要求项目借款人承担项目建设期的全部或大部分风险,而在项目进入正常生产阶段之后,将追索仅局限于项目的资产及其未来现金流量。

(3) 风险分担。与项目有关的各种风险要以某种形式在项目贷款人、借款人和其他参与者或项目利益相关者之间进行分配,这是项目融资的第三个特点。一个成功的项目融资结构应该将项目的各种风险在项目的主要参与者和其他利益相关者之间进行合理分配,而不应该由项目中的任何一方单独承担项目的全部风险。借款人、融资顾问在组织项目融资过程中,要在识别和分析项目的各种风险因素的基础上,确定项目各参与者承担风险的能力和可能性,充分利用一切可以规避风险的方法和策略,设计出具有最低追索的融资结构。

尽管项目融资使项目风险分散化,项目公司和项目投资者在一定程度上减轻了承担风险的压力,但是项目风险在各项目参与人之间进行合理分配是一项十分复杂的工作,这是因为它涉及众多的项目参与人、法律文件以及相关因素。如贷款人与投资者之间的风险分配取决于贷款人对债务的追索程度;项目承担者与项目投资者之间的风险分配取决于承包合同的形式和担保类型等。同时由于项目融资是有限追索或无限追索融资,如果风险识别不充分、风险分配不当,将给项目的实施和合同的执行留下隐患。

(4) 非公司负债型融资。公司的资产负债表是反映一个公司在特定时期财务状况的会计报表,其提供的主要财务信息有公司拥有的资源、债务、偿债能力、股东在公司中持有的权益,以及公司未来财务状况的变化趋势。

非公司负债型融资(Off-balance Sheet Financing),亦称表外融资,是指项目的债务不表现在项目投资者的资产负债表中的一种融资形式。在项目融资中,通过精心设计项目投资结构和融资结构,可以帮助投资者将贷款安排成为一种非公司负债型融资。根据项目融资风险分担的原则,贷款人对债务的追索仅限于项目公司的资产和现金流量,项目投资者承担的责任是有限的,因而有条件使融资被安排成一种不需要进入投资者资产负债表中的一种贷款形式。

非公司负债型融资对于项目投资者的价值在于使得投资者以有限的财力从事更多的投资，同时将投资风险分散到更多的项目中。一个公司在从事超过其自身资产规模的项目投资，或者同时进行几个较大的项目开发时，这种融资方式的价值就会充分体现出来。

(5) 资信结构多样化。在项目融资中，支持贷款的资信结构的安排是灵活、多样化的，这是项目融资的第五个特点。

对于一个成功的项目融资而言，贷款的信用支持可以分配给各项目参与者和利益相关者，贷款信用支持的分配与项目风险在项目参与者和利益相关者之间的分配是相联系的。项目融资的信用支持主要来自项目的产品市场方面、工程建设方面、原材料和能源供应方面。项目产品市场方面的信用支持主要是通过与对项目产品感兴趣的购买者签订长期购买合同，其信用支持的力度取决于合同的形式和购买者的资信。这种信用支持的有效性源于购买者为项目提供了一个基本的现金流量。对于那些受国际市场需求或价格波动影响大的资源性项目，投资者能否获得一个稳定的、符合贷款银行要求的项目产品的长期销售合同往往成为组织项目融资成功的关键。例如，占世界钻石产量1/3的澳大利亚阿盖尔钻石矿 (Argyle Diamond Mine)，在开发初期，其中的一个投资者——澳大利亚阿施敦矿业公司 (Ashton Mining Limited) ——准备采用项目融资的方式筹集建设资金。由于参与项目融资的银团对钻石的市场价格和销路没有把握，筹资工作久拖不决，难以完成。但是当阿施敦矿业公司与总部设在伦敦、历史悠久的中央钻石销售组织签订了长期包销协议之后，该组织的世界一流的销售能力和信誉加强了阿施敦矿业公司与银行谈判的地位，很快就顺利地完成了项目融资工作。在工程建设方面，为了减少项目实施中的风险，项目公司通过严格的招标方式优选承包商，并与承包公司签订固定价格合同、固定工期，将项目实施中的部分风险转嫁给承包商；还可以要求设计者提供工程技术保证。在原材料和能源供应方面，项目公司合同或设计施工总包合同可以要求供应商在保证供应的前提下，在原材料和能源的定价上，根据项目产品的价格变化设计具有合理浮动价格的供货合同，以使项目产品的成本不因能源和原材料价格波动而出现大幅上涨，从而保证项目的最低收益。

上述几种信用支持，可以减少融资对投资者资信和其他资产的依赖程度，提高项目的债务承受能力。

(6) 追求税务优惠，降低融资成本。充分利用税务优惠，降低融资成本，提高项目的综合收益率和项目的偿债力，也是项目融资的一个特点，它贯穿于项目融资的各个阶段。充分利用税务优惠是指在项目所在国法律允许的范围内，通过精心设计投资结构、融资模式，将项目所在国政府对投资的税务优惠政策在项目参与者中最大限度地进行分配和利用，以此降低融资成本，提高项目的偿债能力。不同的国家有不同的税务优惠政策，通常包括加速折旧 (accelerated depreciation)、利息成本、投资优惠以及其他费用抵税的政策法规。

(7) 融资成本较高、时间较长。与传统的公司融资方式比较，项目融资的成本较高、组织融资的时间较长，这是项目融资的又一特点。

项目融资涉及面广，结构复杂，需要做许多方面的工作，如项目风险的分配、税收结构设计、资产抵押等一系列的技术性工作；同时，起草、谈判、签署的融资法律文件比传统的公司融资方式多。所有这些都必然导致项目融资的组织时间增加。组织一个项目的融资，从开始准备到完成整个融资计划通常需要3~6个月时间，有些大型融资项目甚至需要几年时间。

项目融资成本高的原因主要有两个方面：

一是项目融资要做大量的前期工作，并发生相应的费用，包括融资顾问费、贷款建立费、承诺费及法律费用等。项目融资前期费用与项目的投资规模有直接关系，项目规模越大，前期费用占融资总额的比例越小，反之亦然。一般项目融资前期费用占贷款金额的0.5%~2%。

二是项目的贷款成本，由于项目融资主要依赖于项目的现金流量和项目的资产价值，贷款具有一定的风险。因此，项目的贷款成本一般要比同等条件下的公司融资高出0.3%~1.5%，其增加的幅度与贷款银行承担的风险以及对项目投资者的追索程度有关。然而，这也不是绝对的，国际上的一些项目融资案例表明，如果在一个项目中有几个投资者共同组织项目融资，通过合理的融资结构设计和良好项目组织，以及充分发挥合作伙伴在管理、技术、市场方面的强势，可以提高项目的经济强度，从而降低融资成本。

(8) 贷款人的过度监管。贷款人对项目的监管和参与项目的部分决策程度是项目融资的一个重要特点。这是因为项目借款人有将贷款资金投向高风险项目的冲动，即所谓的"资产替代"（assets substitution）效应，从而使贷款人承担了一定的项目风险。为防止"资产替代"效应的出现，贷款人可能采取多种监管措施，有时甚至是过分监管。贷款人一般要求借款人提交项目报告、项目经营情况、项目工程技术报告和相关资料，除此之外，有的贷款人还提出过度的项目保险要求，并限制项目所有权的转移，以确保经营管理的连续性。

4. 结构性融资的含义

结构性融资（structured finance）是指通过复杂的法律及公司实体协助转移风险的一种融资。它不同于传统的融资，主要针对不同投资人的需求，混合运用债权（高级与低级、短期与长期）和股权（普通和从属）及其他的融资技术，控制信用风险的结构，解决一般融资方式难以解决的问题。通过交易结构的设计，利用现金流分割技术设计出不同层级的权利类别（如不同的收益档次、期限档次和信用档次），使得不同层级的权利持有人对资产所产生的现金流分配顺序和分配金额可主张不同的权利，从而避免投资者因投资收益、期限或信用的不匹配而放弃投资。因此，结构性融资的本质是一种以资产信用为基础的融资方式。结构性融资广义上包括资产证券化、并购融资和项目融资等等。

二、项目融资与公司融资的比较

根据以上对项目融资特点的分析，可看出项目融资与公司融资的区别主要表现为以下几个方面。

1. 融资主体不同

传统公司融资一般是由项目发起人或项目投资者作为融资主体，银行或其他资金供给者是否向该项目提供贷款或投入资金，一方面取决于拟建项目是否具有良好的经济效益，但更重要的还取决于项目发起人或项目投资者的总体信用状况，因为公司融资不仅以项目的未来收益偿还贷款，以项目建成后的资产作为抵押，还以公司的其他资产作为抵押。而项目融资的融资主体一般为专门成立的项目公司，银行或其他资金供给者能否如期收回投入资金，完全取决于项目的未来收益，追索一般也仅限于项目的未来收益和项目建成后的资产。

2. 融资依据不同

在项目融资中，贷款的主要依据是项目的资产价值和项目的未来现金流量，而不是企业本身的资信。因此，可预见的项目未来收益以及能否变现的项目资产价值是项目融资成功的基础。如果一个项目本身经济强度很好，即使项目投资者当前除新建项目外的资产价值和收益不足以支撑一个高负债比的项目贷款，项目融资也可能完全成功；反之，即使投资者当前的资产规模和收益良好，而被融资对象的收益前景不佳或存在着潜在的风险，则项目融资也很难取得成功。在公司融资中，贷款人发放贷款的依据是借款人的信用等级、资产状况、经营历史和收益，以及提供的担保。

3. 追索程度不同

追索程度不同是项目融资与传统公司融资的最主要区别。如前所述，项目融资的核心本质是有限追索或无追索。所谓有限追索是指贷款人可以在某个特定阶段或者规定的范围内对项目的借款人追索。除此之外，无论项目出现任何问题，贷款人均不能追索到借款人除该项目资产、现金流量以及所承担义务之外的任何财产。有限追索融资的特例是"无追索"融资，即融资百分之百地依赖于项目的经济实力。实际工作中，无追索的项目融资很少见。由于有限追索或无追索的实现使投资者的其他资产得到有效的保护，这就调动了大批具有资金实力的投资者参与开发与建设的积极性。

传统公司融资方式属于完全追索。所谓完全追索是指借款人必须以本身的资产作抵押，如果项目失败，而该项目不足以还本付息，贷款方则有权把借款方的其他资产作为抵押品收走或拍卖，直到贷款本金及利息偿清为止。

4. 还款资金来源不同

项目融资中还贷款的资金来源被限制在项目本身所产生的现金流量和收益。而在传统的公司融资中，偿还贷款的资金来源不局限于贷款的使用对象所产生的收益，还包括借款人的其他经营收益。

5. 风险分担程度不同

任何项目的开发与建设都必然存在着各种风险。项目融资与传统公司融资方式相比较，在风险分担方面有三点显著不同：其一，采用项目融资的项目一般都是大型项目，它具有投资数额巨大、建设期长的特点，因而与传统公司融资的项目相比，投资风险大。其二，项目融资作为新型融资方式，与现有政治体制、法律制度体系可能存在冲突。因此，项目融资的风险种类多于传统公司融资的风险，例如，政治风险、法律风险等。其三，传统公司融资的项目风险往往集中于投资者、贷款者或担保者，风险相对集中，难以分担；而项目融资的参与方有项目发起人、项目公司、贷款银行、工程承包商、项目设备和原材料供应商、项目产品的购买者和使用者、保险公司、政府机构等多家，通过严格的法律合同可以依据各方的利益，把责任和风险合理分担，从而保证项目融资的顺利实施。由此可见，能否有效、合理地分担风险是项目融资方案中十分关键的问题。

6. 贷款担保结构不同

在项目融资中，贷款的担保结构比较复杂，它是由项目主要参与者和其他利益相关者提供的各种形式的担保所组成的一个信用保证体系，涉及项目的投资、建设、运行和项目产品或服务的销售等。而在传统的公司融资中，通常采用比较单一的担保结构，如抵押、质押或保证等。

7. 贷款人参与管理程度不同

在项目融资中，银行参与项目监督和部分决策程序。而在传统的公司融资中，贷款人按借贷协议发放贷款，不参与公司的管理，也不监督公司的用款行为；借款人则按借贷协议提款还款。

8. 会计处理不同

如前所述，通过对项目投资结构和融资结构的设计，项目融资可以实现资产负债表外的融资，而在传统公司融资方式下，由于融资主体为公司本身，因此项目债务一般会出现在其资产负债表内，势必会影响到公司的资产负债率，从而影响到公司的再融资能力。这是因为大型工程项目的建设周期和投资回收期都很长，对于项目的投资者而言，如果把大型项目的贷款反映在投资者的资产负债表内，很有可能造成投资者（公司）的资产负债比例失衡，超过银行通常所能接受的安全警戒线，并且短期无法根本改变，这就势必影响投资者筹措新的资金，以及投资于其他项目的能力。

三、项目融资的框架结构与运作程序

融资实践中，尽管难以找到完全一样的项目融资方案，但是就其基本框架结构和运作程序却大同小异。

1. 项目融资的框架结构

项目融资的基本框架包括项目的投资结构、资金结构、资信结构和融资结构。

（1）项目的投资结构。投资结构（investment structure）是一个宽泛的概念，从不同的角度划分就有不同的投资结构。在投资领域中，经常涉及的投资结构有投资来源结构、投资产业结构、投资主体结构、投资部门结构、投资地区结构、投资再生产结构、投资技术结构、投资项目规模结构等。本书所指项目投资结构乃为项目的投资所有权结构，即项目投资者对项目的资产权益的法律拥有形式和项目投资者之间的法律合作关系。采用不同的项目投资结构，投资者对资产的拥有形式，对项目产品、项目现金流量的控制，以及投资者在项目中承担的债务责任和税务结构有很大的差异。这些差异对项目融资结构设计产生重要影响。因此，应当在项目所在国法律、法规许可的范围内，精心设计项目的投资结构，以满足资产者对项目投资和融资的要求。目前，在国际项目融资领域中，通常采用的投资结构主要有单一项目子公司、代理公司、股权式合资结构、契约型合资结构和合伙制结构等多种形式。

（2）项目的资金结构。项目的资金结构（capital structure）是指不同来源、不同性质、不同期限的项目资金结构比例。如项目的股本资金与债务资金的结构比例；在股本资金中，发起募集的股本资金与社会公开募集股本资金的结构比例；在债务资金中，不同利率的资金比例等。在项目融资中，对项目融资结构和融资成本产生重要影响的是债务资金与股本资金的结构比例。

在项目融资中，资金结构设计的重要任务是确定项目的股本资金、准股本资金和债务资金的形式、来源及其结构比例。项目的资金结构是由项目的投资结构和融资结构决定的，但反过来又会影响整个项目融资结构的设计。对同一个项目，采用不同的融资结构和资金结构，最终产生的融资成本有着很大的差异。合理的项目资金结构是项目融资成功和实现融资目标的关键。适当比例的项目股本资金投入，为项目债务资金的筹集提供可靠的信用支持，促进项目债务融资成功；合适的债务资金形式、较高比例的债务资金，可以降低项目的融资成本，提高项目的经济强度。在项目融资中，经常被采用的准股本资金有：可转换（股）债券、零息债券；经常被采用的债务形式有普通商业银行贷款、银团贷款、发行债券、出口信贷等。

(3) 项目的资信结构。项目的资信结构（credit security structure）是指项目融资中所采用的一切债权保障手段、方式的组合，在项目融资中，融资的安全性，即债权人提供的项目债务资金得以偿还的安全性来自两个方面：一是来自项目本身的经济强度；二是来自项目以外的各种直接或间接的担保。这些担保可以由项目的投资者提供，也可由与项目有直接或间接的利益相关者提供。这些可以是直接的财务保证，如完工担保、成本超支担保、不可预见费用担保；也可以是间接的、非财务性担保，如项目产品的长期购买协议、技术服务协议、以某种定价公式为基础的能源和原材料供货协议等。

项目本身的经济强度与项目的资信结构是相辅相成的。项目的经济强度高，融资所要求的资信结构就相对简单，保证条件相对宽松；反之，要求的资信结构就相对复杂和严格。

(4) 项目的融资结构。项目的融资结构（financing structure）是上述三种结构的集成，它是项目融资的核心。项目融资结构的设计是一项十分复杂的工作，不是一般的投资者所能胜任的，投资者通常要聘请富有投融资经验的投资银行作为融资顾问为其设计项目的融资结构。

项目融资通常采用的融资结构主要有杠杆租赁、生产支付、利用设施使用协议融资、建设-运营-转让（build-operate-transfer，BOT）、资产支持证券（asset-backed securities，ABS）等多种模式。项目融资顾问可以根据投资者的要求，对几种模式进行组合、拼装，以实现预期目标。

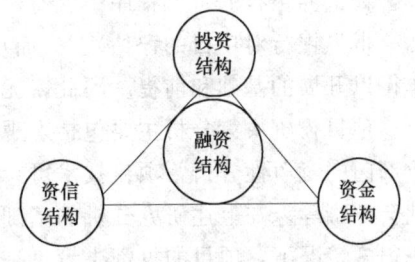

图1-2 项目融资框架结构示意图

上述项目融资框架结构的4个模块是互相影响、紧密联系的有机整体，见图1-2。因此，项目融资的整体结构设计要统筹安排，不能孤立地设计各个模块，然后像搭积木一样将各部分结合起来。项目融资整体结构设计的实际过程是通过投资者之间、投资者与贷款银行之间，投资者与项目产品消费者、生产设备制造商、能源和原材料供应商、政府部门、税务机关等多方面之间的反复谈判，完成融资的模块设计和确定模块之间的组合关系。这个过程需要经过多次反复，通过对不同方案的比较、选择和调整，最后产生一个最佳方案。在生产最佳方案的过程中，对其中任何一个模块的调整，都有可能影响其他模块的结构设计以及相互之间的组合关系。虽然项目融资结构设计的原则框架相同，但是由于项目千差万别，项目参与者各异，所以，每一个项目的融资结构设计都有独特的创造性。

2. 项目融资的运作程序

如图1-3所示，从项目的投资决策到最后完成项目融资，大致需经历五个阶段，即投资决策分析、融资决策分析、融资结构分析、融资谈判和项目融资执行。

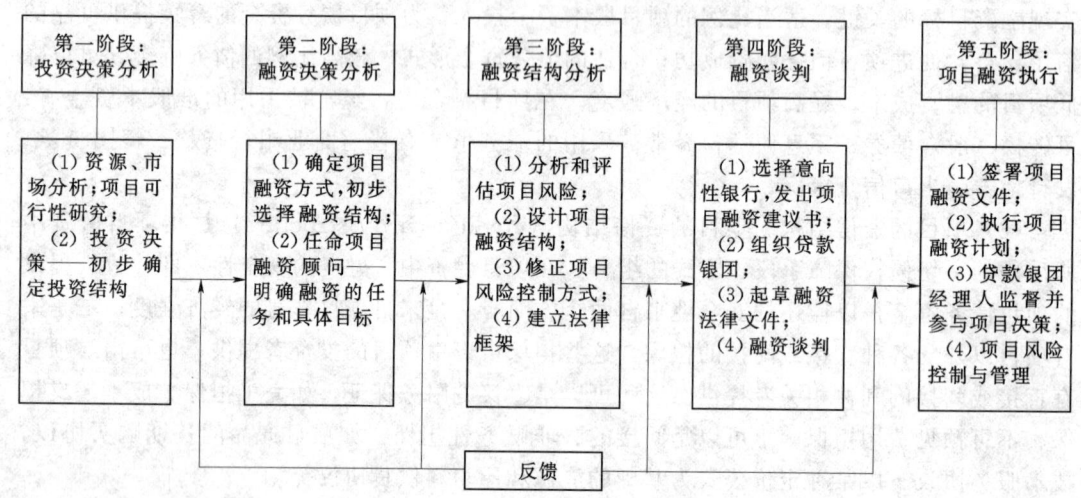

图1-3 项目融资运作程序示意图

（1）投资决策分析。从项目投资者的角度看，项目投资决策是项目建设程序的一个阶段，从这个意义上来说，项目投资决策分析可以不作为项目融资的一个过程。但是，从项目贷款人的角度看，项目投资决策分析（可行性研究或项目评估）也是贷款程序的一个环节，如世界银行的贷款程序中就有"项目准备（项目投资者的可行性研究）"和"项目评估（世界银行对项目的评估）"。而从项目融资的角度，项目投资决策分析是项目融资工作得以开展的基础和前提。因此，无论从哪一个角度，对项目都要进行投资决策分析。

项目投资决策分析主要包括宏观经济形势分析，工业部门的发展趋势以及项目所在工业部门的竞争性分析，项目技术可行性分析、项目财务分析，国民经济评价、环境评价和社会评价等。在上述研究分析的基础上形成可行性研究报告，投资者据此作出投资决策。在很多情况下，项目的投资决策也是与项目的可融资性以及如何融资紧密联系在一起的。

投资者在作出项目投资决策的基础上，要选择和确定项目的投资结构。项目投资结构的选择将影响项目融资的结构和资金来源的选择；反过来，项目融资结构的设计在很多情况下也会影响投资结构的安排。

（2）融资决策分析。在这个阶段，项目投资者将决定采用何种融资方式为项目开发筹集资金。是否采用项目融资，取决于投资者对债务责任分担上的要求、贷款资金数量上的要求、时间上的要求、融资费用上的要求以及诸如债务会计处理等方面要求的综合评价。

如果决定选择采用项目融资作为筹资手段，投资者就需要选择和任命融资顾问，开始研究和设计项目的融资结构。有时，项目的投资者自己也无法准确判断采取何种融资方式为好，在这种情况下，投资者可以聘请融资顾问对项目的融资能力以及可能的融资方式（如项目融资或公司融资）作出分析和比较，在获得一定的信息反馈后，再进行项目融资方式决策。

(3) 融资结构分析。投资者在完成了项目融资决策分析，并做出采用何种融资方式（如有限追索性质的融资方式）的决策后，正式聘请融资顾问开始研究和设计项目的融资结构。项目融资结构设计的一项关键性工作就是要完成项目的风险分析和评估，项目融资顾问与项目投资者一起对项目的有关风险因素进行全面的分析和判断，在此基础上，根据项目的经济强度和各利益主体与项目的契约关系，确定项目的债务承受能力、项目风险在项目参与者之间的合理分配及其相关的项目资信结构，从而设计出适合于特定项目的各种切实可行的融资模式，形成初步的融资方案。项目融资结构以及相应的资金结构的设计和选择必须全面反映投资者的融资战略要求和愿望。

(4) 项目融资谈判。在初步确定项目融资结构之后，融资顾问将有选择性地向商业银行或其他金融机构发出参加项目融资的邀请书，组织银团贷款，着手起草项目融资的有关文件。这一阶段要经过多次反复，因为在与银行的谈判中，不仅会对有关的法律文件作出修改，而且在很多情况下，还会涉及融资结构和资金来源的调整问题。有时应贷款银团的要求，甚至会对项目投资结构作出修改。在融资谈判阶段，融资顾问、法律顾问和税务顾问的作用十分重要。强有力的融资顾问和法律顾问有助于增强项目投资者的谈判力量，维护投资者的利益，并在谈判陷入僵局时，及时、灵活地采取变通办法解决问题。在谈判达成一致意见后，借贷双方签订贷款协议。国际上一般将融资双方完成融资谈判并签署融资协议称为融资关闭（financial closure）。

(5) 项目融资执行。项目融资的相关法律文件签订后，项目融资进入执行阶段。在传统的公司融资方式中，一旦进入贷款执行阶段，借贷双方的关系相对简单，贷款人按照借贷协议发放贷款，借款人按照借贷协议的规定提款和偿还贷款的本金和利息。但是在项目融资中，贷款银团通过经理人（代理行）除按借贷协议规定发放贷款外，更注重对项目实施经常性的监督，监督项目的进度、质量和费用的使用情况，以及根据贷款协议有关条款规定，参与项目的部分决策程序，管理和控制项目贷款资金的投入和部分现金流量。贷款银团经理人参与项目监管分为三个阶段：

1) 项目建设期。贷款银团经理人将经常性地监管项目的进展，根据项目进度计划和资金预算，安排贷款的发放；除此之外，有的银团（或银行）还为贷款人提供咨询，如提供有关项目的技术咨询和多货币资金安排的建议等。

2) 项目试生产期。贷款银团经理人监督项目的试生产情况，将实际的生产成本和技术指标与融资文件规定的指标进行对比，确认项目是否达到了商业完工的标准。

3) 项目正常生产期。项目投资者提供的完工担保被解除，贷款的偿还将主要依赖于项目的现金流量。贷款银团经理人将根据融资文件规定管理全部或部分的项目现金流量，以确保债务的偿还。除此之外，贷款银团经理人也参与项目的部分生产决策，在项目的重大决策问题上有一定的发言权，如新增资本支出、停产、资产处理等。

项目融资的上述程序是从融资者的角度根据项目融资的通常做法总结出来的项目融资基本步骤。在实际融资活动中，项目融资阶段划分的粗细程度不同，阶段的名称各异，然而，融资程序的实质内容是基本一致的。需要说明的是，参与项目融资的不同主体归纳总结的程序步骤也有所区别，如世界银行规定的项目贷款程序是项目选定、项目准备、项目评估、项目谈判、项目执行、项目评价。

四、项目融资的参与者

鉴于以项目融资方式筹集资金量大、风险高，相对于传统公司融资而言，项目融资参与者众多，概括起来有：项目发起人/投资者；项目经济实体；贷款银行（团）/财团；产品购买者或项目设施使用者；项目建设的工程公司或承包商；项目设备、能源及原材料供应商；融资顾问；有关政府机构；法律与税务顾问等。图1-4表明了项目融资主要参与者之间的基本关系。

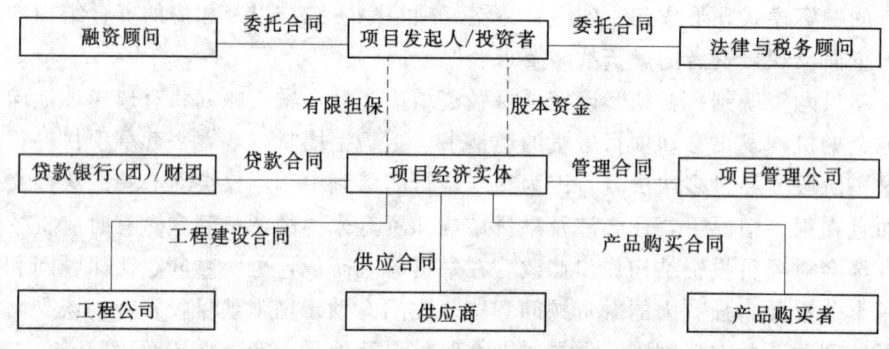

图1-4 项目融资主要参与者关系示意图

1. 项目发起人/投资者

项目发起人（project sponsor），也称项目主办人，是项目的倡导者。项目发起人可以是一家公司，也可以是由多方组成的集团，例如由承包商、供应商、项目产品的购买者或项目产品的使用者以及政府部门等多方构成的联合体。项目发起人也可能是项目的利益相关者，包括项目的直接受益者和间接受益者，如项目的投资者，但项目发起人通常仅限于发起项目，并不负责项目的建设和运营。

项目投资者是项目的出资方，是通过资金（本）投入形成项目资产，以及项目资产运营收回资金并获得盈利的经济主体。

2. 项目经济实体

项目经济实体（project entity or project vechile）是由项目发起人或投资者组建的经济实体，一般承担项目投资、融资和管理责任。在实践中，对于项目的投资、融资和管理责任，项目投资者可能会组建一家经济实体承担，也可能会组建若干家（2～3家）经济实体分别承担，如菲律宾Pagbilao电力项目中的Pagbilao发电有限公司是项目公司，其仅负责融资、贷款的偿还，并不直接参与项目的建设和运行，而将电厂的运营和售电等委托给电厂经营者负责。显然Pagbilao发电有限公司仅起到资产运营公司的作用。又如国际上一些银行和金融机构，对国有企业融资设置一定的障碍，如不向国有企业贷款和提供担保等，为此，可设立专门的机构，如"受托借款机构"——TBV（trustee borrowing vehicle），通过受托借款机构向银行借款，实现间接为国有企业项目公司提供融资。银行向受托借款机构提供贷款，受托借款机构向承建商支付工程费用，承建商按建设合同规定向国有项目公司提供产品及服务。承购商将产品贷款支付给受托借款机构，该机构用此款还本付息。但在项目融资中一种普遍的做法是投资各方共同成立一个单一目的的项目公司

(project company)，该单一目的项目公司直接负责项目投融资和管理责任，并直接承担项目债务偿还责任和项目风险，架起了项目发起人和项目其他参与者之间的桥梁，使无追索权或有限追索权的项目融资得以实现，其主要的法律形式为有限责任公司和股东有限公司。

3. 贷款银行（团）/财团

商业银行、非银行金融机构（如租赁公司、财务公司、投资基金等）和一些国家的政府出口信贷机构是项目债务资金的主要提供者。为方便起见，本书统称为"贷款银行"（lender）。参与项目融资的贷款银行数目视项目风险和贷款规模而定，由一家到几十家，甚至上百家。选择项目贷款银行时，应考虑贷款银行和项目借款人或项目投资者的友好关系、银行规模与项目贷款规模相适应，以及贷款银行熟悉项目或其所属工业部门等因素。

国际金融机构和区域性金融机构经常参与发展中国家的项目融资。国际金融机构的参与对项目融资有很多好处。首先，可降低融资成本，世界银行通常为发展中国家的项目提供长期低息的优惠贷款；其次，由于国家金融机构的参与，使得其他项目参与各方减轻对项目所在国政治风险的担心；最后，世界银行的贷款通常不要求担保。但是在国际金融机构提供优惠贷款的同时，也有很多其他附加条件，有些条件非常苛刻，不容忽视。

4. 融资顾问

由于项目融资结构的复杂性，绝大多数项目融资必须在专业的融资顾问（financial advisor）的帮助下才能成功实现，可以说项目融资顾问是项目投资者通向资本市场之路的"引路人"。担任项目融资顾问的条件是能够准确理解项目投资者的目标和具体要求，熟悉项目所在地的政治经济、法律税务等投资环境，掌握国际金融市场的操作规则和变化趋势，对项目本身以及所属行业的技术发展趋势、成本结构等有清晰的认识，同时还要与主要银行和金融机构有良好关系，具有丰富的谈判经验和技巧。实践中，项目融资顾问通常由投资银行、财务公司或商业银行中的项目融资部门来担任。

由于历史发展的原因，投资银行（investment bank or merchant bank）的称谓在各国不尽相同。"投资银行"是该类金融机构的美国式称谓，在英国称为"商人银行"，在我国及日本称之为"证券公司"，法国称之为"实业银行"。美国著名的《格拉斯-斯蒂格尔法案》（1933年）的颁布实施，致使投资银行与商业银行的业务存在很大区别。商业银行主营业务为存贷款、办理汇兑、结算，存贷款利差为其利润的主要来源，履行间接融资功能；投资银行主营业务是证券发行与承销、公司并购、项目融资顾问等，作为直接融资的中介活跃在资本市场上，其利润来源主要是证券发行价差和佣金。

5. 法律与税务顾问

富有经验的法律顾问（legal advisor）和税务顾问（tax advisor）是项目投资者在安排项目融资时必不可少的另一个助手。项目融资中需要起草和签署大量法律文件，而法律文件的合法性、严谨性和完整性、公平性要依赖于专业的法律顾问的专业知识和经验。以尽可能低的成本筹集到所需的资金，是资金需求者追求的目标。由于项目融资自身风险较高，因此项目融资成本较高，这就需要利用其他方式手段降低成本，合理避税即成为首选方式之一。不同国家和地区税法规定的税务处理和税收优惠差异性极大，如美国国会1986年批准的税法382条款规定企业在并购空壳公司时，不能利用所购空壳公司的损失冲抵账目盈利，而在我国，根据《国家税务总局关于企业股权投资业务若干所得税问题的通知》（国税发〔2000〕119号）的规定，企业合并视情况不同，可分为应税合并和免税合并。因此，世界各国和地区的避税方法极为丰富和隐蔽，必须要具有丰富经验的税务顾问来检查避税手段是否符合项目所在地的有关规定，是否存在任何潜在的问题或风险。

6. 项目建设的工程公司或承包商

项目建设的工程公司（construction company）或承包商（contractor）负责项目的设计和建设，其技术水平、财务能力和经营业绩很大程度上影响项目贷款银行对项目建设风险的判断。项目承包商可以通过与项目公司签署固定价格的"一揽子承包合同"，从而成为项目融资的重要信用保证者，有利于提高贷款银行对项目完工的信心。

7. 项目产品购买者或项目设施的使用者

项目产品的购买者（production buyer）或项目设施的使用者（facility user）（可统称项目使用者）在项目融资中发挥相当重要的作用。项目使用者通过与项目经济实体签署项目产品长期购买或者设施服务合同，保证了项目的产品市场和现金流量，为项目融资提供了重要的信用支持。一般情况下，项目使用者可以由项目发起人本身、对项目有需求的第三方，或者政府有关机构承担。

8. 项目供应商

项目供应商（project supplier）主要包括项目所需设备供应商和能源、原材料供应商。项目设备供应商通常通过延期付款或者低息优惠出口信贷安排，构成项目资金的一个重要来源，为项目融资提供信用保证。项目所需能源、原材料供应商以长期的优惠价格为项目提供稳定的能源和原材料供给，以减少项目建设和运营期间的能源与原材料供应风险，为项目融资提供便利条件，因而也构成项目融资的重要参与者之一。

9. 政府机构

政府机构（government institutions or authorities）能够在项目融资中发挥关键作用。微观方面，有关政府机构可为项目的开发提供土地、长期稳定的能源供应、某种形式的特许权，减少项目风险；或者提供优惠贷款；或者以某种形式提供贷款银行可接受的、具有担保作用的支持函等。宏观方面，政府可通过制定相关的税收政策、外汇政策等为项目融资提供优惠待遇，降低项目的综合债务成本，提高项目的经济强度和可融资性。

【案例阅读与思考】

案例一　菲律宾奎松电力项目融资

20世纪90年代初，菲律宾遭遇重大能源危机。为应对能源危机，菲律宾政府决定修建奎松电力项目（Quezon Power Project）以改善国家能源规划、稳定电能分配系统和促使能源多样化。奎松电力项目建在吕宋岛上，以煤粉为燃料，可产生440MW的电力，包括一座发电厂和一条长31km、230kV的输电线路。

奎松电力项目最初是由菲律宾电力公司（Philippine Power Distribution Company），即Meralco公司与一家电力开发商提出的，但1993年中期双方谈判失败未达成合作关系。

之后 Meralco 公司找到太平洋制造资源公司（Pacific Manufacturing Resources，以下简称"PMR 公司"）商谈合作事宜。PMR 公司是一家咨询公司，曾为 Meralco 公司提供全面质量管理服务。1993 年年底，Meralco 公司与 PMR 公司签署协议备忘录（MOA），由 PMR 公司负责奎松电力项目的投资开发建设；为此，1994 年初，PMR 公司和一群菲律宾电力部门高管共同设立 PMR 电力有限公司（以下简称"PMR Power"），双方各持 50％的股份。PMR Power 又开始找寻项目开发的美国合作伙伴。作为美国私营发电厂设计和开发领域的领导者，卡万塔（Covant）能源公司在各种可能的候选人中脱颖而出。1994 年 9 月，PMR Power 与第三个项目赞助人柏克德（Bechtel）公司签署了一项共同开发协议，1995 年初，Bechtel 公司将其在奎松电力项目中的权益转让给其新成立的附属公司 InterGen，该附属公司由 Bechtel 公司和 Royal Dutch/Shell Group（Shell）的子公司控制。

三个项目的发起人 PMR Power、Covant 和 InterGen 共同出资在菲律宾成立一家项目公司——奎松电力特殊目的公司（Quezon Power SPV，以下简称"SPV 公司"），由该项目公司负责奎松电力项目的设计、建造和运营。

一、项目融资情况

1. 项目初次融资

奎松电力项目股权总额为 2.022 亿美元，InterGen、Covant 股权出资比例分别为 72.5％、27.5％，PMR Power 虽未进行任何股权出资，但通过项目发起人之间的谈判，在 SPV 公司中获得 2％的投票权。该项目最初债务股本比率为 75/25，建设阶段债务部分总计 5.782 亿美元，包括五年期银团贷款，其中最重要的是：

（1）瑞士联合银行承保的贷款 4.05 亿美元，由美国进出口银行（Ex-Im Bank）提供政治风险担保。

（2）美国一家海外私人投资公司提供的贷款 1 亿美元。

2. 二次融资

预计 1999 年 12 月施工阶段即将结束时，奎松电力项目将通过以下方式重新筹集资金：

（1）1997 年 7 月 3 日在美国市场以美元发行的 20 年期固定息票（年利率 8.86％，按季度支付）项目债券 2.15 亿美元，所罗门兄弟公司担任该交易的牵头经办人。该债券的最终到期日为 2017 年。

（2）美国进出口银行直接发放的贷款 3.92 亿美元。

二、项目关键合同

在奎松电力项目中，主要签署了以下合同：

1. 购电协议（Power Purchase Agreement，PPA）

1994 年 8 月，SPV 公司与 Meralco 公司签订了一份为期 25 年的合同，同意将电厂生产的电力出售给 Meralco 公司。购电协议的结构为照付不议，这确保了奎松电力稳定和可预测的收入流，并基于在 25 年合同期内 82％～88％之间的最低可用性系数，平均为 85％。Meralco 公司拥有的输配电系统中的任何不可抗力事件或意外事件都不能免除购电方支付合同中规定的每月付款的责任，这些付款是根据工厂将产生的固定和可变成本确定的。

此外，付款与美元汇率挂钩，从而降低了当地货币贬值影响 SPV 公司现金流的风险，因为指定用于再融资的债券是 1997 年发行。在整个合同期内，SPV 公司有义务每月至少交付最低保证电量，Meralco 公司有义务每月至少按最低保证电量向 SPV 公司支付电费（表 1-1）。如果电厂不能提供规定数量的电力，SPV 公司将被要求向 Meralco 公司支付违约赔偿金，与电厂的电价相比，违约赔偿金相对较低。

表 1-1 最低保证电量

第几年	最低年保证电量/(MW·h)	第几年	最低年保证电量/(MW·h)
第 1 年	3149267	第 3～15 年	3388452
第 2 年	3268858	第 16～25 年	3288791

违约赔偿金的总额将取决于 Meralco 公司的电力需求和寻找替代能源供应商的可能性或难度。更具体地说，对于奎松电力项目无法供应的电力，SPV 公司将按单价 0.26 菲律宾比索（PHP）/(kW·h) 向 Meralco 公司支付违约赔偿金（按照即时汇率计算，截至 1997 年 7 月该单价为 0.0098 美元，截至 2000 年 5 月该单价为 0.0061 美元）。如果购电方无法从替代供应商处获得所需的电力，则该单价将上升至 0.52 菲律宾比索/(kW·h)（按照即时汇率计算，截至 1997 年 7 月为 0.0197 美元，截至 2000 年 5 月为 0.0121 美元）。

根据购电协议，Meralco 公司应支付以下款项：

（1）容量费。0.029546 美元/(kW·h)，从《购电协议》最终确定之日（1994 年 8 月）起，根据美国消费者价格指数的变化进行计量。每月付款将等于容量费乘以相对年度最低保证电量的 1/12。

（2）运营费用。这些费用的一部分以当地货币表示，另一部分以美元表示。固定运行费定为 0.0104 美元/(kW·h) 和 0.0323 菲律宾比索/(kW·h)（1997 年 7 月约为 0.0012 美元，2000 年 5 月为 0.0008 美元）。可变运行费为 0.0015 美元/(kW·h)，0.0937 菲律宾比索/(kW·h)（1997 年 7 月为 0.0035 美元，2000 年 5 月为 0.0022 美元）。这些单位金额将分别根据美国和菲律宾消费者价格指数的变化进行调整，自 PPA 签署之日起计算。每月固定成本付款的计算方法为固定运营费用乘以相应年度最低保证电量的 1/12，而每月可变成本付款等于可变运营费用乘以电厂的产量。

（3）能源付款。这些付款等于每百万英热单位（BTU）采购燃料费用的 1.06575 倍，乘以输出电力（单位：kW·h）和 0.00975 亿英热单位/(kW·h) 的乘积。

《购电协议》允许奎松电力项目以 70% 的容量费和 100% 的运营费用的价格提供超过合同中规定的最低数量的电力。

如果 Meralco 公司无法购买该工厂的全部或部分产出，SPV 公司有权将这些能源出售给其他买家。在本项目中，SPV 公司有权从 Meralco 公司的付款义务中扣除从第三方买方收到的付款。

2. 租约

根据菲律宾法律规定，只允许公民或由菲律宾人控制的公司在其国境内拥有土地或持有土地产权。因此奎松电力项目（含发电厂和输电线路）所附着的场地产权归 Meralco 公司拥有。在购电协议期间，Meralco 公司将该场地租给 SPV 公司。事实上，该项目的结构使 Meralco 公司被列为持有发电厂和输变电站所在土地的产权和相关地役权。

3. 输电线路协议

该协议规定了 Meralco 公司使用奎松电力项目输电线路的报酬。付款是绝对和无条件的，定为每年约 1380 万美元。换言之，即使发生不可抗力事件或 Meralco 公司存在缺陷导致无法接受电厂传输的电力，购电方也有义务付款。此外，输电线路协议指定 SPV 公司为负责获得必要许可以及建设、融资和运营输电线路的一方。该协议还授予 SPV 公司一份建筑租约，用于建造输电线路的土地。根据上述菲律宾法律，Meralco 公司注册为该土地的所有人。

根据输电线路协议，Meralco 公司使用奎松电力项目输电线路需每月支付的款项可分为两部分：

（1）资本成本回收付款。相关金额被指定用于补偿 SPV 公司因建造输电线路投资。每月付款是根据最初估计的建筑总费用（约等于每月 500000 美元）计算的，并且定期调整，以反映 SPV 公司承担的线路实际资本费用。

（2）输电线路运营和维护（O&M）费用以及部分融资费用。按月支付。

4. 设计、采购和施工（EPC）合同

SPV 公司与 Overseas Bechtel 公司和 Overseas Bechtel 公司的子公司之间的协议。这些协议赋予后两家公司的任务是承担奎松发电厂和输电线路的设计、采购和施工工作。

5. 管理服务合同

SPV 公司和 InterGen 之间签订了一份为期 25 年的协议，该协议涉及施工后阶段的项目管理。它规定 SPV 公司将每月向 InterGen 付款，付款金额等于实际管理服务费用和固定佣金 40 万美元，但合同条款规定该固定佣金在合同期间将会定期增加。

6. 发电厂操作与维护（O&M）协议

SPV 公司和 Covant 之间关于根据行业标准运营和维护发电厂的协议。该协议规定，除了每月 16 万美元的佣金外，SPV 公司将承担所有与发电厂有关的实际费用。此外，发电厂 O&M 协议还规定根据电能输出和预设预算目标的实现情况支付奖金。

7. 煤炭供应协议

SPV 公司与两家印尼公司 PT Adaro 和 PT Kaltim 签署了一项长期协议，以供应发电厂运行所需的煤炭。前者将提供所需原料的 67%，后者将在或供或付的基础上支付剩余的 33%。不过，如果两家供应商不能履行其合同义务，发电厂的地理位置非常适合从其他替代煤炭供应商那里获得燃料。

8. 转移协议（wheeling agreement）

Meralco 公司、SPV 公司和国家电力公司（NPC）之间关于在支付佣金后从生产厂向 Meralco 公司输送电力的协议。

（资料来源：Bonetti V，Caselli S，Gatti S. Offtaking agreements and how they impact the cost of funding for project finance deals [J]. Review of financial review, 2010 (19): 60-71.）

思考：

（1）请根据案例背景描述，绘制出奎松电力项目融资的合同结构图，并分析所签署合同的目的和作用是什么？
（2）请尝试分析奎松电力项目所采用的融资方式是什么？为什么？
（3）除了案例中所提到的项目参与人，在大型项目融资中，可能还有哪些参与人？

案例二　三峡工程项目融资策略与实践

三峡工程是一个多目标开发的水利枢纽工程，位于中国湖北省宜昌市境内的长江西陵峡段的三斗坪，是新中国成立以来建设的巨型工程之一，坝体总重超过了2700万t。三峡工程大坝高程185m，蓄水高程175m，水库长2335m，安装32台单机容量为70万kW的水电机组。

三峡工程1992年获得立项批复，1994年正式动工兴建，2003年6月1日蓄水发电，于2009年全部完工。根据国家批准的初设概算，按1993年5月末不变价，工程静态为900.9亿元（其中枢纽工程500.9亿元，库区移民工程400亿元）；动态投资为2039亿元。

三峡工程建设采用了项目法人负责制。三峡总公司作为三峡工程的项目法人，全面负责三峡工程的建设和建成后的经营管理及贷款的偿还。

一、三峡工程融资特点和总体原则

根据三峡工程建设计划的安排，三峡工程反映在筹资上有以下几个特点：①项目投资规模较大，但年度投资并不很大；②国家注入的资本金虽有相当比重，但市场筹资的任务仍然很大；③发电前期资金缺口大，后期发电后有比较稳定、充足的现金流入；④项目投产以后，固定成本比重较大，营业杠杆作用显著。

在三峡工程开工之初，根据市场和政策环境对项目的资金筹措方案和财务能力进行了认真的分析和评估，充分考虑三峡工程筹资特点和国内外筹资环境，提出了"保证稳定可靠的资金来源、保持合理的资本负债结构、尽可能降低融资成本、控制项目财务风险"的筹资目标和"国内融资与国外融资相结合，以国内融资为主；长期资金与短期资金相结合，以长期资金为主；债权融资与股权融资相结合，以债权融资为主"的筹资原则，并根据这一目标和原则制定了三峡工程总体筹资方案。

二、三峡工程融资方案

根据策划，三峡工程融资分三个阶段进行，具体融资方案如下：

（1）第一阶段（1993—1997年）。资金来源主要是国家注入的资本金和政策性银行贷款。国家注入资本金主要有三个来源：①直接财政投资。②设立政府性基金——三峡工程建设基金专用于工程建设，作为国家对三峡总公司投入的资本金。1992年国务院第205次总理办公会议决定，全国每千瓦时用电量征收3厘钱作为三峡工程建设基金；1994年，三峡基金征收标准提高到每千瓦时4厘钱；1996年，三峡工程直接受益地区及经济发达地区征收标准提高到每千瓦时7厘钱。③葛洲坝电厂上缴中央财政的利润和所得税，国家把葛洲坝电厂划归三峡总公司管理，电厂上缴中央财政的利润和所得税全部作为三峡基金。国家开发银行从1994—2003年，每年为三峡工程提供贷款30亿元，总额300亿元，贷款期限15年。

（2）第二阶段（1998—2003年）。该阶段主要是加大了市场融资份额，通过国内债券市场发行企业债券、使用国外出口信贷及国际和国内商业银行贷款获得长期建设资金，还通过商业票据贴现进行短期融资。

1) 企业债券。期间共发行5期三峡债券，发行总额160亿元。三峡债券发行规模越来越大，从首次试探性地发行10亿元到单笔发行额50亿元；发行期限越来越长，初次发行时期限为3~5年，2002年推出的债券期限达到20年；投资者逐步由以个人投资者为主向机构投资者为主转变，最后约有90%的债券为机构投资者购买形成了稳定的三峡债投资群体；三峡债券已成为我国债券市场上的中坚力量，被称为"准国债"、企业债券的"龙头债"，并且已基本成为其他企业债券的定价基准。

2) 国外出口信贷和国际商业银行贷款。三峡工程左岸电站14台水轮发电机组招标充分利用竞争机制，成功引进了协议金额11.2亿美元的长期信贷，包括7个国家提供的出口信贷7.2亿美元和两个商业银团贷款4亿美元，融资条件优惠。出口信贷期限从19年争取到21年，是OECD[1]国家出口信贷的最长期限；商业贷款期限也从12年争取到了15年和17年。宽限期内提供利息资本化，从最后一台采购机组投产后开始还本付息。

商业贷款利率从LIBOR[2]+（85~100BP）降低到LIBOR+67.5BP；出口信贷机构保费、承诺费、前端费、代理费、杂费等在费率、计算基数、支付方式等方面通过谈判都得到了较好的条件和优惠，如折算成年利率，相当于降低了30BP。就连出口信贷机构保费等一些非竞争性项目，通过谈判也使一些国家（如德国、瑞士等）出口信贷机构作出了让步。同时取消了针对借款人及工程项目的敏感性、特殊性、歧视性条款，如环境保护、政府担保、非法条款等。增加了取消提款及提前还款等条款。

3) 国内银行商业贷款。银行贷款期限越长利率越高，把中短期贷款变为长期资金使用是我们降低成本的措施之一。1998年与中国建设银行、工商银行、交通银行签订贷款总额110亿元人民币的授信协议，为二期工程的资金来源提供了可靠的保证。贷款期限3年，滚动使用，通过借新还旧、蓄短为长，降低了融资成本，并增加了资金调度的灵活性。从1999年起，为避免发债资金一次到位产生的资金闲置，开始使用短期临时搭桥贷款，每年搭桥贷款的规模都在20亿~30亿元之间。

4) 商业票据贴现融资。银行承兑汇票和商业承兑汇票既是一种结算工具，又是一种短期融资工具。中国人民银行从2000年开始在信誉较好的大型企业推动银行承兑汇票和商业承兑汇票的使用，并放开对商业票据贴现利率的管制，其贴现利率可以在中国人民银行对商业银行再贴息利率和同期限短期贷款利率之间自由浮动。三峡总公司向中国人民银行（宜昌市中心支行）申请商业承兑汇票的出票资格，被中国人民银行（宜昌市中心支行）认定为AAA级企业，签发的商业承兑汇票持票人可视需要直接向有关商业银行申请贴现，商业银行可向中国人民银行（宜昌市中心支行）申请再贴现。从2000年开始逐步在物资设备采购和工程价款结算中采用票据结算方式，其融资成本比短期银行贷款利率低30%左右。

---

[1] OECD全称为Organization fon Economic Cooperation and Development，中文为经济合作与发展组织，通常简称为经合组织。

[2] LIBOR全称为London inter bank offered rate，中文为伦敦同业拆借率。

总体看来，该阶段三峡总公司的自主融资行为具有明显的项目融资特征，即三峡总公司融资的信用基础并不是公司的资产负债表，而是项目未来的现金流，实质上类似于一种表外融资行为。

(3) 第三阶段（2004—2009年）。通过资本市场运作将项目未来的现金流提前到当期使用成为可能，建立新的股权融资通道和资本运作的载体，解决三峡三期工程资金缺口。由水电行业的特殊性和三峡总公司在水电行业的特殊地位，三峡总公司成为国家授权的投资机构。因此三峡总公司必须建立资本市场融资的窗口和资本运作的载体，构筑社会资本进入水电行业的桥梁。经过多年研究，三峡总公司以下属的葛洲坝电厂为基础进行重组，设立了中国长江电力股份公司，于2003年上市并进行持续融资，逐步收购三峡投产机组。总公司则将出售三峡机组所获资金用于三峡第三阶段工程建设和滚动开发溪洛渡、向家坝等大型水电工程。

思考：

(1) 请分析三峡工程项目融资方案设计的内在逻辑是什么？

(2) 请总结案例中所应用的融资方式，除了所提及的融资方式外，还有哪些常见的融资方式？

（资料来源：李永安. 大型水电项目融资与资本运作：三峡工程10年来的融资策略及实践 [J]. 中国工程科学，2003 (10)：1-7，有改动）

第二章 项目投融资决策分析与评价

> **基 本 要 求**
>
> ◆ 掌握项目投资决策分析的阶段划分及各阶段任务目的
> ◆ 掌握项目可行性研究的主要内容
> ◆ 熟悉项目现金流量构成
> ◆ 熟悉项目盈利能力评价指标含义及其评价准则
> ◆ 熟悉项目偿债能力评价指标含义及其评价准则
> ◆ 了解不确定性分析与财务风险分析方法
> ◆ 了解投资者最低可接受财务收益率和财务基准收益率的差别
> ◆ 了解债务资金提供者融资决策分析与评估的主要内容

第一节 项目投资决策分析的阶段与主要内容

项目投资决策是选择和决定投资方案的过程，是指项目投资者按照自己的意图目的，在调查分析、研究的基础上，对投资方向、投资规模、投资结构、投资分配以及投资项目的选择和布局等方面进行分析研究。在确定投资方向和投资项目后，项目投资决策专指在一定约束条件下，对拟建项目的必要性和可行性进行技术经济论证，对拟建项目的不同建设方案进行技术经济分析、比较及做出判断和决定的过程。

一、项目投资决策分析的阶段划分

由于人的有限理性和信息搜寻成本的存在，项目投资决策分析一般分阶段由粗到细、由浅及深进行。不同国家和机构对项目投资决策分析的阶段划分稍有不同，即使在国内，不同行业对投资决策分析阶段划分亦有差异。联合国工业发展组织（UNIDO）、世界银行将项目投资决策分析阶段一般划分为投资机会研究、预可行性研究、详细可行性研究、项目评估和项目决策立项五个阶段，见图 2-1。

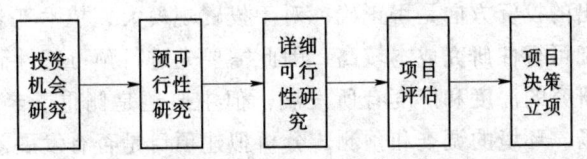

图 2-1 项目投资决策分析阶段划分示意图

1. 投资机会研究阶段

投资机会研究是一系列有关投资活动的起点，其主要任务是分析投资环境、鉴别投资方向和选择投资项目。投资机会研究在企业中属于战略管理者关注的问题，因此战略分析方法［如分析宏观环境的PEST方法，分析中观（行业）环境的五种竞争力量模型以及SWOT分析方法等］也适用于投资机会研究。投资机会的识别一般可从三个方面入手：

（1）对投资环境进行客观分析，预测客观环境可能发生的变化，寻求投资机会。特别是要对拟进入地区的宏观和行业环境、行业发展周期、项目产品寿命周期进行分析，如在不同项目产品寿命周期进行投资，项目投资所面临的市场、技术环境大不相同，从而对项目投资具有不同的影响，见表2-1。

表2-1　　　　　　　　产品的寿命周期投资特点、要点一览表

特点/要点	投入期	成长期	成熟期	衰退期
阶段特点	设计尚未完全定型，基本无需求，成本高	设计已定型，销售增长迅速，出现竞争者	增长缓慢，利润多，市场饱和，竞争激烈	负增长，利润减少，竞争者陆续退出
投资优点	易抢占市场，为发展打下基础	竞争不激烈，易获利	推销和研制费用低廉，获利丰厚	为企业特殊需要服务
投资缺点	风险大，且开始无利可图，导致亏本	起步迟，市场份额易被竞争企业抢走	竞争易处于劣势，获利期短	利润迅速减少，甚至亏损
投资目的	加速产品定型，引导需求	进行速度和产量竞争，提高市场占有率	提高质量、信誉，形成特色以挤占市场	降低成本，改型换代，增加功能，延长寿命周期

（2）对企业经营目标和战略进行分析。不同的企业其发展战略、投资机会的选择也有所不同。

（3）对企业内外部资源条件进行分析。主要是企业财力、物力和人力资源力量的分析，企业技术能力和管理能力的分析，以及外部建设条件的分析。

通过上述机会研究，初步选定拟建项目，描述选定项目的背景和依据，作出市场与政策分析及预测，作出企业发展战略和内外部条件的分析，并提出投资总体结构以及其他具体建议。机会研究提出的项目意向或投资机会，是进一步深入研究的前提和基础。

2. 预可行性研究阶段

预可行性研究，又称为初步可行性研究，是在项目投资意向确定之后，对项目从技术、经济、社会和环境等方面进行的初步分析和论证，其主要目的在于判断机会研究所提出的投资方向是否正确。对于投资规模大、技术工艺比较复杂的大中型骨干项目，由于详细可行性研究成本较高，因此需要先进行预可行性研究。从研究内容上来看，虽然较机会研究的深度和广度有所发展，但主要还是侧重于经济维度的分析论证，通过进一步的市场、环境的调查和预测，分析拟建项目是否有发展前景、是否具有经济合理性，并提出投资意向项目所需要的人、财、物等资源条件等。

3. 详细可行性研究阶段

详细可行性研究是投资决策的主要阶段，是项目投资决策立项的基础。它就是在预可行性研究的基础上，从技术、经济、社会、环境等方面对拟建项目进行全面深入地调查和系统地分析、论证，在方案比选和风险分析的基础上，对拟建项目建设的必要性、可行性以及项目实施所需要的内、外部条件等问题给出科学、可信的结论，为投资决策提供依据。这一阶段的主要目标是明确项目投资规模和任务，并提出项目建设的具体方案。

4. 项目评估阶段

为确保项目可行性研究结论准确、真实客观、公平可信，一般还需要聘请专家或第三方（具有一定资质的咨询评估机构）对可行性研究报告的基础资料、研究方法和过程，以及研究结论进行全面分析论证，并给出评估意见。这种评价论证是站在客观的角度，独立地对拟建项目进行分析评价，决定项目可行性研究报告提出的方案是否可行，客观、科学、公正地提出对可行性研究报告的评价意见，为投资者决策立项提供依据。

5. 项目决策立项阶段

项目决策批准就是项目投资者根据项目可行性研究，以及专家或咨询评估机构提供的项目评估报告，结合宏观环境条件，对项目做出是否投资建设的决定。该阶段可能很短，也可能很长，如我国的长江三峡工程的决策立项前后经历了几十年，这期间经历了许多次项目可行性研究补充论证和项目评估。由于大中型投资项目的建设与运营对国民经济和社会公众利益影响较大，因此在许多国家中，大中型投资项目的立项不仅仅是由项目投资者决定，还需要获得项目所在国有关政府机构的审核批准。

投资机会研究、初步可行性研究、详细可行性研究是投资决策分析的三个主要阶段。这三个阶段研究的目的、任务、要求以及所需费用和时间各不相同，其研究的深度和可靠程度也不同，详见表2-2。

在我国，对于政府投资项目而言，如水利建设项目，其投资决策分析的阶段划分稍有不同，主要分为项目建议书、可行性研究、项目评估和决策审批四个阶段。项目建议书阶段研究深度大致相当于前述预可行性研究深度，而可行性研究阶段深度是介于预可行性研究和详细可行性研究深度之间。

表2-2　　　　　　　　不同阶段项目投资决策分析差异表

研究阶段	目的	总投资额误差/%	研究费用占投资比率/%	花费时间
投资机会研究	鉴别与选择项目，寻找投资机会	±30	0.2~1.0	1~3个月
初步可行性研究	对项目进行初步技术经济分析，筛选项目方案	±20	0.25~1.5	4~6个月
详细可行性研究	进行深入细致的技术经济分析，多方案选优，提出结论性意见	±10	1.0~3.0	8~10个月

二、项目可行性研究的主要内容

我国于2002年编制印发了《投资项目可行性研究指南（试行版）》（简称《研究指南》），2023年4月在《投资项目可行性研究指南（试用版）》的基础上，国家发展改革委根据《中共中央、国务院关于深化投融资体制改革的意见》《政府投资条例》和《企业投资项目核准和备案管理条例》等规定，研究颁布了《政府投资项目可行性研究报告编制通用大纲（2023版）》和《企业投资项目可行性研究报告编制参考大纲（2023版）》（以下统称《投资项目可行性研究报告编制大纲（2023版）》）。

《投资项目可行性研究报告编制大纲（2023版）》整体框架对《研究指南》有了较大调整，主要体现在更加注重发挥宏观战略、产业政策和发展规划的引领作用。同时，研究借鉴可持续发展目标（SDGs）的相关要求，汲取有关环境社会影响评价（ESIA）分析框架,以及环境-社会-治理(ESG)责任投资理念,将绿色发展、自主创新、共同富裕、安全风险等理念以及投资建设数字化等要求融入可行性研究,建立适应高质量发展要求的投资项目可行性研究结构框架。坚持以"三大目标、七个维度"为核心内容,且区分政府投资项目和企业投资项目不同,其可行性研究侧重点有所不同,其中,政府投资项目要根据经济社会发展需要和财政可负担性,合理确定建设标准、建设内容、投资规模等,规避可能产生的地方政府隐性债务;企业投资项目可行性研究应聚焦企业自主投资决策所关注的投资收益、市场风险规避等内容,提高投资决策的科学性和精准性。

《投资项目可行性研究报告编制大纲(2023版)》中规定的可行性研究报告的主要内容如下:

(1)项目概况。包括项目、项目单位或项目公司和编制依据等内容的阐述。在项目层面,主要阐述拟建项目的建设地点、建设内容、建设规模、主要产出和主要技术经济指标等内容;"项目单位"是对既有项目法人或新设项目法人的基本信息的阐述,为分析判断项目单位是否具备承担拟建项目的能力、是否聚焦主责主业等提供依据;就政府投资项目中的资本金注入项目,还需简述项目公司基本信息、投资人(或者股东)构成及政府出资人代表等情况。"编制依据"主要说明拟建项目取得相关前置性审批要件和专题研究成果等情况,为相关观点和数据提供来源和支撑。

(2)项目建设背景和必要性。包括建设背景和规划政策符合性分析。"项目建设必要性"主要从宏观、中观和微观层面展开分析,研究项目建设的理由和依据。"规划政策符合性分析"应体现宏观战略和规划,从生态环境保护、共同富裕、科技创新、乡村振兴、国家安全、基本公共服务保障等政策层面,研究提出项目建设的必要性,评价项目投资与战略目标、政策要求的一致性。

(3)需求分析和项目任务。包括项目需求、建设内容和规模、项目实施模式3个子项分析内容。分析与项目相关的社会需求现状,预测拟建项目提供产品或服务的总量及结构等情况;研究项目战略目标和功能定位等,提出拟建项目的主要内容及其规模;对于政府投资项目,要研究提出项目实施模式,包括政府自行投资建设、政府和社会资本合作(PPP)模式、代建管理或全过程咨询、工程总承包(EPC)等,说明其主要理由。

(4)建设条件与要素保障。包括以下子项内容:

1)项目建设条件。分析拟建项目所在区域的自然条件,包括地形地貌、气象、水文、地质、地震等条件;交通运输条件,包括港口、铁路、公路、机场、通讯等条件;公用工程条件,包括拟选场址周边水、电、气、热和通信等设施的现状条件和发展规划要求;施工条件、生活配套设施及公共服务依托条件等。

2)要素保障情况。包括项目土地、资源环境要素保障说明,对于重大工程项目,应单独列示规划、用地、用能、环境等要素保障指标,并进行对比分析,细化落实要素保障。

3)项目选址。从规划条件、技术条件和经济条件等方面,对拟定的备选场址方案进行比较和择优,选择最佳或合理场址方案。明确拟建项目场址的土地权属类别、占地面积、土地利用状况、占用耕地情况、取得土地方式等内容。

4)征地补偿安置。对于水利、水电、交通等涉及征地补偿安置的项目,调查征地安置实物量，明确征地补偿安置的原则、范围和方式，保证项目受影响人的生产生活水平不受损失。对于涉及农村移民的项目，合理确定移民生产安置人口；对于涉及城镇、集镇迁建的项目，确定征收补偿安置方式和补偿金额、安置用房面积和安置地点、搬迁期限、搬迁过渡方式和期限等，并对其合理性进行分析。

（5）项目建设方案。主要包括项目技术方案、项目设备方案、项目工程方案和项目建设管理方案。要对上述进行分析设计论证其可行性。

（6）项目运营方案。包括项目运营模式比选、项目运营组织方案、安全管理和应急方案、绩效管理方案的分析和设计。

（7）项目融资与财务方案。包括项目投资估算、项目盈利能力分析、项目融资方案、债务清偿能力分析、财务可持续性分析等子项内容。

（8）项目影响效果专题分析。主要包括矿产资源、森林资源、水资源和其他资源利用效率分析；项目节能效果分析、环境和生态影响分析、碳排放与"双碳"目标影响分析、经济影响评价、社会影响评价等子项内容。

（9）项目风险管控方案。主要包括风险识别和管控方案、重大项目社会稳定风险管控方案、重大风险管控应急预案的研究制定。特别关注满足社会需求、保护生态环境、促进经济发展和公平正义、影响社会稳定等方面的风险，并对存在重大风险的拟建项目进行专题研究制定应急预案。

（10）研究结论及建议。归纳总结拟推荐的项目实施方案，评价项目环境-社会-治理（ESG）责任投资效果，提出项目是否可行的研究结论，并针对拟建项目需要重点关注的风险因素及需要进一步研究解决的问题，提出相关建议。

第二节　项目财务分析与评价

项目财务分析与评价是项目投融资决策分析的关键内容。所谓项目财务分析与评价，是指在国家现行财税制度和价格体系的前提下，从项目角度出发，分析预测项目的财务效益与费用，计算拟建项目的盈利能力（profitability）和清偿能力（debt solvency）等，据以判断项目的财务可行性。投资项目的盈利能力的高低，直接关系到投资主体的切身利益，是财务评价的主要指标，另外从资金筹集角度看，投资主体不但要了解投资项目的盈利能力，更要关心投资项目的偿还能力，故盈利能力和偿还能力是财务分析和评价的核心。

一、项目现金流量构成

项目现金流量（cash flow）是拟建项目在整个项目计算期内各个时点上实际发生的现金流入、流出以及流入和流出的差额（又称净现金流量）。项目现金流量一般以计息周期（年、季、月等）为时间量的单位，用现金流量图或现金流量表来表示。

1. 项目现金流出

项目现金流出一般包括总投资、总成本费用和税费等。

（1）总投资。总投资包括建设投资、建设期贷款利息和流动资金。

1）建设投资。按照概算法分类，建设投资由建筑安装工程费用、设备及工器具购置费用和工程建设其他费用、预备费等构成。

2) 建设期贷款利息。建设期贷款利息系指筹措债务资金时在建设期内发生并按规定允许在投产后计入固定资产价值原值的利息，即资本化利息。其包括银行借款和其他债务资金的利息，以及其他融资费用，如某些债务融资中发生的手续费、承诺费、管理费、信贷保险费等。

(2) 总成本费用。总成本是指运营期内为生产产品或提供服务所发生的全部费用。各行业成本费用的构成各不相同，以制造业项目为例，总成本费用包括外购原材料、燃料动力费、工资及福利费、折旧费、摊销费、修理费、财务费用（利息支出）和其他费用。

需要特别提及的是，由于项目经济评价考虑资金时间价值和投资项目自身的投资价值，因此存在一个特定概念——经营成本。上述总成本费用中扣除折旧费、摊销费和财务费用，即为经营成本构成。

(3) 税费。项目财务评价中涉及的税费主要包括关税、增值税或营业税、消费税、所得税、城市维护建设税和教育费附加等，有些行业还包括土地增值税。税种和税率的选择，应根据相关税法和项目的具体情况确定。

2. 项目现金流入

项目现金流入主要包括营业收入、资产回收和补贴收入。

(1) 营业收入。营业收入是销售产品或提供服务所获得的收入，其估算的基础数据为产品或服务的数量和价格。

(2) 资产回收。资产回收系指计算期期末，项目通过出售的固定资产残值或全部流动资金而获得收入。

(3) 补贴收入。指企业从政府或其他组织可获得的补贴收入。

二、项目盈利能力分析与评价

1. 项目盈利能力分析类型与方法

项目盈利能力分析就是分析企业在项目投产后所具有的盈利能力，可分为融资前分析和融资后分析，一般宜先进行融资前分析，在融资前分析结论满足要求的情况下，初步设定融资方案，再进行融资后分析。融资前分析排除了融资方案变化的影响，从项目投资总获利能力的角度，考察项目方案设计的合理性，作为初步投资决策的依据和基础，而融资后分析用于比选融资方案，帮助投资者做出融资决策。

盈利能力分析方法为现金流量分析法，有动态和静态之分。融资前动态分析以营业收入、总投资、经营成本和流动资金的估算为基础，利用资金时间价值的原理进行折现，考察整个计算期内项目现金流入和现金流出，编制项目现金流量表，计算项目的投资内部收益率和净现值等指标；融资前静态分析系指不对上述数据进行折现，计算项目的静态投资回收期和总投资收益率。融资后分析与融资前分析的主要区别在于，前者分析时在将项目流出中考虑了利息支出，而后者未考虑。同时融资后动态分析分为项目资本金现金流量分析和投资各方现金流量分析两个层次，类似地，融资后静态分析不仅需计算项目资本金净利润率，还需计算总投资收益率和各方投资收益率等指标。

2. 项目盈利能力评价指标及准则

项目盈利能力评价的主要指标包括项目投资财务内部收益率和财务净现值、投资回收期、总投资收益率、项目资本金净利润率等，可根据项目特点及财务分析的目的、要求等选用。

（1）财务内部收益率（financial internal rate of return，FIRR）。财务内部收益率是指能使项目计算期内净现金流量现值累计等于零时的折现率，即 $FIRR$ 作为折现率使下式成立：

$$\sum_{t=1}^{n}(CI-CO)_t(1+IRR)^{-t}=0 \quad (2-1)$$

式中：CI 为现金流入量；CO 为现金流出量；$(CI-CO)_t$ 为第 t 期的净现金流量；n 为项目计算期；$t=1,2,3,\cdots,n$。

当财务内部收益率大于或等于基准收益率（hurdle cut-off rate）i_c 时，项目方案在财务上可以考虑接受；反之，项目在财务上是不可行的，应拒绝接受项目。

（2）财务净现值。财务净现值（financial net present value，FNPV）是指按指定的折现率（一般采用基准收益率 i_c）计算的项目计算期内各年净现金流量的现值之和，用以反映项目在满足按设定折现率要求的盈利之外，获得的超额盈利的现值。财务净现值可按下式计算：

$$FNPV=\sum_{t=1}^{n}(CI-CO)_t(1+i_c)^{-t} \quad (2-2)$$

财务净现值大于或等于 0，表明项目的盈利能力达到或超过按设定的折现率计算的盈利水平，项目方案在财务上可考虑接受。

（3）投资回收期（payback period，P_t）是指以项目的净收益偿还项目全部投资所需要的时间。其指标有静态和动态两种。静态投资回收期不需要考虑资金的时间价值，并从项目建设起始年算起，计算公式为

$$\sum_{t=1}^{P_t}(CI-CO)_t=0 \quad (2-3)$$

而动态投资回收期是在考虑资金的时间价值的前提下，一个建设项目从开始投入到其投产后以其净收益偿还项目全部初始投资需要的时间，计算公式为

$$\sum_{t=1}^{P_t}(CI-CO)_t(1+i_c)^{-t}=0 \quad (2-4)$$

投资回收期 P_t 越短，表明项目的盈利能力和抗风险能力越好。投资回收期的判别标准是基准投资回收期，其取值可根据行业水平或者投资者的要求设定。

（4）总投资收益率（rate of return on investment，ROI）是指项目达到设计能力后正常年份的年息税前利润或经营期内年平均息税前利润与项目总投资的比率，它表示项目总投资的盈利水平。其计算公式如下：

$$ROI=\frac{EBIT}{TI}\times 100\% \quad (2-5)$$

式中：$EBIT$（earnings before interests and taxes）为税前利润总额加计入总成本费用的利息费用；TI 为项目总投资。

总投资收益率高于同行业收益率参考值，表明用总投资收益率表示的盈利能力满足

要求。

(5) 项目资本金净利润率 (rate of return on equity, ROE) 是指项目达到设计能力后正常年份的年净利润或运营期内年平均净利润与项目资本金的比率，用于反映项目资本金的盈利水平。其计算公式为

$$ROE = \frac{NP}{EC} \times 100\% \tag{2-6}$$

式中：NP 为项目正常年份的年净利润或运营期内年平均净利润；EC 为项目资本金。

项目资本金净利润率高于同行业的净利润率参考值，表明用项目资本金净利润率表示的盈利能力满足要求。

三、项目偿债能力分析与评价

项目偿债能力分析就是考察计算期内各年项目财务状况和偿债能力，即根据收益预期，测算在扣除一系列有关成本费用和税费以及应该提取的公积金、公益金后项目是否有能力偿还各项借款本息，是否有能力在偿还债务后对投资者有一定的投资回报。项目偿债能力分析是企业对外融资和项目可行性论证的依据。

项目偿债能力评价指标主要包括利息备付率、偿债备付率、资产负债率、流动比率和速动比率等指标。

(1) 利息备付率 (interest coverage ratio, ICR)。从付息资金来源的充裕性角度反映项目偿付债务利息的保障程度，ICR 是指在借款偿还期内的息税前利润 ($EBIT$) 与应付利息 (PI) 的比值，即

$$ICR = \frac{EBIT}{PI} \times 100\% \tag{2-7}$$

利息备付率一般可按年计算。利息备付率较高，即表明利息偿付的保障程度高。对于正常运营的企业，利息备付率起码应大于 1，否则表示付息能力保障程度不足。具体的衡量标准应结合债权人的要求确定。

(2) 偿债备付率 (debt service coverage ratio, DSCR)。DSCR 表示可用于还本付息的资金偿还借款本息的保障程度，它是指在借款偿还期内，用于计算还本付息的资金 ($EBITDA - T_{AX}$) 与应还本付息金额 (PD) 的比值，即

$$DSCR = \frac{EBITDA - T_{AX}}{PD} \tag{2-8}$$

式中：$EBITDA$ 为息税前利润加折旧和摊销；T_{AX} 为企业所得税；PD 为应还本付息金额，包括还本金额和计入总成本费用的全部利息，融资租赁费用可视同借款偿还，运营期内的短期借款本息也应纳入计算。

偿债备付率一般可按年计算，该指标较高，表明可用于还本付息的资金保障程度较高。在正常情况下，偿债备付率应大于 1，公认的项目债务覆盖率取值范围为 1.0～1.5。该指标小于 1 时，表示当年资金来源不足以偿付当前债务，需要通过短期借款偿付已到期债务。

(3) 资产负债率 (liabiliy to asset ratio, LOAR)。资产负债率是指各期末负债总额 (TL) 与资产总额 (TA) 的比率，即

$$LOAR = \frac{TL}{TA} \times 100\% \tag{2-9}$$

适度的资产负债比率，表明企业经营安全、稳健，具有较强的筹资能力，也表明企业和债权人的风险较小。对该指标的分析，应结合国家宏观经济状况、行业发展趋势、企业所处竞争环境等具体条件的判定。一般行业企业的正常资产负债率在 30%～50%，部分行业可以放宽在 60%左右，而 70%的负债率则是国内外普遍认为的警戒线。

（4）借款偿还期（debt payback period，P_d）。借款偿还期是指从建设开始年开始计算，依赖项目自身收益还清银行借款本金所需要的时间。计算公式为

$$I_d = \sum_{t=1}^{P_d} (R_d + D' + R_0 - R_r)_t \tag{2-10}$$

式中：I_d 为建设投资借款本利和；R_d 为年净利润与年利息支出之和；D' 为可用作还款的年折旧和摊销；R_0 为可用作还款的其他年收益；R_r 为还款期间的年企业留利。

四、不确定性分析与风险分析

项目财务评价所采用的数据大部分来自预测和估算，具有一定程度的不确定性，为分析不确定性因素变化对评价指标的影响，估计项目可能承担的财务风险，应进行不确定性分析与经济风险分析，提出项目风险的预警预报和相应的对策，为投资决策服务。

不确定性分析主要包括盈亏平衡分析和敏感性分析。

1. 不确定性分析

（1）盈亏平衡分析。盈亏平衡分析是指通过计算项目达产年的盈亏平衡点（break-even point，BEP），分析项目成本与收入的平衡关系，判断项目对产出品数量变化的适应能力和抗风险能力。进行这种分析时，首先要将成本划分为固定成本和可变成本，将产量作为不确定性因素，假定产销量、单位可变成本和产品售价不变，根据产量、成本、售价和利润相互间的关系，计算盈亏平衡时所对应的产量（即为盈亏平衡点）。盈亏平衡点越低，表示项目适应市场变化的能力越强，抗风险能力也越强。在项目财务中一般常采用线性盈亏平衡分析法。以产量表示的盈亏平衡点计算公式如下：

$$Q_{BEP} = \frac{F}{P-V-T} \tag{2-11}$$

式中：Q_{BEP} 为达到盈亏平衡时的产量；F、V 分别为年固定成本、单位产品的可变成本；P 为单位产品的销售价格；T 为单位产品的销售税金及附加。

在实践中，有时也以生产能力利用率表示盈亏平衡点，其计算公式为

$$Q_{BEP} = \frac{F}{Q(P-V-T)} \tag{2-12}$$

式中：Q 为产品销售量；其他符号含义同式（2-11）。

（2）敏感性分析。敏感性分析是指通过分析不确定性因素发生增减变化时，如工程建设项目主要变量因素（投资、成本、价格、建设工期等）发生变化时，对财务评价指标的影响，并计算敏感度系数和临界点，找出敏感因素。所以敏感性分析也称为灵敏度分析。通过敏感性分析，在诸多不确定因素中，找出对财务评价指标反应敏感的因素，并确定其影响程度。

敏感性分析有单因素敏感性分析和多因素敏感性分析两种。单因素敏感性分析是对单一不确定因素变化的影响进行分析，即假设各不确定因素之间相互独立，每次只考察一个因素，其他因素保持不变，以分析这个可变因素对财务评价指标的影响程度和敏感程度，是敏感性分析的基本方法。多因素敏感性分析是在两个或两个以上互相独立的不确定因素同时变化时，分析这些变化因素对财务评价指标的影响程度和敏感程度。通常情况下，财务评价中只要求进行单因素敏感性分析。

单因素敏感性分析一般按以下步骤进行：

1）确定分析指标。在众多的项目财务评价指标中，通常选用财务净现值、财务内部收益率和投资回收期等指标。

2）选择需要分析的敏感性因素。选择需要分析的敏感性因素时主要考虑两条原则：①预计这些因素在可能的变动范围内对财务评价指标的影响较大；②在确定性分析中所采用的该因素的数据可靠性、准确性把握不大。

3）研究设定不确定因素的变动范围，并列出分析指标的不同变化。对所选择的需要进行分析的不确定因素，按照一定的变化幅度（如±5％、±10％和±20％等）改变它的数值，然后计算这种变化对财务评价指标的影响数值，并将其与该指标的原始值相比较，从而得出该指标的变化率。

4）确定敏感性因素，对项目的风险情况进行判断。

敏感性分析的计算结果，应采用敏感性分析表和敏感性分析图表示。

2. 财务风险分析

由于人们对未来事物认识的局限性，可获得信息的有限性以及未来事物本身的不确定性，使得投资项目的实施结果可能偏离预期目标，这就形成了投资项目预期目标的不确定性，从而使项目可能得到高于或低于预期的效益，甚至遭受一定的损失，导致投资项目"有风险"。通过不确定分析可以找出影响项目效益的敏感因素，确定敏感程度，但并未考虑这种不确定性因素发生的可能性及影响程度，实际上任何项目中的不确定因素在未来按某一幅度变化的概率是不会相同的。一个敏感性大而发生概率很低的因素，对项目的影响有可能小于一个敏感性小而发生概率大的因素。因此有必要借助风险分析得知不确定性因素发生的可能性以及给项目带来的经济损失的程度。即不确定性分析找出的敏感因素可作为风险因素识别和风险估计的依据。

(1) 影响项目效益的风险因素。影响项目效益的风险因素可归纳为：

1）项目收益风险：如产出品的数量（服务量）与预测价格。

2）建设风险：如建筑安装工程量、设备选型与数量、土地征用和拆迁安置费、人工、材料价格、机械使用费及取费标准等，最终表现为项目建设投资和建设工期的变化。

3）融资风险：资金来源、供应量与供应时间等，最终表现为资金成本的变化或项目建设投资的变化。

4）建设工期风险：工期延长。

5）运营成本费用风险：投入的各种原料、材料、燃料动力的需求量与预测价格、劳动力工资、各种管理费取费标准等。

6）政策风险：税率、利率、汇率及通货膨胀率等。

(2) 项目财务风险分析方法。项目财务风险指项目发生财务损失的可能性及其后果，一般采用财务内部收益率、财务净现值等评价指标的概率分布或累计概率、期望值、标准差作为判别标准。常用的项目财务风险分析方法包括专家调查法、层次分析法、概率树分析法、蒙特卡罗模拟、风险调整贴现率法和肯定当量法等分析方法，应根据项目具体情况，选用一种方法或几种方法组合使用。

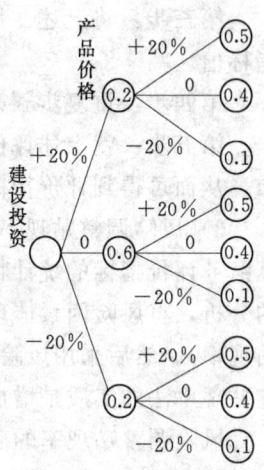

图 2-2 概率树示意图

1) 概率树分析法。概率树（图2-2）分析时借助现代计算技术，运用概率论和数理统计原理进行概率分析，求得风险因素取值的概率分布，并计算财务评价指标的期望值、方差或标准差和离散系数等，表明项目的风险程度。概率树分析方法的理论计算原理如下：

假设风险因素之间是相互独立，且服从离散分布，则可以通过对每个风险因素各种状态取值的不同组合计算项目的财务内部收益率或净现值等指标。根据每个风险因素状态的组合计算得到内部收益率或净现值的概率为每个风险因素所处状态的联合概率，即各风险因素所处状态发生概率的乘积。

假设风险因素有 $A, B, C, \cdots, N$，每个风险因素有状态 $A_1, A_2, \cdots, A_{n_1}$；$B_1, B_2, \cdots, B_{n_2}$；$N_1, N_2, \cdots, N_{n_n}$，且各种状态发生的概率满足 $\sum_{i=1}^{n_1} P(A_i) = 1$；$\sum_{i=1}^{n_2} P(B_i) = 1$；$\sum_{i=1}^{n_n} P(N_i) = 1$，则各种状态组合的联合概率为 $P(A_1)P(B_1)\cdots P(N_1)=1$；$P(A_2)P(B_2)\cdots P(N_2)=1$；$P(A_{n_1})P(B_{n_2})\cdots P(N_{n_n})=1$，共有这种状态组合和相应的联合概率为 $n_1 \times n_2 \times \cdots \times n_n$ 个。

将计算所得评价指标值由小到大进行排序，列出相应的联合概率和从小到大的累计概率，并绘制评价指标为横轴，累计概率为纵轴的累计概率曲线。计算评价指标的期望值、方差、标准差和离散系数。同时根据累计概率表或累计曲线可计算 $P[FNPV(i_c)<0]$，$P(FIRR<i_c)$，进而得到 $P[FNPV(i_c)\geqslant 0]$，$P(FIRR\geqslant i_c)$ 的概率。

显然，当风险因素数量及其所可取状态数较多（大于3个）时，这种状态组合数过多，计算过于烦琐，一般不适用概率树分析法。同时若风险因素之间不是独立而存在相互关联时，也不适用这种方法。

2) 蒙特卡罗分析法。蒙特卡罗分析法可以进行多变量分析，在获取风险因素的概率分布的基础上，利用计算机进行仿真模拟，从而得到分析评价指标的一系列统计特征值（期望值、方差等）和投资者获取理想投资收益的概率大小。目前蒙特卡罗分析法的专业软件有许多，如 Crystal、InfraRisk 等。蒙特卡罗分析法的具体步骤如下：

第一步：识别、界定项目的变量（风险因素）及其概率分布；一般变量常见的概率分布有正态分布、三角分布、均匀分布和贝塔分布等。

第二步：在计算机上产生相应概率分布下的变量随机抽取样值，并根据变量间的联合概率分布进行选择。

第三步：将上述变量的抽取样值代入分析评价指标的计算模型进行计算，得到一评价指标值。

第四步：重复步骤第二、第三步 n 次（为达到要求的精度，一般为 10000 次）。

第五步：就上述评价指标的计算结果绘制直方图。该直方图近似为评价指标的概率分布，从而可得到评价指标的期望值和方差等统计特征值。

3）风险调整贴现率法。风险调整贴现率法与前面两种方法有所不同，并不是通过计算财务评价指标的统计特征值来表征风险，而是通过对无风险投资和风险投资之间相关性的分析，将风险因素体现在贴现率中，从而得到包含风险因素的新的贴现率（即风险调整贴现率）。然后采用风险调整贴现率计算项目财务净现值，并据以进行投资决策。风险调整贴现率法的实质是增加了安全余量的考虑。

风险调整贴现率的确定，目前有三种方法：资本资产定价模型（capital asset pricing model，CAPM）、套利定价模型（arbitrage pricing theory，APT）和主观设定的贴现率。在此主要介绍 CAPM。CAPM 的基本原理为多样化投资可以降低甚至消除资产组合的非系统风险，而系统风险与整体经济运行有关，不能通过多样化、分散化的投资来消除。因此投资者决策时，只需要考虑项目的系统风险，而无需考虑项目的非系统风险。从理论上说，一个由足够多资产构成的资产组合只有系统性风险，市场组合就可被认为是这样一个组合。CAPM 对资产的定价就是对该资产系统风险的定价。

在一个所有投资者都遵信资产组合理论并达到均衡的市场上，给定资产或资产组合的收益（即为风险调整贴现率）由无风险收益和风险补偿共同组成，用公式表示为

$$R_i = R_f + \beta_i (R_m - R_f) \tag{2-13}$$

其中

$$\beta_i = \frac{\text{cov}(R_m, R_i)}{\sigma_m^2} \tag{2-14}$$

式中：R_i 为某特定资产或资产组合 i 的收益率，即风险调整贴现率；R_f 为无风险投资收益率，国内外学者常采用类似期限国债利率，作为无风险投资收益率 R_f 的参考值；R_m 为市场组合 M 的收益率或资本市场的平均投资收益率，在资本市场相对发达的国家，通常以股票价格指数来替代这一均衡投资收益率，作为市场组合收益率 R_m 的参考值；β_i 为某特定资产或资产组合 i 的风险调整系数；σ_m^2 为市场组合风险，即系统风险；$\text{cov}(R_m, R_i)$ 为某特定资产或资产组合 i 与市场组合 M 的协方差。

需要指出的是，风险调整系数 β_i 的确定比较困难，并且其计算方法目前还存在较大的争议。在国际项目融资中，一般的方法是根据资本市场上已有的同一种工业部门内相似公司系统性风险的 β 值作为将要投资项目的风险校正系数。在资本市场相对发达的工业国家中，一些具有权威性的证券公司会定期公布所有上市公司的 β 值及各个工业部门的平均 β 值，供投资者参考。在引用公布的 β 值时，要注意区分是资产 β 值（β_a）还是股本资金（β_e）。资产 β 值反映的是该工业部门（或部门）的生产经营风险，股本资金 β 值反映的是公司（或项目）在不同资金结构中的融资风险。债务越高，融资风险就越大，股本资金 β 值也就越大。股本资金 β 值与资产 β 值之间的关系用公式表示为

$$\beta_e = \beta_a \left[1 + \frac{D}{E}(1-t) \right] \tag{2-15}$$

式中：D 为项目债务资本；E 为项目股本资本；t 为所得税税率。

4）肯定当量法。肯定当量法（surely-balanced method）也不是通过计算某财务评价指标的统计特征值判断风险，而是预先用一个系数把有风险的现金流量调整为无风险的现金流量，再用无风险的贴现率去计算财务净现值，并据之判断投资项目可取程度的一种方法。计算公式为

$$NPV = \sum_{t=0}^{n} \frac{a_t CFAT_t}{(1+i)^t} \qquad (2-16)$$

式中：a_t 为 t 年现金流量的肯定当量系数；$CFAT_t$ 为 t 年的税后现金流量；i 为无风险的贴现率。

肯定当量法的核心与关键在于肯定当量系数的确定。所谓肯定当量系数，是指把不肯定的 1 元现金流量折算成相当于使投资者满意的肯定现金流量的系数。一般来讲，在肯定的 1 元和不肯定的 1 元之间，人们往往会选择前者，因为不肯定的 1 元，只相当于不足 1 元的金额，两者的差额，是缘于风险或不确定性的客观存在，风险或不确定性越高，未来现金流量贬值的可能性越大。为此，在按财务净现值法判断投资项目或投资方案是否可取时，在未来现金流量上乘上一个系数，相当于把含有风险或不确定性因素的现金流量换算成剔除了风险或不确定性因素后的可以肯定的现金流量，从而提高了投资可行性判断的准确程度。可见，肯定当量系数的实质是对现金流量的一个折扣率。

按照上述定义，肯定当量系数 a_t = 肯定的现金流量 ÷ 不肯定的现金流量期望值，但由于不肯定的现金流量期望值无法直接计算得出，故难以应用。在实际工作中，一般采用经验系数法，若以反映现金流量期望值风险程度的标准差率（亦称变异系数）表示现金流量的不确定程度，则肯定当量系数与标准差率的经验数据见表 2-3。

表 2-3　　　　　　　　肯定当量系数与标准差率对照取值表

标准差率 C_v	0.00~0.07	0.08~0.15	0.16~0.23	0.23~0.32	0.33~0.42	0.43~0.54	0.55~0.70
肯定当量系数 a_t	1	0.9	0.8	0.7	0.6	0.5	0.4

标准差率反映了投资项目的风险程度，风险越小，则标准差率越小，对应的肯定当量系数就大，可以肯定的现金流量也就越大；反之，风险越大，标准差率就越大，对应的肯定当量系数也就小，可以肯定的现金流量也小。

第三节　项目融资决策分析与评价

项目融资决策分析一般分为两个层次：一是项目可融资性分析。随着经济社会的发展，项目投资规模日益庞大，项目投资者往往难以凭借一己之力进行投资，需要借助外源资金，尤其是债务资金，因此，项目投资决策与融资决策难以完全分离，即只有项目具有可融资性，项目投资者才能作出真正的投资决策。但是相较于项目投资决策而言，项目融资决策并不是项目投资者单方面的决策，而是涉及更多方面的经济实体，其中最主要的是

资金需求者（资本金投资者）和资金供给者（贷款人）。二是项目融资结构的初步决策，在投资者目标要求下，对融资要素——资金、产权、资信等要素进行结构设计和比选。本节主要阐述第一层次的内容，即项目可融资性的决策分析与评价。

一、基于资本金投资者要求的融资决策分析与评价

由于财务杠杆的作用，项目融资方案对资本金投资收益有着较大影响。因此对于资本金投资者而言，在项目的可融资性分析中，其可能更为关注投资回报、对公司的追索程度和法律上的限制等。

1. 投资回报方面的要求

资本金投资者对投资方面的要求主要体现在4个方面：

（1）资本金回报率（ROE）。此处资本金回报率是一动态指标，是指使项目资本金折现值等于项目经营期所有净现金流量折现值之和的贴现率。当资本金回报率大于等于最低可接受财务收益率时，表明项目具有可融资性，否则，项目不具有可融资性。项目最低可接受财务收益率通常根据项目投资者自身发展战略、经营策略、项目目标、投资收益的期望、机会成本和资金成本、项目风险等因素综合权衡而确定，可采用的方法有CAPM模型、加权资金成本法、典型项目模拟法和德尔菲专家调查法等。一般而言，如果资本金回报率比贷款利率高10个百分点，则项目可融资性较好。

（2）税后净现值。若以项目最低可接受财务收益率作为贴现率，则税后净现值是指项目经营期所有净现金流量折现值总和与资本金折现值之差。如果税后净现值大于等于0，则项目具有可融资性。

（3）资本金投资回报期。若资本金投资回收期满足投资者可接受的投资回报期，则项目具有可融资性。

（4）每股盈利。如果融资主体是既有法人，且采用增发股票或配股等方式进行融资，则可能会影响公司现有股东的权益，因此在分析项目融资方式时，需要考虑不同项目融资方式对现有股东权益的影响程度，影响程度越小越好。

2. 对公司的追索程度

如果某种融资方式对公司其他资产的追索程度越高，则意味着公司在进行该项目投资时面临的风险较大，要求更高的投资收益率才能实现项目收益与风险的权衡，因此该因素会通过资本金回报率或税后净现值等因素起作用。

3. 法律上的限制

由于金融制度环境和资本市场发达程度的差异，不同国家和地区对项目可采用的融资方式和融资额度均有不同程度的法律限制，如在我国，按照有关法规规定，从1996年开始，对各种经营性国内投资项目试行资本金制度，投资项目资本金占总投资的比例，根据不同行业和项目的经济效益等因素确定，这就限制了项目债务资金额度。2004年、2009年、2015年和2019年，我国对不同行业的项目资本金比例要求进行了4次调整，最新项目资本金最低比例要求见表2-4；对于外商投资项目（包括外商独资、中外合资、中外合作经营项目），我国现行法规也规定了注册资本与投资总额的比例，如投资总额在3000万美元以上的，其注册资本的比例不得低于三分之一，其中投资总额在3600万美元以下的，注册资本不得低于1200万美元。

第三节　项目融资决策分析与评价

表 2-4　　　　　　　我国不同行业项目资本金最低比例要求表

项　目　类　型		项目资本金最低比例要求
城市和交通基础设施项目	城市轨道交通项目	20%
	机场项目	25%
	铁路、公路、港口、沿海及内河航运项目	20%
房地产开发项目	保障性住房和普通商品房项目	20%
	其他房地产开发项目	25%
产能过剩行业项目	钢铁、电解铝项目	40%
	水泥项目	35%
	煤炭、电石、铁合金、烧碱、焦炭、黄磷、多晶硅项目	30%
其他工业项目	玉米深加工项目	20%
	化肥（钾肥除外）项目	25%
电力等其他项目		20%

注　公路（含政府收费公路）、铁路、城建、物流、生态环保、社会民生等基础设施项目、在一定条件下，可适当降低项目最低资本金比例，但下调不得超过 5 个百分点。

二、基于债务资金提供者要求的融资决策分析与评价

债务资金提供者（一般为贷款银行）在承诺项目贷款时，侧重考察和分析评价项目融资期内的项目风险，从而判断项目债务资金本息偿还的可靠性和安全程度。项目融资期内的项目风险一般分为环境、技术和项目清偿能力三个方面。

1. 项目环境分析评估

项目环境分析评估主要包括政治环境、法律环境、经济环境、自然环境。

（1）政治环境。对于项目融资而言，项目政治环境至关重要，因为如果项目所在国（东道国）发生战争暴乱、政权的更迭等事件，将会导致市场的严重混乱、政府机构瘫痪现象，那么东道国政府根本就无法保证履行和兑现与政府签订的各类协议、合同以及政府给予的某些支持。有些政府出于自身利益的考虑，甚至有可能采用简单的拒付债务、撤回担保、废弃合同的做法。对于由此导致的损失，有些政府还可以利用国家法上的主权豁免理论使其免于任何诉讼。

根据国际经济法，一个主权国家有权根据本国政治、经济需要对私人（外国投资者或本国投资者）的投资项目实施国有化、没收或征用。在法律界和司法实践中，对主权国家的这种做法有三种观点：一是全额补偿，大多数发达国家往往主张对国有化的项目投资者进行全额补偿；二是不予补偿，大多数发展中国家持有此观点；三是合理补偿，部分国家持有该主张。但从发生类似情况的已有实践来看，即使给予一定的补偿，但由此造成的巨大损失常常是无法挽回的。主权国家实施国有化的方式有两种：一是直接、快速的国有化，这也是我们通常所说的一种。例如在 1990 年海湾战争中，伊政府宣布没收对伊拉克持敌意的国家在伊拉克的资产，致使 100 多个国家的金额达 45 亿美元的项目资产被收归国有，其中日本损失最为惨重，达 30 多亿美元。二是间接、缓慢的国有化，导致该种风险的原因是东道国政府增加税赋、拒绝更新或续发许可证以及不允许进出口等。比如，泰国有这样一个例子：泰国高速公路管理机构曾迫使曼谷的一家有日本建筑公司参股的高速

公路有限公司在曼谷开辟一条收费公路，后来双方在收费问题上存在严重分歧。为了使这条私人参与建设的高速公路"民族化"，泰国政府决定保持对所开发的基础设施的控制权。最后该公司不得不出售其所拥有的65%股份给泰国投资者。这实际上是把日本建筑公司排斥出泰国基础设施建筑市场。再比如，加拿大政府为了限制外国资本对自然资源的投资，修改了外资利用政策，公布了新的国家能源政策，政府在其后的一年内，先是对外国投资者增加税收，接着又买断了外国投资者的投资，致使1000多亿美元的能源项目被取消，500多亿美元的项目被搁置，这实际上是一种间接、缓慢的国有化形式。由于融资项目的融资期限较长，一般在20年左右，经历项目准备、设计、施工、运营等阶段，无论在哪个阶段发生此类风险，都足以导致项目不能达到预期效益。

（2）法律环境。现代经济社会是法治社会，一个项目的成功与否很大程度取决于东道国政府的法律是否完备。完备的法律体系可以明确合同双方的责任、义务和权利，保护双方的利益、规范双方的行为。因此债务资金提供者首先要分析评估项目所在国法律制度的完备性和权威性、立法的变更可能性和外汇管制等内容。

项目融资所需要的法律框架至少应包括：适合项目融资的基本法律条款；合同的法律效力规定；公正高效的纠纷处理规定等。由于项目融资期限较长，因此需要根据项目所在国的政治经济发展情况、市场成熟程度等因素判断法律连续性或法律变更的可能性，以及立法变更对融资项目可能产生的影响。

在跨国项目融资中，尤其要关注外汇管制的有关法律法规。许多发展中国家都实施严格的外汇管理制度。如在泰国，泰国银行按照外汇管制法对外汇进行管制，虽然对向国外借款没有限制，但规定泰国公民向国外借款都必须在一定时间内通过指定的泰国银行兑换成泰铢；或不经兑换存入特定机构中的外汇账户。购买用于偿还外债本息所需的外汇必须经过泰国银行的一个特定机构的批准。更为强调的是，自1997年亚洲金融危机以来，泰国政府对外汇管制的相关规定变更频繁，对外国投资者而言，面临较大风险。在中国，目前除在特定区域如上海自由贸易试验区等区域内可对人民币资本项目自由兑换外，在其他区域，人民币在资本项目下仍不是可自由兑换，于是是否获得外汇可兑换性审批十分关键。鉴于此，东道国政府的外汇管理制度是债务资金提供者考察东道国法律环境的一个重点。

（3）经济环境。经济环境对项目的运营绩效影响深远。债务资金提供者主要在以下几方面考察和评估项目所在国经济环境：①经济增长率，如果一国经济的实际增长率低，说明其国内可能需求增长不足，很难发展经济并偿还国际贷款；②价格水平，一国价格水平及价格管理对项目产品的风险将产生重要影响，因为如果产品价格受到管制且定价不高，将会影响项目经济强度；③通货膨胀率，通货膨胀是经济发展中难以避免的，但如果通货膨胀长时间居高不下说明该国经济不稳定；如果通货膨胀率不仅高，且动荡不定，则国家的信誉不可靠，并且增加了项目投资的不确定性；④利率和汇率，利率和汇率影响着项目融资、再融资成本和项目借款人的偿债能力，因此债务资金提供者对利率和汇率的发展变化趋势十分关注；⑤税率，税率的高低直接影响项目的收益，因此要关注税率的变化对项目经济强度的影响。

（4）自然环境。融资项目的开发建设是否对周围的生态、环境产生不利的影响，如是否可能造成严重的水土流失、使大量移民的生活更加贫困或使土地盐碱化等，从而可能受到东道国有关环境保护法律方面的惩戒。例如按照"谁污染，谁负责"的原则，环境保护成本（含环境治理费用、为预防环境破坏而投入的费用、受害者补偿费用等）都要由项目经济实体自身来承担，显然对项目经济强度有影响。此外，地形地貌、地质条件和气象水文条件对项目选址和工程布置也有着重要影响。鉴于此，债务资金提供者也会聘请技术专家对此进行评估。

2. 项目技术分析评估

项目拟采用的技术设计方案对项目的安全可靠运营至关重要，尤其是项目的生产工艺对项目运营成本、项目产出物质量等方面影响深远。因此债务资金提供者，如贷款银行十分重视项目技术方案的分析评估。尽管许多大银行有自己的技术专家严格把关技术评估，但通常会聘请独立专家进行专门的技术评估。技术分析评估内容包括各种技术设计方案及相应的成本预估与工程进度。

(1) 项目采用的技术的适宜性和可行性分析。技术设计的内容包括项目规模、选址、工程布置、主要建筑物和工艺设备选型等内容。技术设计方案不当，容易导致项目失败或影响项目财务收益。比如某钢铁冶炼项目，由于所采用的冶炼技术未能充分考虑该项目的原材料——铁矿石物理化学性能，导致钢铁产品含磷量高、脆性大，项目产品难以满足规定的质量要求，最终该钢铁冶炼项目以失败而告终；又如，位于西班牙贝尼多姆的一个房地产开发项目，原设计20层，后由于原开发商破产，该地产项目由新组建的开发商继续开发建设。为提高项目盈利，新开发商决定修改该地产项目设计，由20层增加至47层，高度达到大约198m，有269套房间。但不可思议的是，由于设计团队的疏忽，设计团队竟然没有为更高楼层设计电梯，发现此致命问题时，已有35%的房间售出。为此购房者对新开发商提出欺诈和其他投诉，对剩余房间的市场销售影响相当大。因此，站在项目融资的角度，为避免承受过高的项目风险，使用可行的技术通常是贷款银行要求的先决条件。如果项目设计采用的是新技术，则必须提供相关的证明文件或其他项目中已经使用过的详细资料，并指明使用该项新技术的潜在风险。

(2) 施工组织设计。对于工程项目而言，施工组织设计方案是确保工程项目顺利完工的主要技术文件。对于具体的技术标准要根据具体的项目进行分析评估。施工组织设计不当，容易导致项目施工质量安全事故，从而造成施工成本上升、工期延误。仍以前述西班牙贝尼多姆的一个房地产开发项目为例，该项目直至第23层完工，大楼没有货运电梯，工人们只能从楼梯上下。2011年7月，货运电梯垮塌，多名工人受重伤，救护车却无法进入现场，原因是开发商为了省钱，没有在大楼周边修建车辆通路。

(3) 工期评估。合理的施工工期有助于降低工程成本，因此工期评估就是进行工期——成本优化，确定合理可行的工期计划。

3. 项目清偿能力

项目清偿能力除了可采用前述利息备付率和偿债备付率（单一年度）等指标进行分析评价，在项目融资中贷款银行还经常采用以下指标：

(1) 项目累计债务覆盖率（$\sum DSCR_t$）。其计算公式为

$$\sum DSCR_t = \frac{\sum_{i=1}^{t-1} NC_i + NC_t + RP_t + IE_t + LE_t}{RP_t + IE_t + LE_t} \quad (2-17)$$

式中：NC_t' 为第 1 年开始至第 $t-1$ 年项目未分配的净现金流量；NC_t 为第 t 年项目的净现金流量；RP_t 为第 t 年到期债务本金；IE_t 为第 t 年应付利息；LE_t 为第 t 年应付的项目租赁费用（如果存在）。

由于项目在某几个特定的年份（如项目生产前期和设备更新时期）可能会出现较低的 $DSCR_t$ 值，所以规定项目把一定比例的盈余资金保留在项目公司中，只有满足累计债务覆盖率以上的资金部分才能被允许作为利润返还给投资者，这样就可使项目在不同年份之间都有能力偿还债务。通常 $\Sigma DSCR_t$ 的取值范围为 1.5~2.0。

(2) 项目债务承受比率（CR）。项目债务承受比率 CR 是指项目融资期间现金流量的现值与预期债务金额的比值。其表达式为

$$CR = \frac{\sum_{t=0}^{n} NC_t(1+R)^{-t}}{D} \qquad (2-18)$$

式中：R 为项目折现率，其他符号意义同前。在项目融资中，项目债务承受比率的取值范围一般要求为 1.3~1.5。

(3) 资源收益覆盖率（resource income coverage ratio，RCR）。对于资源矿产项目（如煤矿、石油、天然气等）而言，有无足够的储量是一非常重要的风险因素。因此，贷款银行在向这类项目发放贷款时，一般要求已经证实的可供项目开采的资源总储量是项目融资期间计划开采资源量的 2 倍以上，而且还要求任何年份的资源收益覆盖率都要大于 2。

第 t 年资源收益覆盖率 RCR_t 是指当年项目未开采的已证实资源储量的现值与该年项目未偿还债务总额的比值。其计算公式为

$$RCR_t = \sum_{i=1}^{n} \frac{NP_t}{(1+R)^i} \Big/ OD_t \qquad (2-19)$$

式中：NP_t 为项目第 t 年的毛利润，即销售收入与生产成本之差额；OD_t 为第 t 年未偿还的项目债务总额；R 为折现率，一般采用同等期限的银行贷款利率作为计算标准；n 为项目的经济寿命期。

项目债务资金提供者（贷款银行）在对以上几点进行综合评估后，最后作出项目是否具有可融资性或是否对项目提供贷款的结论，以及给出改善或保证项目现金流量的建议。

【案例阅读与思考】

案例一　东方园林 PPP 项目投资之殇

一、公司基本情况

北京东方园林环境股份有限公司（以下简称"东方园林"）始创于 1992 年，随后飞速发展，2003 年的东方园林业务已经囊括 12 个省份，2009 年 11 月 27 日，东方园林于深交所中小板上市，成为中国园林行业第一家上市公司。公司业务主要包括水环境综合治理、工业危废处置、工业废弃物循环利用等领域。

二、公司扩张与 PPP 项目投资

东方园林在成功上市后沿袭其扩张策略，2015 年下半年东方园林花费 30 亿元收购金源铜业等 5 家环保行业企业，2016 年又并购中山环保、上海立源两家水处理公司，希望从原主营的市政园林业务向危废和水环境治理转型。与此同时，东方园林也在积极尝试 PPP 模式。2014 年 11 月，《国务院关于创新重点领域投融资机制鼓励社会投资的指导意见》出台，PPP 项目迎来了短暂的迅猛发展期，东方园林也开始跟随 PPP 发展浪潮，于 2015 年 3 月中标第一个 PPP 项目，随后东方园林大力发展 PPP 模式，希望凭借先发优势占据市场。数据显示，2015—2018 年，东方园林 PPP 项目的累计中标金额超 1500 亿元。借助 PPP 模式政策的春风，东方园林一度成为 PPP 模式民营第一股，2017 年 10 月，其市值突破 600 亿元。

三、PPP 项目投资资金链断裂

2018 年开始，东方园林经营形式急转直下，伴随着发债失败、PPP 模式监管日趋严格，东方园林前期迅猛扩张带来的财务危机开始凸显，东方园林当时的实控人何巧女、唐凯夫妇的股权质押比例均达到 95% 以上，甚至被爆出拖欠员工薪酬的问题，在东方园林财务危机愈发严重的时候，北京朝阳区国资委对东方园林实施纾困，希望帮助东方园林缓解流动性危机。

经历朝阳区国资委两次纾困后，东方园林的实控人也发生了变化，从原来的民营企业变为国资控股的企业，但东方园林的经营情况并未好转，股价也在持续下跌。2021 年 12 月 21 日，东方园林大股东何巧女质押的 1.37 亿股股票即将被强制拍卖，约占东方园林总股数的 5.09%。PPP 模式帮助东方园林迅速发展，但也为后续东方园林僵化埋下了隐患。PPP 模式独特的运作机制使得东方园林需要在前期投入资金与政府合作设立项目承接主体 SPV 公司，以 SPV 公司为主体进行资金的借贷，而东方园林则作为施工方承揽 SPV 公司的项目，工程完工后，SPV 公司将享有项目 15~20 年的收益。东方园林作为 SPV 股东，一方面要投入 PPP 项目股本资金，另一方面在 PPP 项目债务融资中，要为 SPV 公司提供股东担保；东方园林的收益主要来自于施工利润和投资回报。但 PPP 项目在我国发展时间还较短，PPP 项目市场化还不够完善，在所承揽的 PPP 项目中，仅有极个别的 PPP 项目能够完成市场化，让承建方及时收回垫付的资金并取得收益，而大部分完工后的项目难以及时的为施工方提供收益，资金回收期过长，导致以 PPP 项目为主要模式的企业急需银行贷款或债券市场发债、大股东股权质押等融资方式提供资金，东方园林在 2015—2018 年主要依赖实控人何巧女股权质押以及债券市场筹资获得充足的资金，以实现企业扩张。在 2018 年之前，国家针对 PPP 项目的监管政策还未落地，PPP 项目处于野蛮生长的时期，但从 2018 年开始，国家开始加强对 PPP 项目的监管，至 2019 年末，政府部门共清理退库项目 1695 个，涉及投资额约 1.8 万亿元，上报整改项目 2005 个，涉及金额约 3.1 万亿元。这导致市场对于 PPP 项目热度下降，持有 PPP 项目的企业难以在资本市场获得资金，同时财政部对于地方政府的 PPP 项目支出作出限制，东方园林在此环境下希望借助债券市场进行融资，但市场风向已经发生改变，导致东方园林原计划发行的 10 亿元债券只认购了 0.5 亿元。在债券市场筹资不利的情况下，实控人何巧女此前为企业扩张质押的股权也随着东方园林股价的下跌出现平仓危机，何巧女及其一致行动人唐凯合计持有的股权约为44%，股权质押比例在95%以上，一旦触及平仓线又不能补充质押，东方园林可能出现实控人变更的问题，东方园林的流动性危机极其严重。

由于东方园林是绿化建筑类企业，没有资金投入项目就无法获得收益，而没有收益就更加难以获得资金投入项目，导致东方园林陷入恶性循环，许多PPP项目无法开工，使得企业造血能力和盈利能力大幅下降，为企业自身僵化埋下了伏笔。2023年5月初，东方园林公司股价一度跌至1.9元左右，距其2017—2018年间18～19元左右的股价相差甚远。

思考：

(1) 东方园林PPP项目投资失败的原因是什么？

(2) 根据东方园林PPP项目投资失败的经验教训，企业投资项目决策分析应该考虑哪些内容？

(资料来源：马良. 国资纾困缓解企业僵尸化研究：以东方园林为例 [D]. 河南财经政法大学，2022.)

第三章 项目投资结构

> **基 本 要 求**
>
> ◆ 掌握项目投资结构的定义与类型
> ◆ 掌握4种基本组织形式及其特点
> ◆ 熟悉4种基本组织形式的区别及其适用角色
> ◆ 熟悉信托基金的主要参与人
> ◆ 熟悉影响项目投资结构设计的因素
> ◆ 了解我国关于企业并购的相关税务处理规定
> ◆ 了解国内外商业信托的应用情况

第一节 项目投资结构的定义及类型

一、项目投资结构的定义

关于项目投资结构,目前尚未有统一的定义,但最有代表性的为张极井先生和叶苏东教授给出的定义。张极井在其著作《项目融资》(1997年)中将项目投资结构定义为:项目的投资结构即项目的资产所有权结构,是指投资者对项目资产权益的法律拥有形式和投资者之间的法律合作关系。上海复旦大学叶苏东教授认为:"项目投资结构(或称之为项目组织结构)是指进行项目投资、融资和管理所涉及的主体之间在管理工作中进行分工协作,在职责权利方面所形成的结构体系。"显然,叶苏东教授给出的定义更为广泛,包含了项目的资产所有权结构这一层含义,因为项目投资主体是经济要素所有权在项目投资领域的人格化。

随着投资项目规模越来越大,为规避投资风险、实现优势互补和资源共享、提高资金筹措能力,项目经济实体之间的分工亦越来越细化,即负责项目投融资、建设运营管理主体已不再是唯一主体,而可能是多元化主体,因此在设计融资项目组织结构时,需要考虑项目投资主体、融资主体和管理主体。故本书采用叶苏东教授的更为广泛的项目投资结构概念,其概念示意如图3-1所示。

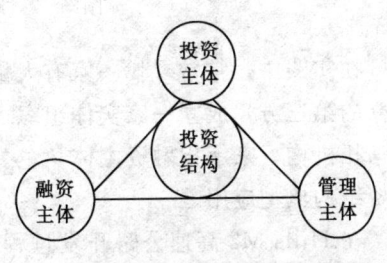

图3-1 项目投资结构概念示意图

作为投资者,其可以直接将资金投入项目,但通常是通过某种形式的实体组织向项目投资,可称该实体组织为项目投资主体，其是投资者与项目（风险和收益）之间的纽带；项目融资主体是进行融资活动，并承担融资责任和风险的实体组织，是债权人与项目（风险和收益）之间的纽带；项目管理主体是替代项目发起人进行项目执行和控制的实体组织。

二、项目投资结构的类型

根据项目投资结构中实体经济组织的个数，可将项目投资结构分为单实体、双实体和多实体3种投资结构类型。

1. 单实体投资结构

所谓单实体投资结构就是由一个实体组织同时负责项目管理、吸纳权益资金和债务资金的工作，即项目管理主体、投资主体和融资主体三者合一由同一个实体组织来承担，如图3-2所示。单实体投资结构由于简单，且管理较为便利，故在实践中较为常见。

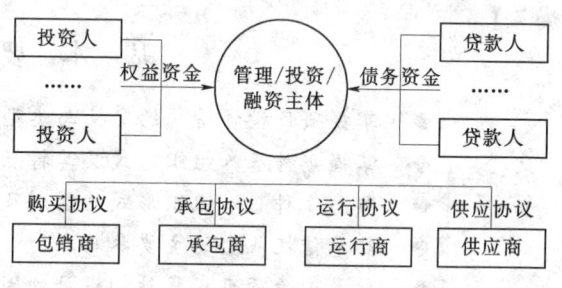

图3-2 单实体投资结构的组织模式

2. 双实体投资结构

顾名思义，双实体投资结构就是由两个经济实体分别承担项目管理、吸纳权益资金和债务资金的工作。理论上3个角色由两个实体承担可产生许多组合，如每个实体各承担一个角色，剩下的一个角色由两个实体共同承担；一个实体同时承担两个角色，另一个实体承担剩下的一个角色等，但在实践中，并不是每种组合有相同的应用价值，更为常见的组合是把融资工作与项目的其他工作分离。即在投资结构中，一个经济实体用于接收项目投资人的投资和负责项目管理（承担项目管理主体和投资主体角色），另一个经济实体用于筹集项目资金（承担融资主体的角色），筹集资金的经济实体把筹集的资金转贷给负责项目管理的经济实体，从而形成一个双实体投资结构，如图3-3所示。

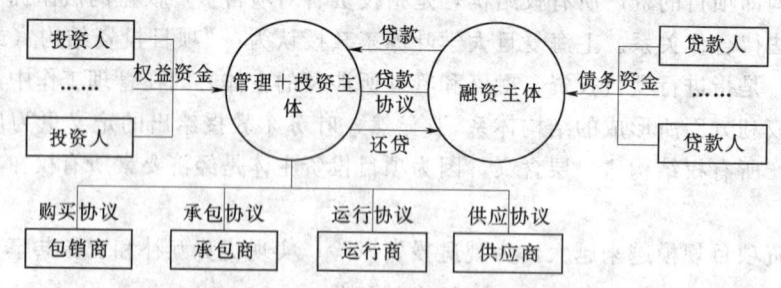

图3-3 双实体投资结构的常见组织模式

在实践中，常常寻找一家有大量盈利的公司（作为项目发起人或项目投资者之一，或独立的第三方）成立一家实体组织（如控股租赁公司），或专门成立信托基金结构，或寻找信托机构，来承担融资主体角色。澳大利亚 Hills M2 高速公路的投资结构就是双实体投资结构典型应用之一。

在 Hills M2 高速公路开发过程中，项目资金的主要来源是澳大利亚股市发行股票、基础设施债券和15年期的联合贷款。由于发行股票和基础设施债券涉及人数众多，专门成立 Hills 高速公路信托基金进行筹资，另外成立 Hills 高速公路有限公司进行项目管理。通过 Hills 高速公路信托基金发行两期与物价指数挂钩的债券：第一期 1 亿澳元于 1994 年 12 月发行，期限为 27 年；第二期 1 亿澳元于 1996 年 6 月发行，期限为 25.5 年。此外，银行贷款 1.2 亿澳元。Hills 高速公路信托基金将共计 3.2 亿澳元都贷给 Hills 高速公路有限公司用于公路建设，在项目完工时，项目发起人提供 3000 万澳元的权益资金。Hills 高速公路有限公司通过"交钥匙"合同，把公路设计施工发包给 Abigroup 有限公司与 Obayashi 公司组成的联合体，通过运营维护合同把公路的运营维护包给 Tollaust 私人有限公司。Tollaust 私人有限公司由 Abigroup 有限公司和公路运营公司 Transronte 公司共同出资设立。整个项目组织结构见图 3-4。

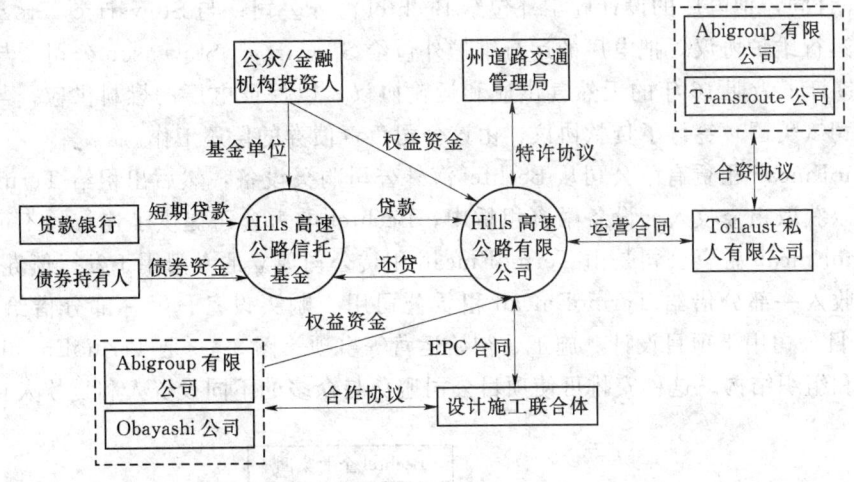

图 3-4 Hills M2 项目的组织结构

3. 多实体投资结构

多实体投资结构是指由 3 个或 3 个以上的实体分别负责项目管理、吸纳权益资金和债务资金的工作，即管理主体、投资主体和融资主体分别由 3 个及以上不同的实体组织来承担（图 3-5）。多实体投资结构可以根据不同参与人的需要灵活地分配实体角色，为投资结构设计提供了更大的弹性，但由于结构复杂，增加了管理难度。

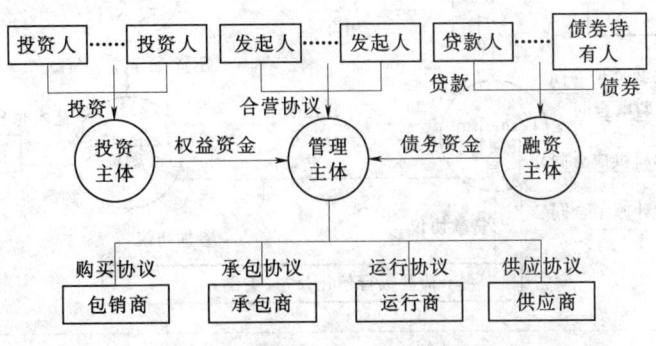

图 3-5 多实体投资结构的常见组织模式

多实体投资结构的典型应用之一为哥伦比亚 TermoEmcali 电厂。哥伦比亚 Termo-

第三章 项目投资结构

Emcali 电厂是一座装机 23.38 万 kW 的燃气电厂,是按照美国证券管理 144A 规则,以商业贷款承诺为支持,通过私募方式筹集资金。主要发起人有 Empresas Municipales de Cali 公司(简称 Emcali 公司,哥伦比亚 Cali 市的公用事业公司)、Bechtel 企业集团公司(一家美国能源公司)、Corporacion Financiaera de Pacifico SA 公司(简称 CFP 公司)和五月花控股公司。Bechtel 企业集团公司通过两家百分之百控股子公司 BEnICO 公司参与项目投资。为实施项目成立了 3 家公司:TermoEmcali 项目公司、TermoEmcali 租赁有限公司和 TermoEmcali 融资公司。

TermoEmcali 项目公司负责项目管理和部分融资工作。TermoEmcali 项目公司与 Emcali 公司签订了购电协议,以保证并网发电;与 Bechtel 海外公司签订了固定总价的"交钥匙"合同,把电厂的设计施工外包给 Bechtel 海外公司;与 Stewart & Stevenson 公司签订了运行维护协议,把电厂的运行维护外包给 Stewart & Stevenson 公司;与 Ecopetrol 公司签订了为期 16 年的天然气供应和运输协议,以保证电厂的燃料供应;与荷兰银行信托公司(美国)签订了贷款协议,由该公司负责债券的偿还工作。

TermoEmcali 租赁有限公司从 Bechtel 海外公司购买设备,然后出租给 TermoEmcali 项目公司以获取租金收入,设备融资租赁中,Bechtel 电力公司提供了连带的不可撤销担保;TermoEmcali 融资公司是由 TermoEmcali 租赁公司成立的专门用于发行债券的公司,发行债券收入一部分借给 TermoEmcali 租赁公司用于购买设备,另一部分借给 TermoEmcali 项目公司用于项目设计、施工、初始运营等事项。图 3-6 是 TermoEmcali 电厂的投资结构和组织结构。这种安排可使项目公司避免与众多的不同投资人和贷款人直接打交

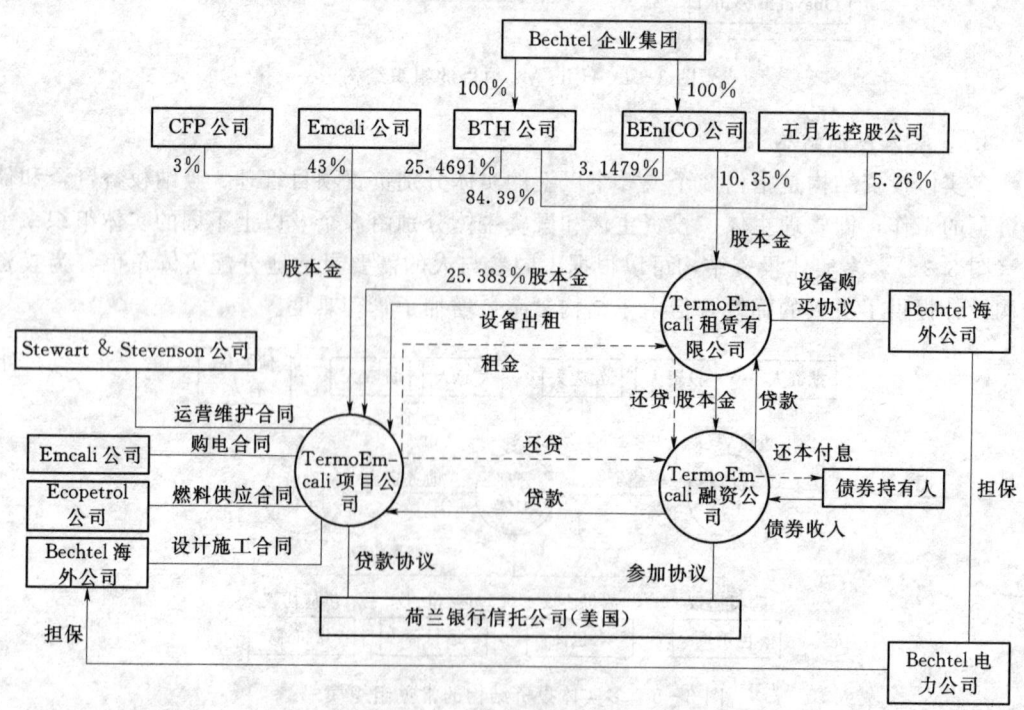

图 3-6 TermoEmcali 电厂的投资结构和组织结构

道，从而可以专心致力于项目管理工作；同时，租赁安排可以使项目租赁公司获得税收上的好处，还有利于项目实施工作专业化；项目公司是核心，全面负责项目施工和运营等管理工作。

第二节 项目投资结构的基本组织形式

不同法律制度的国家中，经济实体的基本组织形式稍有不同，但总体看来，普遍使用的组织形式有公司型组织、契约型组织、合伙制和商业信托等。不同组织形式的经济实体，具有不同的法律地位、不同的责任义务和不同的风险承担。

一、公司型组织

公司型组织（incorporated joint venture）进一步可分为有限责任公司和股份有限公司两种组织形式。

1. 有限责任公司

有限责任公司，亦可称有限公司，是指由50人以下的股东共同出资，股东以其认缴的出资额对公司行为承担有限责任，公司以其全部资产对其债务承担责任的企业法人。有限责任公司具有如下特征：

（1）公司具有独立的法人地位，拥有一切股东出资所形成的项目资产所有权，以及处置上述资产的权利；在对外经营业务时，以其独立的财产承担公司债务责任。

（2）有限责任公司是一个资合公司，但具有较强的人合因素。股东人数不多，相互间的合作建立在信任基础上。

（3）各股东的出资（可为货币，也可用实物、知识产权、土地使用权等可以用货币估价并可以依法转让的非货币财产作价出资）共同组成公司的资本，但这些资本不需划分为等额股份。一般来说，股东以他们的出资额各自承担责任，享有相应的表决权和收益权。即公司股东投入公司的财产与其个人的其他财产相互脱钩，公司破产或解散时，只以公司所有的资产偿还债务。

（4）不对外公开发行股票，设立程序相对简单，设立成本较低。

（5）有限责任公司的治理结构相对灵活；小的公司可以不设立董事会或者监事会，只设执行董事或者监事。

（6）有限责任公司因具有人合性，其股东的权利转让一般受到章程的限制，不能像股份有限公司股票那样可以自由流通，必须在其他股东同意的条件下才能转让，且要优先转让给公司原有股东。

（7）公司账目可以不公开，尤其是公司的资产负债表一般不公开。

如上所述，有限责任公司作为独立的法人实体，拥有一切股东出资形成的项目资产所有权，并直接控制公司资产所产生的现金流量。从贷款银行的角度来说，便于对项目投资所形成的资产设定抵押担保权益，因此贷款银行较乐意对有限责任公司提供贷款。同时，有限责任公司也容易为资本市场所接受，待到时机成熟时，比较容易发行证券筹措资金。再加上有限责任公司设立程序较为简单，且设立成本较低，故在项目融资中得到广泛的应用。

2. 股份有限公司

股份有限公司是指将公司的全部资本划分成等额股份，公司股东以其认购的股份对公司承担有限责任，公司以其全部资产对公司债务承担责任的企业法人。股份有限公司可以采取发起设立或募集设立的方式。发起设立是指由发起人认购公司应发行的全部股份而设立公司，即公司股份全部由发起人认购，而不向发起人之外的任何人募集股份。与募集方式设立公司相比，发起设立股份有限公司比较方便。募集设立是指由发起人认购公司应发行股份的一部分，其余部分向社会公开募集或者向特定对象募集而设立公司，即以募集设立方式设立股份有限公司的，在其设立时不仅有发起人认购公司股份，还有发起人之外的其他投资者认购公司的股份。其他投资者一般包括两种情况：一是广大的社会公众，即发起人向不特定的对象募集股份；二是发起人向特定对象募集股份，即发起人不向社会公众募集股份，而是在一定范围内向特定对象募集股份，比如特定的机构投资者等。设立规模较大的股份有限公司，仅凭发起人的财力往往是很难实现的。以募集方式设立公司，能够从社会上筹集到大量资金。

关于股份有限公司发起人的法定人数，各国公司法均有所规定，如法国，发起人人数最好为7人，而在我国，发起人的法定人数在2人以上200人以下，其中须有半数以上的发起人在中国境内有住所。

股份有限公司的主要特征如下：

（1）公司具有独立的法人地位，拥有一切股东出资所形成的项目资产所有权，以及处置上述资产的权利；在对外经营业务时，以其独立的财产承担公司债务责任。

（2）股份有限公司是典型的资合公司，公司通过发行股票筹集资金，其资本划分为等额股份，股东以其所认购的股份对公司承担有限责任，以其所持有的股份享受权利和承担义务。股东通常较多，绝大多数不参与公司的经营活动，而通过股东大会对公司发生影响。

（3）公司治理结构完善，必须设股东大会、董事会和监事会，法律对公司各机构的职权、议事规则均有较明确的规定。在我国上市公司的实践中还有独立董事的规定。

（4）公司的股份一般可以自由转让，股份的转让不需其他股东同意。

（5）公司账目必须公开，便于股东全面掌握公司情况。

与有限责任公司类似，股份有限公司的上述特点使股份有限公司能够分别承担或同时承担项目管理、吸纳投资、发行债券和股票、向银行和金融机构借贷等方面的工作。但是由于股份有限公司的设立程序更为严格，因此如果不发行股票，对于新建项目公司而言，就没有必要采用股份有限公司的形式。

在许多国家的司法实践中，为了防止公司股东滥用公司法人独立地位和有限责任的权利，切实保护债权人的利益，制定了公司法人人格否认（在普通法系国家称为"揭开公司面纱"）的制度，即当符合法定条件，认定公司股东滥用公司法人独立地位和有限责任时，可以"揭开公司的面纱"，将公司股东和公司视为一体，追究股东和公司共同的法律责任。我国2014年修订的公司法中初次采纳了公司法人人格否认制度。

二、契约型组织

契约型组织（unincorporated joint venture），亦称非公司型组织，是项目投资者为了

第二节 项目投资结构的基本组织形式

实现共同的经济利益,通过签订合作契约方式,实行某种程度的经济联合或组成松散型的经济团体组织。在这种组织形式下,投资各方的权利和义务依照合作契约约定,可以不严格地按照出资比例分配,而是按契约分配项目投资的风险和收益。这种组织形式从严格的法律概念上说,不是一种法人实体,而是投资者之间所建立的一种契约性质的合作关系。契约型组织具有以下特点:

(1) 契约型组织各投资者不一定按出资额承担责任、享受权益,而是按照合作契约规定各自承担约定的有限责任,并享受约定的权益。其与后面的合伙制不同,各投资者之间没有认可连带责任或共同责任。

(2) 契约型组织税务安排灵活。由于契约型组织不是一个独立法人实体,本身不必缴纳所得税,经营业绩可以完全合并到各个投资者本身的财务报表中去,其税务结构安排也将由每个投资者独立完成。

(3) 契约型组织没有固定的模式。世界上多数国家迄今为止没有专门的法律来规范契约型组织的组成和行为,这就为投资者提供了较大的空间,可按照投资战略、财务、融资、产品分配和现金流量控制等方面的目标要求,设计项目的组织结构和合资/合作协议。在常规的合同法的规范下,合资/合作协议将具有充分的法律效力。

(4) 契约型组织中投资者退出程序较为复杂。由于投资者在契约型组织中直接拥有部分项目资产和项目产品,在各国法律规定中,相对于股份等标准化合约的转让,专用性资产的转让程序更为繁琐复杂,再加之涉及资产的定价问题,相应的交易成本也更高。

由于契约型组织的非法人实体地位,因此不适宜作为融资主体,向银行和金融机构借贷,但可用于项目管理主体和投资主体。采用契约型组织进行项目投资管理时,其最高决策机构为项目管理委员会 (operating committee)。项目管理委员会一般是根据联合经营协议 (joint operating agreements),由项目投资者按投资比例派代表组成,负责重大决策。而日常管理则由项目管理委员会指定的项目经理负责。项目经理可以由其中一个投资者担任,也可以由一个合资的项目管理公司担任,或者由一个独立的项目管理公司担任。有关项目管理委员会的组成,决策方式与程序,以及项目经理的任命、责任、权利和义务,需要通过合资协议或者单独的管理协议加以明确规定。

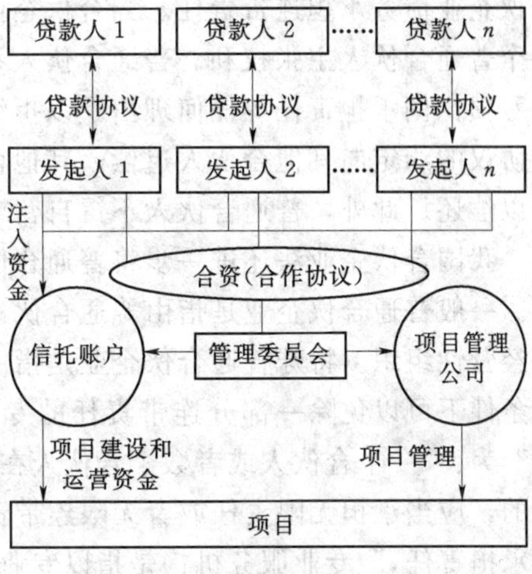

鉴于契约型组织的非法人实体地位,项目所需要的资金来源取决于项目发起人的融资安排,可以是自有资金或者贷款(由项目发起人作为借贷主体),通常是二者的组合。至于项目资金管理,一般是设立一个共同的托管账户,对于项目建设投资和运营费用,各项目发起人按照约定的出资比例将资金注入账户。

图 3-7 是契约型组织形式示意图。显然在契约型组织中,项目发起人是直接以自身的身份进入到项目,没有隔离项目风险。再者,

图 3-7 契约型组织形式示意图

由于契约型组织在一些方面的特点与合伙制相类似，在实践中容易与合伙制混淆，因此为了避免项目发起人承担过多的项目风险，解决的办法之一是成立单一项目的子公司，通过子公司参与合作，以对子公司的行为承担有限责任实现了项目风险隔离。此外，部分发起人还可能合资成立单一项目的有限责任公司，通过该公司参与合作，同样也能实现项目风险隔离。

三、合伙企业组织

合伙企业组织（partnership）是指由至少两个以上合伙人（partners）订立合伙协议，并依据合伙协议共同出资、共担风险、共享经营收益，对合伙企业债务依法承担责任的经营性组织。通过该定义可知：

（1）合伙企业由合伙人投资而成立。在大多数国家和地区中，合伙人可以是自然人，也可以是法人和其他组织（如非法人组织）。

（2）合伙企业以合伙协议为基础，但合伙协议与一般的合同如买卖合同等具有较大的区别。一般的合同以转让财产或提供劳务为标的，当事人具有相互请求为一定给付行为的请求权。一旦给付完成，合同双方的权利义务即终止。而合伙协议则不同，因为其标的是合伙人的共同营业。合伙人所负的义务不是给付义务，而是共同经营合伙事业的义务。此种义务大多具有持续性。体现为合伙人之间长期、稳定的共同经营关系。

合伙企业包括普通合伙企业和有限合伙企业两种形式。

1. 普通合伙企业

普通合伙企业（general partnership），是指所有合伙人对于合伙企业的经营、债务以及其他经济责任和民事责任均负连带、无限责任的一种企业组织。相对应地，对合伙企业债务承担无限连带责任的合伙人称为普通合伙人。在此无限连带责任包括两层含义：一是指普通合伙人对合伙企业的债务承担无限责任，即当合伙企业的全部资产不能清偿其债务时，各合伙人须以自身的财产对合伙企业的债务承担无限责任；二是指普通合伙人之间对合伙企业债务承担连带责任。当合伙企业全部资产不能清偿其债务时，债权人可以向任何一个普通合伙人主张权利。普通合伙人不得以其出资份额大小、已超过合伙协议约定的分担亏损比例承担责任等任何理由予以拒绝。合伙人在承担了合伙企业债务后，有权根据合伙协议的约定向其他合伙人追偿。其他合伙人应当按照合伙协议约定的自己应承担的份额予以偿还。此外，普通合伙人不得自营或同他人合作经营与本合伙企业相竞争的业务。

我国合伙企业法还进一步将普通合伙企业区分为一般普通合伙企业和特殊普通合伙企业。一般普通合伙企业是指由普通合伙人组成，合伙人对合伙企业债务承担无限连带责任的经营性组织。特殊普通合伙企业是指由普通合伙人组成，合伙人对合伙企业债务，在一定条件下可以免除一部分连带责任的专业服务机构。特殊普通合伙企业所指的"一定条件"为："一个合伙人或者数个合伙人在执业活动中因故意或者重大过失造成合伙企业债务的，应当承担无限责任或者无限连带责任，其他合伙人以其在合伙企业中的财产份额为限承担责任。"专业服务机构是指以专业知识和专门技能为客户提供有偿服务的机构。

普通合伙企业具有如下特征：

（1）合伙企业管理比较复杂。每个普通合伙人都有权参与合伙企业的经营管理。同时按照合伙企业的法律规定，每个合伙人都被认为是合伙企业的代理，因而至少在形式上拥有代表合伙企业签订任何法律协议的权利。这给合伙企业的管理带来诸多复杂的问题。

(2) 合伙企业资产转让比较复杂。合伙企业的资产或法律权益的转让必须要得到其他合伙人的同意，因此转让过程中的协调比较复杂。同时合伙企业中某一合伙人转让其在投资项目中的权益时，要求必须优先转让给其他合伙人。

(3) 合伙企业税务安排灵活。由于合伙企业本身并不是纳税实体，合伙企业在一个财政年度内的净收入或亏损将全部按投资比例直接转移给普通合伙人，普通合伙人单独申报自己在合伙企业中的收入，并且从合伙企业中获取的收益或亏损与合伙人其他来源的收入进行合并，从而有利于合伙人较灵活地作出自己的税务安排。

(4) 合伙企业融资安排相对复杂。合伙企业在安排融资时需要每一个合伙人同意将项目中属于自己的一部分资产权益拿出来作为抵押或担保，并共同承担融资安排中的责任和风险。合伙企业安排融资的另一个潜在问题是，如果贷款银行由于执行抵押或担保权利进而控制了合伙企业的财务活动，有可能导致在法律上贷款银行也被视为一个普通合伙人，从而被要求承担合伙企业中所有的经济和法律责任。

在实践中，为了避免承担无限连带责任，项目发起人或投资者往往不直接进入普通合伙企业，通常是专门成立一个单一目的子公司参与合伙企业。这样，项目发起人或投资者仅以其对子公司的出资对合伙企业的债务承担有限责任。

2. 有限合伙企业

有限合伙企业 (limited partnership)，是指普通合伙人和有限合伙人共同组成的企业组织，其中普通合伙人对合伙企业债务承担无限连带责任，有限合伙人以其认缴的出资额为限对合伙企业债务承担责任。有限合伙企业由2个以上50个以下合伙人设立，其中至少包括1个普通合伙人和1个有限合伙人。

有限合伙企业具备普通合伙企业在税务安排上的优点，在一定程度上又使有限合伙人避免承担债务连带责任，能够满足不同投资者的需求。因此是项目融资中经常使用的一种组织形式。在使用有限合伙企业的项目中，普通合伙人一般由在该项目领域具有良好投资意识和技术管理特长的个人或组织担当，负责合伙企业的组织、经营和管理工作，并对合伙企业债务承担无限连带责任；而有限合伙人一般作为资本投入者，根据合伙协议获取合伙收益，对合伙企业债务只承担有限责任（仅限有限合伙人已投入和承诺投入到合伙项目中的资本数量），不对外代表合伙企业，也不直接参与企业经营管理，但有限合伙人可以同本有限合伙企业进行交易，也可以自营或者同他人合作经营与本有限合伙企业相竞争的业务。图3-8为有限合伙项目组织结构示意图。

尽管合伙项目结构设计较为复杂，但由于其税务处理灵活的优点，在项目融资中也得到了较为广泛的应用。融资实践中，经常使用有限合伙企业的项目有两类：一是资本密集、回收期长但风险较低的公用设施和基础设施项目，如电站、高速公路等，有限合伙人参与该类项目的目的是利用项目前期的税务亏损和投资优惠冲抵其他收入，提前回收一部分投资；二是投资风险大、税收优惠大，同时具有良好勘探前景的资源类勘探项目，如石油、天然气和一些矿产资源的开发，许多国家对资源类地质勘探项目的前期勘探费用支出给予税收优惠政策（有的国家规定费用支出当年可以从收入中扣减100%~150%）。对于这类项目，通常是由项目的主要发起人作为普通合伙人，邀请一些其他的投资者作为有限

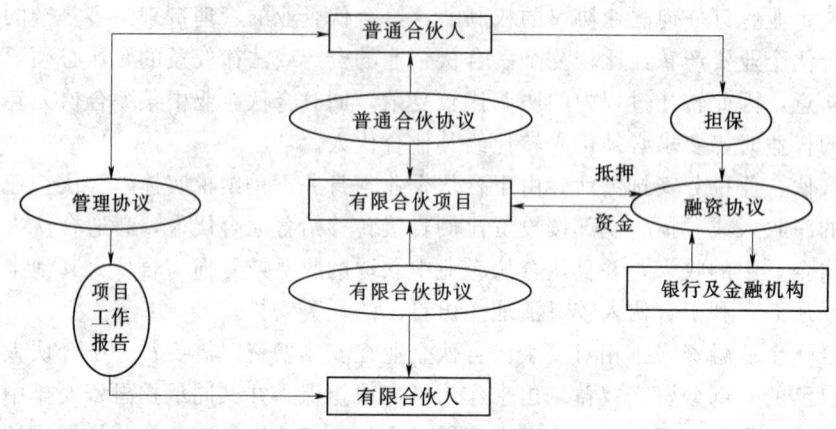

图 3-8 有限合伙项目组织结构示意图

合伙人为项目提供前期勘探的高风险资金，而普通合伙人则承担全部或大部分的项目建设开发的投资费用以及项目前期勘探、建设和生产阶段的管理工作。有限合伙人之所以愿意在此类项目上投入风险资金，是因为既可以享受投资抵税的好处，还可以获得项目未来预期良好的利润分配。

总体说来，合伙企业在法律上比公司型组织复杂，相关法律规定在不同国家之间相差较大。如果结构设计考虑不周可能出现两种极端的情况：一种是有限合伙企业可能被作为公司型组织处理；另一种情况是如果对"参与管理"界定不清，有限合伙人可能由于被认为"参与管理"而变成普通合伙人，使有限合伙企业与普通合伙企业混为一谈。

四、商业信托

1. 商业信托的概念与特点

信托目前已发展成为遍及全球，与银行、证券、保险相并列的四大金融工具之一，可以分成两大类：私人信托（private trust）和公益信托（charitable trust）。商业信托作为私人信托的现代形式，是商业组织法与信托法联姻的产儿。19世纪中期到20世纪初期，商业信托被广泛地作为公司的替代物，用于各种各样的商业目标。当时，美国的垄断组织普遍以商业信托作为企业组织形式。

（1）信托的起源与概念。现代意义上的信托是中世纪末的英国在普通法和衡平法双重体系并存的条件下，由衡平法发展起来的一项独特的法律制度。具体而言，英国的信托起源于中世纪的"用益（use）"设计，英国衡平法对用益设计的干预和确认最终促成了信托制度的产生。"use"一词来源于拉丁语 ad opus，是指一个人掌握的财产为了另一个人的利益，让这个人对其占有并进行使用。用益制度设计的直接原因是人们对当时的英国法律在财产移转和继承方面限制性和禁止性规定的规避需求，比如规避土地转让的限制、规避土地变动的税赋和规避土地的没收等。

在13—15世纪约200年的时间里，普通法并不承认用益制度。因此，最初的用益制度仅为君子协定，是道德关系，而非法律关系。由此可能出现的问题是，如果受托人见利忘义，不按要求将信托利益交付给受益人，受益人利益无法得到法律保障和救济。从15世纪初开始，衡平法院一方面继续承认用益制度下受托人普通法上的所有人地位，另一面又以正义与良心的名义，赋予受益人对受托财产享有衡平法上的所有权，使受托人为受益人管理财产的义务具有法律效力，进而赋予了用益制度合法的法律地位。17世纪后，为规避《用益法》法律限制，人们创造出了双重受益，即土地所有者将其土地移转给受托人经营时指定了2个受益人，明确了不同的受益顺序，规定先由顺序在前的受益人从受托人处获取有关的土地收益，然后再由顺序在后的受益人从顺序在前的受益人处获取该项收益。衡平法院的大法官们将第二层用益称为 Trust，而适用于《用益法》的用益设计仍被称为 Use。后来随着法律限制的逐渐取消以及财产权人处分自由的不断扩大，用益制度规避法律的色彩逐渐褪去，Uses 和 Trust 逐渐统一于 Trust 这一概念中。

关于信托的定义，目前并未达成一致观点。比如，在英美法系国家中，英国《信托承认法》将信托描述为：委托人（settlor）在生前或死亡时，为了受益人（benefier）的利益或某个特定目的，将其资产置于受托人（trustee）控制之下所发生的法律关系。认为一项信托必须具有如下特点：①信托财产构成一个独立的基金，且该财产不是受托人自由财产的一部分；②信托财产的所有权归属于受托人名义下或代表受托人之第三人名义下；③受托人负有依信托条款的内容和法律特殊课以之义务，管理、使用或处分信托财产的权利和义务。委托人所保留的特定权利和权力，或受托人本身可作为受益人享有权利的事实，并不与信托存在之观念相违背。美国《信托法重述》（第3版）将信托定义为：产生于设立信托的明示意图的与财产相关的一种信赖关系，享有财产法定所有权之人承担着为他人之利益而处分财产的义务。法国在《法国民法典》中给出的信托概念为："信托是一种运作：一个或多个设立人向一个或者多个受托人转让其现有的或者未来的物、权利或担保作为一个整体一并转让，受托人将其与自有资产相分离，并按照特定目的为受益人的利益行事。"

在大陆法系国家中，韩国、日本等亚洲国家属于开放派，承袭了英美法系中信托思想，比如韩国《信托法案》定义信托为："基于信托设定人（委托人）与信托接受人（受托人）之间的信任关系，将特定财产（亦包括营业或著作权的一部分）转移（convey）给受托人，或设定担保，或进行其他处分，让受托人为某人（受益人）的利益或其他特定目的，管理、处分、运用、开发财产，以及为实现信托目的而实施其他必要行为的法律关系。"而我国是持保守态度引入信托制度的，《中华人民共和国信托法》（2001年）把信托定义为："委托人基于对受托人的信任，将其财产权委托给受托人，由受托人按委托人的意愿以自己的名义，为受益人的利益或者特定目的，进行管理或者处分的行为"。我国信托法中使用的是财产权"委托"给受托人的说法，这显然与"移转给"受托人是两个不同的概念，委托并不转移财产的所有权。也就是说，在我国，信托财产所有权仍保留在委托人手中。显然，这是我国信托法所具有的最显著特色。但是我国信托制度与委托原理的"纠缠"或混淆抹杀了信托制度的特有功能。

(2) 商业信托的概念。在英美法系中，商业信托有"commercial trust"和"business trust"之分。commercial trust，也有将之翻译为商事信托或商业化信托，泛指运用于贸易、金融和其他商事领域中的信托，一般是在与传统无偿转让信托比较的前提下使用，多用于学术研究中。business trust 也有广义和狭义之分，广义含义几乎与 Commercial Trust 等同，但狭义层面却是一个特定的具体化的概念，是对作为一种投融资工具、一种与公司、合伙等一样的法律主体形态的描述，比如有学者认为商业信托一般用来指代共同基金信托、养老金信托、证券化运作中使用的信托、不动产投资信托等各种类型的信托，而另一些学者将其视为非法人股份公司（unincorporated joint stock company）与信托的集合体，有着类似于股份公司的内部结构（如受托人机构拥有绝对的管理权，能对资产进行管理、可自由转让的信托受益权）。在法律层面，《美国法律释义》给出的定义为：商业信托是商事组织的一种类型，其中受托人为受益人的利益管理和控制信托财产，受益人的受益权表现为可转让份额。因此，在本书中，倾向于采用狭义概念，将商业信托定义为"依信托文件设立的、由受托人为受益人持有财产并以营利为目的的非公司组织"。

（3）商业信托的特点。商业信托既具有信托的一般特点，又与其他一般私人信托（通常又称为普通信托）有区别。

1）信托具有所有权与收益权"二权分离"的特征。根据信托的起源，受托人被普通法视为信托财产的所有人，他可以根据信托文件与法律的规定，为受益人的利益管理和处分信托资产；同时受益人被衡平法视为信托财产所有人，他可以向善意购买者以外的任何信托财产受让人主张其财产权，并得到财产上的救济。这种受托人和受益人分别拥有普通法和衡平法上的所有权是信托的本质特征。但在大陆法系国家中，由于没有普通法和衡平法并存的传统，而是将受托人对信托财产的权利称为"所有权"，将受益人对信托财产的利益权称为"收益权"或"受益权"。

2）信托财产具有破产隔离性。这是信托双重所有权的衍生性质。也就是说，只要信托关系存续，信托财产就与委托人未设立信托的其他财产，以及属于受托人所有的财产相区别，不会被视为委托人或受托人的遗产或清算财产。

3）受托人的权力来自于信托合同，自主权有限。委托人通过信托合同明确表示自己的意愿，受托人管理处分信托财产必须按照委托人的意愿进行；委托人将财产委托给受托人后，对信托财产就没有了直接控制权。

4）营利性。这是商业信托最重要的特征，亦即商业信托与普通信托最重要的区别，在于商业信托并非作为实施赠与或财产转让的手段，而是作为一种通过众多投资者所提供的资本之组合而进行营利的机制。信托的目的，不在于保全信托财产，而是通过积极运用信托财产以获取盈利。

5）组织性。普通信托是一种一对一的法律关系。就实质而言，是一种一对一的合同性关系，当事人人数较少，一般情况下，每一当事人都有充分表达自己意思的权利。但商业信托通常有多数当事人：受益人是由众多投资者构成的群体；即使是受托人，因商业信托多采用共同受托人的治理结构，多数受托人亦为常态。如信托基金中，基金管理人和基金托管人均是信托的受托人。

2. 商业信托与公司型组织的异同

（1）商业信托与公司型组织的相似之处。如前所述，公司的性质和优点可以归纳为：法律人格或实体；股东对公司债权人的有限责任；集中管理；股份可流通转让。类似地，信托关系中也蕴含了这些特征：其一，信托的双重所有权衍生出信托的破产隔离和法律实体特征；其二，信托关系一旦设立，受托人就排他地取得了管理和处置信托财产的权力；

这与公司经理拥有公司经营权一样,是最终所有权(信托中属于受益人,公司中属于股东)和实际控制权(信托中属于受托人,公司中属于经理)分离,这种分离使集中管理成为可能;其三,在信托关系中,委托人、受益人和受托人可以由一个或一个以上的人担任,同时,受益权可以分割成可转让的单位或者份额(units or shares),这与公司的"股份可流通转让"特征相同。

(2) 商业信托与公司型组织的区别。从表象上看,商业信托与公司型组织的区别在于两者设立的法律依据不同。在世界各国中,公司型组织需要根据公司法的规定设立,而商业信托受信托法的约束,是基于当事人之间的信托契约成立,无需设立公司制度中常设的内部治理结构。这使得商业信托相较于公司型组织而言,更具有灵活性,如公司增发新股和重大投资决策需要股东大会的决议和授权,而商业信托则没有这类要求。而从企业理论的视角观察,商业信托与公司之间存在本质区别,这个区别在于两者对企业所有权安排的差异,可概括为信托是"劳动雇佣资本"型企业,而公司是"资本雇佣劳动"型企业。

企业理论将企业理解为:为节约交易成本和创造组织租金,由要素所有者(人力资本与非人力资本所有者)之间签订的一组契约。企业契约具有长期性和不完备性。企业契约的不完备性导致了剩余索取权和剩余控制权的产生,而剩余控制权是决定企业所有权更为关键的变量。在现代公司中,股东为公司提供永久性非人力资本,是公司法定的所有者,他们选择与监督经营者,享有剩余控制权和剩余索取权。因而公司具有"资本雇佣劳动"的基本属性;在商业信托中,受益人虽然是非人力资本的提供者,但是只拥有剩余索取权,不拥有任何形式的控制权。控制权归属于对信托财产拥有法律所有权的受托人。如果信托契约允许受益人通过影响受托人或其他方式实际控制企业,那么法律将视受托人为受益人的代理人,信托关系将不被承认。因为信托组织的所有权在人力资本所有者——受托人手上,所以信托是"劳动雇佣资本"型企业。

3. 商业信托的经济分类

依据经济用途或经济功能,商业信托可分为养老金信托(pension trust)和信托投资基金(简称信托基金)(investment trust)两大类。养老金信托基于雇佣合同而设立,通过商业信托形式持有养老金或其他雇员福利资产(通常由雇主与雇员共同缴纳),从事营利性活动以谋求资产增值、实现雇员福利最大化。

信托基金,又称投资信托,是商业信托的一种重要类型。信托基金是通过信托契约的形式,借助发行基金券(如收益凭证、基金单位和基金股份等)的方式,将社会上不确定数目的投资者的不等额的资金集中起来,形成一定规模的信托资产,交由专门的机构(即基金管理人)按资产组合原理进行分散投资,获得的收益由投资者按出资比例分享,并承担相应的风险。信托基金结构如图 3-9 所示。

根据经济用途不同,信托基金主要包括证券投资信托(securities investment trust)、不动产投资信托(real estate investment trust, REIT)、不动产抵押投资信托(real estate mortgage investment trust)、资产证券化信托(asset securitization trust)等。

根据受益人是否享有受益份额的赎回权,投资信托又可分为封闭式投资信托与开放式投资信托。根据信托基金是以股权投资的方式直接投资项目,还是以贷款的方式投资项目，投资信托又有股权投资信托和贷款信托之分。

由商业信托的上述特点可知，在项目融资中商业信托主要用于资金筹集、资金管理、资产管理等方面。因此，商业信托常常与其他形式的实体组织配合使用。国内外有不少项目利用信托基金来筹集部分项目资金的例子，如澳大利亚第一国民管理公司（为澳大利亚国民银行的分支机构）利用信托基金为澳大

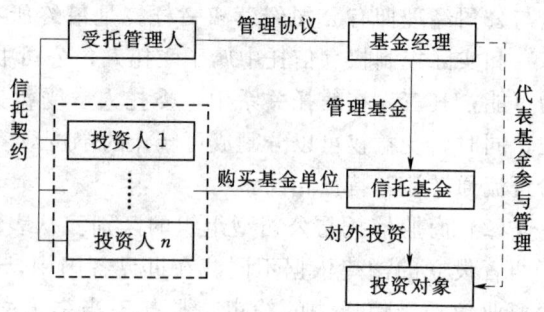

图 3-9 信托基金结构示意图

利亚波特兰铝厂项目筹集 10%的项目资金。当 1985 年美铝澳大利亚公司为波特兰铝厂寻找投资者时，第一国民管理公司认为这是一个很好的投资机会，从而发起组建了第一国民资源信托基金，在证券市场上公开集资，投资收购波特兰铝厂 10%的资产。第一国民管理公司在信托基金中没有任何投资，只是被基金的受托管理人任命为基金经理，负责信托基金的管理，并以项目投资者经理人的身份参与波特兰铝厂项目的管理。图 3-10 是第一国民资源信托基金结构示意图。

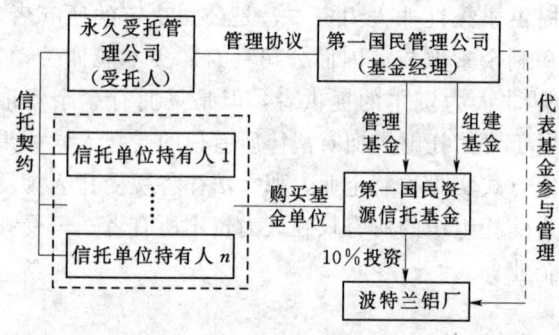

图 3-10 第一国民资源信托基金结构示意图

又如，2000 年上海爱建信托公司等投标联合体以总投资额约 17.36 亿元中标投资建设上海黄浦江外环线隧道项目，由上海市政局授予 25 年特许经营权。投资者回报机制为参照 5 年期银行贷款利率，给予投资者现金流量补贴。为此，上海爱建信托公司推出了该项目的集合资金信托计划，用于受让外环隧道项目公司原有股东出资和追加出资，相当于以资本金的方式投入到外环线隧道项目，信托规模为 5.5 亿元，占外环线隧道项目总投资的 35%。信托计划期限届满时，以历史成本价格将信托计划资金持有的外环隧道项目公司股权变现。再一个例子是，2005 年 10 月江苏省国际信托投资有限公司推出的南京三桥公司贷款项目集合资金信托计划，由南京交通集团担保，并由光大银行南京分行承诺一年后买断信托资产。该信托基金属于贷款信托，所募集的资金以贷款的方式贷给南京长江三桥公司，主要用于南京三桥的建设与运营，基金规模为 1 亿元人民币。

五、特点比较和适用角色

作为当前应用最为广泛的 4 种组织形式，公司型组织、契约型组织、合伙企业组织和商业信托各有特点，并且在项目投资结构中，有不同的适用角色。

1. 四种基本组织形式的特点比较

主要从法律地位、资产拥有形式、责任主体、责任范围、对资金控制程度、税务处理和投资转让等方面比较四种基本组织形式的特点，见表 3-1。

第二节 项目投资结构的基本组织形式

表 3-1　　　　　　　　　四种基本组织形式的特点比较

特点	公司型组织	合伙企业组织	契约型组织	商业信托
法律地位	独立法人	不具法人资格	不具法人资格	各国法律规定模糊
资产拥有形式	投资者间接拥有	合伙企业直接拥有	参与人直接拥有	转让给受托人
责任主体	公司法人	合伙人	参与人	委托人和受托人
责任范围	有限	无限（有限）①	有限	委托范围内
对资金控制程度	由公司控制	由合伙人共同控制	由参与人控制	由受托人控制
税务处理	限制在公司内部	与合伙人的收入合并	与参与人的收入合并	限制在信托基金内
投资转让	可以转让且较易	转让程序复杂	转让程序复杂	不存在转让

① 普通合伙人责任无限，有限合伙人责任有限。

（1）法律地位不同。公司型组织具有独立法人资格，而合伙企业和契约型组织不具有法人资格，商业信托是否是法人，在各国法律的规定上一直是模糊和不确定的。但有学者认为商业信托能够以自己的名义进行市场交易，如基金以自己的名义买卖和持有股票并充任上市公司的股东，表明商业信托是法律实体。

（2）资产拥有形式不同。在公司型组织中，投资者拥有公司，公司拥有投资所形成的项目资产，即投资者不直接拥有项目资产；在合伙企业和契约型组织中，资产归合伙人和参与人所有；在商业信托中，财产权转移给受托人。

（3）责任主体和责任范围不同。在公司型组织中，公司法人负责经营管理，并承担经营、债务及其他经济责任和民事责任，投资者对公司的债务责任仅限于已投入和承诺投入的资本；在合伙企业中，普通合伙人负责合伙企业的组织和经营管理，对合伙企业的经营、债务及其他经济责任和民事责任负有共同和连带的无限责任，而有限合伙人不参与合伙企业的日常经营管理，对合伙企业的债务责任仅限于已投入和承诺投入的资本；在契约型组织中，投资者行使契约规定的权利，并承担契约规定的责任；在商业信托中，委托人授权，受托人行使授权范围内的权利，并承担相应的责任。

（4）对项目资金及其所产生的现金流量控制程度不同。公司型组织由公司自身控制，合伙由合伙人共同控制，契约型组织由参与人控制，商业信托由受托人控制。

（5）税务处理不同。公司型组织独立缴纳所得税，税务亏损只有公司本身才可以利用；合伙企业和契约型组织的税务安排由每一个合伙人和参与人分别独立完成，可以利用税务亏损；采用商业信托（信托基金）时，税务亏损限定在信托基金内部。

（6）对投资转让的限制不同。在有限责任公司中，股权证书不能自由流通，必须在其他股东同意的条件下才能转让，且要优先转让给公司原有股东；在股份有限公司中，股票自由流动，转让非常容易；在合伙企业和契约型组织中，由于转让的是专用性资产，故转让程序复杂、交易成本较高；在商业信托中，不存在受益人的信托资产的再转让问题。

对于项目发起人或投资者而言，不同形式的实体组织具有不同的风险承担。在项目融资实践中，许多项目发起人或投资者为了减少在项目中的风险，不管采用何种基本组织形式,都不直接参与项目投资开发,而是先设立一个单一目的的全资子公司,然后通过该子公司与其他发起人或投资者一起参与项目开发;有时部分项目发起人或投资者先合资成立公司,再由该公司或该公司的子公司参与项目开发。图3-11为我国杭州湾跨海大桥项目投资结构示意图,其中慈溪建桥投资有限公司、慈溪市天一投资有限公司和慈溪兴桥投资有限公司等便是由多家民营企业合资成立的。以慈溪建桥投资有限公司为例,其是由真正的部分投资者——环驰轴承集团、海通食品、卓力电器、金帆集团等民营公司——为杭州湾跨海大桥的投资建设而出资成立的有限责任公司。

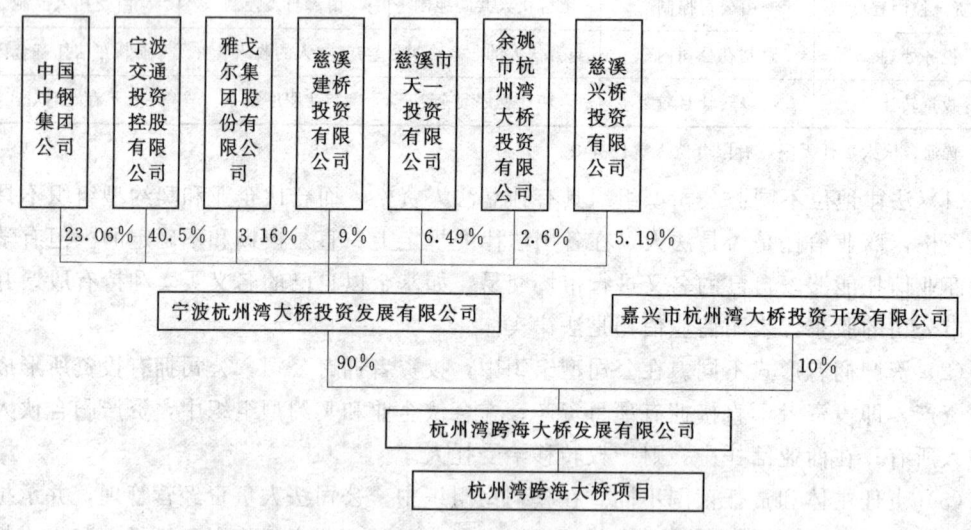

图3-11 杭州湾跨海大桥项目投资结构示意图

2. 四种基本组织形式的适用角色

由于不同的实体组织形式有不同的特点,因此在项目投资结构中适用的角色就有所不同。公司型组织可同时或分别承担管理主体、投资主体和融资主体三种角色,但是,并不是每种实体组织形式都能承担这三种角色。如,由于契约型组织本身不是一个独立的法人实体,不具备签署融资协议的资格,因此不能承担融资主体角色;又如,在合伙企业组织中,合伙人的财产与合伙企业组织的财产没有分离,财产界限不清,在进行债务追索时,项目发起人的资产将受到影响,因此在狭义的项目融资实践中,合伙企业担当融资主体的角色较为少见。四种基本组织形式适合承担的角色见表3-2。但需要说明的是,一个实体组织可以同时承担多重角色,一个角色也可以由多个实体共同承担。

表3-2 四种基本组织形式适合承担的角色

主体	组织形式			
	公司型组织	合伙企业组织	契约型组织	商业信托
管理主体	可以承担	可以承担	可以承担	可以承担
投资主体	可以承担	可以承担	可以承担	可以承担
融资主体	可以承担	不适合承担	不能承担	可以承担

第三节 影响项目投资结构设计的因素

所谓项目投资结构设计，是指在项目所在国的法律、法规、会计、税务等外在客观因素的制约条件下，寻求一种能够最大限度地实现各投资者投资目标的项目组织结构。项目投资结构设计涉及两个关键问题：一是确定项目投资结构中实体组织的个数；二是选择实体组织的形式。而无论是项目投资结构中实体组织个数的确定，还是实体组织形式的选择，都必须考虑项目投资者的目标要求。项目投资者的目标要求通常是一组相对复杂的综合目标集，如战略、风险、税务和会计处理等，而不仅仅是利润目标。此外，由于项目融资的有限追索性质，项目投资结构设计也需要考虑债务资金提供者（贷款银行）的要求。下面就分别从投资者角度和贷款银行角度来分析影响项目投资结构设计的主要因素。

一、投资者视角下的影响因素

1. 项目风险的分担和项目债务的隔离程度

实现融资的有限追索是采取项目融资方式的基本要求。在项目投资结构设计时，必须考虑如何根据各项目参与方的特点和要求实现项目风险的合理分配，以及使项目债务隔离程度符合项目投资者的要求。例如，若项目投资者只愿意承担间接的、有限的风险和责任，则多偏好于公司型组织。而若投资者有能力且愿意承担更多的风险和责任，以期获得更大的投资回报，则可能会倾向于采用契约型组织。

2. 充分利用税务优惠

许多国家对于建设项目的投资活动都有税收优惠政策，并且在某些特定条件下，允许税收优惠在不同公司之间合并、统一纳税，从而达到利用税务亏损冲抵公司盈利的好处，最终降低项目的综合投资成本和融资成本，因此，税务问题在某种程度上是项目投资结构设计需要考虑的重要问题之一。

不同的项目投资结构，其税务结构的灵活性也不同。如，在公司型组织中，项目公司是纳税主体，其应纳税收入或亏损全部留在公司内部，较难为其他投资者所利用。因此由于其他目标如法律法规的约束，必须要选用公司型组织，则为实现税务亏损的利用，将导致更为复杂的项目投资结构设计，新西兰钢铁联合企业收购项目投资结构即是如此（详见本章［案例阅读与思考］）；在契约型组织中，项目资产由投资者分别直接拥有，项目产品也是由投资者直接拥有，销售收入直接归投资者所有，即契约型组织本身不是纳税主体，而投资者才是纳税主体。此时项目投资者可以将项目的亏损或盈利与其他业务的收入合并起来，统一纳税，这样可以达到利用税务亏损冲抵投资者其他业务盈利的好处。

3. 财务处理方法

项目投资结构不同，其财务处理方法也往往有所差异。这种差异主要体现在两个方面：一是财务资料的公开披露程度；二是财务报表的账务处理方法。

按照各国公司法、证券法等相关法规规定，股份公司往往要承担信息公开披露的责任和义务，因此如果投资者不愿意将项目资料公布于世，则可能会对采用股份公司投资结构持谨慎态度。而且，按照各国相关法律规定，采用不同的投资结构，或者虽然投资结构相同，但是采用不同的投资比例，往往会影响到项目资产负债情况是否反映在投资者自身的财务报表上以及反映方式，这就会对投资者的其他经营活动带来影响。因此，在项目投资结构设计时，应该尽量满足投资者对财务、会计处理的要求。

例如，对契约型组织而言，不管投资比例大小，该项投资全部资产负债和损益状况都必须在投资者自身的公司财务报表中全面反映出来。而对于公司型组织而言，情况就比较复杂一些，大致可以分为三种情况进行不同的账务处理：

(1) 如果投资者在一个项目公司中持股比例超过50%以上，此时，投资者被认为拥有被投资的项目公司的控制权，该项目公司的资产负债表需要全面合并到投资者自身公司的财务报表中去，以达到全面真实地反映该投资者财务状况的目的。

(2) 如果投资者在一个项目公司中持股比例介于20%～50%之间，此时，投资者对公司没有控制权，不存在合并财务报表的问题，但由于持股比例比较大，对公司的决策可以有很大的影响，因此，应在投资者自身公司的财务报表中按投资比例反映出该项投资的实际盈亏情况。

(3) 如果投资者在一个项目公司中持股比例低于20%，则对公司决策的影响就有限，所以只要求在其自身公司的财务报表中反映出实际投资成本，而不需要反映任何被投资公司的财务状况。

因此，在设计项目投资结构时，投资者应根据自身要求，设计出对自己有利的税务结构。假如投资者不希望将新项目的融资安排反映在自身的财务报表上，同时又不失去对项目的实际控制权，就需要小心处理投资者在项目公司中的投资比例。反之，如果投资者尽管在一个项目中所占比例较小，但仍希望能够将其投资合并进自身的资产负债表中以增强公司的形象，则可适当选择契约型组织和合伙企业等。

4. 产品分配形式和利润提取的难易程度

项目投资者参与项目的投资、开发建设，往往是以获取一定的经济目标为目的的。这种经济目标可能是直接的项目产品，也可能是分得的项目利润。如果项目和投资者自身特点不同，对项目产品的分配形式和利润提取方式也会有不同要求。在投资结构设计时，往往要考虑以下两个方面：

(1) 投资者的不同背景的影响。通常不同的投资结构，对利润的提取方式有不同的规定。如在公司型组织中，由项目公司统一对外销售、统一结算、统一纳税，在弥补项目经常性支出和资本性支出后，在投资者之间进行利润分配。而在契约型组织中，项目产品一般是直接分配给各投资者自己支配的。如果投资者拥有较广泛的销售渠道和市场知名度，就很容易将产品变现，取得收入，赚取利润。因此，从这个意义上说，大型跨国公司参与项目融资时，会偏向于选择契约型组织，而中小型公司参与项目融资时往往采用公司型组织。

(2) 投资项目的不同性质对项目投资结构也有影响。一般而言，在资源开发项目中，投资者愿意直接获得项目产品。因为这些产品是重要的资源，可能是投资者下游工业项目必需的原材料，也可能是对投资者所在国具有重要战略意义的物资。这也是大多数跨国公司在资源丰富的发展中国家和地区从事投资活动的一个重要原因。而在基础设施项目投资中，多数投资者一般不会十分重视对项目产品的直接拥有形式，只是为了开拓公司的业务活动领域，增加公司利润。因此，在资源开发项目中，一般以契约型组织从事项目的开发和建设，而在基础设施项目中则以公司型组织为主要形式。

5. 项目投资变动的要求

项目投资的变动包括原有投资的转让退出和新资本的进入两个方面。这两个方面的不同要求会促使投资者选择不同的项目投资结构。

（1）投资的可转让性。投资者在一个项目中的投资权益能否转让、转让程序以及转让时的难易程度是评价投资结构有效性的一个考虑因素，其结果对于项目融资的安排也会产生一定的影响。作为一个投资者，在项目经营期间，出于战略上或者经济上的原因，可能需要出售项目资产或权益时，其转让程序、转让成本等问题是很重要的制约因素。一般情况下，若采用股权式合资结构，则投资的转让就比较简单；而若采用契约型合资结构或合伙企业结构，则转让投资时要征得其他投资者的同意，此时转让投资就相对麻烦、复杂些。

（2）再融资便利性的要求。项目融资的另一个明显特点就是较高的债务股本比例。当项目经营出现困难时，可能会要求注入一定的补充资本。因此，在设计项目投资结构时，就要格外重视这一问题。当可能经常要求注入补充资本时，一般倾向于选择股权式合资结构，这样，在增资扩股时比较便利。而如果项目出现财务困境的概率较小时，则可能会偏向选择契约型投资结构。

6. 项目管理的决策方式与程序

在不同投资结构中，各投资者在投资项目管理中的经营决策权及其行使方式是不同的。在契约型投资结构和一般合伙企业结构中，不论投资者投资比例的大小，投资者均可直接参与投资项目的经营决策；但在股权式投资结构中，投资比例不大的投资者往往难以在项目的经营方面有重要的影响，从而难以实现自己的意志。因此如果投资者在项目中的投资比例不大，但又想拥有一定的经营决策权，此时可考虑采用的投资结构是非法人式契约型投资结构和一般合伙企业结构。

以上几个方面只是原则性地讨论了在设计项目的投资结构时所需要考虑的主要因素。在实际工作中，确定项目投资结构的过程是一个在长远目标和短期目标之间，在不同投资者之间进行利益平衡和风险平衡的过程，在具体设计一个项目的投资结构时可能会更为复杂。比如有时候贷款银行的要求可能会对投资结构的设计起着决定性的作用。

二、贷款银行视角下的影响因素

在设计项目投资结构时，投资者除了考虑自身的因素和要求外，还不得不考虑贷款银行的利益，以便获得贷款银行的支持，顺利完成项目融资。贷款银行考虑资产抵押和信用保证时，除了通常的含义之外还包含了一些新的特定的内容。

1. 对项目现金流量的控制

由于项目融资中贷款的偿还主要来源于项目的现金流量，所以贷款银行要求对项目的资金使用在某种程度上加以控制。这种控制包括：在融资期间，贷款资金的使用需要得到银行批准，项目的经营收入必须进入指定的专门银行账户（bank account），并且在融资协议中详细规定出该账户资金的用途、使用范围、使用手续以及使用的优先序列。典型的资金使用优先序列是：生产成本；项目资本再投入（用来保证项目正常生产运行）；债务本金偿还；扩大生产投资；投资者的利润分配。

如果项目采用的是公司型组织，项目公司拥有百分之百的资产，安排项目融资时要求把项目全部现金流量整体抵押给贷款银行作为融资保证。从贷款银行的角度，项目的贷款是完整的，不需要在投资者之间进行分割，有利于银行对项目现金流量、项目决策权和资产处置权进行全面的监督和控制。然而，在一个契约型组织中，由于没有项目公司作为中介，相互独立和平行的贷款必须直接提供给每个项目的投资者或其控股的项目子公司，并且是由每个投资者使用自己所拥有的那部分项目资产以及相应的现金流量作为融资的抵押保证。即使是由同一个贷款银团安排整个项目的融资，并且在项目开始时所有投资者的债务/资产比例和现金流量状况相同，但是随着时间的推移，这些情况也有可能发生变化。例如，如果合资项目的产品由投资者分别销售，由于销售价格的差异，各个投资者之间的现金流量就可能出现差别；又如，有的投资者可能愿意提前还款或加速还款（acceleration）；有的投资者愿意参与项目的进一步扩建，而其他投资者又不愿意等。这样发展的结果必然是，在项目的一定阶段，各个投资者之间的财务状况和项目现金流量状况出现很大差别，项目融资所赖以生存的项目经济强度在各个投资者之间也发生很大变化。一旦项目出现危机（如市场崩溃），一部分投资者可能迅速地还清债务（或者已根本没有债务），而另一部分投资者可能还负有很重的债务。从贷款银行的角度，契约型组织增加了项目的不确定性和不稳定性，增大了银行对项目监控的难度，从而对该类项目提供贷款资金持有谨慎态度。对于投资者，这些问题首先表现为融资结构的相对复杂化，但有时也表现为融资成本的增加。此时投资者必然要在融资成本的提高和自身的投资目标进行权衡比较后，才能确定项目投资结构。

2. 对项目决策程序的控制和对项目资产的控制

在项目融资中，贷款银行通常要求在一定程度上介入项目的管理，对投资者在项目中的决策权加以控制。贷款银行关心的问题主要是涉及资金方面的决策，如年度资本预算和生产预算、项目扩建规划、项目减产停产等，目的在于保证被融资项目不会做出任何有损于贷款银行利益的决定。

从贷款银行角度来看，对项目资产的控制包括正常生产经营过程中项目资产的使用和处置，以及借款人出现违约时项目资产的使用和处置两个方面。对于公司型组织，由于项目的资产和权益作为一个整体在贷款银行的控制之下，贷款银行对项目的决策会有较大的影响力，即使是项目出现违约的情况，贷款银行也可以较容易地将项目公司接管，继续经营或者出售。对于契约型组织，贷款银行对项目资产控制权的大小很大程度上是与投资者在项目中的投资比例联系在一起的。如果一个投资者在项目中所占比例较小，在项目决策过程中的发言权必然较少，贷款银行对项目资产的控制权也就会相应受到影响，因为尽管理论上贷款银行对该投资者的项目资产可以具有绝对的控制权，但是该投资者所拥有的资产只是全部项目资产中的一个不可分割的部分，所以项目资产的处置实际上要受到在项目中占有较大比例的投资者的制约。在违约出现时，贷款银行可以取得并出售违约方的项目资产和相应权益，但是项目的管理权和其他一些重要权益有可能与违约方的资产权益不联系在一起，并且对于某些项目一部分资产的出售能会比整个项目的转让困难得多。

基于上述原因，一些银行在实际工作中有时更愿意接受公司型组织，认为在这种结构下对项目资产的控制和转让的风险相对较小。然而，采用公司型或契约型组织对于项目融资并没有本质上的区别，其区别仅仅在于采用契约型组织时项目融资的安排可能要复杂一些，相应安排融资所花费的时间和成本也可能要多一些。但是，从投资者的角度来看，契约型组织也具备许多优点和长处，尤其是对于项目投资比例较小但又希望独立安排融资的投资者，这些优点和长处是其他投资结构所无法替代的。孰优孰劣，此时融资顾问就需要综合考虑投资者和贷款银行的目标要求，以及融资项目的性质进行设计和选择。

【案例阅读与思考】

案例一 新西兰钢铁联合企业收购项目投资结构安排

新西兰钢铁联合企业由于管理不善成本超支，连年亏损，濒于倒闭，留下了超过 5 亿新西兰元的税务亏损，现拟对外拍卖。F、C、T、B 四家公司组成一个投资财团进行投标收购，最终收购价为 2 亿新西兰元。上述 4 家公司在投标收购时的情况为：F 公司具有雄厚的资金实力和拥有钢铁工业方面的生产管理经验和技术，但由于 F 公司过去几年中发展过快，资产负债表中的负债比例较高，所以要求持股比例不超过 50%；C 公司是当地一家有较高赢利的有色金属公司；T、B 公司是两家外国的投资公司。

投资财团希望成立一家股权式合资结构接管新西兰钢铁联合企业，但又希望能充分利用新西兰钢铁联合企业的亏损，以节约投资成本。因此上述 4 家公司在律师和会计师的协助下，作出了如下精心、巧妙的安排：

(1) 成立项目公司，项目公司 100% 拥有钢铁联合企业。根据合资协议，C 公司拥有项目公司的 100% 股份。显然，C 公司成为项目公司的控股公司，成为钢铁联合企业法律上 100% 的拥有者，这样项目公司和钢铁联合企业的资产负债和经营收益可以并入 C 公司的财务报表。同时，项目公司和钢铁联合企业的税收也可以与 C 公司的税收合并，统一纳税。

(2) 项目公司发行 1.5 亿新西兰元可转换债券，上述 4 家公司认购的比例分别为：F 公司 50%、C 公司 30%、T 公司 10%、B 公司 10%。各家公司购买债券的资金作为初始股本投入。

(3) 由于 C 公司通过此项投资可以获得 5 亿新西兰元的税务亏损好处，所以多出资 5000 万新西兰元。

(4) F 公司成立一家子公司——项目管理公司，与项目公司签署委托经营管理协议，专门负责新西兰钢铁联合企业的经营管理。

表 3-3 列出了各投资者在项目中的投资比例和出资比例。从表 3-3 中可看出，由于巧妙地利用了被收购企业的税务亏损，除 C 公司以外的其他 3 家投资者可以节约投资资金 25%，而 C 公司通过将钢铁联合企业的税务亏损合并冲抵其他方面业务的利润，也可以预期获得 1.65 亿新西兰元的税款节约（当时当地公司所得税率为 33%）。

表 3-3　　　　　　收购新西兰钢铁联合企业的项目公司的出资比例

公司	持股比例/%	可转换债券/百万元	购买税务亏损/百万元	总计/百万元	实际投资占总投资比例/%
F	50	75		75	37.5
C	30	45	50	95	47.5
T	10	15		15	7.5
B	10	15		15	7.5
合计	100	150	50	200	100

思考：

(1) 在本收购项目中，项目公司承担了哪几种角色？

(2) 请根据案例背景描述绘制新西兰钢铁联合企业收购项目投资结构图形。

(3) 公司型组织有哪些特点？

(4) 企业并购的税务处理规定各国差异较大，请了解我国及美国关于企业并购中税务处理的相关规定。

案例二　欧洲迪士尼乐园项目投资结构设计

一、欧洲迪士尼乐园项目概况

1987年3月，美国迪士尼公司与法国政府签署了一项原则协议，在法国巴黎的郊区兴建欧洲迪士尼乐园。欧洲迪士尼乐园项目极为庞大，其开发时间前后长达20年，在一个 $2000hm^2$ 的土地上不仅要建设迪士尼乐园，而且还要开发饭店、办公楼、小区式公寓住宅、高尔夫球场、度假村等设施。与传统的项目融资不同，欧洲迪士尼乐园项目没有一个清楚的项目边界的界定（如项目产品、生产和原材料供应），并且与项目开发有关的各种参数、变量是相对广义、不具体的。

二、欧洲迪士尼乐园项目投资和融资结构设计目标及要求

法国东方汇理银行被任命为项目融资的财务顾问，负责项目投资结构和融资结构的设计和组织工作。作为项目发起人的美国迪士尼公司对结构设计提出了3个目标要求：

(1) 融资结构必须保证可以筹集到项目所需资金。

(2) 项目的资金成本必须低于"市场平均成本"。

(3) 项目发起人必须获得高于"市场平均水平"的经营自主权。

法国东方汇理银行认为第一个目标要求容易实现，但对于第二、第三个目标要求的实现，则比较困难。原因在于：第一，欧洲迪士尼乐园项目的不确定性较大，要获得低于"市场平均成本"的项目融资，其难度是非常之大的；第二，由于美国迪士尼公司与法国政府签署的原则协议中规定欧洲迪士尼项目的多数股权必须掌握在欧洲共同体居民的手中，这样既限制了美国迪士尼公司在项目中的股本资金投入比例，同时也增加了实现其要求获得高于"市场平均水平"的经营自主权目标的难度。

三、欧洲迪士尼乐园项目投资结构的设计方案

法国东方汇理银行对项目开发作了详细的现金流量分析和风险分析，并在大量方案筛

选、比较的基础上，最后建议美国迪士尼公司使用的项目投资结构由两部分组成：欧洲迪士尼财务公司和欧洲迪士尼经营公司（图3-12）。首先，美国迪士尼公司成立了一个百分之百控股的欧洲迪士尼控股公司；然后以欧洲迪士尼控股公司的名义出资分别成立了经营管理公司、项目投资公司和财务管理公司。

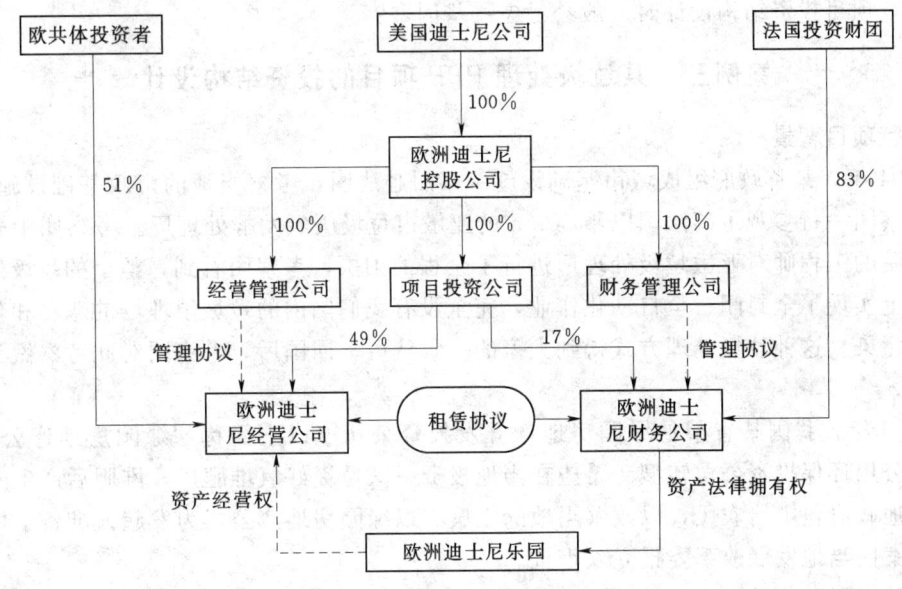

图3-12 欧洲迪士尼乐园项目的投资结构

1. 欧洲迪士尼财务公司（Euro Disneyland SNC）

设计财务公司是为了有效地利用项目的税务优势。欧洲迪士尼项目由于初期的巨额投资所带来的高额利息成本，以及由于资产折旧、投资优惠等所形成的税务亏损无法短期内在项目内部有效地消化掉；更进一步，由于这些高额折旧和利息成本的存在，项目也无法在早期形成会计利润，从而也就无法形成对外部投资者的吸引力。为了有效地利用这些税务亏损，降低项目的综合资金成本，因此欧洲迪士尼财务公司所使用的SNC结构是一种普通合伙企业结构。SNC结构中的投资者（合伙人）分别为项目投资公司和法国投资财团，相应的出资比例为17%、83%。在这种结构下，投资者能够直接分享其投资比例的项目税务（或利润），与其他来源的收入合并纳税。

2. 欧洲迪士尼经营公司（Euro Disneyland SCA）

设计欧洲迪士尼经营公司的目的是为了解决美国迪士尼公司对项目的绝对控制权问题。SCA结构类似于有限合伙企业结构，其投资者分为两类：一类是具有有限合伙企业结构中的普通合伙人性质的投资者，即美国迪士尼公司。美国迪士尼公司负责任命项目管理班子，承担项目管理责任，同时在项目中承担无限责任。这样就可以使美国迪士尼公司在欧洲迪士尼乐园项目中只占少数股权（49%）的情况下，实现对该项目的经营管理自主权。另一类是具有有限合伙人性质的投资者，即欧洲共同体投资者（51%）。有限合伙人在项目中只承担与其投资金额相等的有限责任，但是不能直接参与项目管理，即在没有一般合伙人同意的前提下，无权罢免项目管理班子。

思考：

（1）欧洲迪士尼乐园项目属于哪种投资结构类型？项目投资主体、管理主体和融资主体分别由哪家机构担任？

（2）合伙制结构有哪些特点？

（3）项目投资结构设计时一般会考虑哪些因素？

案例三　某垃圾处理 PPP 项目的投资结构设计

一、项目背景

2004 年，某省政府组成城市基础设施考察团赴法国，考察当地的市政基础设施情况。政府考察团一行参观了离法国巴黎 50km 的亚敏市垃圾厌氧发酵处理厂。考察团中来自市政设计院的工程师对亚敏垃圾处理厂进行了全程的拍摄，考察团看到，整个的垃圾处理场区基本上实现了全封闭、全自动化作业，完全没有我们国内的垃圾填埋场的恶臭和焚烧厂的粉尘污染。这种垃圾处理方式得到大家的一致认可。回国后，考察团对此考察做了专门的汇报。

2005 年，我国某省某地绿园房地产开发投资公司（以下简称"绿园房地产公司"）计划向公用环保投资公司转型。希望在当地投资一家垃圾好氧堆肥厂，堆肥后产生的有机肥由当地政府包销给农民，以改善当地的土壤。以绿园房地产公司为发起人准备了可行性研究方案向当地发展改革委报立项审批。

当地发展改革委在收到立项申请后，认为垃圾好氧处理堆肥后的肥料在销路上有一定问题，农民是否接受该种有机肥料需要进一步研究。在此过程中，绿园房地产公司总经理从市政设计院处看到了法国亚敏垃圾处理厂的视频资料，通过这种方式处理垃圾后，好氧堆肥的收益与所产生的沼气或沼气发电的收益相比可以忽略不计，解决了其市场收益的问题。但视频中只显示了垃圾处理厂的处理流程，至于该厂采取的核心技术工艺、关键设备等信息都无从了解。

某工程有限公司曾经在绿园房地产公司的协助下，在当地承揽了 YK 市日元贷款城市污水处理厂项目，该项目已经在 2005 年竣工投入使用。通过该项目工程公司和当地政府及绿园房地产公司保持了良好的关系。鉴于该工程公司有着强大的工程总承包能力，绿园公司希望该工程公司能够为其提供工程技术方面的支持，帮助其开发市垃圾厌氧处理厂项目。由于当地工程公司在 BOT 等项目的投资受上级集团公司严格的限制，超过 200 万人民币的投资额需要经过层层的审批，通过的概率不大，所以该工程公司无法作为投资伙伴参与该项目。作为回报，绿园房地产公司承诺待项目立项审批后，工程公司将以 EPC 方式总承包该项目。

该工程公司在熟悉该项目后，经过海外渠道了解到该厌氧处理工艺是由法国 VALORGA 技术公司所拥有。通过联络法国 VALORGA 技术公司，该公司表示愿意与该工程公司合作，提供技术支持和输出保证，并希望通过该项目磨合来取得互信和默契，共同开发中国垃圾处理市场。

由于自有资金不足，绿园房地产公司希望引入新的投资伙伴参与该项目。2006 年绿园房地产公司与一家由国外能源基金公司控股的北京新能源公司各占 50% 股份成立市垃圾厌氧处理公司，作为项目公司顺利通过政府的招标程序，并与政府签订了特许经营协议。但由于国外基金公司的要求，该项目公司需要由其控股的北京公司独资参与，并同意给绿园房地产一定的补偿，否则后续的融资事宜将无法落实。由于当时房地产项目资金紧张，绿园房地产公司最终同意取得补偿后退出项目公司。

绿园房地产公司退出后，政府机构的办事效率立即下降，政府承诺的项目用地审批迟迟无法办理。先是由于原选址位于开发区，开发区规划变更而无法提供用地，后又以拆迁受阻、周边居民反对、土地价格上涨等理由变更项目选址。2009年，政府领导换届后，新一届政府重新找到绿园房地产公司，希望绿园房地产公司继续接受项目，同意立即批复项目用地的审批，同时北京新能源公司也同意退出。

2008年，工程公司的上级集团公司发布文件，鼓励下属工程公司参与BOT等项目，目的是通过投融资带动EPC工程总承包项目的开发。

绿园房地产公司与该工程公司意愿合作共同投资该垃圾处理项目。

二、项目建设工艺及规模

法国的生活垃圾厌氧发酵的VALORGA工艺，由于具有较好的经济效益和环境效益，取得了较大的成功，在欧洲得到了一定的运用。

制肥制气处理城市生活垃圾主要运行成本在垃圾分选和后期制复合肥的过程。主要的收入来源为政府垃圾处理费、燃气（甲烷）销售收入或燃气发电的售电收入。由于当地城市燃气紧张，也为了节省发电机组部分的建设成本，项目决定采取燃气销售的方式作为收益。

在政府城市生活垃圾历年的统计调查的基础上，工程公司和法国公司对当地垃圾质量和数量做了详细的论证，确定本项目的建设规模为：日处理生活垃圾600t；日处理污水处理厂污泥100t，即日处理垃圾能力为700t；全年处理垃圾量为25.55万t；主要产品及产量为：甲烷年供量946万m^3。

三、项目公司投资比例

自三方就共同投资达成一致后，各方首先就各自在项目不同阶段中风险分担的基础上，对责任、权利的划分作了界定：其中政府主要单独承担立项审批、土地划拨、有关政策法规等风险；工程公司承担了设计及技术可行性、工程方面的多数职责，建设期工作将主要由工程公司负责；三方约定，由工程公司在建设工程中逐步对绿园房地产公司派驻的后期运营管理的团队进行培训，通过协议工程公司还将对绿园房地产公司的运营维护提供2年的保姆式运营维护服务，直至绿园房地产公司组建的运营团队能顺利接管整个设施的操作维护和日常管理工作。针对项目公司重大问题的决策时，各方将以投资比例的权重体现决策权。根据投资各方的资金实力、风险分担等因素的考量，政府、工程公司和绿园房地产公司的投资比例分别为40%、25%和35%。

思考：

（1）请绘制该垃圾处理PPP项目的投资结构图和主要合同关系图。

（2）请总结该垃圾处理PPP项目的风险有哪些？其风险分配的原则是什么？

第四章 项目资金结构

> **基本要求**
>
> ◆ 掌握项目资金类型及次级债务概念
> ◆ 掌握项目资金成本、资金结构相关概念
> ◆ 熟悉常见的项目资金筹措方式以及不同筹措方式的特点
> ◆ 熟悉不同来源资金成本的计算
> ◆ 熟悉比较资金成本法和息税前利润-每股利润分析法
> ◆ 了解项目资金结构设计的主要内容与步骤
> ◆ 了解企业价值法

第一节 项目资金类型

根据资金偿还顺序的不同,投入到项目中的资金可分为两大类型:权益资金和债务资金,其中债务资金又可进一步分为高级债务资金和次级债务资金。

一、权益资金

权益资金(equity funds),又称股本资金或股权资金,是指项目投资主体投入项目中的资本金,是项目负债融资的基础。项目资本金是指由项目投资主体以获得项目财产权和控制权的方式投入的资金。权益资金是一种"永久性"项目资金,投入项目后,直到项目结束或者特许期结束后方可退出。与债务资金相比,权益资金具有以下特点:

(1) 不可逆性。对于投资者而言,权益资金一旦投入,就不能以任何方式抽回,即意味着投资者要退出,只能通过两种途径:一是借助流通市场,转让股份或股权;二是借助拍卖市场,进行资产拍卖。

(2) 软约束性。对于资金使用者而言,权益资金不需按照规定的计划进行还本,也没有固定股利支付的负担,因为股利支付与否和支付多少视项目的经营情况和经营战略而定。

(3) 高成本性。由于权益资金在项目收益分配和清算偿还时的优先顺序排在最后,因而权益资金供给者承担的风险最大,故要求的回报率最高,也就是说,权益资金的成本较高。项目投资者投入项目权益资金的动力在于:可以拥有项目投资所形成的资产所有权,以及项目未来收益的剩余索取权。

在项目融资中,权益资金是债务资金的"风险缓冲器",项目权益资金投入越多,表明项目投资者对项目的信心越高,运用项目融资进行高风险投资的道德风险发生可能性就

将大为减小，同时也将激励项目投资者对项目建设进行精心组织安排，采用更为有效的策略进行经营管理，从而也提高了贷款银行提供债务资金的信心。

二、高级债务资金

高级债务资金（senior debt）是指资金需求者以负债方式取得，且需优先偿还的资金。对于资金使用者而言，与权益资金相比，债务资金具有硬约束性，即不管项目经营状况如何，必须根据预先制定的还贷计划进行还本付息，否则逾期将被惩罚，甚至被债权人要求破产清算。所谓"高级"是指在项目收益分配和清算偿还时的优先级最高。相应地，高级债务资金在项目中承担的风险最低。

在融资实践中，通过贷款银行和资本市场筹措的债务资金大多属于高级债务资金，一般需要提供债权保障。因而，高级债务资金是项目资金的主要来源。

三、次级债务资金

次级债务资金（junior debt）是指在偿还顺序介于高级债务资金和权益资金之间的一种债务资金。在此特别说明的是，次级债务中的"次级"仅针对债务清偿顺序而言，项目在收益分配和清算偿还时，首先偿还高级债务资金本息，然后才能偿还次级债务本息，最后剩余资金才用于权益资金的红利支付。因而，相对于高级债务资金，次级债务资金又称为从属性债务（subordinated debt）；同时由于这部分资金的受偿顺序位于高级债务资金之后，因此常被高级债务资金提供者视同为股本资金，故又称之为准股本资金。次级债务资金在项目中所承担的风险低于权益资金但高于高级债务资金，回报也介于两者之间。

根据资金的从属性质，次级债务资金又可分为一般从属性债务和特殊从属性债务两大类。所谓一般从属性债务是指该种资金在项目资金序列中低于一切其他债务资金形式；而特殊从属性债务是指在其从属性定义中明确规定该种资金相对于某种其他形式债务（如项目融资中的长期债务）的从属性，但是针对另外的一些项目债务，则具有平等的性质。

不同的次级债务资金提供者的目的有所不同。对于项目发起人或投资者而言，用次级债务资金替代权益资金出资具有以下优势：

（1）投入资金的回报率相对稳定。由于次级债务一般包含了比较具体的利息和本金的偿还计划，而股本资金的红利分配则带有较大的随机性和不确定性。因此，投入次级债务资金较普通股本资金投资能获得稳定的利息收益，从而使投资者投入资金的回报率相对稳定。

（2）有利于减少投资者在利益分配上所受到的限制。项目融资中，贷款银行对项目公司的盈利分配通常有着十分严格的限制，一般必须在保证能按时分期偿还项目贷款银行债务的前提下才能进行股息分配。但是，对于公司次级债务却可以通过谈判减少前述限制，尤其是对次级债务利息的限制，从而保证投资者的利益。

（3）有利于项目公司形成较为灵活的税务结构。由于次级债务本身属于负债，利息的支付是可以抵税的，且债务资金的偿还可以不用考虑项目是否缴税，而作为股本资金却要等到公司上缴所得税后才能支付股息。因此，以次级债务（准股本资金）作为股本资金的替代形式，就可以使项目公司充分利用在税务方面的优惠，提高项目的综合经济效益。

在项目融资中，次级债务的常用形式主要有无担保贷款、可转换债券、附有认股证的债券、零息债券、以贷款担保形式出现的准股本资金等。比如，中国国际信托投资公司在加拿大塞尔加纸浆厂收购项目（1986年）中提供了1000万加元的公司担保贷款，其用途是在一旦项目现金流量出现短缺时，用以支持项目的生产性开支、资本开支以及到期债务的偿还。中国国际信托投资公司作为担保人，所承担的最大金额只相当于项目融资总额的32％。由于这部分贷款是依赖于中信公司的信誉安排的贷款，因而具有准股本资金的性质。

第二节　项目资金的来源与筹措方式

一、项目资金的来源

项目资金来源是指资金来自何处。从资金供给主体看，项目资金主要来自（外国）政府、银行、非银行金融机构、国际金融组织、第三方组织、企业、机构投资者和社会公众等。上述资金供给主体与资金需求主体之间进行资金借贷与资本交易的场所，在金融学中称之为资金市场。作为金融市场的重要组成部分，资金市场按照金融交易工具的期限长短可分为短期资金市场（货币市场）和长期资金市场（资本市场）。

1. 短期资金市场

短期资金市场是指资金期限在1年以内（含1年）的短期金融工具进行交易的场所。该市场的参与主体主要是商业银行、票据承兑公司、贴现公司、证券交易商和证券经纪商等，主要交易工具为各种票据。短期资金市场根据不同的交易方式和业务，可分为短期信贷市场、短期证券市场、贴现市场。

（1）短期信贷市场。短期信贷市场是指银行同业拆借，以及银行对企业提供短期信贷资金的场所。其功能主要是解决临时性的短期流动资金的不足和调整准备金头寸。银行间的同业拆借完全凭银行间同业信用商借，不用签订贷款协议。银行可通过电话、电传达成交易，事后以书面确认。短期信贷市场的拆借期长短不一，多为1天到6个月，超过6个月的少，最长不超过1年；拆借利率以银行同业拆借利率为基础，如伦敦同业拆借利率（LIBOR）。该市场交易方式较为简便，贷款不必担保。

（2）短期证券市场。短期证券市场是指进行短期证券发行与交易的场所。常见的短期证券包括国库券，可转让的定期存款单、商业票据、银行承兑票据等，它们最大的特点是具有较大的流动性和安全性。比如商业票据（commercial paper），一般是由资信等级较高的公司企业在金融市场上筹措短期资金的借款凭证，是一种附有固定到期日的无担保本票（unsecured promissory note）。各国对商业票据的融资期限规定不尽相同，欧洲商业票据期限一般为78～178天，美国传统商业票据期限一般为90～180天，最长不超过270天。各国的短期信用工具种类繁多，名称也不同，但实质上都属于信用票据。

（3）贴现市场。贴现市场是指对未到期票据，通过贴现方式进行资金融通而形成的交易市场。贴现交易的信用票据主要有政府国库券、短期债券、银行承兑票据和部分商业票据等。贴现利率一般高于银行贷款利率。

项目投资一般是长期投资，因而除了周转或临时性用资外，一般较少在短期资金市场上筹措资金。

2. 长期资金市场

长期资金市场是指期限在1年以上的资金借贷和证券交易的场所。习惯上又将期限在1～5年的称为中期市场。按照资金融通方式的不同，长期资金市场又可分为证券市场和中长期信贷市场。

（1）证券市场。证券市场是指证券发行与流通的场所。通常又将证券发行市场称为一级市场，将证券交易市场成为二级市场。按照交易证券的种类划分，证券市场可分为债券市场和股票市场。

在国际上比较有名的债券市场为欧洲债券市场。欧洲债券产生于20世纪60年代，是随着欧洲货币市场的形成而兴起的一种国际债券。60年代以后，由于美国资金不断外流，美国政府被迫采取一系列限制性措施。1963年7月美国政府开始征收"利息平衡税"，规定美国居民购买外国在美发行的证券，所得利息一律要付税。1965年，美国政府又颁布条例，要求银行和其他金融机构限制对外国借款人的贷款数额。这两项措施使外国借款者很难在美国发行美元债券或获得美元贷款。另外，在60年代，许多国家有大量盈余美元，需要投入借贷市场获取利息，于是，一些欧洲国家开始在美国境外发行美元债券，这就是欧洲债券的由来。欧洲债券最初主要以美元为计值货币，发行地以欧洲为主。70年代后，随着美元汇率波动幅度增大，以德国马克、瑞士法郎和日元为计值货币的欧洲债券的比重逐渐增加。同时，发行地开始突破欧洲地域限制，在亚太、北美以及拉丁美洲等地发行的欧洲债券日渐增多。利用欧洲债券市场筹资，具有以下优势：①在一些国家，采用欧洲债券方式融资，可以获得不用支付利息预提税的优惠；②筹资时间比较短。一旦发行系统建立起来，每次发行债券所需要的时间非常短，有时可以短到只需1天时间；③贷款可以采用多种货币形式；④在还款日期安排上比辛迪加银团贷款灵活。

在许多国家中，股票市场又进一步区分为主板市场和创业板市场。在我国，证券市场中交易的主要证券种类包括公司股票、债券（国债、地方政府债券和企业债券）、封闭式证券投资基金、交易型开放式指数基金和权证（认购权证和认沽权证）等。各个国家关于证券交易制度有所不同。

（2）中长期信贷市场。中长期信贷市场是贷款双方通过签订信贷协议而完成交易的场所。其既可以是国内信贷市场，也可以是国际信贷市场。按照贷款的保障程度不同，可将贷款分为担保贷款和无担保贷款。无担保贷款又称为信用贷款，是没有任何项目资产作为抵押和担保的贷款，而且本息的支付也通常带有一定的附加限制条件，如不得先于高级债务支付本息。无担保贷款时贷款中最简单的一种形式，其受偿顺序要后于担保贷款。

二、权益资金的筹集

权益资金的筹集方式主要有企业自有资金（留存收益）、直接投资和投资补助、发行股票和利用股权投资基金。在此主要介绍直接投资、发行股票和利用股权投资基金三种筹资方式。

1. 直接投资和投资补助

直接投资有外商直接投资、内资企业直接投资和财政直接投资之分。

(1) 外商直接投资。根据《中华人民共和国外商投资法》，外商投资是指外国的自然人、企业或者其他组织（以下称外国投资者）直接或者间接在中国境内进行的投资活动，包括下列 3 种情形：

1) 外国投资者单独或者与其他投资者共同在中国境内设立外商投资企业。

2) 外国投资者取得中国境内企业的股份、股权、财产份额或者其他类似权益。

3) 外国投资者单独或者与其他投资者共同在中国境内投资新建项目。

显然外商直接投资属于第 1) 和 3) 种情形。我国对外商投资准入实行负面清单制，目前由国家发展改革委、商务部共同定期发布《外商投资准入特别管理措施（负面清单）》。

(2) 内资企业直接投资。外商投资企业，是指全部或者部分由外国投资者投资，依照中国法律在中国境内经登记注册设立的企业，而内资企业是指依据我国有关法律规定，在我国境内设立的由我国投资者投资举办的企业，是我国的居民企业。内资企业直接投资项目，按照我国现行的投资项目核准备案制度管理；直接出资设立企业组织，需要符合我国《中华人民共和国公司法》《中华人民共和国合伙企业法》等相关法律规定。

需要注意的是，从事《外商投资准入负面清单》禁止投资领域业务的内资企业到境外发行股份并上市交易的，应当经国家有关主管部门审核同意，境外投资者不得参与企业经营管理，其持股比例参照境外投资者境内证券投资管理有关规定执行。

(3) 财政直接投资。此处财政资金主要包括一般公共预算收入、政府性基金、国有资本经营收益、社会保险基金。一般公共预算收入包括各项税收收入、行政事业性收费收入、国有资源（资产）有偿使用收入、转移性收入和其他收入；政府性基金是对依照法律、行政法规的规定在一定期限内向特定对象征收、收取或者以其他方式筹集的资金，专项用于特定公共事业发展；国有资本经营收益即为国有资本收益；社会保险基金是对社会保险缴款、一般公共预算安排和其他方式筹集的资金，专项用于社会保险。

财政资金除了直接投资，即以资本金方式投资项目外，还会根据产业扶持政策、项目的公益性、影响范围和影响程度的不同，给予项目投资补助、贷款贴息。投资补助和贷款贴息是对其他投资主体，比如企业组织的补贴，可视为其他投资主体对项目的权益资金投入。

2. 发行股票筹集权益资金

(1) 股票类型。股票是一种有价证券，是股份公司向其出资者签发的出资证明或股份凭证，即表明其持有者对公司资本的相应部分拥有所有权并因此取得股东资格。按照股票持有人（股东）享有的权益及承担的风险，股票可分为普通股和优先股两种。二者的区别在于：普通股的股东享有参与公司决策的投票表决权和管理权、认购新股的优先权等权利；优先股可以事前确定的股息率优先分配公司税后利润，以及在清算时优先普通股分配剩余资产。显然，优先股的股东风险比普通股要小得多，作为代价，优先股股东不能与普通股共享参与决策的投票表决权、认购新股的优先权等权利。

1) 采用普通股融资的优缺点。对于资金使用者而言，普通股融资的优点有：普通股融资股利支付灵活，可根据公司经营战略和盈利能力进行酌情处理；一般不需要偿还股本，融资风险小；融资限制较少。普通股融资的缺点有：不能获得财务杠杆带来的利益；

普通股股利不可减免所得税，资金成本较高；增加普通股票发行，会稀释现有股东的权益和削弱现有股东的控制权。

2）采用优先股融资的优缺点。对于资金使用者而言，优先股融资的优点有：保持普通股股东对公司的控制权；财务上灵活机动，公司可相机赎回优先股票，也可在公司财务状况恶化时，不支付股利，减轻公司财务负担。优先股融资的缺点有：融资成本高于债券；发行优先股融资的限制较多。

比较二者优缺点可知，如果项目公司不愿因负债融资过高而增大财务风险，又不愿发行普通股削弱现有投资者的控制权和风险收益权，则最佳方案就是发行优先股筹措股本资金。

(2) 发行股票方式。优先股票一般通过私募方式筹集资金，而普通股票的募集方式有公募和私募两种。

1）公募。公募又称公开发行，一般是指事先没有特定的发行对象，向社会广大投资者公开推销股票的发行方式。公开发行可以采用股份公司自己直接发售的方法，也可以通过金融中介机构代理发行。各国证券法对股份公司公开发行股票的资格条件都有严格规定。进一步，公开发行又有上市与非上市之分，而上市亦有境内上市和境外上市之分。世界各国对其境内公司发行股票，均规定了公司遵循的通用会计准则和严格的信息披露制度。

对于新成立的、没有任何历史信誉纪录的项目公司而言，直接上市发行股票获得证券监管部门的审批和社会公众投资者的认同是比较困难的，此时项目公司可考虑采取另外一种上市融资方式，即间接上市融资方式。间接上市具体又分为买壳上市和造壳上市两种形式。买壳上市是根据《公司法》《证券法》等法律规定购买上市公司的部分或全部股份，以获得上市公司的控制权，而后将原有企业的优质资本置换到上市公司的资产中去，再以配股、增发新股等形式进行新一轮的融资。造壳上市是根据相关法律，在拟上市的证券市场所在国家所允许的地点，注册一家控股公司，然后通过资产置换，将企业原有的优质资产置换到新注册的控股公司里，再以控股公司的名义在目标证券市场直接上市融资。一般而言，造壳上市常为一些想到海外证券市场融资的企业所采用。

2）私募。私募又称非公开发行，是指发行者只对特定的发行对象推销股票的发行方式。通常两种情况下采用：一是股东配股，又称股东分摊，即股份公司按股票面值向原有股东分配该公司的新股认购权，动员股东认购。这种新股发行价格往往低于市场价格，事实上成为对股东的一种优待，一般股东都乐于认购。如果有的股东不愿认购，他可以自动放弃新股认购权，也可以把这种认购权转让他人，从而形成了认购权的交易。二是私人配售，又称第三者分摊，即股份公司将新股票分售给股东以外的本公司职工、往来客户等与公司有特殊关系的第三者。无论是股东配股还是私人配售，由于发行对象是既定的，因此，它与公募方式相比，不仅可以节省委托中介机构的手续费，降低发行成本，还可以调动股东和内部的积极性，巩固和发展公司的公共关系。但缺点是这种不公开发行的股票流动性差，不能公开在市场上转让出售，不利于公司进一步扩大融资。

需要特别指出的是，由于各国证券上市发行制度迥异，境外上市操作程序及其难度也有所不同。以外国公司美国证券融资为例，由于美国证券发行注册登记和信息披露制度严格，对非美国发行人而言，很难达到规定要求。因此主要采用按《144A 规则》私募发行存托凭证❶（depository receipts，DRs）的方式。按照 1933 年美国证券法第 4（2）条规定和 1982 年颁布的《D 条例》中 506 规则，"私募发行可以豁免注册"，但私募发行的证券属于受限制的证券（restricted securities），没有经过注册或者援引其他豁免条件不能转售流通证券；但 1990 年颁布实施的美国《144A 规则》解决了私募证券的流通问题，允许私募证券在美国被再出售给不限数量的"合格的机构投资者"（qualified institutional buyer，QIB）而无需注册。QIB 一般指那些至少拥有 1 亿美元投资资金的机构投资者，如保险公司、投资公司、银行、证券自营商和储蓄贷款协会等。《144A 规则》规定，外国公司可按发行人所在国会计准则编制财务报表，并将该财务信息提供给美国证监会，则该发行人可不向证券购买人披露财务信息。《144A 规则》的这一规定，通过减轻信息披露负担有效吸引了外国公司进入美国资本市场。

3. 利用股权投资基金筹集权益资金

（1）股权投资基金概念。股权投资基金（private equity，PE），在中国也被私募股权基金、私募股权资本、私募股权投资等。PE 概念源起于"风险投资"和"创业投资"（venture capital，VC），20 世纪 80 年代初引入我国，逐渐演化为"私募股权投资"。私募股权基金是指以私募方式向特定对象募集设立的，对非上市公司或私有企业进行的股权或准股权投资提供增值服务，并在规定期限内通过上市、并购或管理层回购等退出方式，出售持股获得投资回报的基金。

PE 有广义和狭义之分，广义的 PE 为涵盖企业首次公开发行前各阶段的权益投资，即对于种子期、初创期、发展期、扩展期、成熟期和 Pre-IPO 各个时期企业所进行的权益投资。相关资本按照投资阶段可划分为创业投资（VC）、发展资本（Development Capital）、并购基金/杠杆收购基金（Buyout/Buyin Fund）、Pre-IPO 资本（如 Bridge Finance）等。狭义的 PE 主要指对已经形成一定规模的，并产生稳定现金流的成熟企业的私募股权投资部分，主要是指创业投资后期的私募股权投资部分。在中国 PE 多指狭义概念，以与创业投资 VC 区别。中国大陆第一起典型的 PE 案例，是 2004 年 6 月美国著名的新桥资本（New Bridge Capital），以 12.53 亿元人民币从深圳市政府手中收购深圳发展银行 17.89％的控股股权，这也是国际并购基金在中国的第一起重大案例。

在国内，与 PE 类似的概念还有"产业投资基金或产业基金"。二者既有共性也有区别，共性主要体现在：①二者皆起源于国外的创业投资；②二者投资对象皆是具有高增长潜力的非上市企业的股权或准股权；③目的都是通过持股培育，参与被投资企业的经营管理，并在被投资企业成熟后通过股权转让实现资本增值；④采用的基金组织形式类似，如公司型、有限合伙型和契约型（表 4-1）。二者区别主要在于理论上 PE 可以投资任意行业的非上市企业，而为特定产业成立的产业投资基金或产业基金，其投资范围一般仅为该

---

❶ 存托凭证，又称存券收据或存股证，是指在一国证券市场流通的代表外国公司有价证券的可转让凭证，一般代表公司股票，有时亦可为公司债券。存托凭证的产生过程为：某国的某一公司为使其股票在外国流通，就将一定数额的股票，委托某一中间机构（通常为银行，称为保管银行或受托银行）保管，由保管银行通知外国的存托银行在当地发行代表该股份的存托凭证，之后存托凭证便开始在外国证券交易所或柜台市场交易。存托凭证的当事人，在国内有发行公司、保管机构，在国外有存托银行、证券承销商及投资人。

特定产业内的非上市企业。

比如央视融媒体产业投资基金（有限合伙）（简称"央视产业基金"）总规模100亿元，全体合伙人首期认缴出资37.13亿元，拟重点投资文化及互联网经济，包括但不限于5G+4K/8K（超高清领域）+AI、体育产业、文娱产业、教育产业、数字化技术、企业服务、内容付费等。其中，普通合伙人（GP）为中视融合（上海）企业管理合伙企业（有限合伙）、海通创意私募基金管理有限公司，分别出资1600万元、1000万元，24家有限合伙人（LP）合计出资36.87亿元。认缴出资额靠前的海通开元投资有限公司、中国国际电视总公司、中国电信集团投资有限公司，分别为6.67亿元、6亿元、4亿元，当虹科技、东方明珠、市北高新、南方传媒等多家A股上市公司参与，且参与投资金额均为1亿元。

表4-1　　　　　　　　投资基金不同组织形式比较表

组织形式	优 势	劣 势
公司型	（1）具有法人地位，可将所投资股权登记在基金名下； （2）符合发债条件的可以发行公司债，融资方式多样化	（1）双重征税； （2）设立流程复杂； （3）持股达到一定比例需合并报表，影响投资者的资产负债表
有限合伙型	（1）可根据合伙协议约定不同投资者的权利义务； （2）避免双重纳税； （3）一般无需合并资产负债表	国有独资公司、国有企业、上市公司及公益性事业单位、社会团体不得成为普通合伙人
契约型	（1）采取基金业协会备案制，设立流程简单； （2）避免双重纳税； （3）投资者无需合并资产负债表	（1）在股东登记、托管账户开立方面具有操作困难； （2）基金财产与管理财产存在混同风险

（2）股权投资基金的特点。根据前述PE狭义概念，PE具有如下特点：

1）具有集合投资的本质特性。投资基金的本质特点是由两个以上的多数投资者，通过集合投资方式形成新的财产主体，再以新的财产主体名义进行财务性投资，投资风险由投资者共担，投资收益由投资者共享。

2）在资金募集上，只能以私募方式，向具有较高风险识别能力和风险承受能力的特定投资者（如风险基金、杠杆并购基金、战略投资者、养老基金、保险公司等）募集资本，其投资运作不会导致风险外溢。在投资方式上，也是以私募方式进行，绝少涉及公开市场的操作，一般无需披露交易细节。

3）PE通常按公司、有限合伙等企业组织形式设立，因此按公司、有限合伙等形式设立的股权投资基金本质上属于股权投资企业范畴。

4）投资领域限于非公开交易的企业股权，因此PE投资企业对被投资企业的决策管理享有一定的表决权。反映在投资工具上，多采用普通股或可转让优先股，以及可转债的工具形式。

5）投资期限较长，一般可达3~5年或更长，属于中长期投资。

6）流动性差，没有现成的市场供非上市公司的股权出让方与购买方直接达成交易。

7）投资退出方式多样化，有在资本市场实现IPO（initial public offerings）、售出

(trade sale)、兼并收购（mergers and acquisition，M&A）、标的公司管理层回购（management buy-outs，MBO）等方式。

（3）股权投资基金的运行模式。融资实践中，股权投资基金的运行模式各不相同，但应用较多的为"公司＋有限合伙"模式。所谓"公司＋有限合伙"模式，是指通过管理团队设立投资管理公司，再以公司作为GP，与自然人、法人（LP）一起，设立有限合伙制的股权投资基金。也就是说，基金管理人采用公司制组织，而基金为有限合伙制企业。有限合伙人通常成立投资委员会作为基金投资重大问题的决策主体。"公司＋有限合伙"模式示意如图4-1所示。

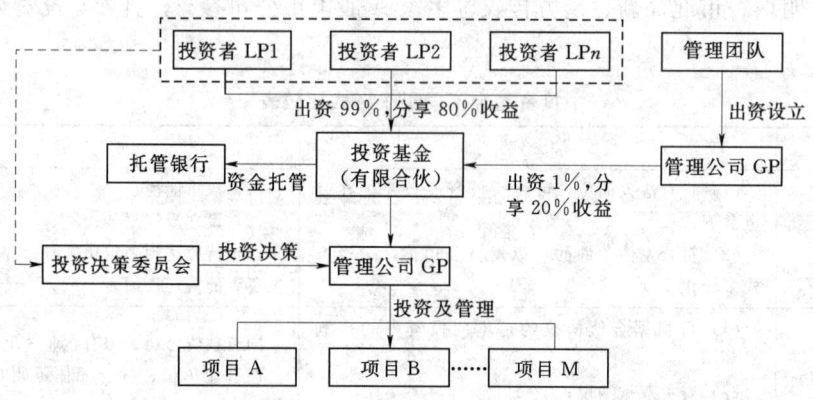

图4-1　私募股权投资基金运作模式示意图

三、债务资金的筹集

债务资金的筹集方式主要有政府贷款、国际金融组织贷款、商业银行贷款、出口信贷和发行债券等。其中，银团贷款、债券融资和出口信贷应用最为广泛。

1. 银团贷款

银团贷款的英文名称是"Syndicated Loan"，译为辛迪加贷款，是指由众多银行或金融机构所组成的融资集团，按照由安排行或牵头行与某一借款人所达成的统一条件，包括资金的价格和贷款期限，向借款人提供各自承诺的贷款资金的安排。所有参与的贷款银行或金融机构和该借款人在同一贷款协议上签字，但各自独立承担该借款人发生违约所产生的风险，且没有必然的义务去履行任一贷款人未能履行的贷款份额。视融资金额的不同，参与银团的银行从几家到上百家不等，如最初蓝图提出时，英吉利海峡隧道的74亿美元银团贷款由209家银行提供，后来由于成本超支、财务困难，需要投入更多资金的原因，参与银团贷款的银行又增至220家。

（1）银团组成及其分工。银团贷款中各银行的角色分工如下：

1）安排行（arranger）。安排行是指获得借款人委托负责组织和完成银团贷款业务的银行。安排行通常由负有盛名的国际性或某一地区的大银行担任。安排行可以仅起到组织银团的作用而不参与贷款承诺，但通常它总是作为牵头行或牵头行之一承诺最高等级的贷款金额。

2）牵头行（lead manager）。牵头行通常在银团贷款中对整个贷款提供包销（underwriting)或部分包销的责任。故牵头行在银团贷款中是承担一定风险的。如果没有安排行,牵头行就同时承担安排行的职能,如组织银团、准备文件等。

3)经理行团(managers group)。日本称为干事行团,承担部分包销和分销的责任。

4)参加行(participants)。参加行可以是所有承诺贷款份额的银行。在实践中,中小银行往往是以参加行的身份进入银团贷款。

5)代理行(agent)。通常代理行是安排行或牵头行之一,主要负责管理贷款事宜。当贷款协议一旦签署后,它是银团中唯一代表全体银团贷款人继续与借款人保持联系和沟通的银团成员。借款人需提前在代理行处开立账户,用于贷款的发放和回收。此外,它还负有沟通银团各成员之间信息、代表银行与借款人谈判、出面处理违约事件、协调银团与借款人之间的关系等责任,是借款人与贷款人之间的桥梁。

(2)银团贷款的融资成本。银团贷款的融资成本由利息和费用两部分构成。

1)银团贷款的利率。银团贷款利率与商业银行贷款类似,主要有固定利率和浮动利率两种。固定利率由借贷双方谈判确定。例如,使用日本境内日元的银团贷款,以日元的长期优惠利率(LTPR)为基础利率;使用美国境内美元的银团贷款,以美元的优惠利率(prime rate)作为基础利率。至于利差水平,日元为 $0.1\% \sim 0.3\%$,美元为 $1\% \sim 5\%$。欧洲美元市场的银团贷款多采用浮动利率,即一般以 6 个月期的伦敦银行同业拆放利率❶ (london interbank offered rate,LIBOR)为基础,另加一个利差(margin 或 spread)。这个利差视借款人的信誉状况以及市场资金供求情况而定。另外,当银团贷款使用亚洲美元时,则以新加坡同业拆放利率(SIBOR)为基础浮动利率;在使用港元时则以香港同业拆放利率(HIBOR)为基础利率。

2)银团贷款的费用。主要包括:

a. 管理费,亦称前端费。后者是因为借款人必须在提款前支付这种费用而得名。此项费用含三部分内容:一部分是作为安排行或牵头行组织和设计该银团贷款使其成功所付出劳务的报酬,也称牵头执行人费,这项费用一般为贷款总额的 $0.25\% \sim 0.5\%$;一部分是作为牵头行包销或分销贷款份额所承担风险的回报,又称包销费;最后一部分是作为全体参加行,包括安排行或牵头行,提供贷款资金的补充报酬,这部分称为参与费。参与费的费率一般为 0.25%。

b. 代理费。代理费是借款人向代理行支付的报酬,作为对代理行在整个贷款期间管理贷款、计算利息、调拨款项等工作的补偿。代理费的收费标准一般为 $0.25\% \sim 0.5\%$,具体根据代理行的工作量大小确定,如果银行的参加行多、提款次数多、还款次数多,则代理费就高。

c. 承诺费。借款人在用款期间,对已用金额要支付利息,未提用部分因为银行要准备出一定的资金以备借款人的提款,所以借款人应按未提贷款金额向贷款人支付承诺费,作为贷款人承担贷款责任而受到利息损失的补偿。承诺费通常是从合同签字日或从首次提

---

❶ LIBOR 指在伦敦的第一流银行借款给伦敦的另一家第一流银行资金的利率。现在 LIBOR 已经作为国际金融市场中大多数浮动利率的基础利率,作为银行从市场上筹集资金进行转贷的融资成本,贷款协议中议定的 LIBOR 通常是由几家指定的参考银行,在规定的时间(一般是伦敦时间上午 11 时)报价的平均利率。最大量使用的是 3 个月和 6 个月的 LIBOR。

款日起算，至提款期结束，根据贷款未提款余款部分按事先双方约定的费率计算。承诺费通常按未提款金额的 0.125‰～0.5‰ 计收。

d. 杂费。杂费主要指借贷双方实际支出的律师费、签字仪式和宣传费等，一般由借款人承担。

(3) 银团贷款的优点。主要表现在以下几个方面：

1) 有能力筹集到数额很大的资金。辛迪加银团贷款市场是国际金融市场中规模最大、竞争最激烈的一个组成部分。同样的项目风险条件下，在这个市场上可以筹集到数量较大、成本相对较低的资金。

2) 贷款货币的选择余地大。对贷款银行和贷款货币的选择范围比较大，这一点为借款人提供了很大的方便。借款人可以根据项目的性质、现金流量的来源和货币种类来组织最适当的资金结构。

3) 抗风险能力强。参与辛迪加银团贷款的银行通常是国际上具有一定声望和经验的银行，具有理解和参与复杂项目融资结构和承担其中信用风险的能力。

4) 与发行债券相比，银团贷款的提款方式灵活，还款方式也比较灵活。

2. 债券融资

(1) 债券的概念与基本要素。债券是一种有价证券，是债券发行人直接向投资者筹措资金时，向投资者发行、承诺按一定利率支付利息并按约定条件偿还本金的债权债务凭证，它赋予其持有人一定的时期内获取利息并到期收回本金的权利。

债券包括三个基本要素：债券面值、债券利率和债券期限。

1) 债券面值。包括面值币种和票面金额两项内容。面值币种是指以何种货币作为面值的标价单位。债券面值币种取决于发行者的需要和发行对象。为了方便购买者，一般以发行地的流通货币或国际通用货币发行债券。票面金额是指债券票面上直接标示的货币单位，金额的大小从一个货币单位到上百万货币单位不等。票面金额的大小对债券的发行成本、发行数量及投资者的构成产生不同程度的影响。债券的面值通常就是债券的发行价格，但也有不一致的情况，如溢价发行或折价发行；至于债券的交易价格则常常与其面值不一致。

2) 债券利率。债券利率又称票面利率，是指债券持有人每年可获得的利息与债券面值的比率。债券利率通常是固定的，即在债券到期之前保持不变，但也有采用浮动利率。债券利率的高低，主要受银行利率、发债人的资信级别、偿还期限、利率计算方式和资本市场资金供求关系等因素的影响。

3) 债券期限。债券期限是从债券发行日起到本息偿清之日止的时间。债券期限短的只有数月，长的可达几十年。期限的确定主要受发债人未来一定时期内可调配的资金规模，市场利率的变动趋势，投资者的投资意向、心理状态和行为偏好以及债券市场的供求状况等因素的影响。偿还期限在 1 年以下的债券称为短期债券，主要是为了筹集临时性周转资金；偿还期限为 1～5 年的债券称为中期债券，目的是为了获得较稳定的资金；偿还期限为 5 年以上的债券称为长期债券，目的是为了筹集固定资产投资。

(2) 债券类型。债的分类标准很多，与项目融资结合较为紧密的分类有以下几种：

1) 按照发行主体的不同，债券可以分为政府债券、企业债券和金融债券。

a. 政府债券也称公债，是由中央政府或地方政府发行的债券。政府债券的发行以政府税收收入作为还本付息的保证，因此其利率比其他债券低。中央政府发行的债券又称国债。国债所筹资金主要用于国家经济建设或弥补财政预算收支差额。地方政府发行的债券又称市政债券。市政债券所筹资金主要用于市政设施建设。在资本市场发达的国家中，市政债券是城市公用设施建设所需资金的重要来源。根据信用基础的不同，市政债券可分为一般责任债券和收益债券两大类，也存在着一些兼具二者特点的混合债券。

我国 2014 年修正《预算法》后，地方政府方可在国务院确定的限额内发行债券，地方政府债券成为了我国地方政府债务唯一合法合规的表现形式。

在我国根据债券偿债资金的不同来源，地方政府债券可以分为一般债券和专项债券。这两类债券和美国的市政债券中的一般责任债券（general obligation bonds）和收益债券（revenue bonds）相似。一般债券的目的是为没有特定现金流的公益项目融资，通过一般公共预算收入偿还；专项债券的目的是为有一定收益的公益性项目融资，通过对应的政府性基金或项目收入偿还。专项债券的主要类型包括土地储备专项债券、收费公路专项债券和棚户区改造专项债券等。根据募集资金的具体用途，地方政府债券还可以分为两类：新增债券、置换债券和再融资债券。置换债券和再融资债券的本质都是"借新还旧"。二者的区别在于，置换债券被用于置换地方政府存量债务中通过银行贷款等非政府债券方式举借的部分，而发行再融资债券的目标是以发行新的地方政府债券来偿还到期地方政府债券本金。根据上述两种分类方式，我国地方政府债券有新增一般债券、新增专项债券、置换一般债券、置换专项债券、再融资一般债券和再融资专项债券 6 种具体类型。

b. 企业债券泛指所有工商企业发行的债券，如果企业组织形式为公司制，则又称为公司债。企业债券利率受发行主体资信、发行周期、发行时机等多种因素影响，总体看，要高于同时期发行的同存续期的政府债券。

在我国曾经还有一类特殊企业债券，称为"城投债"，该类债券因有地方政府信用支持而被视为"准地方政府债券"。所谓城投债，特指地方融资平台所发行的期限在 1 年以上的企业债券。地方政府融资平台指由地方政府或其部门、机构等通过财政拨款或注入土地、股权等资产设立，承担政府投资项目融资功能，并拥有独立法人资格的经济实体。地方融资平台名称通常为城市投资开发有限公司、城市交通投资有限投资公司和城市水务集团等。

c. 金融债券是由银行或非银行金融机构所发行的债券。但在一些国家如美国、英国等欧美国家，将金融机构发行的债券全部归入公司债券，而无金融债券一说。金融债券的资信常高于其他非金融机构发行的债券，违约风险相对较小，因此其利率一般介于上述两种债券之间。

2）按照利息支付方式的不同，债券可分为附息票债券和贴现债券。

a. 附息票债券是指债券上附有息票，持券人凭从债券上剪下来的息票领取利息的债券。通常息票上标有各期的利息额、支付利息的期限及债券号码等内容。由于凭息票就可领取利息，息票因此可分离出来成为一种有价证券，可以转让，但是在息票到期之前，持票人不能要求兑付。

b. 贴现债券又称为无息票债券或零息债券，是指发行时以低于债券面值的价格发行，到期按面值兑付的债券。发行价与债券面值之间的差额即为债券的利息。

3) 按照是否需要提供担保，债券可分为担保债券和信用债券。为了减少债券持有人的风险，债券发行人有时会以财产抵押或者第三者为债券本息偿还作担保。有担保的债券称为担保债券，无担保的债券称为信用债券。

a. 担保债券按担保实体的不同，又可分为抵押债券、质押债券及承保债券等。抵押债券是以发债人拥有产权的土地、房屋等不动产为抵押担保物而发行的债券。若发债人到期不能还本付息，债券持有人有权处置抵押物以收回本息。质押债券又称抵押信托债券，是指以发债人所拥有的其他有价债券作为担保物发行的公司债券。被质押的有价证券通常交由某一信托机构保管。若发债公司无法按期还本付息，即由受托机构处理其质押的证券并代为偿债，以保障投资者的利益。承保债券是指由第三方担保偿还本息的债券。担保人一般为银行、非银行金融机构、公司等，个别是由政府担保。

b. 信用债券是发债人不提供任何形式的担保，只凭自身信用发行的债券。一些资信非常好的公司可发行这种债券，但在发行时必须签订信托契约，对发债人的有关行为作出限制和约束，以保障投资者的利益。

4) 按照发行人和发行市场是否在一国国境内，债券可分为本国债券和国际债券。本国债券为发行人和债券发行市场在一国国境内的债券。国际债券为发行人和债券发行市场不在一国国境内的债券，而按照债券标价的货币是否与债券发行市场所在国的货币币种相同，国际债券又可进一步分为外国债券和欧洲债券。

a. 外国债券是指外国债券发行人在东道国市场，以东道国货币标价发行的债券。比如中国项目公司在纽约发行的美元债券即是外国债券，通常称为"扬基债券"（Yankee Bonds）。目前，项目融资中常用的外国债券还有日本的武士债券（Samurai Bond）和私募债（Shibisai）、德国的马克外国债券和瑞士外国债券，上述债券的期限通常为7～10年，甚至10年以上。2005年，我国政府批准亚洲开发银行和国际金融公司在中国境内发行人民币债券，即熊猫债券，发行所得资金将用于境内的企业或项目融资。

b. 欧洲债券（Eurobond）是指外国债券发行人在东道国使用该国以外的货币标价发行的债券。如中国项目公司在纽约发行的英镑债券即是欧洲债券。常用的欧洲债券有欧洲美元债券、欧洲日元债券、欧洲马克债券等。通过发行欧洲债券筹措资金，具有发行手续简便、发行时间短、发行数额大，发行成本较低且可筹措多种货币资金的特点。

5) 按照本金偿还方式的不同，债券可分为一次偿还债券、分期偿还债券、提前偿还债券、延期偿还债券、偿债基金债券、可转换债券等。在此主要介绍偿债基金债券和可转换债券。偿债基金债券是指发债人定期从经营收益中提取一定比例的资金作为偿债基金，以供债券到期偿付之用的债券。可转换债券（Convertible Bond）是指允许持有人在一定时间内以一定价格向发行人换取该公司股票的债券，其实质上是普通股和债券的组合体，赋予了持有人一定的选择权，具有期权性质。可转换债券持有人可依据自己的意志，选择是否按约定的条件将持有的债券转换为公司股票，否则也可以选择将债券持有至债券到期，要求公司还本付息。正因为可转换债券在风险和回报方面介于股权和债权之间，故发行可转换债券融资也称为"夹层融资（mezzanine finance）"。国外一些项目融资结构中的投资者，出于法律或税务上的考虑，希望推迟在法律上拥有项目的时间，常常采用可转换债券形式安排项目的股本资金,所以在项目融资中,以可转换债券筹措的资金也称为准股本资金。

(3) 债券融资的优缺点。对债券发行人而言,债券融资的优点有以下几点:

1) 融资规模大。因为债券一般是在公开的资本市场上发行,资本市场上存在着大量的机构投资者和个人投资者,因此,可以迅速汇集大量资金。

2) 资金占有时间长。债券本息偿还的期限一般长于商业银行贷款,有些债券的偿还期长达15~20年。

3) 筹资效率高。在资本市场发达的国家,债券一旦进入发行系统后,就可以迅速进入市场,有时可以短到只需1天时间,可以及时利用市场的有利条件。

4) 项目发起人或债券发行人受到较少限制。在商业银行贷款中,商业银行会对项目发起人做出诸多限制,以防止出现对银行不利的情况,并进行许多的事前干预。通过资本市场发行债券筹资,市场上的投资者一般很少与项目发起人签订繁琐的协议和条款,而且只能是事后干预,即只有当项目公司不能及时兑付债券时,投资者才会有所反应。

债券融资的缺点有以下几点:

1) 资信等级要求高。在资本市场上公开发行债券,一般要求发行人的信用等级较高,但项目公司多数是新设公司,没有运营历史,因此需要项目发起人提供一定的信用担保等,最终取得在资本市场上发行债券的资格,这可能是一个很费时的过程。

2) 较高的交易成本。在资本市场上发行与销售债券要承担高额的交易费用,因此,融资规模较小就没有必要通过这种方式去融资。

3) 债券到期时会形成对项目资金流量的巨大压力。项目现金流的产生是阶段性的,这就容易产生债券兑现与现金流量不匹配的问题。这与同为债务资金的银行贷款相比,缺少资金分段到位、分段计息的灵活性。

3. 出口信贷

(1) 出口信贷的定义和源起。出口信贷是出口信用业务形式的一种,出口信用是指一国政府为了促进本国货物和服务出口而向进口商或出口商提供的信用表现、担保和融资安排。出口信贷作为一种国际信用贷款方式,是指一国政府为了刺激和鼓励本国大型设备和新型技术商品或服务的出口,而向进口商或出口商提供的专项贷款融资。

出口信贷伴随着殖民主义的弱化和文明的兴起而产生的。主要西方发达国家在援助落后国家过程中,为维持地盘、抢项目、抢资源和推销本国货物、服务,在向发展中国家提供信贷时,竞相提供优惠条件如低利率条款,要求发展中国家承诺捆绑要求,即承诺某些条件,把项目交给本国厂商等。一般而言,出口信贷利率与同期资本市场一般信贷利率之间的利差,由出口国政府机构或官方出口信贷机构提供补贴。因此,出口信贷作为一种隐形出口补贴越来越受到出口国政府的青睐。

出口信贷有私人(或商业银行)出口信贷和官方出口信贷之分,但由于出口信贷具有较高的政治风险和商业风险,私人(或商业银行)提供出口信贷是以官方出口信用保险机构提供担保或保险为必要条件的。常见的官方出口信贷机构有各国进出口银行和出口信贷保险机构等。

为了避免无序竞争,OECD于1978年2月首次出台了《官方支持出口信贷安排》,对出口信贷的贷款利率、期限、借款人类型和捆绑条件等进行了相应的约定。之后《官方支持出口信贷安排》历经多次修改，目前最新版为2022年1月出版的《官方支持出口信贷安排》（以下简称《出口信贷安排》）。《出口信贷安排》主要适用于出口买方信贷。按照《出口信贷安排》，只有官方援助性质的，且援助成分比较高的出口信贷或项目融资，才可以附加捆绑条件；其他买方信贷则不能附带捆绑条件，必须体现公平竞争原则。对于"官方支持"的形式，也给出了明确的界定，即包括出口信贷担保或保险（纯保险）；官方融资支持，包括直接信贷/融资和再融资，或利率支持；也可以是上述方式的任何组合。

（2）出口信贷特点。官方支持的出口信贷具有以下特点：

1）贷款的使用是有限制的。一般是用来购买提供贷款国的大型机械设备等出口资本货物或相关服务，不得进口原材料和消费品等。

2）贷款期限为中长期。按照最新《出口信贷安排》，贷款期限长达8.5～10年，一般情况下，对于第一类国家，最高还款期限为8.5年；对于第二类国家，最高还款期限为10年。第一类国家是高收入的经合组织国家，所有其他国家都属于第二类。国家收入分类根据世界银行为世界银行借款国分类计算的人均国民总收入（gross national income，GNI）确定。按照2020年世界银行借款国分类标准：低收入国家，人均GNI在1036美元以下；中等偏下收入国家，人均GNI介于1036～4045美元；中等偏上收入国家，人均GNI介于4046～12535美元；高收入国家，人均GNI高于12535美元。

3）贷款金额的比例一般不超过货物或服务合同价值的85%。其中，官方对当地成本的最高支持金额规定如下：对于第一类国家，不得超过出口合同价值的40%；对于第二类国家，不得超过出口合同价值的50%。

4）以固定利率贷款提供官方融资支持的参加国应采用商业参考利率（commercial interest reference rates，CIRR）作为最低利率，其中另有约定除外。CIRRs应在各国基准利率上加100个基点的固定利差来确定。

（3）出口信贷类型。出口信贷主要有买方信贷、卖方信贷和福费廷等。

1）买方信贷。买方信贷是出口国政府支持出口方银行直接向进口商或进口商银行提供信贷支持，以供进口商购买技术和设备，并支付有关费用。出口买方信贷一般由出口国出口信用保险机构提供出口买方信贷保险。出口买方信贷主要有两种形式：一是出口商银行将贷款发放给进口商银行，再由进口商银行转贷给进口商；二是由出口商银行直接贷款给进口商，由进口商银行出具担保。从国际上看，买方信贷使用更为广泛些，特别是把贷款发放给进口商所在地银行再转贷给进口商的买方信贷使用得更为广泛。

2）卖方信贷。卖方信贷是出口商所在地有关银行为便于该国出口商以延期付款形式出口商品而给予本国出口商的一种贷款。出口商向银行借取卖方信贷后，其资金得以融通，便可允许进口商延期付款，具体为：进出口商签订合同后，进口商先支付10%～15%的定金；在分批交货验收和保证期满时，进口商再分期付给10%～15%的货款，其余70%～80%的货款在全部交货后若干年内分期偿还，并付给延期付款期间的利息。

3）福费廷（forfeiting）。福费廷是专门的代理融资技术。在一些大型资本货物，如在大型水轮机组和发电机组等设备的采购中，由于从设备的制造、安装到投产需要多年时间，进口商往往要求延期付款，按项目的建设周期分期偿还。出口商若在市场上筹集资金，一方面遇到成本太高的困难，另一方面遇到国家风险。为了鼓励设备出口，几家出口商所在地银行专门开设了针对大型设备出口的特殊融资：出口商把经进口商承兑的、期限在半年以上到5～6年以上的远期汇票无追索权地出售给出口商所在地的银行，出口商提前取得现款。为了保证在进口商不能履行义务的情况下，出口商也能获得货款，出口商要求进口商承兑的远期汇票附有银行担保。

(4) 中国的出口信贷业务。中国出口信贷业务包括商业银行出口信贷业务和政策性出口信贷业务两大类。商业银行出口信贷业务主要适用于出口买方信贷，一般没有利率优惠。政策性出口信贷业务就比较繁杂，主要品种如下：

1) 对外优惠贷款，简称优贷，是中国政府指定中国进出口银行对外提供的具有政府援助性质的中长期低息贷款。优贷基本上就是把以前提供的援外资金业务改为提供优惠贷款。优贷业务规定贷款对象是受援国政府财政部门，若是其他机构，受援国财政部门必须提供还款保证。

2) 优惠买方贷款，简称优买，是带有国家扶持性质、利率优惠、期限很长的买方贷款。其实质是出口买方信贷形式，通常在利率、期限方面有一定的优惠条件。优买贷款对象是借款国政府或政府指定的公共部门，或者其他能够借外债的部门，具体由借款国指定，并须获得中国进出口银行认可。

3) 混合贷款，其中一部分是中国进出口银行自营的，但官方支持资金比例不受OECD规定的40％和50％这两个比例限制。中国混合贷款具有较强的灵活性。

第三节 项目资金成本

一、项目资金成本概念

项目资金成本是指资金使用者为筹集和使用资金而付出的代价。显然，资金成本由两部分组成：一部分为占用或使用资金的代价，如利息、股息、红利等，称为用资费用；另一部分为资金筹集过程中发生的各项费用，如借款手续费、证券发行费等，称为融（筹）资费用。用资费用的支付具有定期性、经常性，且与融资金额、使用期限同向变动；而融资费用一般属于一次性支付项目，可看成固定成本。

资金成本的表现形式有绝对数（资金成本额）和相对数（资金成本率）两种。但在实践中习惯用相对数，即资金成本率的形式来表示。资金成本率的一般计算公式见式（4-1）。

$$C = I/(P - C_F) \tag{4-1}$$

式中：C 为资金成本率；I 为每年的用资费用，为方便不同来源资金成本的比较，此处的每年用资费用应该是"税后用资费用"；P 为筹资总额；C_F 为筹资费用。

二、债务资金成本计算

由于大多数国家的税法都规定公司债务利息可以计入公司成本冲抵所得税，所以债务资金的实际成本相对于权益资金要低得多。项目债务资金一般计算其税后资金成本。

1. 银行借款资金成本

银行借款资金成本计算公式见式（4-2）：

$$C_l = \frac{LR_l(1-T)}{L(1-F_l)} = \frac{R_l(1-T)}{1-F_l} \qquad (4-2)$$

式中：L 为银行借款本金；C_l 为银行借款资金成本率；R_l 为银行借款年利率，按实际年利率计算；T 为所得税税率；F_l 为银行借款融（筹）资费用率。

2. 债券资金成本

债券资金成本计算公式见式（4-3）：

$$C_b = \frac{I_b(1-t)}{B(1-F_b)} \qquad (4-3)$$

式中：B 为债券发行额；C_b 为债券资金成本率；I_b 为债券年利息；F_b 为债券筹资费用率；t 为所得税税率。

三、权益资金成本计算

1. 优先股资金成本

如前所述，优先股（preference shares）是介于债券（bond；debenture）与普通股（common shares）之间的一种投融资方式。它与负债一样，公司对优先股股东负有定期支付的义务；在清算时，优先股的清偿权介于债务资金与权益资金之间，它先于普通股，而后于债务资金。由此可见，对于投资者而言，优先股的投资风险小于普通股而大于债务资金的风险。

优先股可以被项目公司回购，但大多数优先股具有永久所有权。优先股的收益率或成本率按式（4-4）计算：

$$C_P = \frac{D_P}{P_P(1-F_P)} \qquad (4-4)$$

式中：P_P 为优先股的发行价格；C_P 为优先股资金成本率；D_P 为优先股年股息；F_P 为优先股筹资费用率。

由式（4-4）可知，对于项目公司而言，优先股的资金成本等于其支付的红利，它不享有所得税减免的优惠。

2. 普通股资金成本

在项目的收益和清算分配中，普通股受偿次序排在最后，承担的风险最大，因此普通股的股利分配具有很大的不确定性，这就意味着普通股的资金成本很难准确确定。目前，常用以下三种方法进行估算：

（1）股利贴现模型（discounted dividend model，DDM）。股利贴现模型是现金流折现模型的一种特殊形式，仅用于为公司的股权资产定价。其核心原理就是把预期将来派发的一系列股利按一定折现率贴现成现值，一系列股利的净现值的总和相加即为该股票的合理价值，用公式表达为

$$P_0 = \sum_{t=1}^{n} \frac{DPS_t}{(1+r)^t} + \frac{P_n}{(1+r)^n} \qquad (4-5)$$

式中：P_0 为股票当前价格；DPS_t 为 t 期每股现金红利；n 为详细预测期期数；r 为与红利相匹配的折现率，或股票的必要报酬率；P_n 是持有期末股票卖出的价格。

股利贴现模型根据假设条件不同，又可分为固定股利模型、固定股利增长模型和分阶

段股利增长模型。固定股利模型假设各期的股利均维持在第一期期末的股利水平,于是该公司股票价值就是以该股利为年金的永续年金现值,但该模型假设过于简单,并不适用普通股股价估值;分阶段股利增长模型又可分为两阶段增长模型和三阶段增长模型,两阶段增长模型是将股利增长分为超常高速增长和稳定增长两个阶段,三阶段增长模型是将股利增长分为高速增长、逐渐下滑和稳定增长三个阶段。分阶段股利增长模型,尤其是三阶段股利增长模型符合许多公司的经营情况,但由于输入变量较多,其产生的误差可能抵消模型灵活性带来的好处。在此主要介绍固定股利增长模型。

固定股利增长模型,又称戈登模型(Gordon Model),是由学者迈伦·J.戈登在1959年首先提出。其原理是假设股利以一个稳定的增长率 g 永续增长,将终值期所有现金流折现到最初一年并加总,即可得到股票估值。用公式表示为

$$P_0 = \frac{D_0(1+g)}{(1+r)} + \frac{D_0(1+g)^2}{(1+r)^2} + \frac{D_0(1+g)^3}{(1+r)^3} + \cdots + \frac{D_0(1+g)^n}{(1+r)^n} + \cdots = \frac{D_0(1+g)}{r-g} = \frac{D_1}{r-g}(r>g) \tag{4-6}$$

由式(4-6)可得

$$r = \frac{D_1}{P_0} + g \tag{4-7}$$

式中:P_0 为股票当前价格;D_0、D_1 分别为期初、第一年年末每股现金红利;n 为详细预测期期数;r 为与红利相匹配的折现率,或股票的必要报酬率;g 是股利增长率。

也就是说,普通股资金成本 C_s 为

$$C_s = \frac{D_1}{P_0} + g = \frac{D_0(1+g)}{P_0} + g \tag{4-8}$$

关于股利增长率 g 的确定,假设公司留存收益每年保持固定比例 b,则股利支付比例为 $1-b$,股利增长率 g 为

$$g_t = \frac{D_t - D_{t-1}}{D_{t-1}} = \frac{NI_t(1-b) - NI_{t-1}(1-b)}{NI_{t-1}(1-b)} = \frac{NI_t - NI_{t-1}}{NI_{t-1}} \tag{4-9}$$

由于

$$NI_t = NA_t \cdot ROE_t \tag{4-10}$$

$$g_t = \frac{NA_t \cdot ROE_t}{NI_{t-1}} - 1 = \frac{(NA_{t-1} + bNI_{t-1})ROE_t}{NI_{t-1}} - 1$$

$$= \frac{NA_{t-1} \cdot ROE_t}{NI_{t-1}} + b \cdot ROE_t - 1$$

则

$$g_t = \frac{NI_{t-1}}{NI_{t-1}} + b \cdot ROE_t - 1 \text{(假设 } ROE_{t-1} = ROE_t = ROE\text{)}$$

$$= b \cdot ROE$$

$$= b\{ROA + \frac{D}{E}[ROA - i(1-t)]\} \tag{4-11}$$

式中:NI_t 为净利润;NA_t 为净资产;ROE 为权益资产收益率或净资产收益率;ROA 为总资产收益率;i 为利息率;t 为税率;$\frac{D}{E}$ 为负债权益比率。由式(4-11)可知,股利增长率 g 与留存收益比例成正比,与权益收益率成正比。

(2) 资本资产定价模型（capital asset price model，CAPM）。根据资本资产定价模型法原理，普通股的收益率（对于项目公司为资金成本）等于一个无风险的收益率加上风险报酬率。用公式表示为

$$C_s = R_i = R_f + \beta_i (R_m - R_f) \quad (4-12)$$

式中：C_s 为普通股资金成本率；其他符号含义同式（2-13）中符号含义。

(3) 风险溢价法。也称为债券收益率加权益风险报酬率法，是指普通股权益收益率（或资金成本）等于长期债券收益率与股东要求的风险收益率之和，用公式表示为

$$C_s = C_b + R_s \quad (4-13)$$

式中：C_b 为长期债券持有人要求的收益率；R_s 为普通股股东要求的风险收益率，相对于本企业的债券，一般取值在3%~5%，均值为4%；其他符号含义同前。

对于同一公司，采用不同的估算方法估算普通股价值，可以产生不同的结果。如果其结果相差较远，则要进行仔细分析和判断。

3. 留存收益资金成本

留存收益实质是普通股股东对企业的追加投资。因此，其计算可视同发行普通股，但是由于内部筹资，不需考虑筹资费用。

四、综合资金成本计算

综合资金成本，亦称加权资金成本（weighted average capital cost，WACC），是指使用了两种或两种以上的不同来源的资金时，所筹集的全部资金的成本，一般以个别资金占总资金的比重为权数对个别资金成本计算的加权平均数。也就是说按照项目资金的不同来源，根据上述方法计算出各种来源的个别资金成本，并根据各种个别资金占总筹资额的比重，按式（4-14）计算项目的综合资金成本：

$$C = \sum_{i=1}^{n} C_i W_i \quad (4-14)$$

式中：C 为综合资金成本或加权平均资金成本；n 为资金的不同来源种类；C_i 为第 i 种来源资金成本；W_i 为第 i 种来源资金筹得的资金额占总筹资额的比例。

第四节 项目资金结构设计

一、项目资金结构相关概念

1. 财务杠杆与财务风险

如前所述，无论企业（项目）营业利润多少，债务利息和优先股的股利都是固定不变的，因此当息税前利润（EBIT）增大时，每1元盈余所负担的固定财务费用就会相对减少，这能给普通股股东带来更多的盈余。这种债务对投资者收益的影响，称为财务杠杆。财务杠杆，通常又称为筹资杠杆或融资杠杆，是指由于固定债务利息和优先股股利的存在而导致普通股每股利润变动幅度大于息税前利润变动幅度的现象。财务杠杆效应可进一步用下述公式来解释。

设 R 为企业（项目）全部投资收益率（息前、税前）；R_e 为权益资金收益率（税后）；E 为股本资金；D 为债务资金；t 为所得税税率；r 为债务资金的利率，则有

$$R(E+D)=E \cdot R_e+D \cdot r+[R(E+D)-D \cdot r]t \quad (4-15)$$

化简式（4-15）后得权益资金收益率为

$$R_e=\left[R+\frac{D}{E}(R-r)\right](1-t) \quad (4-16)$$

由式（4-16）可知，只要企业（项目）全部投资收益率大于负债利率，即 $R-r>0$，则财务杠杆作用使得权益资金收益由于负债经营而绝对值增加，权益资金收益率大于项目全部投资收益率，且产权比率（债务资本/权益资本）越高，财务杠杆利益越大，所以财务杠杆利益的实质便是由于企业（项目）全部投资收益率大于负债利率，由负债所取得的一部分利润转化给了权益资金，从而使得权益资金收益率上升。而若是企业（项目）全部投资收益率等于或小于负债利率，那么负债所产生的利润只能或者不足以弥补负债所需的利息，甚至利用权益资金所取得的利润都不足以弥补利息，而不得不以减少权益资金来偿债，这便是财务杠杆损失的本质所在。

因此，企业（项目）由于利用债务资金而有可能导致企业（项目）收益下降甚至破产，通常将这种企业（项目）因使用债务资金而产生的未来收益不确定由普通股股东承担的附加风险称为财务风险或筹资风险。

2. 资金结构的定义及类型

(1) 资金结构的定义。资金结构的定义有广义和狭义之分。广义的资金结构是指不同来源资金的价值构成及比例关系。在项目融资中，由于项目资金又可分为权益资金和债务资金，因此又可分为项目总资金结构（又称项目债股比例结构）、权益资金结构和债务资金结构。如果从资金要素来看，资金结构又包含资金币种结构（currency structure）、债务期限结构（maturity structure）和债务利率结构（interest rate structure）等。狭义的资金结构更多是指项目债股比例结构（debt/equity ratio，D/E），或者是产权比率。

(2) 资金结构类型。实践中，根据债务资金占总资金的比重，可将项目资金结构分为3种类型：①保守型资金结构，指债务资金占总资金的比重偏小的资金结构。在这种资金结构下，项目的还贷压力较小，从而降低了项目的财务风险，但因为回报率要求较低的债务资金比重较小，权益资金（资本金）的盈利水平因此而降低。因此，项目的财务风险和权益资金（资本金）收益水平都较低。②风险型资金结构，指债务资金占总资金的比重偏大的资金结构。在这种资金结构下，项目的还贷压力较大，从而提高了项目的风险，但因为回报率要求较低的债务资金比重较大，资本金的盈利水平因此而提高。因此，项目的财务风险和资本金收益水平都较高。③中庸型资金结构，指介于保守型和风险型之间的资金结构。

3. 最优资金结构

如前所述，债务资金的使用具有诸多好处：一是其利息支出的减税作用十分明显的；二是可以增加对经营者的激励和约束，从而降低项目的代理成本；三是可以向投资者传递企业发展良好的信号增强投资者的信心。正是由于上述原因，在理论上，如果一个企业

（项目）使用的资金全部是债务资金，它的资金成本应该是最低的，然而企业（项目）的财务状况和抗风险能力则会由于承受如此高的债务而变得相对脆弱起来；相反，如果一个企业（项目）使用的资金全部是股本资金，则企业（项目）将会有一个非常稳固的财务基础，而且企业（项目）的抗风险能力也会由于减少了金融成本而得以加强，但是会因权益资金成本过高，项目代理成本过高以及不完全信息造成投资者判断失误的缘故，大大提高了资金使用的"机会成本"，使得综合资金成本变得十分昂贵。因此，对于绝大多数的企业（项目），实际的资金构成和比例是在以上两个极端中间加以选择的，从而存在所谓的"最优资金结构"。最优资金结构是指在适度财务风险的条件下，使其预期的综合资金成本率最低，同时使企业（项目）价值最大的资金结构。

二、项目资金结构设计内容与步骤

1. 项目资金结构设计目标

项目融资的核心是获得一定数量的有限追索或无追索的贷款，而获得有限追索或无追索贷款的基础是项目经济强度和项目资信结构，由于项目资信的提高常常依赖于法律机制和契约机制提供，因此，项目资金结构设计尤其应该注意提高项目经济强度，这就涉及项目资金成本、债股比例和税收等因素。项目资金结构设计的目标包括：

（1）合理安排债股比例，降低项目综合资金成本率。

（2）合理安排债股比例，提高项目财务杠杆利益。

（3）合理安排债股比例，增加项目价值。

（4）充分利用税务优惠。

2. 项目资金结构设计内容

项目资金结构设计内容主要包括：

（1）项目资金的债股比。如前所述，项目资金的债股比的选择对项目融资成本的影响很大，从而影响项目的经济强度。在项目融资中，项目资金债股比除了由项目预期现金流量内生决定外，还主要依赖于项目的风险量和项目资信结构，安排资金当时当地的借贷双方在谈判中的地位、金融市场上资金供求关系和竞争状况，以及贷款银行承受风险的能力。

在项目融资中，贷款银行的贷款对象是一个相对简单的独立项目，通过对项目的全面风险分析，可以确定项目最低现金流量水平和债务承受能力；通过对整体融资框架结构的综合设计和项目潜在风险的分析，可以减少和排除许多风险因素。如，当项目有销售协议（产品购买协议或设施使用协议或租赁合同）时，特别是用户愿意签署具有"不提货亦付款"条款的长期购买协议的情况下，可以实现较高的债股比。一般来说，得到的支持越多，债股比就越高，具体比例取决于项目风险的大小。例如，由于商业电厂比独立电厂面临更多的风险，商业电厂需要更高的权益资金和次级债务资金以减轻高级债务投资者的风险。又如，英国泰晤士河上的伊丽莎白二世大桥项目的发起人只提供了1000英镑的权益资金，其余全部为债务资金。这主要因为政府把现有的两条隧道出售给项目公司运营，项目公司在新通道的建设期也有可观的收益，大桥建成后，也不存在竞争问题，交通流量有保障，项目的市场风险非常小。因此，与传统的公司融资相比较，采用项目融资方式可以获得较高的债务资金比例。但是，项目融资的这一特点不能被错误地理解为项目融资可以

第四节 项目资金结构设计

根本不需要或者只需要很少的权益资金，项目的投资完全可以通过贷款解决。事实上，项目融资所能做到只是使权益资金的投入形式多样化，最大限度地利用项目的资信结构来支持项目的经济强度。并且，由于 20 世纪 80 年代末 90 年代初期的世界经济萧条，银行业不景气，一些融资项目即使具备强有力的担保结构，贷款银行也会要求投资者在项目中注入相当数量的股本资金，以确保投资者有足够的经济利益来激励他们以最有效的方式建设、经营项目，保证项目获得成功。

(2) 项目资金的期限结构。项目资金的期限结构是指各种来源项目资金使用期限的结构比例。统筹考虑项目资金期限结构无论是对项目投资者还是对于提供融资的贷款银行都是十分重要的。对于前者，合理的项目资金期限结构是保证项目顺利建成和正常运行的重要条件之一；对于后者，为按期回收贷款本息奠定了良好的基础。

众所周知，通过项目融资获得的各种资金其使用期限是不同的。通常，投资者投入的股本资金较债务资金的使用期限更为长远，只要项目和项目公司正常运行，股本资金可以被永续地使用；在项目的债务资金中，根据其使用期限，项目债务资金分为长期债务和短期（流动）债务。通常将资产负债表中短于 1 年的债务称流动（短期）债务，超过 1 年的债务则为长期债务。在项目融资中的贷款、债券、租赁等，基本上都是长期债务；用于项目的少数周转性贷款、票据等属于短期债务。

在项目融资中，特别是对于大型项目的融资，由于项目投资规模大、建设周期长，融资的一个重要任务是获得更多的长期贷款和债券。因此，项目融资的债务资金主要是长期债务资金，即使是项目的流动资金，多数情况下也是在长期资金框架下的短期资金安排。有的债务资金形式，如商业银行贷款、银团贷款、租赁等债务资金的期限，可以根据项目的需要较灵活地作出安排，包括贷款协议期限要与项目的建设周期和投产的现金流量产出情况相适应，以及巧妙地安排接力式债券的发行等，避免在个别年度或若干年度内出现"偿债高峰"；但是，如果使用短期资金形式，如美国商业单据等作为项目融资的主要债务资金来源，则如何解决债务的合理展期就成为项目资金结构设计的一个重要问题。

(3) 利率结构。利率结构是各种债务资金利率的结构比例关系。债务资金的利率表现形式是多种多样的，有固定利率、浮动利率，以及由浮动利率形式演变出来的其他形式。

在项目融资中，债务资金利率结构的决策需要综合考虑三方面的因素：

1) 项目现金流量的特征。对于收入相对稳定的项目来说，选择固定利率有利于较准确地做出项目资金预算。如煤电项目、与煤电项目配套的煤矿项目和运输系统，由于政府部门是这些项目产品的承购者，这些项目产品通常以固定价格加通货膨胀因素的定价方式，因此项目的现金流量相对稳定，可预测性强。对于这类项目采用固定利率有利于项目现金流量的预测，减少项目危险。

对于资源、原材料类项目，其产品价格主要由国际市场供求关系确定，价格波动比较大，项目的现金流量很不稳定。对于这类项目，如果采用固定利率，在产品价格不好时将会增加项目的风险。而国际市场上的浮动利率，其变化趋势基本上跟随各主要工业国家的经济发展和政府的金融政策趋向，国际市场上的资源和原材料价格的变化趋势与世界经济的变化趋势也大致吻合。在经济衰退期，各工业国家为了刺激经济的发展，多用降低利率作为主要手段。因此，采用浮动利率，当产品价格不好时，虽然项目的现金流量减少，但是由于利率较低，也降低了项目风险。

2）金融市场上利率的走向。金融市场上利率的趋向分析对于确定债务资金的利率结构也起着十分重要的作用。金融市场上利率趋向主要受一个国家的经济形势和世界经济状况有关。根据西方经济学中的利率平衡原理，某种货币的利率总是在和汇率相互制约的不断变化中取得平衡，不可能长期维持在一定固定的水平，图4-2为美国联邦基准利率从1970—2022年间利率变化图。在市场利率达到或接近低谷时，如果能将部分或全部浮动利率转化为固定利率债务，无疑对借款人是一种有利的安排，这样可以在较低成本的条件下将一部分融资成本固定下来。

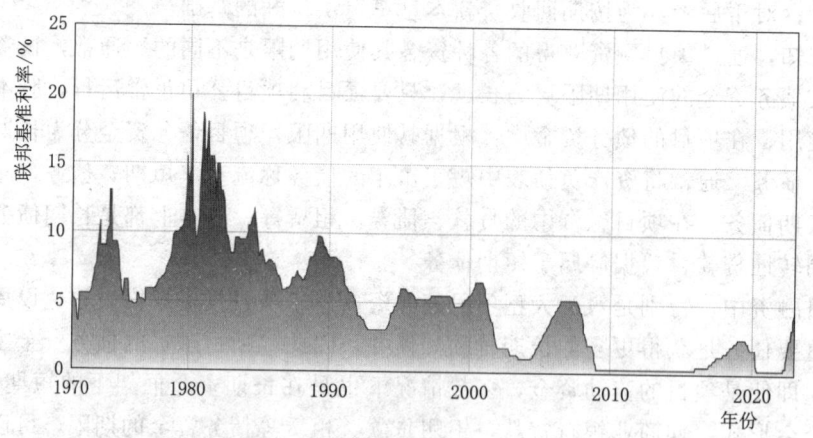

图4-2 美国联邦基准利率变化图（1970—2022年）

3）借款人对控制融资风险的要求。任何一种利率结构既可能为借款人带来一定的利益，也会相应地增加一定的成本，最终取决于借款人在控制融资风险和减少融资成本之间如何权衡。如果借款人将控制融资风险放在第一位，在适当的时机将利率固定下来是有利的，然而在短期内可能要承担较高的利息成本；如果借款人更趋向于降低融资成本，则问题就复杂得多，就更多依赖于金融市场上利率趋向分析。因此，在上述两种利率机制上派生出几种具有固定利率特征的浮动利率，以满足贷款人的不同需要。对借款人而言，这种利率是指浮动利率机制下的利率封顶，即在某一固定利率水平下，利率可以自由浮动，但是，如果利率超过该固定水平，借款人只按照该固定利率水平支付利息。

(4) 项目资金的货币结构。项目资金的货币结构包括货币的币种结构和货币的市场来源结构。项目债务资金的货币结构可以根据项目现金流量的货币来源比例进行设计，不局限于某种单一的货币，以减少项目的外汇风险。为了减少国家风险和其他不可预见的因素，国际上大型项目的融资安排一般不局限于在一个国家的金融市场上融资。事实证明，资金来源多样化是减少国家风险的有效措施。

在项目债务融资中，往往综合采用不同利率结构、不同货币结构的混合结构，从而可以起到降低项目融资成本、减少项目风险的作用。

(5) 利息预提税。利息预提税（interest withholding tax）是一个主权国家对非居民在其司法管辖地获取的利息收入征缴的税收。利息预提税率通常为贷款利息的10%～30%。对于以国际债务资金作为重要资金来源的项目融资，利息预提税无疑增加了项目的资金成本。因此，在项目资金结构设计时也应将利息预提税作为一个重要的设计内容。项目公司在筹集债务资金时，可以通过以下几种方式避免利息预提税成本支出：

1) 在签订了避免双重征税条约的国家借款。例如，中国和美国、加拿大等国之间就签有避免双重征税条约，按照这一条约，中国在美国、加拿大等地的国外企业从中国的金融机构取得贷款在成本上就会明显优于没有这些优惠条件的另外一些国家的金融机构贷款。

2) 将债务资金公众化。因为有些国家法律规定，如果外汇债务不是来自境外的银行或其他金融机构，利息可以不用缴纳利息预提税。

3) 将境外融资转化为境内融资。按照某些国家的法律，一家本地的公司向一家本地的银行支付利息不需缴纳利息预提税，而本地银行向外国银行支付利息也不缴纳利息预提税。因此，借款人通过本国银行安排外汇贷款，就可以将境外融资转化为境内融资，从而节约融资成本。

4) 在避税港成立项目子公司。所谓避税港是指无税或低税的国家和地区。传统的避税港一般指瑞士、列支敦士登、卢森堡、西萨摩亚、百慕大群岛、巴哈马群岛以及英属维尔京群岛、英属泽西群岛等43个国家或地区。项目融资中，可以通过在避税港建立子公司来从事实际业务活动。以项目子公司的名义向贷款人偿还利息，由于按照当地的税法规定，借款人向贷款人支付的利息不用缴纳利息预提税，这样就可以实现合法避税。

3. 项目资金结构设计步骤

项目资金结构设计步骤如图4-3所示。一般遵循以下步骤进行：

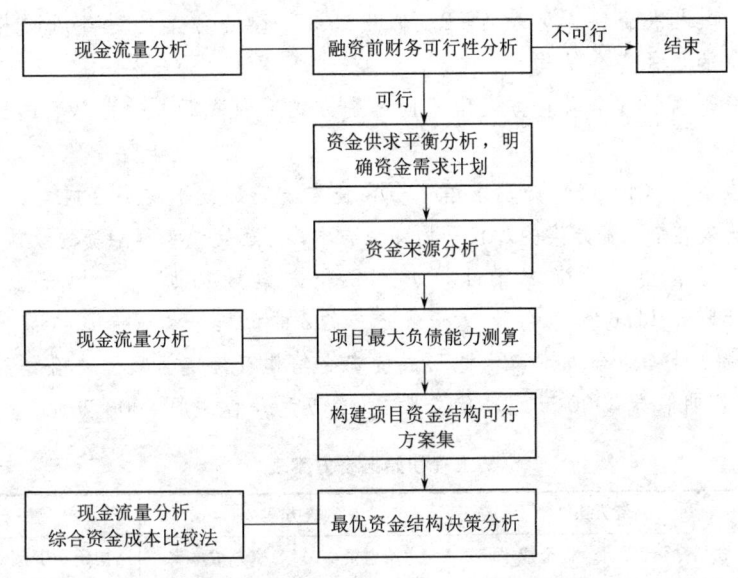

图4-3 项目资金结构设计步骤示意图

(1) 进行项目融资前的现金流量分析，判断项目融资前的财务可行性。

（2）项目资金供求平衡分析。根据项目资金需求总量、项目主要发起人资金供给现状，确定项目融资总额。

（3）分析可能的资金来源及其资金的使用条件，初步确定不同来源资金的资金成本。

（4）根据可能的负债资金组合条件，分别进行项目的最大负债能力测算，并综合考虑一定的不确定性，初步确定项目的总资金结构，即项目的债股比。

（5）在不同资金来源和融资方式中，初步分析确定不同来源、不同方式的项目资本金和债务资金使用的优先次序。

（6）根据初步确定的项目总资金结构、资金使用的优先顺序，形成若干项目资金结构方案。

（7）针对不同的项目资金结构方案，分别计算其综合资金成本率，或普通股每股收益，并据此进行决策，最终确定项目资金结构。

三、项目最优资金结构分析方法

最优资金结构分析方法有比较资金成本法、息税前利润-每股利润分析法和企业价值法。对于新建项目公司而言，应用较多的是比较资金成本法。

1. 比较资金成本法

比较资金成本法是指在适度财务风险的条件下，计算可供选择的不同资金结构或融资组合方案的加权平均资金成本，并以此作为标准确定最优资金结构的方法。

项目融资可分为初始融资和发展过程中的再融资或追加融资两种情况。下面通过两则例子分别介绍比较资金成本法在这两种情况下的运用。

【例 4-1】 某工程初始融资的资金结构决策。

某工程的开发建设需要初始投资 10000 万元，经融资顾问的精心设计和安排，有 3 个方案可供选择，其相关资料详见表 4-2。假设这 3 个融资方案的财务风险相当，请确定该工程初始融资的最佳资金结构。

第一步：分别求解 3 个融资方案中不同筹资方式下融资额占融资总额的比例，详见表 4-3。

第二步：应用式（4-14）分别求解 3 个融资方案的加权平均资金成本，详见表 4-4。

第三步：比较各个融资方案的加权平均资金成本，并确定该工程融资的最佳资金结构。

由表 4-3 可看出，融资方案 1、方案 2 和方案 3 的加权平均资金成本分别为 12.36%、11.45% 和 11.62%。经比较，融资方案 2 的加权平均资金成本最低，应选择融资方案 2 作为最佳融资组合方案，由此形成的资金结构可确定为最佳资金结构，即长期借款 1000 万元，长期债券 3000 万元，优先股 2000 万元，普通股 4000 万元。

表 4-2　　　　　　　　　某工程初始融资方案表

筹资方式	融资方案 1 初始融资额/万元	融资方案 1 资金成本率/%	融资方案 2 初始融资额/万元	融资方案 2 资金成本率/%	融资方案 3 初始融资额/万元	融资方案 3 资金成本率/%
长期借款	800	6	1000	6.5	1600	7
长期债券	2000	7	3000	8	2400	7.5

第四节 项目资金结构设计

续表

筹资方式	融资方案1 初始融资额/万元	融资方案1 资金成本率/%	融资方案2 初始融资额/万元	融资方案2 资金成本率/%	融资方案3 初始融资额/万元	融资方案3 资金成本率/%
优先股	1200	12	2000	12	1000	12
普通股	6000	15	4000	15	5000	15
合计	10000	—	10000	—	10000	—

表4-3 不同筹资方式下的融资额占融资总额的比例表

筹资方式	不同筹资方式下的融资额占融资总额的比例/% 融资方案1	融资方案2	融资方案3
长期借款	8	10	16
长期债券	20	30	24
优先股	12	20	10
普通股	60	40	50

表4-4 加权资金成本表

加权资金成本/%	融资方案1	融资方案2	融资方案3
	12.36	11.45	11.62

【例4-2】 某项目公司追加融资的资金结构决策。

某项目公司因扩大投资规模而需要追加筹措新资,即追加融资10000万元。现有两个追加融资方案可供选择,有关资料详见表4-5。请确定该工程追加融资后的最佳资金结构。

表4-5 某工程追加融资方案表

筹资方式	融资方案1 追加融资额/万元	融资方案1 资金成本率/%	融资方案2 追加融资额/万元	融资方案2 资金成本率/%
长期借款	5000	7	6000	7.5
优先股	2000	13	2000	13
普通股	3000	16	2000	16
合计	10000	—	10000	—

追加融资方案的选择可用两种方法:一种是直接计算各备选追加融资方案的边际资金平均成本(marginal capital cost),以边际资金平均成本为标准选择最佳融资方案组合;另一种是分别将各备选追加融资方案与原有资金结构合并考虑,计算合并后各个方案的加权平均资金成本,然后以加权平均资金成本为标准选择最佳融资方案。对于后一种方法的应用同[例4-1],因此在本案例中将介绍边际资金成本比较法的运用。

所谓边际资金是指一个项目需要追加的融资,而边际资金平均成本是指追加融资的平均成本,其计算思路同加权平均资金成本,现计算本案例中2个追加融资方案的边际资金平均成本如下:

融资方案1：$7\% \times \frac{5000}{10000} + 13\% \times \frac{2000}{10000} + 16\% \times \frac{3000}{10000} = 10.9\%$

融资方案2：$7.5\% \times \frac{6000}{10000} + 13\% \times \frac{2000}{10000} + 16\% \times \frac{3000}{10000} = 10.3\%$

显然，融资方案2的边际资金平均成本10.3%，低于融资方案1的边际资金平均成本10.9%。因此，在适度财务风险的情况下，融资方案2优于融资方案1，应选追加融资方案2。从而，追加融资方案2所形成的新的资金结构为该项目公司的最优资金结构。

2. 息税前利润-每股利润分析法

息税前利润-每股利润分析法（EBIT-EPS）是利用每股利润无差别点来进行资金结构决策方法。每股利润无差别点是指两种或两种以上融资方案下普通股每股利润相等时的息税前利润点，亦称息税前利润平衡点或利润无差别点。根据每股利润无差别点，分析判断在什么情况下可利用什么方法融资来安排及调整资金结构，进行资金结构决策。

每股利润无差别点的计算公式如下：

$$\frac{(\overline{EBIT} - I_1)(1-t) - d_{ps1}}{N_1} = \frac{(\overline{EBIT} - I_2)(1-t) - d_{ps2}}{N_2} \quad (4-17)$$

式中：$\overline{EBIT}$为息税前利润平衡点；I_1和I_2分别为两种融资方式下的长期债务年利息；d_{ps1}和d_{ps2}分别为两种融资方式下的优先股年股利；N_1和N_2分别为两种融资方式下的普通股股数；t为所得税税率。

根据式（4-17）计算出不同融资方案间的无差别点之后，通过比较相同息税前利润情况下的每股利润值大小，分析各种每股利润值与临界点之间的距离及其发生的可能性，来选择最佳的融资方案。所以，这种分析方法的实质是寻求不同融资方案之间的每股利润无差别点，以使项目能够获得对股东最为有利的最优资金结构。

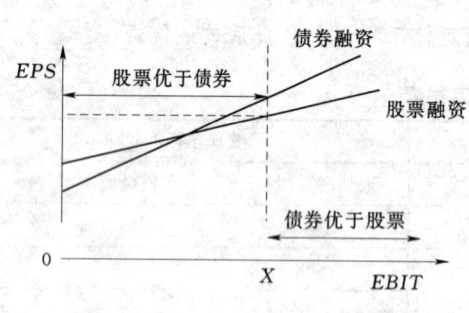

图4-4 EBIT-EPS方法示意图

图4-4是由式（4-17）得出的EBIT-EPS示意图。图中X为每股利润的无差别点，当企业的息前税前利润为X时，企业债券融资和股票融资对每股利润（EPS）的影响相同。如企业的息前税前利润预期超过X，就应采用负债筹资，否则应采用股票融资，以使得EPS最大。

EBIT-EPS方法简单明了，在企业资金结构决策中得到了广泛运用，特别是在非上市公司中，由于无法按资本资产定价模型和股票价格对企业价值进行测算，只好以EPS作为衡量企业决策优化的标准。但本方法的缺点也很明显：不考虑企业债务比例变化引起的风险增加，从而可能减少公司价值，因此EPS的增加只有在大于风险增加的基础上才具有意义。

【例4-3】 EBIT-EPS的应用。

某工程公司拥有长期资金17000万元，其资金结构为：长期债务2000万元，普通股

第四节 项目资金结构设计

15000万元。现准备追加融资3000万元，有3种融资方案可供选择：增发普通股、增加债务、发行优先股。有关资料详见表4-6。

当息税前利润为3200万元时，为便于计算假定所得税税率为40%，下面计算不同增资方式下每股利润无差别点。

(1) 增发普通股与增加长期债务两种增资方式下的每股利润无差别点。计算如下：

$$\frac{(\overline{EBIT}-180)(1-40\%)}{2600}=\frac{(\overline{EBIT}-540)(1-40\%)}{2000}$$

$$\overline{EBIT}=1740（万元）$$

(2) 增发普通股与发行优先股两种增资方式下的每股利润无差别点。计算如下：

$$\frac{(\overline{EBIT}-180)(1-40\%)}{2600}=\frac{(\overline{EBIT}-180)(1-40\%)-300}{2000}$$

$$\overline{EBIT}=2346（万元）$$

(3) 增发长期债务与增发优先股两种增资方式下的每股利润无差别点。由式（4-17）易知，增发长期债务与增发优先股两种增资方式下不存在每股利润无差别点。

由此可见，当息税前利润为1740万元时，增发普通股和增加长期债务的每股利润相等；同样道理，当息税前利润为2346万元时，增发普通股和发行优先股的每股利润相等。那么，每股利润无差别点的息税前利润为1740万元的意义为：当息税前利润大于1740万元时，增加长期债务要比增发普通股有利；而当息税前利润小于1740万元时，增加长期债务则不利。同样道理，每股利润无差别点的息税前利润为2346万元的意义为，当息税前利润大于2346万元时，发行优先股要比增发普通股有利；而当息税前利润小于2346万元时，发行优先股则不利。

表4-6　　　　　某工程公司目前和追加融资后的资金结构资料表

资本种类	目前资本结构 金额/万元	目前资本结构 比例/%	增加普通股 金额/万元	增加普通股 比例/%	增加长期债务 金额/万元	增加长期债务 比例/%	发行优先股 金额/万元	发行优先股 比例/%
长期债务	2000	12	2000	10	5000	25	2000	10
优先股							3000	15
普通股	15000	88	18000	90	15000	75	15000	75
资金总额	17000	100	20000	100	20000	100	20000	100
其他资料								
年债务利息额/万元	180		180		540		180	
年优先股股利额/万元	—		—				300	
普通股股数/万股	2000		2600		2000		2000	

最后计算上述3种融资方式追加融资后的普通股每股利润，见表4-7。

表 4-7　　　　　　某工程公司预计追加融资后的每股利润测算表

项　目	增发普通股	增加长期债务	发行优先股
息税前利润/万元	3200	3200	3200
减：长期债务利息/万元	180	540	180
所得税前利润/万元	3020	2660	3020
减：公司所得税（40%）	1208	1064	1208
所得税后利润/万元	1812	1596	1812
减：优先股股利			300
普通股可分配利润/万元	1812	1596	1512
普通股股数/万股	2600	2000	2000
普通股每股利润/元	0.70	0.80	0.76

由表 4-7 可知，当息税前利润为 3200 万元时，增发普通股时普通股每股利润最低，为每股 0.70 元；增加长期债务时最高，为每股 0.80 元；发行优先股时居中，为每股 0.76 元。这说明在息税前利润一定，为 3200 万元时，增加长期债务时有利于增加项目市场价值。

3. 企业价值法

前文已述，上述 EBIT-EPS 分析法的主要缺点在于其评价最优资金结构的指导思想存在问题。企业追求的目标是公司价值最大化，而不是每股盈余最大化。事实上，最优资金结构应当是企业价值最大化时，而不是每股盈余最大化时的资金结构。

测算法的主旨就在于测算企业不同资金结构下企业价值的变动，进而测算出企业价值最大化时的资金结构，并以此作为企业筹资决策的目标。因此，测算法的关键在于解决不同债务比例下企业负债和权益的资金成本上升的问题。已有研究指出，对于负债的资金成本问题，可考虑采用资信评级的方法，确定不同债务比例下企业不同的资信水平，以评价企业的债务等级，据以判断企业债务的利率水平；而对权益资本成本，则可先考虑本公司股票在历史上不同负债比例时的 β 值，再按照现在企业的状况，考虑企业可能采用不同的负债比例进行修正，得到反映不同债务比例时不同财务风险的 β 值，最后按资本资产定价模型计算出企业股票必要投资报酬率（即权益资本成本）。

债务资金成本和股票必要投资报酬率计算出来以后，企业便可用税后利润除以股票必要投资报酬率测算出股票市场价格。将股票价格加上债务金额便得出企业价值，使企业价值最大的资金结构即为最优资金结构。

四、项目股权结构设计

1. 项目股权结构的概念

项目股权结构（ownership structure）是指项目中不同来源权益资金的比例结构及其股东间的权利关系。在项目融资实践中，特殊目的载体（special purpose vehicle，SPV）常采用公司型组织形式，此时项目股权结构设计就等同于公司股权结构设计。项目股权结构设计通常包括股东类型、各股东所持有股份的比例结构和权利分配结构的确定。一般情况下，股东所享有的收益权（或现金流量权）、表决权（或控制权）与其持有的股份比例

第四节 项目资金结构设计

一致,即所谓的"同股同权"。但随着公司股东需求的变化,各国公司法也逐渐接受并认同"同股不同权"情形的存在,也就是说权利分配结构与各股东依据投资比例结构并不完全对称。比如在菲律宾奎松电力项目(Quezon Power Project)中,项目发起人PMR电力有限公司(PMR Power)、卡万塔能源公司(Covant)和InterGen三家公司共同成立奎松电力特殊目的公司(Quezon Power SPV),根据股东间协议,PMR电力公司被分配了2%的投票表决权,但没有任何股权出资。股权结构是公司治理结构的重要组成部分,它对项目公司的经营激励、控制权、监督等公司治理机制均有较大影响。

对于公司股权结构的衡量指标,主要涉及股权集中度和股权制衡度。

(1) 股权集中度。包括 CR_n 指数(Concentration Ratio Index)和 H 指数(Herfindahl Index)。CR_n 指数是指前 n 位股东持股比例的总和,CR_n 越小,表示公司的股权越分散,反之,则表示公司的股权越集中。比如 CR_3 代表前三大股东的持股比例的综合。

H 指数是指前 n 位股东的持股比例的平方和,其是 CR_n 的一个补充。如果公司前 n 位股东的持股比例相同,可能难以区分两家公司股权分布的差异,而 H 指数可以克服这个确定,因为小于 1 的数进行平方,会使差异显著,便于反映出股权在分布上的不平衡。

(2) 股权制衡度。主要由 Z 值指数和 CN_n 指数衡量。Z 值指数指第一大股东持股比例与第二大股东持股比例的比值。显然,Z 值越接近 1,表明两大股东持股比例相近,公司不是由最大股东单独控制。CN_n 指数表示第二到第 n 位股东的持股比例总和与第一大股东持股比例的比值。CN_n 指数越大,表示该公司的股东制衡程度越高,反之,则制衡程度越低。

需要说明的是,在实践中,特殊目的公司并不像公众公司,股东人数一般较少,许多投资者会通过设立公司再进入到特殊目的公司。

2. 初始股权结构设计的影响因素

项目股权结构有初始股权结构设计和股权结构调整设计之分。在此主要介绍初始股权结构设计的影响因素和方法。

项目初始股权结构的形成是宏观环境、投资者、项目三个层面因素作用的内生结果,因此股权结构设计必须考虑上述因素。具体为:

(1) 宏观环境层面因素。主要有经济、法律、政治和文化等方面的因素。

1) 经济因素。项目所在国经济发展水平和发展结构决定了项目产品或服务的需求量和价格水平,从而对项目的盈利能力有着重要影响,这也直接影响了项目对投资者的吸引力。

2) 法律因素。根据学者们的调查研究,公司股权结构与国家法律体系对投资者的保护程度有明显的负相关关系,在法律对投资者保护较差的情况下,股权集中成为法律保护的替代机制,因此在对投资者保护比较弱的地区,股权集中度比较高,在对投资者保护比较强的国家,股权则呈现出分散的趋势。与此同时,项目或行业的准入管理制度、会计税收制度等也会影响项目股东类型的选择及其股权投资比例。

3) 政治因素。项目的战略地位会影响不同类型股东的参与。如果项目对于一个国家和地区有着重要的战略地位,那么政府作为主要股东拥有控制权,以便于实现直接控制项目的目的。这在许多重要的基础设施项目股权结构设计中均可得到体现。

4）文化因素。有学者研究表明，宗教文化在投资者保护方面比法律法规更有效，从而影响公司的股权集中度。

（2）投资者层面因素。投资者层面因素主要表现为其追求目标的差异性（如投资收益、控制权）、财务风险承受能力、资金实力和发展战略等。

1）投资收益。企业逐利的天性决定了股东进行股权投资的重要准则是其财务成本和财务收益的权衡。项目财务盈利能力与投资者股权投资呈正相关关系。此外，投资者参与股权投资的目的不仅为项目带来的直接财务收益或现金流入，还包括市场占有率、企业声誉的增加等间接收益。

2）财务风险承受能力。股权投资是一种长期投资，其隐含的财务风险较高，股权投资额度与财务风险承受能力呈正相关关系，当投资者的财务风险承担能力越高，其参与股权投资的意愿和额度就越高。

3）表外融资。各个国家和地区对财务报表合并均有具体的规定，如果投资者有表外融资需求，则其参与的直接股权投资比例相对低些，从而低于财务报表合并的比例要求。

4）控制权。从形式上看，控制权与股权投资比例呈正比的。因此一般而言，投资者要掌握控制权，其股权投资比例会相对较高，以保证其投票表决权占优势。在实践中，投资者会追求实质控制权，而非形式控制权，此时，投资者往往会使用夹层融资方式，而非直接股权投资方式，这会影响项目的初始股权结构。如前所述，常见的夹层融资（mezzanine financing）工具有次级债、可转换债券、优先股等。此类夹层融资工具相当于提供了一个期权，投资者可根据项目未来现金流变化情况和自身战略需求决定是否对其进行转换。

5）投资者的资金实力和发展战略。如果潜在投资者的资金实力都较弱，那么项目股权分散程度较高，反之，项目股权结构集中度较高；如果项目符合项目投资者的发展战略，则其股权投资比例会相应提高。

（3）项目层面因素。主要是项目投资规模、项目资产的风险程度、所处行业等项目特征对项目股权比例有着较为重要的影响。项目投资规模越大，项目股权投资参与者相对较多，股权结构较为分散。由于投资者大多为风险规避的，项目资产的风险程度与项目股权结构也呈现负相关关系，即项目资产风险越高，项目股权结构就相对分散。

3. 项目股权结构设计方法

实践中，项目股权结构设计常用的方法有财务分析法、案例分析法等，在学术研究中常用的还有博弈论分析法。

（1）财务分析法。财务分析法本质上是成本效益分析法，常用的是贴现现金流量分析法。不同投资者会依据其资本金现金流量分析指标，如资本金内部收益率、资本金财务净现值、项目投资额度等，再结合其他因素酌情判断其股权投资情况。比如杭州至海宁城际铁路项目，采用"项目营运收益＋主要站点综合开发收益＋财政资金缺口补助"的方式来平衡社会资本的投资和合理收益。在测算资金平衡时，假定在城际铁路自身的营运收益和综合开发收益不变的情况下，海宁市政府与社会资本不同的股权比例设置，直接影响未来海宁市财政支出。若社会资本金年收益率为7%，项目合作期限为29年（建设期4年，营运期25年），资本金69亿元，按政府出资比例25%、35%、45%设定，利用相关财务模型（贴现现金流量模型）进行测算，测算情况见表4-8。从表4-8可以看出，政府出资比例每增加10%即6.9亿元，未来财政可能少支出约16.6亿元。

表4-8　　　　　　　社会资本投资回报测算情景分析表

出资方	比例/%	资本金/亿元	收益率/%	总投资/亿元（投资+收益）	对应政府资本金出资额/亿元
社会资本	75	51.75	7	124.96	17.25
社会资本	65	44.85	7	108.30	24.15
社会资本	55	37.95	7	91.63	31.05

注　社会资本指企业投资方。

由表4-8可知，如果仅从政府方未来财政支出角度看，政府出资比例45%、社会资本出资55%最优。但最终项目股权比例结果需综合考虑法律规定、政府融资需求、项目特性、合作期限、政府参与项目决策、履行行政管理职能等因素。在综合考虑上述因素的前提下，杭州至海宁城际铁路项目公司（SPV公司）最终确定的股权出资比例为：社会资本出资65%，海宁市政府出资35%。

（2）案例分析法。案例分析法是在借鉴典型案例工程股权结构设计经验和教训的基础上，对新建项目股权结构方案进行设计。但在实践中，案例分析法常用于股权结构初步方案设计，最终会结合财务分析成果而确定。

（3）博弈论分析法。项目股权结构是股权投资参与方之间讨价还价的结果，也是股权投资方合作的结果。因此股权结构的确定实质是各方博弈的过程。由此，运用合作博弈和演化博弈理论进行股权结构的分析也较为常见。

【案例阅读与思考】

案例一　　上海SGM汽车项目资金筹措

1997年4月由上海两家和美国某公司三方合资成立了合资经营的上海××汽车有限公司。主要生产W型轿车、变形车及配套发动机和变速箱。根据计划，SGM项目的最终生产能力是10万辆整车、18万台发动机和10万台变速箱。该项目的总投资为15.21亿美元，其中三方发起人的权益投资为7亿美元，占总投资的46%，其股债比为1∶1.173，杠杆较低（注：权益资金投资中两家中方发起人合计占50%，美国某公司占50%）。项目已于2000年9月底完工并正式投入生产。

项目公司总投资和权益资金之间的差额采用有限追索权方式的项目融资来解决，该项目的债务融资共有三部分组成：

第一部分是由美国花旗银行牵头安排的4.72亿美元的银团贷款，参加的银行共有35家中、外资银行。中资银行中中国银行、中国工商银行、中国建设银行等上海市分行参与了该项贷款，中国建设银行并担任共同安排行。该银团贷款的贷款期限为8年，利率采用以浮动的伦敦同业拆放利率（LIBOR）作基准另加一利差。在该项银团贷款中荷兰商业银行和中国建设银行均作为抵押代理行,但两行对抵押文件的保管有明确分工,而该美元银团贷款的资金代理行为美国大通银行上海分行。

第二部分是由中国建设银行、中国工商银行、中国银行、交通银行、渣打银行等在上海的分行、浦东发展银行、上汽集团财务公司等9家中外资银行和非银行金融机构参加并提供的22.16亿元人民币银团贷款,其贷款期限与美元银团贷款相同。该项人民币的资金代理行为中国工商银行上海分行,抵押代理行为中国建设银行上海市分行。

第三部分为由9家中、外资银行组成的6.8亿元人民币循环流动资金贷款。以上第二、第三部分的人民币长期和循环流动资金贷款合计折合外汇为3.49亿美元,与第一部分的外汇银团贷款4.72亿美元合在一起共为该项目投资总额8.21亿美元。

除此以外,上海汽车财务公司另以双边贷款方式向该项目提供一定数量的人民币流动资金贷款。

思考:

(1) 什么是银团贷款和双边贷款?

(2) 除了案例背景中提及的安排行和代理行外,银团贷款中银行的角色分工还有哪些?它们的职责是什么?

(3) 银团贷款有哪些特点?

案例二 30万吨乙烯工程境外融资方案分析[①]

"30万吨乙烯工程"第一阶段需要向国际金融市场筹措2.72亿美元的资金,如果把提款期和宽限期间每半年需要支付一次的利息也本金化,那么筹资的总额将达到3.3亿美元,这是一项长期借款,全部偿还需要12年时间。

一、筹资方式

1. 利率选择

研究筹资方式,首先要考虑的就是选用何种利率,即浮动还是固定利率,利率水平的高低直接决定筹资成本。鉴于1975—1987年间,不管是美元还是日元,其利率的变动幅度相当大(远远超过1个百分点),按照本项目的具体情况,利率每浮动1个百分点,粗略估算整个借款期间(假定为10年,前5年按复利计算,后5年按单利计算)就要相差2000多万美元的利息。

从趋势来看,自1986年以来,美元和日元利率都下降到相当低的水平,如果在本项目的整个借款过程中,利率能继续维持目前的水平或疲软的趋势,自然采用浮动利率为宜。但是,从历史趋势看,某种货币的利率水平原则上是与该国的经济形势和世界经济状况有关,希望利率一直保持在某一水平是不现实的。同时,从美元的商业优惠利率看,利率变动除和该国的经济周期有关外,尚和国际市场上的原油价格有关。根据前10年原油价格和美元利率的历史数据所做的一元回归分析,可以预计美元商业优惠利率还是有可能回升到10%(目前为7.5%)。

至于日元利率,日元的升值必伴随着日元长期优惠利率的下降。国内外的经济学界和

[①] 本案例研究年份为1987年。

金融学界很多人认为在两年内日元还会继续升值,因此日元还会看低。但也有很多人,如日本东海银行(因准确预测1985—1986年间的日元升值趋势而名噪一时)认为日元不可能一直维持这样的升值趋势。同样,日元利率也不可能一直维持在低水平。

根据以上分析,本项目的贷款目前是处于低利率水平阶段,在这个阶段应采用固定利率为宜。

2. 筹资方式

国际金融市场上以固定利率筹措资金的方式一般可采用发行债券、出口信贷和商业贷款3种方式。

(1) 在国际金融市场上发行债券。由于政治上的原因,我国在1987年以前还未能在美国和英国发行债券。自1982年以来,我国金融机构曾多次在日本东京、联邦德国的法兰克福和中国香港发行日元、美元、联邦德国马克和港币债券。发行债券除了票面利率以外,实际还要加上各种名目繁多的手续费。据电询,在东京发行10年期债券,各种费用加在一起,换算成年利率约为0.2%。在德国发行马克债券,其他费用折算成年利率为0.657%,联邦德国其他费用较高。虽然总体看来,债券的成本费用会略低于商业银行的固定利率贷款,但在日本发行债券手续比较复杂,还要经过评级,并且要由借款人(为国内某家银行分行)的总行出面,需要提供近2年来的资产负债表。在联邦德国发行债券虽然手续简单,不需要评级,但也要借款人的总行出面,且联邦德国的投资者对中国的银行了解很少。看来本项目在目前情况下不具备在国外发行债券的条件,尤其是本项目要求分年提款、分期还款,也不适宜于用发债券的方法筹资。

(2) 出口信贷。本项目下的设备,计划中的采购对象国有美国、意大利、日本、法国和联邦德国,通过与国外银行的接触和他们提供的资料表明,联邦德国提供出口信贷要附加较高的保险费,且利率也不优惠,因此不拟考虑。美国的进出口银行与欧日相比不是很积极,而且从商务谈判结果来看,购买美国的设备可能性不大,即便有些专利有可能,但费用支出金额也不大,因此也不拟作重点研究。当前看来,最终借款人购买设备的重要潜在对象为日本和意大利的供应商。为此要重点分析研究利用日本输出入银行的出口信贷和意大利的出口信贷。据悉日本输出入银行只提供以日元计价的出口信贷,其利率原则上是在合同签约时日本长期优惠贷款利率($LTPLR$)的基础上另加或减0.1%~0.2%的附加利率。当时日本各银行提示的报价都是$LTPLR-0.2\%$,而1987年1月28日调整的$LTPLR$为5.8%,减去0.2%,其实际利率为5.6%,这个利率水平比较低。意大利出口信贷可以使用美元,当时的出口信贷利率为7.4%。我国过去所使用的出口信贷,大都为卖方信贷,即使采用买方信贷,也是和卖方信贷一样要由中国银行向卖方的银行担保直接贷给卖方的。许多专家认为在使用出口卖方信贷时,出口方会把出口信贷保险费转嫁到卖价中,"羊毛出在羊身上",买方为此要吃暗亏。因此最好争取采用出口买方信贷。据悉日本输出入银行近年来也提供银行对银行形式的出口买方信贷,同时考虑日元升值对日本贸易的影响,日本设备供货商应该也有游说日本输出入银行提供出口信贷的积极性。为此,当衡量汇率风险后,如认为借用日元是可行的,那就应力争日本输出入银行的日元出口买方信贷。

意大利的出口信贷机制与日本不同,它没有政府性质的融资机构,而是由政府性质的中央中期信贷局，通过对国际商业银行（不限于意大利本国的银行）所提供的贷款给予贴息的办法来支持本国的设备出口，也就是说由商业银行提供买方信贷。在设备的技术条件和价格合适的原则下，如通过双方政府渠道利用这种信贷对筹资成本是有利的。

（3）商业贷款。本项目的设备用款约占总金额的50%，即使设备都能利用出口信贷，根据各国规定最多只能取得设备款总额的85%，剩下的仍要利用商业贷款。日元的商业贷款固定利率为$LTPLR$本身或加0.1%～0.2%。日本银行提供的美元商业贷款固定利率为：7年期8.18%；10年期一次性提款条件的为8.66%；10年期分期提款条件为9.16%；法国银行提供的美元固定利率报价为14年期8.06%；两家美国银行花旗和汉华对长期固定利率没有提供信息。根据这种利率水平，如不考虑货币之间的汇率风险，显然是固定利率以借日元最为有利，它和美元的固定利率要相差2.2～2.8个百分点。

但是当考虑到日元贷款所承担的汇率风险过大（因本项目还款主要来源为美元）、美元固定利率又太高时，采用美元浮动利率也应该是一种值得研究的方法。国际金融市场上的美元借款一般是以$LIBOR$为基础，其一般比美国商业银行的优惠利率低1～3个百分点之间。同时，了解到日本的银行利用中日两国签署的《避免双重征税协议》的规定，以及我国中外合资条例中日方银行对我国银行的贷款可享受免征所得税的优惠规定，尚可提供更低利率的税收饶让贷款（Tax-paring Loan）。由于各家日本银行可利用的税收饶让额度不等，因此另外采用双边和三边的贷款方法来取得更低成本的贷款。本项目宽限期期间支付的利息约5000万美元，可考虑采用这种办法另行筹措。

二、筹资币别

本项目的还款来源主要是美元，而设备的付款有相当数量用日元（日元利率最低），但日元会带来汇率风险，这种风险有时是很巨大的。根据1971年以来日元/美元汇率变化非常频繁，而且变化幅度非常大（350：1～150：1）。据专家预测，今后的趋势为日元升值的最大幅度将不会低于120，期间会有反跳，即日元会有阶段性贬值，但其幅度不会高于200。尽管日元有反复的升值和贬值变化，但总的趋势是，日元近两年可能会贬值，但今后是趋于升值的。因此要做好汇率风险的防范措施。

三、几个筹资方案的分析

1. 可能的融资方案

根据前面分析，初步拟定了以下几个融资方案：

（1）甲方案：用固定利率借美元商业贷款。根据日本兴业银行、日本三菱银行、法国东方汇理银行和东京银行的报价，美元商业贷款的平均利率为8.5%。1987年美元的出口信贷利率为7.4%。

（2）乙方案：用日元的固定利率借商业贷款。1987年1月28日，日本的$LTPLR$由原来的6.2%下降到5.8%，也就是说日元的固定利率在1987年年初为5.8%。日元的出口信贷利率标准也由原来的$LTPLR+0.1\%$调整为$LTPLR-0.2\%$，目前为5.6%。

（3）丙方案：采用美元浮动利率商业贷款。1987年年初，美元商业贷款浮动利率约为$LIBOR+$（0.25%～0.5%），当时6个月期的伦敦同业拆借利率为6.125%。

（4）丁方案：借固定利率的联邦德国马克。据调查，1986年12月联邦德国马克的固定利率约为7.3%。

2. 融资方案比较分析

分为不考虑汇率风险和考虑汇率风险两种情况进行。

(1) 不考虑汇率风险的情况。在这种情况下，甲方案和乙方案相比，甲方案要比乙方案多支付利息 3800 万美元（出口信贷）和 5400 万美元（商业贷款），乙方案更优。在丙方案和甲乙方案比较中，对 LIBOR 水平分为维持目前 6.1%、8.5%、大于 8.5% 和小于 5.8% 四种情况分别比较，由于 LIBOR 低于 5.8% 的可能性很小，而前三种情况下，仍是乙方案更优；德国马克的利率水平介于日元和美元之间，其基本情况同上。故在不考虑汇率风险的情况下，结论是以固定利率借日元时本项目的资金成本最低。

(2) 考虑汇率风险的情况下。根据测算，只要在还款期间日元升值的最大幅度在 120 以内（即升值 29.1% 幅度内），和甲方案相比，乙方案是可接受的。即使日元的升值最高点突破 120 甚至 100，根据历史规律，波谷的时间很短，很快就会反弹，出现贬值，故其平均汇值会高于 120。乙方案和丙方案相比，如日元汇率在后 5 年平均升值 29.1%，而美元的平均浮动利率低于 8.5%，则丙方案就会优越于乙方案。如果日元的汇值从现在的 155 升到 140，升值 10.7%，那么在 LIBOR 的平均水平低于 6.5% 时，丙方案也会优于乙方案。人们认为日元平均升值 10.7% 的可能性很大，而平均 LIBOR 低于 6.5% 的可能性不大。因此，乙方案比丙方案更为可取。因此为减少汇率风险，建议采用：以硬货币（如日元、德国马克）50%、软货币（如美元）50% 的比例借款；日元采用固定利率（出口信贷或商业贷款），为了弥补和减少 50% 美元利率的损失，美元贷款可先采用 LIBOR 的浮动利率，并视情况调换称固定利率或戴帽的浮动利率；设备部分的美元贷款，要争取意大利的政府软贷款（40% 利率为 1.5%）和出口信贷（60% 利率为 7.4%）的固定利率混合贷款（综合平均利率为 5.04%）。

(资料来源：史万钧. 银团贷款与项目融资实务 [M]. 上海：上海财经大学出版社，2007，有改动)

思考：
(1) 案例中提到了哪几种债务资金筹措方式，它们的特点分别是什么？
(2) 项目债务资金结构分析主要包括哪些内容？
(3) 请自行查找资料了解我国企业债券发行的条件和程序。

案例三　高速立交改造项目股权结构设计

在土地供给侧结构性改革的相关要求下，某集团公司走集约节约的内涵挖潜式发展道路，对 W 高速立交项目进行升级改造，以释放土地资源，大幅提高土地资源的利用率，促进社会经济发展。W 立交改造项目，是对当地的立交及项目北侧的 107 国道局部进行升级改造，优化匝道方案，缩短绕行路程，提升项目周边区域的交通通行能力。地方政府通过盘活存量土地资源获得数十亿元土地出让收益及总平面规模 230 亩的城市开放绿化公园。W 项目作为国家建设交通强国的首批试点项目，也是集团首批高速公路沿线土地综合开发的试点标杆项目，其开发不仅有效盘活了存量低效用地，释放了土地潜在的经济价值，实现了国有资产保值增值，同时也为解决集团逐渐面临高速公路建设资金压力增大，弥补项目还本付息资金缺口的问题提供了财力支持。后续可全面总结经验并在集团所辖其他存量土地加以推广。

一、W试点项目股权结构设计与项目开发收益分析

W立交改造项目开发中，分为两个阶段，即购买土地阶段与进入战略合作者共同开发项目阶段。两个阶段现有股权设计方案及其优缺点阐述如下：

（1）购买土地阶段。项目初期集团通过下属子公司出资设立立交项目开发公司购买土地，用于土地开发。该阶段股权方案见图4-5。集团通过直接或间接持股掌握开发公司大部分的股权，在置地以及后期竞拍土地定价等决策上具有主导权，且享受后期土地竞拍产生的大部分溢价，从增值层面来说具有巨大的优势。而这种持股方案比较大的缺点是财务风险，特别是资金周转上具有较高的风险。此外，公路建设公司的主营业务是高速公路投资建设、营运，在房地产开发上不具有绝对的优势；在拿地阶段投入了一定的资本，集团旗下孙公司a作为立交项目开发公司股东，在前期转让土地中虽然取得了很好的收益，但在后期项目开发中因这个孙公司不符合公路建设公司主营业务范围，由集团无偿划转给了集团旗下房地产公司。这一系列调整对项目开发、财务管理、利益分配、人员激励上造成了一定的损失和困难。

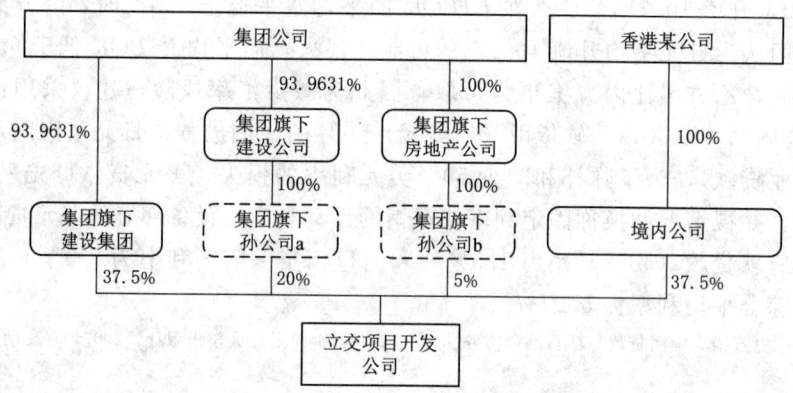

图4-5 土地购买阶段股权结构示意图

（2）项目开发阶段。W项目开发阶段股权结构见图4-6。其中，战略合作者占60%。集团通过所属公司a和公司b持25%股份，香港某公司持15%股份。

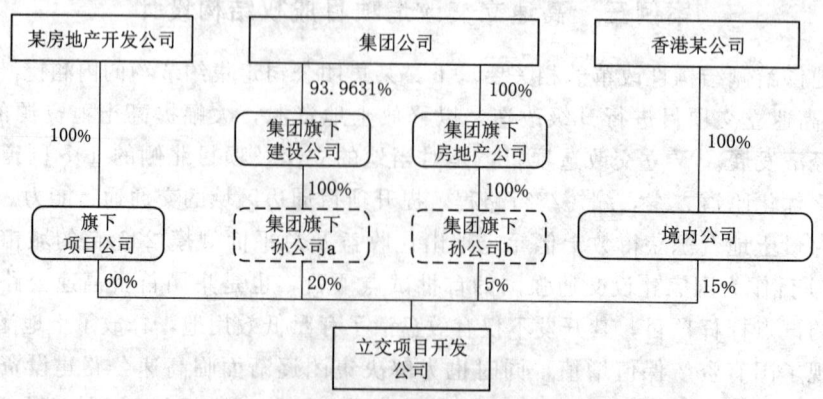

图4-6 项目开发阶段股权结构示意图

项目开发阶段引入专业的房地产开发有限公司，有利于集团学习先进的房地产管理模式和经验，为后续集团房地产开发积累了宝贵经验，同时可以回收大额资金用于高速公路建设，保证项目现金流和推进效率。但由于引入战略合作者，集团持有股份下降到25%，无法在重大事项拥有一票否决权，无法在项目重大决策中发挥应有的作用。此外，集团对立交项目公司的持股形式也有繁杂的特点，例如，集团持股链条过长，不利于集团层面及时获取立交项目开发公司的信息，及时调整项目发展战略，审核项目关键事项。建设公司在项目过程中对孙公司a投入大量资金，进而对立交项目开发公司进行管理，也不利于建设公司直接掌握项目投入和进展过程。在项目价值创造与利润分配方面，在后续的利润分配环节中，由于集团股权有限，无法有效让渡利益给相关利益分配者，故运营效率不能得到充分提高，股权的激励作用也难以有效发挥。

二、集团后续立交项目股权结构设计

W试点项目按土地购买和项目开发两个阶段分别设计股权结构，能够充分发挥集团优势和最大化集团收益，比如一级土地开发收益都归于集团所有，保证提高盈利能力；可以合理安排集团旗下公司的收益分享，有利于为集团下属公司后续债券融资提供财务资信，降低融资成本，完善集团整体公司结构，提高集团整体效益与价值。在后续立交项目建设和开发中仍然遵循该思路，即集团有限公司以及子公司出资设立房地产开发公司，购买项目开发用地；新项目开发规划阶段，引入战略合作者，出售土地。但需对项目开发阶段股权结构进行进一步优化比选，以提高集团收益和降低财务风险。

(1) 土地购买阶段项目股权结构设计推荐方案（图4-7）。该方案优缺点如下：①投入资金大，财务成本高，存在一定财务风险；②对集团参与的一些子公司的资金配置要求高；③收益分配程序复杂，可能会使子公司参与竞争，从而面临一定利益协调问题；④可能会有子公司主营受到影响，集团子公司的主营业务与房地产开发差异大，也不利于子公司专注主营业务的发展；⑤后者引进战略投资者，增加交流沟通成本。解决该方案风险的具体应对措施有建立企业风险管理评估模型、利益协调机制和沟通机制设计等。

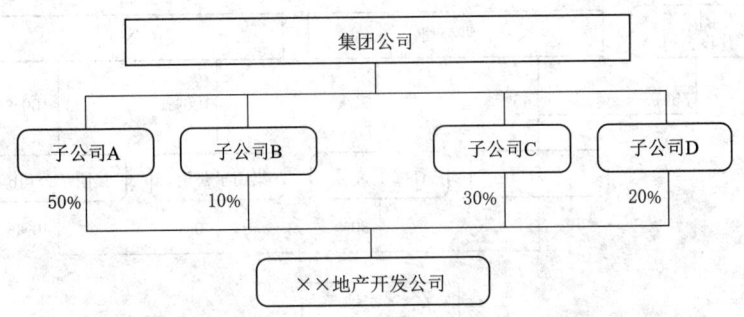

图4-7 土地购买阶段项目股权结构设计推荐方案

(2) 项目开发阶段股权设计方案推荐方案。股权设计关系到股东的收益分配权、决策监督权等重要权力。针对现有股权设计，认为由于未来多个项目开发均在重要的高速公路公司的现有土地之上，集团旗下的建设公司拥有某公司大部分收益权和决策权，引入某公司有利于建设公司解决当前项目开发中面临的股权控制弱或无法控制等各类风险。因为某公司与建设公司有控股以上的协议收益，增加某公司的持股能够间接增加集团在整个项目的收益；并通过建设公司与某公司协议，增加对项目决策话语权以及监督。因此，基于上述核心观点，设计了以下3个股权设计方案，详见图4-8（a）～图4-8（c），各方案优劣势比较见表4-9。

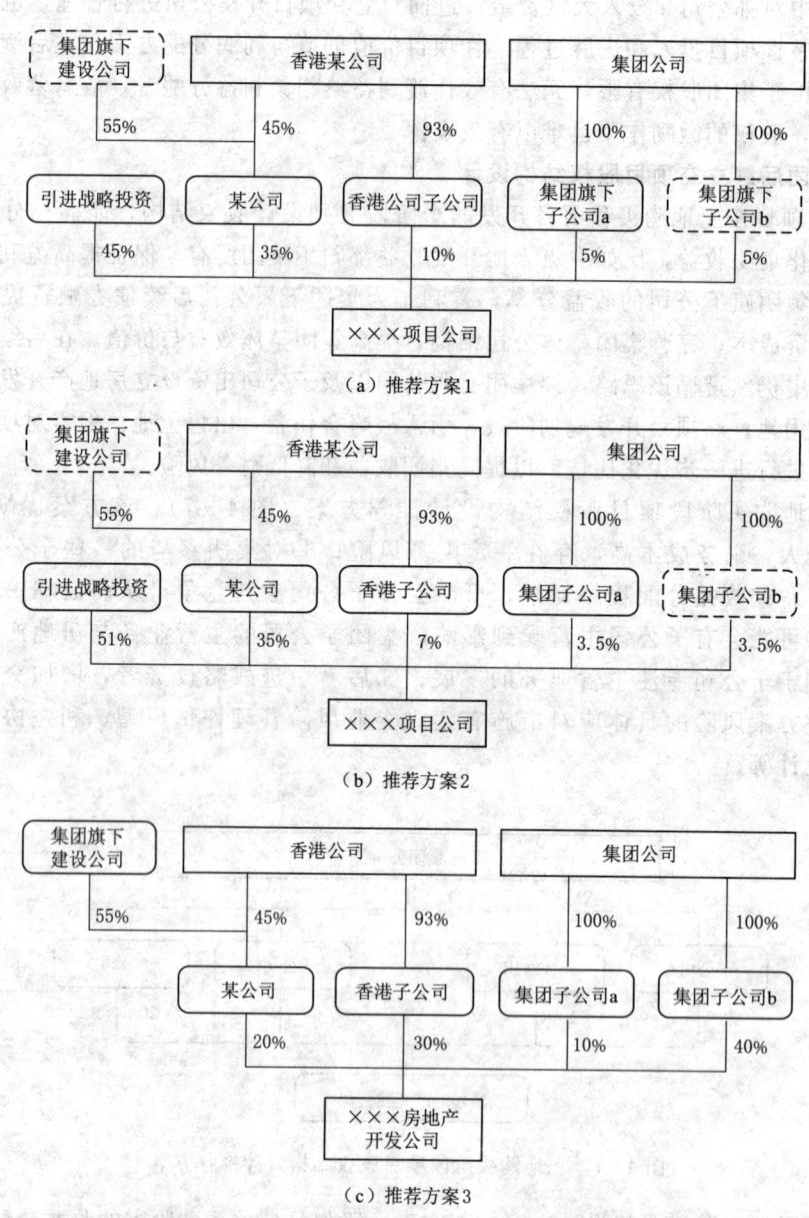

图4-8 项目开发阶段股权结构推荐方案

表 4-9　　　　　　　　　　项目开发阶段股权结构推荐方案比较

方案	持股	优势	劣势
(1)	集团：29.25%； 某公司：35%； 战略合作者：45%	集团出资相对较少，财务风险减少；通过直接或间接持股保证话语权和收益；会计核算主体清晰，降低税务风险，增强员工激励；可以通过设计变动管理费用提高建设资金的回收	集团持股份额不高，存在一定商业合作不确定性带来的风险
(2)	集团：26.25%； 某公司：35%； 战略合作者：51%	最大程度兼顾集团低财务风险、高受益的设计；通过战合保证项目充足现金流，可以通过设计变动管理费用提高建设资金的回收	战略合作者是大股东，可能侵占小股东利益
(3)	集团：61%； 某公司：25%； 战略合作者：0%	集团绝对控股	财务风险较高

由于在后续项目股权结构设计中，集团特别重视对项目建设资金的控制权以及项目建设资金的有效与及时到位，所以引入战略投资者，可以缓解集团在项目开发阶段资金紧张的压力，并且可以最大限度地减少集团与子公司对房地产项目公司的持股，进一步减少集团与子公司的财务风险，减少参与项目管理的成本与费用，通过对项目结余款结算使用变动管理费用处理方案，可以大幅加快建设资金的回收。因此，集团最终在项目开发阶段选取（2）推荐方案。

（资料来源：张青．股权设计、财务管理与项目开发选择：以某高速立交改造为例［J］．新会计，2022（3）：16-20，有改动）

思考：

（1）项目股权结构的概念是什么？

（2）项目股权结构设计一般会考虑哪些因素？

第五章 项目融资风险管理

> **基 本 要 求**
>
> ◆ 掌握风险内涵及项目融资风险类型
> ◆ 掌握商业完工风险的概念
> ◆ 掌握项目融资风险分配的原则与特性
> ◆ 熟悉四种金融衍生工具的概念与特点
> ◆ 熟悉项目融资风险管理的策略含义及其常见风险管理措施
> ◆ 了解项目融资风险识别、估计及评价的含义及过程

项目融资中涉及的资金规模，动辄数以亿计。尽管项目可能有较丰厚的投资回报，但由于项目尤其是工程项目建设和运营的长期性、复杂性，项目融资往往与高风险相伴随。因此如何准确、有效地识别、分析和管理风险，是融资各方关注的焦点，同时也是项目资信结构设计的基础工作。

第一节 项目融资风险概念与类型

一、项目融资风险的概念

1. 风险的内涵与分类

（1）风险的内涵。目前，学术界对风险的内涵还没有统一的定义，由于对风险的理解和认识程度不同，或对风险研究的角度不同，不同学者对风险概念有着不同的解释，但可以归纳为以下几种代表性观点：

1）风险是事件未来可能结果发生的不确定性。如美国风险管理专家 C. A. Williams 等将风险定义为在给定的条件和某一特定的时期，未来结果的变动。

2）风险是损失发生的不确定性或可能性。如美国学者海恩斯（Haynes，1895年）就提出："风险一词在经济中和其他学术领域中并无任何技术上的内容，它意味着损害的可能性。" A. H. 威雷特于1901年又作了进一步阐释，指出："风险是关于不愿发生的某种事件的不确定性之客观体现。"并且这种观点又分为主观学说和客观学说两类。主观学说认为不确定性是主观的、个人的和心理上的一种观念，是个人对客观事物的主观估计，而不能以客观的尺度予以衡量，不确定性的范围包括发生与否的不确定性、发生时间的不确定性、发生状况的不确定性以及发生结果严重程度的不确定性。客观学说则是以风险客观存在为前提，以风险事故观察为基础，以数学和统计学观点加以定义，认为风险可用客观

的尺度（如客观概率）来度量。

3）风险是指可能发生损失的损害程度的大小，即指不利结果的大小。

4）风险是指损失的大小和发生的可能性。这是当今在统计学、精算学等学科里应用较多的一个定义，认为风险是指在一定条件下和一定时期内，由于各种结果发生的不确定性而导致行为主体遭受损失的大小以及这种损失发生可能性的大小。风险是一个二维概念，风险以损失发生的大小与损失发生的可能性（概率）两个指标进行衡量，用公式表示为：风险（R）＝损害的程度（H）×发生的可能性（P）。

（2）风险的分类。分类标准较多，在此仅介绍以下几种：

1）按风险后果划分，分为纯粹风险和投机风险。纯粹风险（pure risk）指只会造成绝对损失，而不会带来机会或收益的风险，如地震、海啸等自然灾害；投机风险（speculative risk）指既可能带来机会，获得利益，又可能隐含威胁，造成损失的风险。

2）按风险主体的承受能力划分，分为可接受风险和不可接受风险。可接受风险（acceptable risk）指风险主体在分析自身承受能力和财产状况的基础上，确认能够接受的最大损失的限度。风险低于这一限度的风险称为可接受的风险；否则，风险高于该限度则称为不可接受的风险（unacceptable risk）。

3）按是否受风险主体控制划分，可分为系统风险和非系统风险。系统风险（systematic risk）是指由于来自于风险主体外部、不为风险主体所预计和控制的因素造成的风险，如国家、地区性战争或骚乱，国民经济严重衰退或不景气等；非系统风险（unsystematic risk）是由来自于风险主体内部、且为风险主体所能控制的因素造成的风险。

2. 项目融资风险的内涵

项目融资风险内涵较为丰富，从不同主体视角，就存在不同的界定。比如从资金使用者角度看，更看重的项目资金可获得性和资金成本波动的风险，尤其是资金成本上升的可能性；而从项目资金提供者（如贷款银行）角度看，通俗地讲，项目融资风险就是无法回收其本金并获得合理利润的可能性及其大小。其实仅就项目融资风险内在逻辑看，资金使用者和供给者存在本质上的一致性，也就是说，如果在项目融资过程中，由于项目环境条件的不确定性和项目融资当事人主观不能准确预见或控制的因素影响，项目实际结果与预期收益发生背离，使融资当事人遭受损失及其可能性比较大，那么资金提供者出于资金安全性的考虑，会出现"惜贷"心理，即资金使用者获得资金的可能性减少，资金成本上升可能性增加。

上述项目融资风险的定义更强调了损失的大小和发生的可能性，但是在实际的项目融资风险管理中，应该在控制不利风险所带来的损害时，善于从中发现可能带来的机遇及收益。项目融资风险意味着不确定性，也意味着可能给项目或企业带来某种影响，这种影响可从以下5方面予以分析：

（1）风险发生的概率，即风险发生的可能性，如建设进度延误的可能性是否会高于50%。

（2）风险发生的频率，即这样的风险事件在项目中多长时间发生一次。

（3）风险发生后果，即风险对项目，如经济强度、运营稳定性等方面产生的影响大小。

（4）风险综合评价。有些风险影响比较大，但发生概率和频率很小；有些风险影响不大，但出现的可能性很大。因此，需要对风险进行综合评价，最简单的风险综合评价方式即为计算风险发生概率、频率及后果的乘积。

（5）风险重要程度。根据风险综合评价结果，以及项目或企业风险承担能力，确定不同风险的重要程度，从而给出关键风险。

二、项目融资风险的类型

目前在项目融资中，对风险的划分已经形成了一套较为完整的体系。有从项目发展阶段的角度，将风险划分为项目建设期风险、项目试生产期风险和项目运营期风险；有从项目投入要素的角度，将风险划分为人员、时间、资金、技术和其他方面的风险；有从风险的表现形式的角度，将风险划分为信用风险、完工风险、生产经营风险、市场风险、环境社会风险、金融风险、政治风险；有从风险的可控性角度，将风险划分为系统风险和非系统风险（亦有作者称为环境风险和核心风险），系统风险一般包括政治、金融、环境社会等风险，非系统风险一般包括信用、完工、生产经营和市场风险等。

1. 信用风险

信用风险（credit risk）是指参与各方因故无法履行或拒绝履行合同所规定的责任与义务的潜在可能性及可能带来损失的大小。信用在市场经济体制下是至关重要的，现代国际金融也是以信用为基础而发展起来的。当前西方发达国家的信用评价体系比较为完善，在经济活动中各市场主体也是非常重视自身的信用等级。而在一些政治体制和法制不够健全的发展中国家，政府本身信用缺失，同时没有企业和个人的信用记录，由于信息的不对称而导致了市场信用的缺失，因此在这些国家的项目融资中，信用风险是比较大的。如1993年初，泰国政府试图号召道路使用者向曼谷高速公路股份有限公司施压，要求将曼谷高速公路的过路费降至特许权协议中的2/3，该事件在国际资本市场上引起了震动，许多国际投资者和承包商认为泰国政府信用风险大，投资环境差，从而对泰国国内项目的融资更为谨慎，从而导致1994年的一个造价约为60亿美元的泰国铁路工程融资计划的失败，特许权人——泰国Kanjanapas——不得不取消了60亿美元欧洲可转换债券的发行计划。

2. 完工风险

完工风险（completion risk）是指由于项目建设期间成本超支、工期延误或投产时期无法达到预期运行标准而使项目建设成本超支、贷款利息负担增加、项目现金流量不能按计划获得的潜在可能性及可能带来损失的大小。完工风险是项目贷款银行关注的主要风险之一，存在于项目建设阶段和试生产阶段。项目贷款银行一般会以项目完工为里程碑事件来确定对项目投资者的追索程度，即在项目完工以前，贷款银行对投资者是完全追索的，而在项目完工后，项目融资才转变为有限追索。鉴于项目完工事件的重要性，贷款银行和投资者必然会提出何谓项目完工的问题。如果以项目实体被建设完毕的时刻为完工标志，那么当项目交付运行后，始终达不到预定生产能力和预期现金流量时，则参与项目融资的贷款银行将面临巨大的风险。鉴于此，在项目融资实践中，贷款银行引入了商业完工（commercial completion）的概念，即在融资文件中规定只有项目达到以下标准中的一种或几种时，才会被接受为正式完工。

（1）完工和运行标准。规定在一定的时间内，项目在具体生产消耗指标（单位生产量的能源、原材料和劳动力消耗指标）、项目产品或服务质量、项目稳定生产或运行指标等方面要达到规定要求,并且在该时期内(通常为3~6个月)保持在该水平上运行。

(2) 技术完工标准。项目采用的技术是成熟的,并在一定时期内不落后。

(3) 现金流量完工标准。这是另一种类型的商业完工标准,贷款银行不考虑项目的技术完工和实际运行情况,只要求项目在一定时期内(通常为3~6个月)达到预期的最低现金流量水平,即认为项目通过了商业完工检验。

(4) 其他形式的完工标准。有些项目由于某种原因(如时间原因)可能在项目融资还未完全安排妥当,就需要进行提款,此时贷款银行为了降低项目风险,往往会要求确定一些特殊的完工标准。例如,某项目在提款前,其产品销售合同还未最后确定,贷款银行就有可能规定以某种价格销售最低数量的产品作为项目完工标准的一部分;又如,矿山的最终储量在提款前未能确定,则最小证实储量就可能被包含在项目的完工标准中。

完工风险的大小在某种程度上决定于这样一些因素:项目设计技术要素、承建商的建设开发能力和资金运筹能力、承建商的信用和建设合约的法律效力、其他方的干扰等。实际上,项目的建设成本和运行成本与项目的设计方案有很大关系,若项目设计方案失误,不但影响按期完工,而且引起成本超支。

3. 生产经营风险

生产经营风险(operational risk)。生产经营风险是指在项目试生产和正常运营阶段,由于项目公司或其委托的管理公司的经营管理能力、生产技术水平及其发展趋势和生产条件等因素对项目盈利能力或预期项目现金流量的不利影响。

(1) 技术风险。贷款银行一般认为为生产技术比较成熟的项目提供有限追索贷款的风险较低。而对于采用新技术的项目,若没有投资者有力的技术保证和资金支持,贷款银行不可能给项目提供贷款。但对于成熟的生产技术来说,贷款银行还比较关心该生产技术的生命周期问题,即其在多长时间内保持一定的先进性,是否会被新技术所替代,该技术所要求的配套设施、技术人才、原料是否可获得以及获得的成本如何。

(2) 生产条件风险。一是能源和原材料供应风险,指由于能源和原材料不能按时、按价、按质供应,影响项目生产的持续稳定性和产品成本,从而造成项目收益损失的潜在可能性;二是针对矿产资源类项目而言的,主要是资源矿产的储量问题。因为资源储量的探明存在着一定不确定性。为降低风险,贷款银行用一个"资源覆盖比率"(resource cover ration,RCR)来衡量该风险的大小,并据此决定是否发放贷款及贷款额度的大小。

资源覆盖比率是指探明可供开采的资源总储量与项目融资期间计划开采的资源量之比。最低资源覆盖比率是根据具体项目的技术条件和贷款银行在这一工业部门的经验确定的。一般规定,该比率值要大于等于2。若该比率低至1.5以下时,贷款银行认为风险过高,要求投资者提供相应的最低储量担保,或贷款银行提供混合贷款。所谓混合贷款是指以当前探明的资源储量为基础,在资源覆盖比率最低限值的前提下确定项目融资期间计划开采量,为该计划开采量部分的资本性投入提供有限追索贷款,而对其他部分提供完全追索的公司融资。

(3) 经营管理风险。项目经营管理风险与项目公司或其委托的经营管理公司的经营管理能力、经验、资信及其伦理道德、政府规制制度等因素有关。一些项目,比如地铁项目的运营调度和维修专业性强,如果地铁运营公司经验和能力不能匹配,安全管理制度执行不严格，地铁运营效率势必低下，甚至会造成安全事故。此外，经营管理公司的不当行为也可能给项目经营带来风险。一些基础设施项目具有自然垄断性质，经营管理公司如果依据其垄断支配地位而破坏公平竞争的市场秩序，违反了反垄断法等法律规定，从而受到高额罚款、业务拆分等处分，对项目盈利能力影响深远。比如，吴江某水务有限公司在供水经营中，利用其在苏州市吴江区范围内公共自来水供水服务的支配地位，明示或暗示房地产开发企业将给水安装工程、二次供水工程、接水装表工程等交由其全资子公司或其指定的企业施工；对供水工程所需的水表、管材等主要材料和设备，要求房地产开发企业、施工单位必须使用其提供或指定的品牌、厂商。该水务有限公司在交易过程中附加的上述不合理交易条件，使房地产开发企业在供水工程施工单位的选择、材料设备的采购等方面没有自主选择权，破坏了公平竞争的市场秩序，违反了《中华人民共和国反垄断法》第十七条第（五）项的禁止性规定，2014年受到当地工商行政管理部门按其年度销售额7%的罚款的处罚。

4. 市场风险

项目的市场风险（market risk）通常是指与项目产品或服务相关的市场价格和销售量两个要素的变动对项目预期收入的不利影响。一般而言，产品或服务的价格或需求量降低将会影响项目的预期收入。

5. 环境社会风险

随着全球温室效应不断凸显，人与自然和谐发展日益引起关注。ESG（environment, social, corporate governance）理念逐渐被引入企业价值体系，此即为英国SustainAbility创办人及可持续发展的国际知名学者John Elkington提出的三重底线（triple bottom line）概念，或称作三重盈余。不单纯考虑传统的企业盈利，还要衡量企业的生态环境和社会绩效，也被称为"3P"原则，即人类（people）、地球（planet）和利润（profit）。这意味着，投资项目作为企业发展的重要载体，ESG要素的考量也成为融资的重要约束条件。在融资过程中，由于项目建设和运营不符合ESG理念要求，或者导致项目无法筹措足够资金，或导致项目还本付息能力降低的风险，即为环境社会风险。贷款银行在非政府组织（NGO）敦促和公共舆情的压力下，也日益关注其在线声誉，而拒绝向不符合ESG要求的项目提供资金。这种现象在澳大利亚昆士兰州的大堡礁（The Great Barrier Reef, GBR）开发项目就比较明显。GBR海岸线是几个主要港口设施的所在地，这些港口设施将煤炭、矿物和液化气出口到中国、日本、韩国和印度等国家。截止到2016年4月，该地区批准（或等待批准）的主要基础设施项目包括铁路线、发电站和输电线路、港口扩建（包括建设和维护性疏浚）、天然气管道和液化天然气（LNG）设施。还计划通过铁路线从加利利盆地向Abbot Point的港口供应煤炭，从而显著扩大运营。所有这些项目，无论是单独的还是共同的，都有可能对大堡礁本已恶化的健康状况产生重大影响。再加上农业污染、过度捕捞和气候变化等问题，世界上最伟大的自然奇观之一——大堡礁的健康状况已走向了崩溃边缘。代表数百万支持者的澳大利亚和国际非政府组织联盟发起了一项保护大堡礁并阻止在昆士兰中部建设大型新煤矿的运动，作为该项运动的回应，法国兴业银行、法国巴黎银行、德意志银行、苏格兰皇家银行（RBS）和汇丰银行等承诺不为备受争议的Abbot Point港口扩建项目提供资金，同时在加利利盆地，印度公司Adani耗资160

亿美元的 Carmichael 煤炭和铁路项目的资金也很难获得银行的支持，3 家法国银行和澳大利亚最大的两家银行——澳大利亚国民银行（National Australia Bank，NAB）和澳大利亚联邦银行（Commonwealth Bank of Australia，CBA）拒绝参与该项目。2015 年，澳大利亚政府决定禁止在大堡礁倾倒疏浚弃土。疏浚弃土倾倒限制性规定在香港第三条海底隧道 BOT 项目建设中也发生过。香港特区政府规定承包商和项目公司必须将受污染的泥土转运到指定的地点，避免周边海洋生态环境受到污染，指定地点比原施工组织设计中的堆放地点距离远了许多，项目公司为此付出了额外的成本支出，导致建设成本增加。

6. 金融风险

目前，金融风险（financial risk）含义有广义和狭义之分，广义指"金融机构在经营过程中，由于决策失误，客观情况变化或其他原因使资金、财产、信誉遭受损失的可能性及发生损失的大小"；狭义的专指金融市场风险，即由于金融市场因素发生变化而对项目的现金流产生负面影响，导致项目收益发生损失并最终导致项目价值下降的潜在可能性及其大小。在此金融风险主要指金融市场风险，表现为利率风险和汇率风险两个方面。所谓利率风险就是贷款利率波动对项目现金流产生的不利影响程度及其可能性；汇率风险就是汇率波动导致的项目汇兑损失可能性及其大小。在国际项目融资中，假如项目借入的是美元，而收入却大多数为当地货币，则当地货币贬值意味着项目公司不能产生足够的现金流量用来偿还美元贷款。实际上，大多数发展中国家的货币是软币，存在着贬值的压力。另一方面，由于项目融资中贷款期限一般都较长，因此贷款银行更愿发放浮动利率贷款，对于项目投资者而言，利率风险是比较大的。

7. 政治风险

项目的政治风险（political risk）可以涉及项目的各个方面和各个阶段，从项目的建设、试生产，一直到生产经营等阶段。政治风险按其表现形式，又可具体分为以下几个方面：

（1）国家风险。国家风险是由项目所在国政治或外交政策原因而引起的对项目实行强制性收购、对项目产品实行禁运、中止债务偿还、干预项目审批与经营等潜在可能性。如 2005 年，联想集团宣布以 17.5 亿美元并购 IBM 公司个人电脑业务，但因美国海外投资委员会（CFIUS）担心该并购行为可能危及美国国家安全而被迫接受延期调查。在并购行为结束后，又有议员向国会提议审查联想计算机的信息安全，使联想的业务发展受到很大制约。又如，中国电力投资集团（简称中电投）参与开发的缅甸密松水电站（位于缅甸伊洛瓦底江上游）于 2011 年 9 月 30 日被新一届政府突然宣布搁置。密松水电站项目，截至 2022 年 10 月还未开工，导致中电投前期投资损失惨重。经验表明，东道国政府在接收项目后，真正能实现其目标的寥寥无几。随着世界经济相互依赖度的不断提高，那些担心外国投资与本国的社会与经济目标不一致的东道国更多地就市场准入设置本土化条件。

（2）政策法律稳定性风险。政策法律稳定性风险是指在项目建设运营期内，项目所在国政府机构调整、变更各种法规，如税收、外汇管理、环境标准、劳动力政策等，导致融资项目成本增加、收益降低的潜在可能性，或各政府部门间行政规章制度的不一致性导致项目合法性不确定的潜在可能性。在长达若干年甚至几十年的项目周期里，项目所在国可能调整、变更税收种类和税率，这会影响项目现金流量，尤其是那些以税收结构为基础的项目融资（如融资性租赁）。1988 年 7 月以前在澳大利亚，如果采用信托基金进行投资，投资者可以享有利润分配和资本金分配等方面的一些税务优惠，但在该年 7 月税法修正之后，这些优惠政策全部被取消，造成在澳大利亚证券交易所上市的几个信托基金的股东收益大减，股票市场价格一直上不去。这种情况在其他国家也同样存在，如 2004 年美国国内税收署对融资租赁方面的有关税收法进行改革，取消了一些税收优惠，并且该项改革具有追溯性，从而使在此之前应用融资租赁进行融资的投资者遭受很大的风险。

政府的行业体制改革也会对项目产生很大影响。比如印度 Lamshoro 发电厂是一应用有限追索融资的项目，其投资者是 Suprior Power 公司。为满足贷款银行的要求，Lamshoro 发电厂与古吉拉特国家电力委员会签署了 20 年期限的购电协议。该购电协议为一固定价格的购电协议，它实际上保证了 Suprior Power 公司较高的投资回报率，即只要 Lamshoro 发电厂的产能利用率达到 68.5%，就可以"照付不议"，Suprior Power 公司的内部投资回报率达到 16%；如果产能利用率超过 68.5%，仍然可以按"照付不议"（Take or Pay）安排上网，还可以得到一个奖励电价。该项目运营 3 年来，平均产能利用率为 87%，电厂的投资回报率是 23%。

但在该项目运营 3 年后，印度开始进行电力行业改革，拟在发电市场中采取竞价上网政策。此时印度政府可能会以 Lamshoro 发电厂的购电协议与竞争性电厂不协调为理由，而不履行他们在该协议中的合同义务。此时 Lamshoro 发电厂便暴露在项目现金流量不稳定的风险之中，至少是 Suprior Power 公司不能再获取固定价格购电协议下的较高投资回报率。

(3) 民族主义风险。民族主义风险是指在项目建设运营期内，由于民族主义情绪导致融资项目失败或遭受损失的潜在可能性。在许多国家中，出于保护民族工业和民族利益的需要，都自发组织抵制国外企业生产产品的消费，甚至还会发生暴力骚乱事件。

第二节　项目融资风险分析

项目融资风险分析的基本内容有狭义和广义两种，狭义的风险分析仅指通过定量分析的方法给出各种不确定因素的概率分布。而广义的风险分析则是一种识别和估计风险，并制定应对风险的措施和手段的过程。它包括风险识别、风险评估和风险管理三方面的内容。本书采用后一种定义，但风险管理内容将在本章第三节介绍。

一、项目融资风险的识别

1. 项目融资风险识别的含义

风险识别（risk identification）就是从系统观点出发，对项目全面考察综合分析，理清项目融资过程中所产生的风险及其风险内容，探究各种潜在的风险因素，并对各种风险进行比较、分类，确定各因素之间的相关性与独立性，初步判断其产生的可能性及对项目的影响程度。由于风险的不确定性，不可能一次就把所有的风险都识别出来，需要在项目融资执行的过程中定期进行。

在此需区分风险因素与风险事件这一对概念。风险因素是指促使某一特定风险事件发生或增加其发生的可能性或扩大其损失程度的原因或条件。风险因素是风险事件发生的潜在原因，是造成损失的间接原因；而风险事件是指造成生命或企业财产或项目收益损失的偶发事件，是造成损失的直接的或外在的原因，如宗教信仰的差异是风险因素，宗教冲突引起的骚乱则是风险事件。

2. 项目融资风险识别的过程

项目融资风险识别的过程见图5-1。

(1) 收集资料。一般需搜集的资料，包括项目所在国的政治、经济、社会和文化风俗习惯、宗教信仰的宏观资料，以及项目所处行业环境、项目本身的建设条件和技术设计等资料。尤其是要注意项目的前提假设和制约因素。

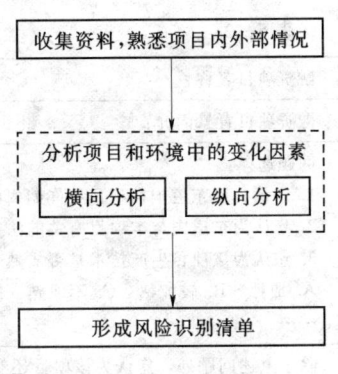

图5-1 项目融资风险识别过程示意图

(2) 分析项目不确定因素识别。在明确项目目标、实现目标的手段和资源的前提条件下，辨识项目和环境中的变化因素，从而识别出项目潜在的风险。项目风险识别常从纵向和横向两个方面考虑。从纵向考虑，就是根据项目特有的生命期、生命期不同阶段分别考虑其特有的不确定因素；从横向考虑，就是需要从关键标准（技术、经济等）、利益相关者、项目设计、项目资源及时间等方面考虑其特有的不确定因素。

(3) 形成风险识别清单。风险识别之后要把结果整理出来，写成书面文件，为风险分析的其余步骤和风险管理做准备。风险识别的成果往往表现为一张风险清单，清单最主要的作用是描述可能存在的风险，并记录可能减轻风险的行为。如果风险识别达到一定深度，风险清单还可以包括风险成本效益、风险归属权及残留风险等内容。表5-1为一种风险清单格式。

表5-1 风险清单格式

风险清单				编号：	日期：
项目名称：				审核：	批准：
序号	风险因素	可能造成的结果	发生的可能概率	可能采取的措施	
1						
2						
⋮						

3. 项目融资风险识别的方法

风险识别的目的是确定风险的来源、风险产生的条件和描述风险的特征等。在实际工作中，由于风险管理人员的习惯偏好和风险类型的不同，风险识别的方法有许多，如分解分析方法、图解法、情景分析方法、德尔菲法、核查表法和面谈法等。下面介绍融资项目中融资顾问常用的几种方法。

(1) 德尔菲法。德尔菲法的实质是集专家之经验、智慧来识别融资风险，具体做法是：首先由风险管理人员选择相关领域的专家，并与他们建立直接的函询联系，通过函询进行调查，收集意见后进行整理，并将整理结果反馈给各位专家继续征求意见，如此反复，直至专家意见基本趋于一致。德尔菲法是一种背对背的调查法，因而最能反映专家对于特定项目风险的真实判断。

采用德尔菲法的关键是设计函询调查表。函询调查表的问题一般以 20~30 个为宜，且最好为封闭型问句，即把可能的答案罗列出来，由专家根据自己的经验知识进行选择。为了充分发挥专家的主观能动性，还可设计若干开放型的问题。表 5-2 为风险识别调查表的一种可能形式。

表 5-2　　　　　　　　　　　风 险 识 别 调 查 表

融资项目名称：
融资项目背景简介：
问题选择： 1. 您认为该东道国在项目特许期内的政治局势是否稳定？A. 稳定　B. 较稳定　C. 不稳定 2. 您认为东道国与本项目有关的法律法规是否完善？A. 完善　B. 较完善　C. 不完善 3. 您认为该项目生产技术是否成熟？该技术在多少年后会落后？ 　A. 成熟　B. 较成熟　C. 不成熟　D. 3 年　E. 5 年　F. 8 年　G. 10 年 ……
除了上述问题外，您认为该项目还有哪些风险需要特别说明，请对其从风险的来源、风险出现的方式和风险的主要后果进行详细的描述：
对主要风险归属权的分析：(谁受损失？谁应付款？谁能管理风险？)

(2) 核查表法。融资顾问在自身工作实践的基础上，总结、归纳以往融资项目中出现较多的风险事件及其来源，并将他们罗列成表，然后将拟融资项目的外部环境、产出品、技术以及内部因素等情况与之比较，分析可能出现的风险。核查表法简单易行，但有时可能受制于以往的经验总结，而遗漏某些重要的风险。表 5-3 为某项目融资风险核查表的内容。

表 5-3　　　　　　　　　工程项目融资风险核查表

风　险　因　素	本项目情况
1. 项目的环境 　(1) 东道国政府的行政干预严重 　(2) 东道国法律修改频繁、政策透明度不高 　(3) 项目所在地的自然条件不利 　(4) 东道国汇率不稳定 　(5) 东道国通货膨胀率高 　(6) 国际金融市场低迷 　(7) 项目所在地的公众反对 　……	
2. 项目投资者 　(1) 项目投资者资金实力较弱 　(2) 该项目在投资者战略发展中的地位较低 　(3) 投资者股本资金投入不足 　……	

第二节 项目融资风险分析

续表

风 险 因 素	本项目情况
3. 项目性质 （1）工程规模大、技术复杂 （2）项目技术陈旧 （3）计划工期过于乐观 （4）潜在变更多 （5）项目资产的专用性高 ……	
4. 项目建设管理 （1）项目管理者对同类项目的建设管理经验不足 （2）项目经理的能力差 （3）选择的承包商资金、技术不够雄厚 （4）供应商供应的项目设备有质量问题 ……	
5. 项目经营 （1）项目经营管理人员的素质低、经验不足、职业道德差 （2）项目原材料供应不稳定 （3）项目产品或服务在市场中没有竞争力或价格有持续走低的趋势 （4）项目监督不力 ……	
6. 费用估算 （1）项目费用估算不够准确 （2）项目合同条件不够严谨 ……	

（3）图解法。图解法又可分为故障树分析法和流程图法两种。故障树分析法（FTA法）多用于大型项目风险的识别。该方法是利用图解的形式，将大的故障分解成各种小的故障，或对各种引起故障的原因进行分析。故障树分析法实际上是借用可靠性工程中的失效树形式对引起风险的各种因素进行分层次的识别。图的形式像树枝一样，越分越多，故称故障树。故障树分析法是从结果找原因，而流程图是从原因查找结果，即结合工程的具体情况，按照项目（子项目）的实施过程进行分析，找出期间可能会出现的不确定事件的方法。图 5-2 为某国际工程项目融资风险识别流程图。

（4）面谈法。融资顾问或项目风险管理人员通过与项目相关人员直接进行面对面地交流，收集不同人员对项目风险的认识和建议，了解项目贷款期间的各项活动，这样有助于识别那些在常规计划中容易被忽视的风险因素。面谈法的关键是要有事前的策划、事中的记录和事后的整理。

（5）情景分析法。情景分析就是就某一主体或某一主体所处的宏观环境进行分析的一种特殊研究方法。概括地说，情景分析的整个过程是通过对环境的研究，识别影响研究主体或主体发展的外部因素，模拟外部因素可能发生的多种交叉情景分析和预测各种可能前景，从而从中识别潜在的风险因素。

需要说明的是，具体采用何种识别方法，要视风险识别成本与风险后果的经济比较而定。随着项目的发展，风险也在不断地产生和变化，因此要有一个连续的风险识别计划。

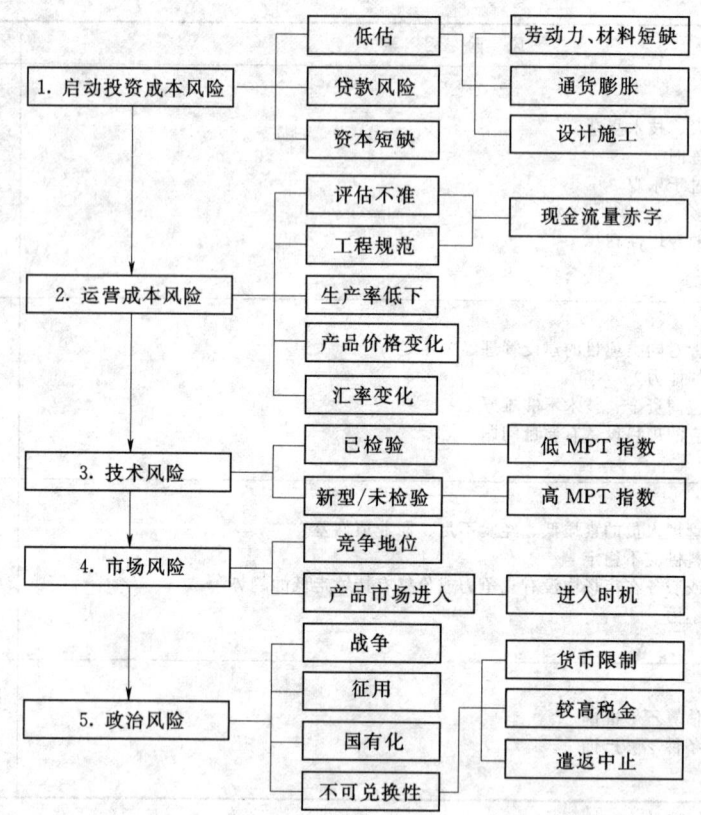

图 5-2 某国际工程项目融资风险识别流程图

二、项目融资风险的估计

项目融资风险的识别仅解决了是否存在风险,以及可能发生哪些风险的问题,并没有回答风险发生的可能性有多大,及其发生后的影响后果和范围等问题。实际上,后一类问题的解决便是风险估计的工作内容。风险估计也称风险量化,它是风险分析的中间环节。

1. 项目融资风险估计的类型

项目融资风险估计根据风险估计人员掌握信息的不同,可以有确定型、不确定型和随机型 3 种不同类型的风险估计。

(1) 确定型风险估计。确定型风险是指那些风险出现概率为 1,其后果是完全可以预测的,由精确、可靠的信息资料支持的风险估计问题。即当风险环境仅有一个数值且可以确切预测某种风险后果时,称为确定型风险估计。

(2) 不确定型风险估计是指决策者对决策环境的统计规律无法搞清,因而无法纳入概率论的范畴来解决的估计问题,非确定型风险估计只能凭借决策者的主观倾向和经验来进行估计。

(3) 随机型(或风险型)估计是指估计的环境虽然不完全确定且具有随机因素的干扰,但估计者可能设法知道此环境中的各种状态及其概率分布,因而可纳入概率论的范畴来解决的估计问题。概率有先验概率和后验概率之分。先验概率背后总是隐藏着不确定性。要减少不确定性，就要搜集资料，进行试验、建立数学模型、计算机模拟、市场调查和文献调查等工作，在获得了有关信息之后，可利用概率论中的贝叶斯公式来改善对风险后果出现概率的估计，改善后的概率称为后验概率。

2. 项目融资风险估计的过程

下面主要以随机型风险估计来介绍项目融资风险估计过程，详见图5-3。

(1) 收集数据。项目融资风险估计的第一步是要收集和风险因素相关的数据和资料。这些数据和资料可以从过去类似项

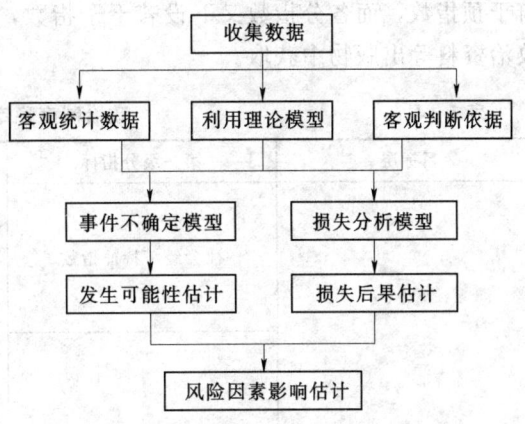

图5-3 项目融资风险估计过程示意图

目的经验总结或记录中取得，也可以从试验中取得，还可以在项目实施过程中取得，也可以从市场、社会发展的历史资料中取得，所收集的资料要求客观真实，具有较好的统计性。

(2) 建立风险模型。以取得的有关风险因素的数据资料为基础，对风险事件发生的可能性和可能的结果给出明确的量化描述，即风险模型，该模型又可分为风险概率模型和损失模型，分别用以表示不确定因素与风险因素发生概率的关系，以及不确定性与可能损失的关系。当然，按照前述风险定义，风险还可以由方差、变异系数或风险价值（VaR）等标度，甚至还可用序数方式来标度风险高低。

(3) 风险发生概率和后果估计。项目风险模型建立后，就可以用适当的方法去估计每一风险因素发生的概率和可能造成的损失。

(4) 项目风险因素的影响估计。通常是将风险因素的发生概率和可能的结果综合起来进行度量。

3. 项目融资风险估计的方法

根据项目融资风险估计类型不同，风险估计方法也有较大差异性。确定型风险估计包含盈亏平衡分析和敏感性分析等方法；非确定型风险由于无法给出各种状态及其发生的概率，一般采用情景分析法、专家调查法、专家评议法、模糊数学法等方法，通过建立相关指标进行打分、计算隶属度，进而排序的方式来描述风险的大小；随机型风险估计中，常采用概率树、解析法、蒙特卡罗模拟等方法确定风险因素的概率和风险发生后可能造成的损失（如进度延误、投资超支、收益减少等），由此可得到风险影响的程度。

由于项目融资过程中，可能表现出来的风险形式多样化，不同风险可能具有不同的特点，从而其常用的风险估计方法也有所不同。以政治风险为例，当前具有代表性的政治风险估计方法有政治制度稳定指数、失衡发展与国家实力模型、国家征收倾向模型、政治风险指数、政治风险评估总框架、丁氏渐进需求模型和产品政治敏锐性测定等。下面仅介绍其中的3种政治风险估计方法。

(1) 政治制度稳定指数。政治制度稳定指数由丹·哈恩德尔、杰罗尔德·维斯特和罗伯特·米都提出。它是由3个分指数组成：国家的社会经济特征指数、社会冲突指数和政

府干预指数,而各分指数又下设若干子指数,见表5-4。计算时可从年鉴、政府文件和政治资料等出版物中获取。

表5-4　　　　　　　　　　　政治制度稳定指数构成

目标层	第一级分指标	第二级分指标	第三级分指标
政治制度稳定指数	社会经济特征指数		少数民族指数 人均GDP 增长速度 人均能源消耗
	社会冲突指数	政治不稳定指数	骚乱 游行 政府危机
		内部骚乱指数	武装冲突 暗杀 游击战
		暴力指数	每100人的内部安全人员
	政府干预指数		政府竞争指数 法律效应 每年法律变动 不规则的领导人变动

(2)政治风险指数。政治风险指数由美国BERI公司定期在《经营环境风险资料》上公布世界各国的政治风险指数。它先选定一套能够灵活加权的关键因素,再由专长于政治科学而不是商务的常设专家对评估国家多项因素进行评分,汇总各因素的评分即可得到该国政治风险指数。予以评估的因素有3类10项,见表5-5。

表5-5　　　　　　　　　　　政治风险指数评估因素构成

因素类别	主要内容
第一类因素: 政治风险内因	政治派系和这些派系的权利 语言、民族与宗教群体及其权利 维持权力所诉诸的限制性措施 思想意识形态,包括民族主义、腐败、妥协 社会状况,如人口密度、分配制度等 可产生极左政府的势力的组织与力量状况
第二类因素: 政治风险外因	对主要敌对国家的依赖性、重要性 取悦政治力量的负面影响
第三类因素: 政治风险征兆	示威、罢工和街头暴力在内的社会冲突 政治暗杀和游击战争所显示的不稳定性

(3)政治风险评估总框架。政治风险评估总框架由杰夫雷·西蒙提出,其将政治风险归纳为8大类50余种,详见表5-6。该评估方法的多维分类更明确了政治风险的概念,有助于投资者认识风险事件及其可能带来的冲击。

表 5-6　　　　　　　　　　政治风险评估总框架

范围 \ 风险	宏观		微观	
	社会面	政府面	社会面	政府面
国内	革命 内战 民族与宗教骚乱 舆论转向等	国有化或征用 政体巨变 官僚政治 外汇限制等	选择性罢工 选择性恐怖主义 选择性抵抗 国别企业抵制	选择性当地化 合资经营压力 差别税收 违约等
国外	跨国游击战争 国际恐怖主义 世界舆论 撤资舆论	核战争 边界冲突 联盟变化 高外债偿还等	国际行动集团 外国跨国公司战争 国际企业抵制 选择性国际恐怖主义	两国外交关系紧张 双边、多边贸易协定 外国政府干预等

三、项目融资风险的评价

1. 项目融资风险评价的含义与目的

项目融资风险评价就是按一定的风险判别标准，找到影响项目成败的关键性风险因素，并判断哪些风险是可接受的风险、哪些做法会使项目遭受风险、这样的做法是否能接受、是否有别的做法可以避免等。项目融资风险评价有单个风险评价与整体风险评价之分。

项目融资风险评价的目的为以下几点：

(1) 对项目风险进行比较评价，确定它的先后次序。

(2) 要从项目整体出发弄清各风险事件之间确切的因果关系。

(3) 考虑各种不同风险之间相互转化的条件，研究如何才能化威胁为机会。

(4) 进一步量化已识别的风险的发生概率和后果，减少风险发生概率和后果估计的不确定性。

2. 项目融资风险评价的过程

项目融资风险评价的一般过程为以下几点：

(1) 确定风险评价基准。风险评价基准就是风险主体对每一种风险后果确定的可接受水平。单个风险和整体风险都要确定评价基准，即确定单个评价基准和整体评价基准。风险的可接受水平可以是绝对的，也可以是相对的。所谓可接受的风险水平是指风险主体可以接受的，且经过一定努力，采取适当控制措施，能够实现的风险水平。

(2) 确定评价时的项目风险水平。其包含单个风险水平和整体风险水平。需要注意的是项目整体风险水平是综合了所有风险事件之后确定的。项目整体风险水平的确定较为复杂，因为一般而言，单个风险属性可能有所不同，比如项目收益风险用损失大小描述，而项目完工风险可能用完工概率描述，不可以进行简单的数学运算，需要采取适当的方法将单个风险有机地结合起来，科学地描述项目整体风险水平。

(3) 比较。将单个风险与单个评价基准、项目整体风险水平与整体评价基准对比，看项目风险是否在可接受的范围之内。当项目整体风险水平小于或等于整体评价基准时，风险可以接受，项目可以按计划进行。这时若有个别单个风险大于相应的评价基准，则可进行成本效益分析或其他方法权衡，是否有其他风险小的替代方案可用。当项目整体风险比整体评价基准大出很多时，风险不能接受，因此要认真考虑是否放弃该项目。

3. 项目融资风险评价的方法

项目融资风险评价中常用的方法有主观评分法、层次分析法、模糊评价法和等风险图等等。其中层次分析法和模糊评价法常用于项目整体风险的评价,有兴趣者可自行阅读相关书籍。在此仅介绍等风险图法。

等风险图包含两个因素:风险发生的概率和产生的后果大小。这种方法把已识别的风险分为低、中、高3类。低风险指对目标仅仅有轻微不利的影响、发生的概率也小(小于0.3)的风险。中等风险是指发生概率较大(从0.3~0.7)且对项目目标的实现有较大影响的风险。高风险指发生概率很大(0.7以上)对项目目标的实现有很大的不利影响。

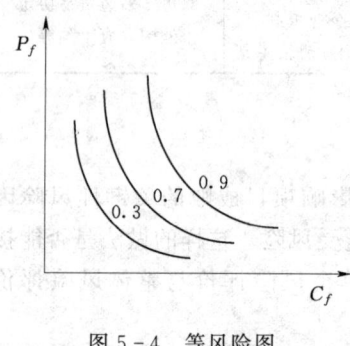

图 5-4 等风险图

项目风险量的表达式可表示为

$$R = f(P, C)$$

式中:P 为项目风险事件发生的概率;C 为项目风险事件发生的可能损失。

设 P_f 和 P_s 分别为项目失败和成功的概率,C_f 和 C_s 分别为项目失败的后果效用值和成功的后果效用值,则由概率论和效用理论得:$P_f + P_s = 1$,$C_f + C_s = 1$,且 $0 < P_f, P_s, C_f, C_s < 1$。若用项目风险系数 r 来评价风险水平,风险系数的定义为:$r = 1 - P_s C_s = P_f + C_f - P_f C_f$。显然有 $0 < r < 1$。等风险图的做法可按如下方法进行:先让 r 取 0~1 之间的一个数,如 0.3,接着让 P_f 和 P_s 在 0~1 之间取多种不同的组合,然后把不同的组合点画在以 C_f 为横轴、P_f 为纵轴的坐标图上,连接各点即可得到一条曲线。r 在 0~1 之间另取常值,重复上述步骤,即可得到多条曲线,最终绘成等风险图(图 5-4)。

第三节 项目融资风险分配与管理

一、项目融资风险的分配

所谓项目融资风险分配是指项目参与者之间以分别承担或共同承担的形式形成风险责任划分的过程和格局。也就是说,明确哪些风险由一方主体完全承担,哪些风险由双方共同承担,以及共同承担的责任如何划分等问题。

1. 项目融资风险分配原则

无论由项目参与者中的哪一方承担融资风险,都要付出一定的成本,并享受相应的收益。若假设项目各参与者是风险中性的,项目参与者因为承担风险而要求得到的收益 Y 以及付出的成本 C 是风险的线性函数,且将 $P_i = Y_i - C_i$ 定义为项目参与者满意度,则项目融资风险分配的目标是在项目风险一定时,使项目各参与者对风险分配方案的整体满意度达到最大。按照前面的思路,有学者通过建立数学模型并求解,得到风险分配的基本原则为:哪一方参与者能够最好地控制某些特定风险,并产生最多的总体效益,则该风险分配给该参与者。换言之,风险在该参与者控制之内,由该参与者处理该风险是最经济有效的,并且可以享受处理该风险的最大收益。总结起来,项目融资风险分配原则就是控制能力原则和风险成本最低原则。

2. 项目融资风险分配特性

由于项目融资执行时间较长,因此项目融资期间的风险分配要求具有对称性、最优性和动态性3个特性。

(1) 风险分配的对称性。风险分配的对称性是指一个主体在有义务承担风险损失的同时,也有权利享有风险变化所带来的收益。但在实践中,风险分配较难以达到完全对称状态,比如在政府吸引私人投资过程中,政府可能会承担更多的风险。

(2) 风险分配的最优性。如前所述,风险主体采取风险管理措施降低风险损失的同时,必然产生相应的成本。一般而言,风险管理措施越到位,相应的风险损失可能越小,因此从单个主体而言,存在一个最优的风险管理水平,也就是主体承担风险的最优水平,使得总成本最低,见图5-5。所谓的项目分配最优性是指各主体之间实现风险承担量的最优分配,达到项目成本最低的目标。

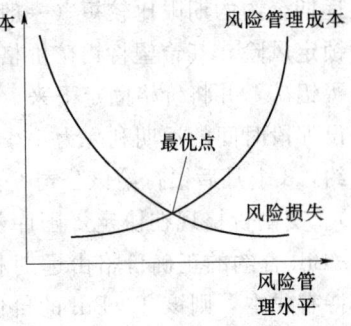

图5-5 风险分配最优点

(3) 风险分配的动态性。风险分配的动态性是指随着项目的发展,在内外部条件发生变化的情况下,需要重新确定项目融资风险分配格局。因为这主要是项目融资期限较长,而各方的目标相互冲突所导致的。

二、项目环境风险管理的金融衍生工具

所谓项目环境风险,亦称项目的不可控风险,是指项目的生产经营由于受到超出企业控制范围的经济环境变化的影响而遭受损失的风险。这类风险项目投资者和经营者无法控制,并且在很大程度上也无法准确预测。项目的环境风险管理主要包括项目的金融风险、部分市场风险和政治风险。在此主要介绍一种金融风险和市场风险的管理措施——金融衍生工具。

随着信息技术的发展,金融创新日新月异,金融衍生工具在各国经济活动中的应用越来越广泛。在项目融资中,各参与者为了防范汇率、利率和产品价格风险,也大量利用金融衍生工具对冲风险。尽管当今金融市场上衍生工具品种繁多,名称各异,但通过分析,可发现所有的衍生工具都基于以下4种基本工具"组装"而成:远期、期货、互换和期权。

1. 远期

远期(forward)合约是买卖双方达成的一项协议,该协议规定在未来的某个确定日期,合约双方以确定价格交易确定数量的某种实物产品或金融产品(如利率、汇率等)。合约中卖出产品的一方称为空头,买进产品的一方称为多头,多头或空头的数量就是每一方的头寸。

远期合约在形式上比较灵活,是一种非标准合同形式,可以根据客户的具体要求进行设计,并且最后一般伴随实际的产品交割,即远期合约中所有的权利和义务在未来某个确定日期必须执行,如果到期不执行,违约的一方必须承担违约责任。远期合约双方在签订

合约期初，几乎不需要支付一定的费用（如保证金等）。

一份远期合约中有 2 种价格，一种是远期价格 F，指合约中标的资产在未来某一时间交割的价格；另一种价格是远期合约现在的价值 f。令远期合约期初价值为零，此时所求解的价格即为远期价格。但一旦合约确定并且签订后，f 值可能会随标的资产的现货市场价格、主导利率及其他因素的变动而改变。

在项目融资中，远期合约主要用来保值或锁定商品价格风险或利率、汇率变动风险。但远期合约的期限比较短（一般不超过 2 年）。如某公司在 6 个月后需要 10 万 t 的铝矿，为锁定风险，其希望将铝矿价格固定下来，于是进入远期市场，通过远期合约形式在现在购买铝矿，并将价格固定下来。又如，某公司想要在 3 个月后获得一笔 6 个月期的贷款，假设那段时间的远期利率为 10%，一个可以实现此贷款的途径就是和银行签订一项远期合约，3 个月后银行给该公司 6 个月期的 T-Bill 合约（即从交割日起还有 6 个月的国库券）。交割价格现在协定，国库券到期时要支付面值（如 1000 美元）。面值 1000 美元的 T-Bill 合约的正确价格由远期利率确定，即 10% 年利率或 6 个月 5% 的利率，若假设没有持有成本，则该 T-Bill 的价值为 1000/1.05＝952.38 美元，这就是 3 个月后该 T-Bill 交割时的价格。总之，该公司获得 6 个月贷款是 952.38 美元，到期偿还 1000 美元。

2. 期货

远期合约虽然能够保值或锁定风险，但其非标准化形式类似于早期的物物交易，需浪费大量的成本，这严重影响了远期合约的流动性。于是，为节约成本和增加合约的流动性，金融创新——期货（future）——产生了。期货合约虽然也是买卖双方达成的、在未来一确定日期以确定价格交易标准数量的实物产品、货币或金融产品的协议。但期货合约是在指定的期货市场上通过交易商进行买卖，其合约是标准化的。期货合约条款包括交易商品或金融产品的价格、数量、质量、交割日期和地点等主要内容。与远期相比较，期货的标准化使其逐渐从其所隶属的商品、货币或金融产品中分离出来，成为一种可替换的资产，其市场流动性大大提高，于是真正到期交割期货的合约很少，基本上（90% 以上）在到期之前就卖掉或以现金做差额结算。即使需要商品来维持生产的商业组织也经常结清其多头头寸，转而从现货市场的传统供应商处购买商品。因此，期货市场中存在着大量的投机性买卖。

为降低期货交易的风险，成立了中央清算公司，中央清算公司将监督和担保合约的履行，降低了合约的信用风险。为确保合约双方的良好执行，期货合约要求支付"初始保证金"，并采取逐日"盯市"制度。也就是说，所有合约持有者，不论是多头还是空头，都被要求在清算公司处开设"保证金账户"，该账户必须为每份期货合约提供一定数量的现金（通常是合约价值的 5%~10%）。由于交割价格不断在变化，因此在每个交易日末该"保证金账户"皆要"盯住市场"，具体来说，就是假如当天期货合约价格（在交易所中确定）上升，多头方就会收到等于价差乘以合约数量的利润，该利润存入保证金账户。空头方则亏损同样金额，就要从其保证金账户中扣除。因此，每个保证金账户的价值随期货价格变动每天都在波动。按照这种程序，每个多头期货合约持有者还是拥有同样的合约，每个空头方也一样。在交割日，交割按当时期货价格进行，这个价格与合约最初购买时的期货价格可能相差很大。正因为如此，已存在期货合约的价值始终为零。

需要指出的是，保证金账户不仅是收取或支付每日利润的账户，它还保证合约持有者不会违约。保证金通常不支付利息，因此，账户内现金实际上在亏损。但是许多清算公司允许除现金外还可用 T-Bill 或其他证券作为保证金，因此利率可间接获得。如果保证金降到规定的维持保证金水平（通常是初始保证金水平的75%）之下，就会向合约持有人发出保证金追付，要求增加保证金，否则期货头寸就会被采取等量反向的操作结清。

【例 5-1】 润海公司的石油期货合约。

润海公司购买一个3月份交割、价格为70美元/桶的石油的期货多头合约，该合约的标准数量为1000桶。假设清算公司要求3500美元保证金，维持保证金为2625美元。第二天合约价格下降到69.50美元/桶，则意味着润海公司损失0.50×1000＝500美元。清算公司将从润海公司的保证金账户中扣除这笔钱，余额变成3000美元。接下来一天价格又跌至69.00美元/桶，这意味着润海公司又损失500美元，从保证金账户再次扣除。这时，保证金账户余额为2500美元，低于维持保证金水平。清算公司就会通知润海公司，要求他必须存入至少125美元，否则其头寸就会被清算，即润海公司被迫放弃合约，尽管其账户中仍有2500美元。

3. 互换

互换（swap），又称掉期，是指两个及其以上的当事人按共同商量的条件，在约定的时间内，交换一系列支付款项的金融交易。项目融资中的互换交易多是指在专门的互换市场上达成，期限在1年以上的中长期交易，而外汇互换交易一般是在外汇市场上达成的1年以内的交易。经常使用的互换有3种形式：利率互换、货币互换和商品互换。

(1) 利率互换。利率互换（interest rate swap）是指合同双方所达成的一个协议，合同双方同意在将来指定日期交换或互换各自贷款合同中支付利息的义务。利率的计算是以名义本金（notional principal）为基础的，名义本金可以不同于交易方的实际贷款额度。合同双方利息的支付包括年付、半年付、季付和月付等几种，一般在利率互换中，名义本金从不换手，只是在指定的偿付日期互换利息的差值。

利率互换可以是固定利率和浮动利率之间安排，也可以是两种浮动利率之间的安排。在项目融资中应用较多的是浮动利率互换为固定利率，这是因为项目融资期限较长，贷款银行只愿意考虑安排浮动利率的贷款。

1) 利率互换的动力。互换的动力来自于对比较优势的考虑。在金融市场上，有些借款人能够以较好的条件借到浮动利率贷款，但由于某种原因希望使用固定利率的资金；而另一些借款人可以较容易地借到固定利率的贷款，但希望使用低利息成本的浮动利率资金。出于降低风险和节约成本的目的，于是驱动了互换的产生。第一笔利率互换发生于1982年，如今，随着时间的推移，利率互换的标准化程度在不断提高，正从个性化交易转向更为快捷、更为经济的标准化交易。

2) 利率互换定价原理。按照无套利定价理论，利率互换合约价值应为0。也就是说，利率互换定价应使名义本金下支付的固定利息的净现值与浮动利息的净现值相等。未来浮动利率和计算净现值的贴现系数都是以远期利率为基础计算而得的。

【例 5-2】 项目公司 B 安排的利率互换。

项目公司 B 由于新建一条高速公路而以有限追索的方式筹措到一笔浮动利率（LI-

BOR+X) 的美元贷款，但项目公司 B 认为浮动利率贷款风险较大，想要把利率固定，于是进入互换市场拟安排利率互换。此时另一资信等级比项目公司 B 高的公司 A，计划筹措一笔浮动利率的美元资金，但为了降低资金成本，也进入互换市场。现已知 A、B 两家公司直接到市场上筹措美元资金的成本，见表 5-7。

表 5-7　　　　　　　　　公司筹资成本表

资信等级和利率	公司 A	公司 B	利差
资信等级	AAA	AA	
固定利率	6.3%	7.8%	1.5%
浮动利率	LIBOR+0.25%	LIBOR+0.75%	

由表 5-7 可知，A、B 两家公司之间可以安排互换交易，见图 5-6。已知当时互换业务市场的利率水平为：美元 LIBOR/美元 6.7%，则通过互换交易后，A 公司获得所需的浮动利率贷款，实际成本为 LIBOR-0.3%，成本节约 0.55%；B 公司获得固定支付，锁定了利率风险，实际成本为 7.45%，成本节约 0.35%。

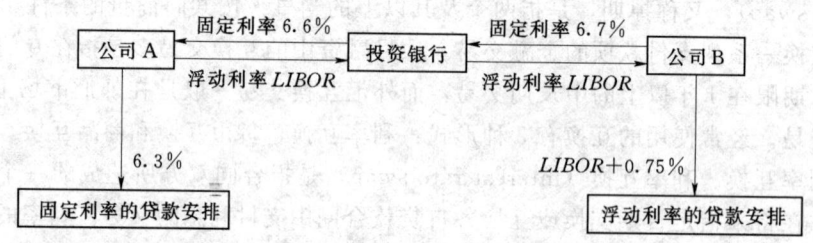

图 5-6　利率互换交易示意图

(2) 货币互换。货币互换 (currency swaps) 是一种货币交易，交易双方按照事先确定的汇率和时间相互交换两种货币。货币互换的最初形式是由一个国家的企业以本国货币贷款给另一个国家的企业，同时又从后者借回另一个国家的货币，以达到绕开某些外汇管制或安排货币保值的作用。但在项目融资中这种最基本的货币互换形式作用有限，较难发挥出风险管理的作用。项目融资中经常使用的货币互换工具是交叉货币互换 (cross-currency swaps)。由于交叉货币互换是投资银行根据客户要求专门设计的一种产品，其期限可长达 10 年以上，是资本市场上融资以及进行融资风险管理的主要工具。

【例 5-3】 JSC 公司的融资。

JSC 公司是一家日本公司，它正在寻求一笔 10 年 35 亿日元固定利率的资金。JSC 公司能在国内按 5.05% 借到这笔资金，但比其目标利率 5.00% 稍高一些。另外，它也可以在欧洲债券市场按 LIBOR 利率筹措到浮动利率的美元资金。JSC 公司发现可利用互换市场将其在欧洲市场筹措的美元资金调换成日元资金，而市场互换的利率水平为美元 LIBOR/日元 4.92%。因此，在这个互换交易中，JSC 公司根据即期汇率 JSC 公司 1:125 的水平，只要在欧洲市场上筹措到 2800 万美元的浮动利率资金，并将该笔资金通过互换的形式，即可获得其所需的 35 亿日元，固定利率仅为 4.92% 的相对较低成本的资金。在

第三节 项目融资风险分配与管理

整个交易存续期间，JSC公司将支付4.92%的日元利息，同时收取LIBOR的美元利息。到期时，JSC公司仍将按1:125的汇率支付35亿日元，并收到2800万美元。实际上，通过互换交易，JSC公司获得了一笔10年期固定利率为4.92%的35亿、降低了成本的日元资金，同时也将汇率固定下来。

(3) 商品互换。商品互换（commodity swaps）是合约双方约定，在一定时期内针对一给定商品的固定数量，相互之间定期地用固定价格的付款来交换浮动价格的付款。商品互换交易期限一般为1~3年，基本上不超过5年。

商品互换不是一种实际商品的交换，在执行商品互换合约过程中，只是商品价格的差额由一方支付给另一方，而没有任何实际商品的交割。商品互换一般只适用于石油、天然气和铜、铝等有色金属及贵金属等具有公认国际商品市场的产品。

项目融资中经常应用商品互换锁定能源、原材料的供应价格和项目产品的销售价格，见例5-4。

【例5-4】 万浮石油生产公司的商品互换交易。

万浮石油生产公司每月生产5万桶石油，根据其生产成本和融资成本结构，希望在未来3年内将其所生产石油的价格固定在每桶103美元水平，以减少项目的价格波动风险。为此，该石油生产公司通过投资银行安排如图5-7所示的商品互换。

安排石油产品互换交易后，万浮石油生产公司每个季度按照市场价格支付投资银行15万桶石油的销售收入（为简化问题，假设这就是该石油公司在市场上的实际销售收入），与此对应，投资银行同意在同一时间按每桶103美元的价格支付石油生产公司15万桶石油的收益。若市场价格高于固定价格，即103美元/桶，万浮石油生产公司就需要支付投资银行其差额，反之如果实际市场价格低于固定价格，则投资银行需要支付石油生产公司其差额。因此，在任何情况下，通过这个互换，石油生产公司的石油销售价格均被固定在103美元/桶水平，排除了价格下跌的风险。

作为石油用户，进入这一互换安排的目的与万浮石油生产公司是一样的——固定石油价格，但所期望的结果则是相反的。石油用户在互换安排中根据自身的生产成本结构将石油成本同样固定在103美元/桶，因为如果石油价格上涨，则石油用户的生产成本同样也要上涨。

4. 期权

使用前述远期、期货和互换进行保值和风险管理，皆存在损失潜在利润的可能性。因此金融市场上又提出了这样的需求：是否存在一种金融衍生工具，人们在享受保值和锁定风险的同时，又可不放弃潜在利润的获取。正如[例5-4]中的万浮石油生产公司既想锁定价格风险，又不想放弃石油价格上涨的好处。那么答案是肯定的，期权（option）便可实现锁定风险和享受潜在利润的双重目的。

(1) 期权的概念。期权是指在规定的条款下购买（或出售）一项资产的权利，而非义务，即期权持有人有权在未来的一个特定时间（或时间段内），按照一个预先确定的价格和数量买入或卖出一种特定的商品。

期权定义中的商品种类很多，既可包括实际的商品，又可包括利率、汇率、股票市场的股价指数和其他金融产品。

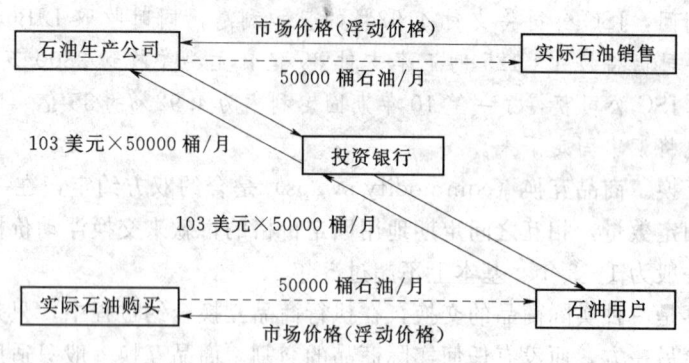

图 5-7 商品互换交易示意
（资料来源：张极井．项目融资 [M]．北京：中信出版社，1997）

一份期权合约，至少包括 4 个要素：标的资产、买入或卖出、执行价格和到期日。通常称授予期权的一方为期权发行方，获得期权的一方称为期权购买方。由于期权购买方只享有权利而没有必须执行期权合约的义务。而期权发行方只承担义务，不享受权利，即期权合约双方的权利义务是不对等的，因此不需要承担义务的权利是有价值的，这就是期权费（option premium）或期权的价格。显然，期权费是期权购买方支付给期权发行方的一笔费用，是对期权发行方承担义务的一种补偿。

期权费是项目风险管理的成本，并且一般要求在购买期权合约时支付，因此可能会对项目现金流量造成一定的影响，但也存在一定的好处，即期权不需要占用任何项目的信用额度或者要求项目投资者提供任何形式的信用保证。

（2）期权类型。按照不同的分类标准，期权主要有如下类型：

1) 欧式期权与美式期权。只能在某一特定日期去执行的期权称为欧式期权；而可以在期权有效期内的任何时间去执行的期权称为美式期权。

值得说明的是，近年来，国际金融市场上除了上述两种标准期权外，还出现了大量由标准期权组合、派生而出的新品种，称为新型期权。新型期权的价格不仅取决于到期日期的资产的价格，而且还取决于标的资产价格变化的路径。

2) 看涨期权与看跌期权。赋予持有者购买标的资产权利的期权称为看涨期权（call option），亦有称为买入期权；赋予持有者出售标的资产权利的期权称为看跌期权（put option），亦有称为卖出期权。看涨期权可以使持有者从标的资产价格上涨中获益，看跌期权可以使持有者从标的资产价格下跌中获益。

（3）期权的定价原理。如前所述，期权费是期权卖方唯一的收益来源，也是期权买方最大的风险损失金额。因此，期权定价的高低将直接关系到买卖双方的切身利益，必须通过双方协商决定或由交易所的市场竞价决定。为了使得双方协商或竞价有一个明确的客观依据，早在 20 世纪 70 年代以前，就有许多西方学者和实务工作者试图找到一种期权定价的通用方法。但由于期权费与其对应的标的物价格之间存在非线性的关系，而且期权费还会受到时间因素的影响，从而使期权费的定价问题变得十分困难和复杂，成为当时金融实务研究中的一大难题。直到 1973 年美国的费希尔·布莱克（Fisher Black）和麦龙·舒尔斯（Milon Scholes）利用随机微分方程等高深数学工具建立了 B-S 模型，即欧式期权定价模型，才获得重大突破。以后，又有许多其他学者的不断完善并推广到其他类型的期权费计算上。这些研究成果被应用于金融市场的实务中，大大促进了期权交易的迅猛发展。

尽管上述模型使用了高深的数学工具，其算式令人望而生畏，但是基本原理却并不深奥难懂，因为它所依据的就是虚拟资本和无形资产定价的收益折现法。简单地说，期权的理论价值就是期权持有者在一定时期内的预期收入按照一定折现率（一般取平均利润率）折现而得的现值。

三、项目融资风险管理策略及常见措施

1. 项目融资风险管理策略

项目融资风险管理策略有风险回避、风险自留、风险抑制和风险转移4种。

（1）风险回避。风险回避（risk avoidance）是指当事人主动放弃原先承担的风险或完全拒绝承担该种风险的行动方案。虽然风险回避是一种最彻底地消除风险影响的方法，但由于风险与收益并存，放弃承担风险的同时也就意味着对获取收益的拒绝。因此风险回避方法只适用于以下3种情形：

1) 损失频率和损失程度都较大的特定风险。
2) 损失频率虽不大，但损失后果严重而无法得到补偿的风险。
3) 采用其他风险管理措施的经济成本超过了进行该项经济活动的预期收益。

但需指出的是，某些风险是无法回避的，如地震、海啸、台风等自然灾害对人类来说是不可避免的。2004年印度洋海啸给泰国、印度尼西亚等国的旅游业造成了重大损失；2005年卡特里娜飓风使美国新奥尔良这一新兴城市变成了空城，几乎可以用灭顶之灾来形容。

（2）风险自留。风险自留（risk retention）是指面临风险的当事人采取有效的应对方案自行承担风险后果的行为。风险自留要求当事人预先安排一笔资金用于弥补损失，它一般在以下情形中采用：处置残余风险（residual risk）；风险损失不严重，在当事人的风险承受能力之内；无法采取其他风险处置方法或即使能够，但不经济。

风险自留有主动与被动之分，主动风险自留是指风险管理人员识别了风险的存在并对其损失后果有了准确的评估，同时权衡比较了其他风险处置技术后，有意识地、有计划地、主动将风险自留；被动风险自留是指没有意识到风险的存在，或虽意识到，但低估了风险的后果，而将风险留由自身承担。显然，被动风险自留是不可取的，其没有任何准备，包括心理上、财力上、物力上的准备，这常常会给当事人带来严重的财务后果。

（3）风险抑制。风险抑制（risk mitigation）是指当事人采取预防措施，将风险的发生概率或后果降低到某一可以接受程度的过程。风险抑制并不能达到消除风险的目的，它只是从人的思想、组织机构、制度、资金等方面做好应对准备，将风险发生的可能性降低到最低程度，或风险发生后，采取一切措施防止损失扩大化。

（4）风险转移。风险转移（risk transference）是指将风险及其损失转移给第三方的行为。风险转移有保险和非保险两种方式。保险方式是集社会资金来承担风险损失，即当事人可通过缴纳一定的保费，即可将某些风险转移给保险公司；非保险方式是借助于协议或合同，将风险损失转移给他人承担。

前述4种风险管理的基本方法在不同性质、类型的项目中有不同的表现方式，下面将

从项目参与者之间合理分配风险的角度介绍项目融资风险管理中常采用的具体措施和方法。

2. 项目融资风险管理常见措施

(1) 政治风险管理。由于项目所在国政府最有能力承担政治风险,因此,按照前述项目融资风险分配原则,政治风险最好由项目所在国政府来承担,由东道国政府提供某种承诺或协议。实践中有些国家的项目就是这样做的,如在印度的电力开发项目中,若印度发生政治性事件,国家电力局或国家电力公司有责任继续向项目公司支付电费,最长可达270日;在菲律宾的某些电力开发项目中,国家电力公司和贷款银行签订"项目全面收购协议",并承诺一旦该国政治风险事故连续维持一段时期,则该公司有责任和义务用现金收购该项目,其价格以能偿还债务并向项目发起人提供某些回报为准。而在某些国家(如中国)不允许政府机构对项目作任何形式的担保或承诺,则此时比较可行的方法有以下几个方面:

1) 将国家风险视为不可抗力来处理,主要通过商业保险机构提供的担保或保险来分散、转移。如孟加拉国 KAFCO 化肥项目利用美国海外私人投资公司(OPIC)、英国出口信贷担保局(ECGD)和日本通产省出口保险局(MITI)为项目融资提供政治风险担保,对项目融资的成功起着关键作用。除上述机构外,还有德国的赫尔梅斯保险公司、美国进出口银行、地区开发银行和世界银行的多边投资担保机构等皆可为国家风险(主要是没收或国有化风险、外汇的可获得性和可转移性风险、东道国政府违约风险等)提供担保。

2) 努力调整融资项目的产权和债务整体结构布局,形成有利于降低国家风险的产权组合和债务结构。基本途径是:在产权组合上,谋求项目所在国政府部门或实力强大、对国家经济有着重要影响的企业参与项目投资,或促使多边结构,如国际金融公司投资并掌握项目的部分产权。贷款银团一般认为,一个活跃的多边机构掌握项目的部分产权,会降低国家风险;在债务结构上,谋求世界银行、地区开发银行或与项目所在国友好国家的政府、商业银行贷款,其他商业贷款人会认为可以降低国家风险。

3) 在借贷法律文件中选择外国法为解决贷款合同纠纷的适用法律,并选择外国法院为管辖法院。这样可以不受东道国法律变动影响和东道国法院的管辖。

4) 若项目本身收入为国际流通货币,贷款银团通常采用在项目所在国境外设立项目银行"托管账户"(escrow account)的手段,直接控制项目资本投入和现金流量,达到降低国家风险的目的。1990 年 12 月完成的越南河内第一饭店改造工程的项目融资就采用了项目银行托管账户的手段防范国家风险和外汇风险,在新加坡设立了贷款银团托管的项目银行账户。

对于国家法规政策调整变更风险,在项目实施前难以预料,故项目公司一般与项目所在国政府签署一系列合同或协议,将风险转由项目所在国或当地合作伙伴承担,即在协议中规定政府或当地合作伙伴能够补偿政策调整变化给项目公司带来的损失。补偿方法有现金直接补偿、提高项目产出物或服务价格和延长特许协议期限等。

【例 5-5】 运筹帷幄,防患于未然。

Kennecott 铜公司自 20 世纪 40 年代起就在智利投资开发铜矿。1971 年,智利政府接管了所有外国人拥有的铜矿,Kennecott 铜公司也不例外。但由于 Kennecott 铜公司风险

第三节　项目融资风险分配与管理

管理人员的运筹帷幄,采取了有效的防患措施,从而使 Kennecott 铜公司避免了严重的损失。

Kennecott 铜公司在 1964 年以前对在智利的 EI Teniente 铜矿的资本投入一直不多。1964 年迫于智利政府的压力,才决定对该铜矿投入一笔较大的资金进行现代化改造。为筹措该笔资金,Kennecott 铜公司采取了下列措施:

(1) 出售 51% 的矿山股权给智利政府(价值 8000 万美元)。作为控股权的交换,Kennecott 铜公司获得了一个 10 年期的管理合同和对矿山财产的账面价值进行重估的机会,通过重估,账面价值从原来的 6900 万美元增值到 2.86 亿美元。同时,所得税率从 80% 降到 44%。Kennecott 铜公司还向美国国际发展机构投保,防患智利政府的政治风险。

(2) 从美国进出口银行取得了 1.8 亿美元的贷款,贷款期限为 10~15 年。要求智利政府为该笔贷款提供无条件担保。

(3) 公司与智利政府之间的任何争端适用纽约州的法律。

(4) 与客户就未来产量签订了长期合同,并由智利政府提供无条件担保,为合资企业筹集了 4500 万美元的资金,这些合同的收款权又卖给了欧洲集团(3000 万美元)和三井物产株式会社(1500 万美元)。

当国有化风险发生后,Kennecott 铜公司从美国国际发展机构处获得了 8000 万美元的赔偿,并要求美国联邦法院扣押其管辖范围内的所有智利财产,包括泛智利航空公司降落在纽约的飞机,迫使阿连德政府承认了合资企业与美国进出口银行、欧洲集团及三井物产株式会社之间的债务与债权关系。实际上,该债务债权关系涉及了几个国家中企业的利益,为了国家信用,阿连德政府单方面撕毁国际贷款协议也是有相当顾忌的。

(资料来源:蒋先玲.项目融资[M].北京:中国金融出版社,2001)

(2) 金融风险管理。金融风险管理分为汇率风险管理和利率风险管理。

1) 汇率风险管理。基础设施的产品和服务,面向当地需求,收入亦为当地货币,而外国投资者和外国贷款者则希望以原来的币种进行偿还,并得到收益。因此汇率风险能否有效消除,在很大程度上关系到项目资本成本的高低和项目现金流量风险的大小。汇率风险要么是通过市场组合运作的方式对冲风险,要么是通过协议将风险分散给其他项目参与方共同承担,具体的方法如下:

a. 东道国货币若是硬通货,通过金融衍生工具如汇率期权、货币掉期等来对冲风险,详见本章金融衍生工具部分的内容介绍。

b. 预测汇率的变化,调整资产或负债的货币结构。但这种方法成功与否直接取决于汇率的预测是否准确;如 20 世纪 80 年代后期,国际上有些公司只看到日元低利率所带来的成本节约,将大量美元贷款转换成日元贷款。但是忽视了日元升值的可能性,结果 20 世纪 90 年代中期,日元升值,导致这些公司形成了很大的汇率亏损。我国当时也有很多水电站项目应用日元贷款,在日元升值后,还贷负担非常重,有些甚至影响了项目的正常生产。

c. 通过协议来转移汇率风险,要求将部分产品、服务以外币计价,以外汇支付外币债务,如在深圳沙角 B 电站项目中,对项目公司 Hopewell 的电费收入,要求外币(美元）和人民币的支付各占50%。或对项目产品实施可调整价格制度，以应付汇率波动的影响。即项目公司与东道国政府或产品买主签订"浮动价格购买协议"，将汇率变化所带来的影响部分或全部转移到合同价格中，以浮动价格来消除汇率风险。

2）利率风险管理。投资者可以通过多种货币组合贷款方式，建立合理的贷款期限结构，降低利率变动造成的风险。当然如果资产或负债使用的是硬通货，通过金融衍生工具（利率期权、利率期货、利率掉期、远期利率协议等）将浮动利率转换成符合项目现金流量特点的固定利率结构来消除风险是比较有效的；若使用的不是硬通货，则最好通过适当的协议将风险分散给其他项目参与方共同承担，其做法与汇率风险管理基本相似。如某商业贷款人为1家炼铝厂提供有限追索的项目贷款的前提条件为：炼铝厂能够通过谈判获得令人满意的贷款利率保值。如果满足该条件，商业贷款人将根据90天的LIBOR，为炼铝厂提供一个5年期的浮动利率贷款。为满足上述条件，炼铝厂有两个选择：第一，通过经纪人或商业银行安排一项利率互换，以固定贷款期内的利率；第二，说服贷款人安排变种债务，而不是直接发放贷款，这种结构要求在世界范围内铝的市场价格低于某水平时，贷款利率随之下调。利率互换和变种债务的目的是为了提高偿债现金流和自由现金流预测的可预见性，尤其是满足了贷款人的需求，投资者从某种程度上因为股息的可预测性而受益。

(3) 完工风险管理。完工风险通常由投资者或项目公司承担，因为投资者或项目公司是最有能力承担该项风险的。投资者或项目公司常用以下方法来承担完工风险：

1）提供完工担保。

2）作出债务承购保证，如果项目的完工条件最终不能达到时，由投资者将项目债务收购或将其转化为公司债务。

3）转移风险，即投资者或项目公司向其他项目参与方寻求完工的保证。一般是通过与信誉良好的承包商签署类似于固定价格的"交钥匙"合同的方法来转移完工风险。为保证承包合同的顺利实施，通常还要求承包商提供一些附加的支持条件，如金融保险机构提供的履约担保、预付款担保、留置资金担保和运行担保等。项目的承建价格是根据项目风险系数大小而定，承建商承担一级风险，项目公司承担二级风险。固定价格合同中一般含有惩罚性条款，但该惩罚性条款一般规定，项目延期完工时，承包商向项目公司的误期赔偿金额为项目延期完工时，项目公司支付给贷方的延期部分的利息和其他实质性损失，对于项目的产权投资者并无赔偿，从而可能影响项目营运的投资回收。

4）加强对项目建设过程的全过程监督，项目公司通过委托经验丰富、信誉好的专业咨询机构进行工程项目建设的监督管理，保证项目在投资限额内按期、按质完成，有利于完工风险大大降低。

此外，为进一步限制和转移完工风险，贷款方有时可能要求当地政府为项目提供备用附属贷款，该备用附属贷款数额要足以保证项目竣工后债务的还本付息。不过，这种附属贷款却有悖于项目融资方式的特点——依靠项目未来预期收益来获得回报，但有时当地政府也愿意提供附属贷款保证来替代商业备用贷款或备用产权承诺（该部分贷款或产权投资要求回报率高），从而减轻未来项目设施用户的负担。

(4) 生产风险管理。生产风险管理有技术风险管理、能源与原材料供应风险管理和经营管理风险管理等。

1）技术风险管理。技术风险首先是由项目公司承担。项目公司防止技术风险的一个重要手段，是对设施定期进行严密的综合监测和检查，同时项目公司可通过与承建商签订担保书的方式来转移项目不能达到预期技术要求的风险。由于工程承包商原因造成的故障，一部分可由项目运行担保来分担（一般由履约担保和留置资金担保自动转成），或者由承包合同中的惩罚性条款来解决，规定承包商若无法在预定时期内使项目达到预期技术要求，则必须向项目公司支付一定数额的罚款。由于设备自身质量问题，可通过设备供应商提供的保险来获得补偿。

2）能源与原材料供应风险管理。能源和原材料供应风险通常采用长期购买合同，如"或供或付"合同来减少供应的不确定性。

3）经营管理风险管理。由于不对称信息的存在除了采用竞标的方式选择具有丰富经验和较强能力的经营者以外，更为重要的是项目投资者要设计出一套科学合理的激励机制，如利润分成和成本控制奖励条款以及其他的惩罚性条款来化解经营管理效率、质量控制和成本控制等风险，如果项目经营者同时又是项目投资者（投资达到40%以上），贷款方认为经营管理风险更低。

（5）市场风险管理。对项目的市场风险，通常通过安排长期的市场合同、规定数量和价格而规避风险，如"无论提货与否均需付款"（take or pay）、"提货与付款"（take and pay）等合同，可以在很大程度上减少市场不确定因素对项目收入的影响。可以看出，市场风险由产、供、销三方共同承担是符合前述风险分配原则的。但是，对有些基础设施项目，如与收费公路、收费隧道或客运铁路系统的使用者签订类似"无论使用与否均需付款"的合同就比较困难。这就需要有经验的专家对未来需求做出分析预测，同时要求在一定时期内，政府不能批准再建设具有替代性质的平行项目。

【案例阅读与思考】

案例一 印度大博电厂项目失败的多米诺骨牌效应

印度大博电厂（Dabohol Power Company）是由美国安然（Enron）公司投资近30亿美元建成的，是印度国内最大的BOT项目，也是迄今为止该国最大的外商投资项目。2001年，大博电厂与马哈拉斯特拉邦的电费纠纷导致电厂最终停业。该项目的失败导致印度境内几乎所有的独立发电厂陷于停顿，印度吸引外资的努力也受到沉重打击。也正是由于该项目的失败和其他一系列经营失误以及隐瞒巨额债务的行径败露，安然公司的股票价格由2000年的90美元暴跌到2001年的不足1美元，不得不申请破产保护，成为有史以来规模最大的公司破产案，令全球震撼。

20世纪90年代初，亚洲各国纷纷利用项目融资方式吸引外资，投资于基础设施的建设。受深圳的沙角B电厂、广西的来宾B电厂以及马来西亚在90年代相继修建的5个独立发电厂等成功案例的影响，基于国内电力市场的供需情况，印度政府批准了一系列利用外资的重大能源项目，大博电厂正是在这样的背景下开始运作的。该项目由美国安然公司

第五章 项目融资风险管理

安排筹划，由全球著名的工程承包商柏克德（Bachtel）承建，并由通用电气公司（GE）提供设备。电厂所在地是拥有印度最大城市孟买的马哈拉斯特拉邦（以下简称"马邦"），是印度经济最发达的地区。投资者、承包商以及项目所在地的经济实力均是最强的，当时这一项目的前景让不少人看好。

与常见的项目融资的做法一样，安然公司为大博电厂设立了独立的项目公司。该项目公司与马邦电力局（国营）签订了售电协议，安排了比较完善的融资、担保、工程承包等合同。政府特许售电协议规定，大博电厂建成后所发的电由马邦电力局购买，并规定了最低的购电量以保证电厂的正常运行。除常规的电费收支财务安排和保证外，售电协议还包括马邦政府对其提供的担保，并由印度政府对马邦政府提供的担保进行反担保。售电协议规定，电价全部以美元结算，这样一来，所有汇率风险都转移到马邦电力局和印度政府的头上。协议中的电价计算公式遵循成本加分红电价的基本原则，即在一定条件下，电价将按照发电成本进行调整，并确保投资者的利润回报。这一定价原则使项目公司所面临的市场风险减至最小。

从合同条款来看，可以说对项目公司是非常有利的。然而，正当项目大张旗鼓地开始建设时，亚洲金融危机爆发了。危机很快波及印度，卢比对美元的汇率迅速贬值40%以上。危机给印度经济带来了很大的冲击，该项目的进展也不可避免地受到了影响。直到1999年，一期工程才得以投入运营。工程的延期大大增加了大博电厂的建设费用，因建设成本上升使大博电厂的上网电价大幅度提高。同时，金融危机造成的卢比贬值使马邦电力局不得不用接近2倍于其他来源的电价来购买大博电厂所发的电。

2000年世界能源价格上涨时，这一差价上升到近4倍。到2000年11月，马邦电力局已濒临破产，因而不得不开始拒付大博电厂的电费。根据协议，先是马邦政府继而印度联邦政府临时拨付了部分款项，兑现了所提供的担保与反担保。然而，它们却无法承担继续兑现其承诺所需的巨额资金，因而不得不拒绝继续拨款。至此，该项目运营中的信用风险全面爆发。

思考：
（1）请总结印度大博电厂融资过程中所发生的风险，这些风险对大博电厂有何影响？
（2）印度大博电厂的失败对其他项目融资的安排有何借鉴意义？

案例二　期权在项目融资风险管理中的应用

某著名矿业公司出于经营战略合理化方面的考虑，准备出售其所属的一个小型铜矿。由于该铜矿已开采了20多年，只剩下7年左右的生产寿命，而且规模很小，尽管项目本身经营一直较好，但是却无法吸引有实力的公司前来谈判收购，有兴趣收购该项目的公司都是一些规模较小、财务实力较弱的小公司，而这种公司为项目收购安排资金是较困难的。

有一家公司具有购买诚意，报价亦合适。但是，该公司提出的是一个带有附加条件的收购建议，附加条件是该公司需要组织一个有限追索的项目贷款以筹措资金支付收购价格的大部分和生产用流动资金。贷款银行对铜矿进行了详细的风险分析，结论认为项目的生产风险较低，但是项目的利润以及现金流量对铜价变化非常敏感，若铜价低于每磅90美分，项目偿还贷款就有可能出现问题。买方公司本身规模较小，资信不够，银行不能接受项目的铜价风险。

为了促使项目成交，贷款银行向卖方提出建议，由卖方出面帮助安排2个期权作为对项目融资的信用支持。

期权一：由卖方在铜矿项目资产有条件收购协议签字日购买一个允许卖方（或卖方指定公司）在3个月内按已事先确定的条款购买第二个期权的期权。

期权费：每磅铜1美分（按在2年时间可生产的铜数量计算）。

期权二：1个标准铜价期权。

期权费：5美分/磅铜（按在2年时间可生产的铜数量计算）。

执行价格：1.00美元/磅铜。

期权到期日：每季度1次，共8次（总共24个月）。

交割：现金交割（非实物交割）。

期权一的设计目的是为了给买方公司一段比较充裕的时间来进行项目的最后评价和组织融资，以及完成全部法律文件和有关政府部门的批准。由于国际市场的铜价波动大，难以预测，为了防止铜价在3个月时间内发生任何戏剧性的变化而造成融资计划流产，所以需要购买期权一以保证一旦全部工作按计划完成，买方公司在完成项目融资和项目收购时（即在签署有条件收购协议后的3个月内），可以按照进入有条件收购协议时的国际市场铜价条件购买一个2年期的最低铜价期权以满足贷款银行对项目价格风险的管理要求。期权一的期权费由卖方公司承担，这是卖方公司的风险资金投入；而期权二的期权费由买方公司支付，作为项目融资信用保证的一个组成部分。

（资料来源：张极井. 项目融资［M］. 北京：中信出版社，1997）

思考：

（1）本案例中，期权一和期权二对借贷双方各有什么利弊？

（2）本收购项目面临的环境风险是什么？针对该风险，除了案例中所提及的风险管理措施外，还有哪些常见的措施？

第六章 项目资信结构

> **基本要求**
> ◆ 掌握项目资信和担保的概念
> ◆ 掌握项目资信构成和担保类型
> ◆ 掌握项目融资的主要信用担保安排
> ◆ 熟悉项目担保人的类型
> ◆ 熟悉影响项目资信结构设计的主要因素
> ◆ 了解项目担保的演变形式

第一节 项目资信概念及其构成

一、项目资信的概念

资信,乃指履约能力和可信任程度。资信有广义和狭义之分,狭义的资信指货币借贷中借款人的偿债能力、履约状况、守信程度及由之而形成的社会声誉。广义的资信不仅用于货币借贷中,而是泛指在经济活动中各方所体现出来的履约能力、守信程度及由之而形成的社会声誉。显然,资信从属于信用关系,但含义较信用更为丰富。资信具有如下特点:

(1)专属性和时间性。资信是以民事主体的法律人格为存在的前提,具有严格的人身属性。换言之,资信的存续必须以自然人的生存或法人及其他组织的依法成立为依附,一旦离开了这种依附体,资信也就失去了存在的价值。由于其不得转让、抛弃,这就决定了资信具有专属性。资信具有时间性的含义是指,对特定的民事主体而言,其资信情况并不是一成不变的,而是随着时间的推移,其经济实力、履约能力和履约诚意必然会因竞争发生量变甚至质变,因此,对任何民事主体来说资信必须针对某一"点"时间而言,因而具有时间性。

(2)非财产性。资信本身既不是财产,没有财产内容,也不直接体现财产利益,因而具有非财产性。虽然资信不仅包括经济实力、履约能力等要素,涉及内容各异的财产,但其本身并没有直接的经济内容,无法用货币价值衡量。

(3)客观性。资信是特定民事主体的经济实力、履约能力和商业信誉等要素所作的综合体现,虽然资信的评价不一定十分全面、十分正确,但它是根据上述诸要素所得的结论,因而是客观存在的。

项目资信,取资信之广义含义,指项目融资中项目自身的偿债能力、项目参与者的履约能力和守信程度及由之而形成的社会声誉。也就是说，项目资信不仅仅包含项目借款人的偿债能力和守信程度，而且还包含项目利益相关者（如项目供应商、用户和政府机构等）的履约能力、守信程度。由此，项目资信结构是指为债权人提供权利和保护的一切方式、手段的组合。

因此项目资信的高低对债权人的权利保障程度有着重要影响。任何贷款人都非常关心自己的贷款安全，资信结构不同，其贷款的安全程度也不同，因而资信结构是项目融资中最为关键的部分。如果放贷人对项目的资信不满意，则需要增加资信等级，或者重新设计投资结构、资金结构和资信结构。

二、项目资信构成

根据各国民法理论，债权保障有一般担保和特别担保之分。一般担保是债务人以其全部财产担保债务的履行，债权人以债务人的全部财产作为其债权受偿的责任资产。一般担保不是特别针对某一项债务，而是面向债务人成立的全部债务。一般担保具有债权非排他性和非追及性的缺陷。为弥补一般担保的上述缺陷，债权人需要依赖特别担保保障债权。所谓特别担保，就是通常意义上的担保，包括人的担保和物的担保，主要指在债务人的全部责任财产之外，附加第三人的信用或特定财产作为债权实现的保障。一般担保和特别担保共同组成债务的资信基础。

根据项目融资的定义，项目融资中的债务人的"财产"是指项目设施及其预期收益，而这些"财产"在进行融资时常常表现为一系列合同协议（如特许合同、股东协议、设计施工合同、运行维护合同、销售合同、租赁合同、供应合同等）的权益，"财产"不存在或还未形成。由此可见，在一般担保的概念上，项目的资信表现为合同协议和逐步实现的资产和收益。如果债权人只依靠项目的资产和预期收益或权益实现其债权受偿，则其债权受偿没有获得充分保障，这是因为当债务人的"财产"没有实现（如项目失败）或只是部分实现（如收益比预期的少）时，债权人则直接面临债权不能受偿或不能足额受偿的风险。为了减少债权受偿的风险，债权人需要借助于特别担保的帮助。即使如此，在技术层面上，还需要其他的资信增级措施加以支持，如资金托管账户、意向性支持、项目保险和其他措施。特别担保和技术性资信增级措施可以笼统地看作资信增级措施，即在项目本身资信的基础上增加它的资信。这些资信增级措施和项目资产收益及合同协议一起构成了项目的资信基础。由此可见，项目融资中，项目资信结构主要由项目的资产收益、合同协议和资信增级组成，如图6-1所示。在此简要介绍资产收益、合同协议、项目保险和项目其他资信增级措施，而特别担保在下一小节中详细介绍。

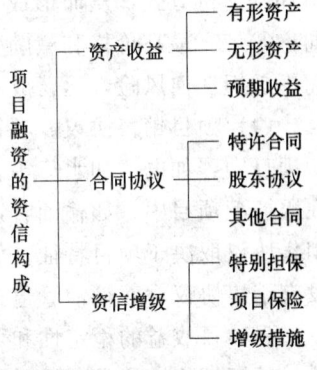

图6-1 项目融资资信构成示意图

1. 资产收益

按照资产有无实物形态，项目资产可分为有形资产和无形资产。有形资产是指具有价值形态和实物形态的资产，包括存货、固定资产和资源性资产等；无形资产是指不具备实物形态、但却能在一定时期提供收益的资产，包括知识产权、工业产权和金融性产权（如长期股权投资、长期债权投资等)。一般来说，通常将无形资产作狭义的理解，仅包括知识产权、工业产权等，而将金融性产权称为金融资产。

项目收益包括经营性收益和非经营性收益。项目收入的多少反映项目营运效益的好坏（经济强度），关系到还本付息能力。但在项目融资决策、谈判阶段，项目还未投入运营，其收益是预期的，存在不确定性。

2. 合同协议

为了实施项目而专门成立的项目实体一般不具备项目所需的技术和资源，需要与项目利益相关者签署合同协议，从外部获得支持。常见的合同协议类型包括股东协议、项目建设合同、运行维护协议、供应协议、项目销售协议/使用协议、特许权协议等。

（1）项目特许权协议。特许权协议是项目所在国政府与项目实体（如项目公司）之间签署的关于特许经营权的协议，由政府机构授权，准许项目公司在一定地区或特定的地点享有经营某种特许业务的权利，如特许项目实体在政府规定的路线上，建设和经营收费公路。

在融资期间，贷款人常常要求项目公司将特许权协议下的所享有的权益转让给贷款人。

（2）项目建设合同。在项目融资中，为转移项目建设期间的风险，常见的建设合同是EPC合同。在这类合同中，通常采用固定总价的支付方式，由承包商负责项目的设计、施工和试运营等工作，并承诺在满足规定标准的前提下按时完成项目。

（3）项目运行维护协议。在项目融资实务中，项目发起人对于项目的经营有两种选择：一是自己运营管理项目；二是聘请一家公司运营项目或把项目的运营维护外包给专业运营商。如果将项目运营维护外包给专业运营商，则项目运营维护协议就显得相当重要。因为运营维护协议必须要确保项目的正常运营，且实现收益最大化。运行维护协议一般采用补偿支付方式，从而形成3种合同形式：①成本加利润率合同；②成本加固定费用合同；③带有最高价格和激励费用的成本加费用合同。由于成本加利润率合同下，项目运营商不承担任何风险，运营成本越高，获得的服务费越多，故而在实践中采用较少。

（4）项目销售协议。项目销售协议在不同的项目性质下，有不同的合同形式：在生产型项目中，如电厂和水厂等，由于项目产品为有形产品，项目销售协议为产品购买合同；在服务型项目中，如输油管道和港口码头，项目销售协议则为设施使用协议。项目是否有销售协议取决于项目特征。例如，收费公路（桥梁、隧道）由于直接面向市场用户，一般没有销售协议，而输油管道通常要有运输服务协议。对于债权人而言，适当的销售协议可以增强项目收益的稳定性和可靠性。

长期销售协议是项目融资中销售协议最基本的形式。所谓长期销售协议是指项目产品（设施）购买者（用户）承担的责任应至少不短于项目融资的贷款期限。如果在长期销售协议中加入一些特殊条款，便形成了项目融资中常采用的、不同的销售协议：

1）保证最小购买量合同。这是在长期销售协议中加入"保证最小购买量"条款而形成的。即是买方以市场价格为基础，定期购买不低于某一额定数量的项目产品，该最低购买数量由双方谈判决定，但原则上，项目产品的最低销售量所获得收入应不少于该项目生产经营费用和同期应偿还的债务之和。

2)"提货与付款"销售协议。这是在长期销售协议中加入"提货与付款"条款而形成的。即是只有在买方取得货物后，买方才支付某一最低数量的产品或劳务的金额给卖方。显然，在这种合同形式下，货款的支付是相对的、有条件的，提供货物或劳务在前，而付款在后。所以，这种合同有时也被称为"Take-if-Offered"合同。

3)"无论提货与否均需付款"销售协议。这是在长期销售协议中加入"无论提货与否均需付款"条款而形成的，亦称为"不提货亦付款合同"、"或取或付"合同、"照付不议"合同。即买方定期按规定的价格向卖方支付额定数量的项目产品所对应的销售金额，而不问事实上买方是否提走合同项下的产品。这种合同的特点在于无条件性、不可撤销性，也就是说即使买方未提走合同项下的产品，仍要履行其支付义务。比如某工业项目融资中，项目投资者与项目公司签订了项目产品的长期购买协议，并且保证在任何年度内只要项目生产出 1t 产品，投资者就必须保证项目公司具有协议规定的净现金流量水平。显然在该工业项目中，项目投资者承担的是典型的"无论提货与否均需付款"性质的担保义务。

(5) 项目供应协议。当项目的正常经营必须依赖于原料（含原材料、燃料动力等）供应时，稳定、可靠的原料供应就显得尤为重要。在项目融资中，常采用签订长期供应协议的方式满足项目生产经营的需要。供应合同的基本形式有两种：

1) 单一供应合同（sole-supplier contract）。在这种合同形式下，项目公司和一家供应商签署协议，项目公司承诺向该供应商购买项目所需的原料，但是可以事先规定或不规定具体的数量和价格。但在任何情况下，项目公司只支付其实际购买原料部分的款项，供应商没有义务必须供应项目所需的全部原料。

2)"或付或取"供应合同。在这种合同形式下，项目公司同意在指定日期内按协议价格向原料供应方购买规定数量的原料，即使不向供应商提货，也必须向供应商付款；相应的供应商必须以协定价格供应规定数量的原料。

上述长期销售协议和供应协议的核心条款包括关于产品数量、质量和价格等方面的有关规定。以产品价格确定和调整为例，说明常见的产品定价方法。产品（服务）价格的确定有 3 种形式：第一种是完全按照国际市场价格制定价格公式，从理论上讲这是最合理的定价原则，但这种价格仅适用于具有统一国际市场定价标准的产品，如铜、铝、铅、锌、石油等产品，同时产出品为上述产品的项目中，其能源和原材料供应价格一般会与产品的国际市场价格直接挂钩，即能源和原材料价格指数化；第二种是采用可调价格的定价公式，由于项目融资期限较长，产品价格并不是在整个融资期限中固定不变的，而是要考虑通货膨胀因素，在一定时期后要进行价格调整；第三种是采用实际生产成本加固定投资收益的定价公式。不管是项目公司还是贷款人，通常更愿意采用第二、第三种定价公式。当然，上述协议下项目公司享有的权益被要求转让给贷款银行或贷款银行指定的受益人，且对该权益的优先请求权要求不受到任何挑战，具有实效连续性。

3. 项目保险

在项目融资中，有时也利用保险方式保障债权受偿。《中华人民共和国保险法》将保险定义为"投保人根据合同约定，向保险人支付保险费，保险人对于合同约定的可能发生的事故因其发生所造成的财产损失承担赔偿保险金责任，或者当被保险人死亡、伤残、疾病或者达到合同约定的年龄、期限等条件时承担给付保险金责任的商业保险行为"。常见的项目保险有信用保险和保证保险两种。

（1）信用保险。信用保险是保险人应权利人（债权人）的要求担保义务人（债务人）信用的一种保险。由此可知，信用保险中涉及三方当事人：保险人、权利人（债权人）和义务人（债务人），其中投保人和被保险人均为债权人。信用保险一般承保商业风险，但政府支持开办的信用保险除承保商业风险外，还承保政治风险。商业风险是指由于债务人本身原因致使债务不能履行或不能如期偿还的风险，包括买方破产、买方拒绝履行合同、买方不按期付款等。在国内贸易和国际贸易中都存在商业风险。政治风险是指由于买方或出口人无法控制的事件而造成的债务不能履行或不能如期偿还的风险，包括外汇兑换困难、买方政府的延期支付、进口或出口许可证限制、战争阻止合同履行以及政府的其他类似行为等。

（2）保证保险。保证保险有广义和狭义之分，有学者认为广义的保证保险包含信用保险，此处仅指狭义的保证保险。保证保险是指义务人（债务人）应权利人（债权人）的要求向保险人投保自己信用的一种保险。保证保险的投保人是义务人自己，其保险标的是义务人的违约责任。在项目融资中，常见的保证保险为合同保证保险或契约保证保险。合同保证保险是指被义务人不履行合同义务而造成权利人经济损失时，由保险人承担赔偿责任或给付保险金的保证保险。合同保证保险主要用于建筑工程的承包合同。根据建筑工程的不同阶段划分，合同保证保险可以分为：投标保证保险、履约保证保险、预付款保证保险和维修保证保险等。

保证保险与保证的区别在于以下几个方面：

1）保证合同的当事人是主债权人和保证人，且保证人可以为自然人；而保证保险的合同当事人是保险人和债务人，保险人不能为自然人。

2）保证合同具有无偿性和单务性；而保险合同具有双务性和有偿性。

3）保证人的保证责任有连带责任和补充责任之分，而保险人无连带责任和补充责任之分。

4．项目其他资信增级措施

在项目融资中，除了采用担保方式进行资信增级之外，还会采用其他一些技术性资信增级措施来增加项目资产和收益的保障，从而最终保障贷款人的资金安全。常见的其他技术性资信增级措施如下：

（1）设立专用资金账户。为实现对项目资金的控制，贷款银行通常要求项目公司设立专用账户或托管账户，所融资金专款专用。例如，贷款人直接把贷款汇给设立的专用账户，由该账户支付建设费用，避免项目发起人挪用项目资金。同时设立各种支付账户并确定支付顺序，保证优先还贷。例如，有些贷款协议要求项目公司在第一次提款前应设立和维持收益账户、运营费用账户、偿债支付账户、偿债储备账户、补偿账户、大修储备账户、限制支付账户、小额现金账户、争议支付账户等账户；要求项目公司将购买人支付的现金直接汇付到一个委托的收益账户上，由委托人将收入款项作为贷款偿还直接支付给贷款人，并且规定在还贷之前不能分红。

（2）引入多边机构。多边机构的贷款或担保/保险均可以提高项目的资信。对于一个国家而言，因为多边机构常常参与多个项目，政府未来不可避免地要与该组织打交道，需要保持良好关系。因此，多边机构有较大的影响力，它们的参与间接提高了项目的资信。

(3) 意向性担保 (implied guarantee)。严格来说，意向性担保并不是一种真正的担保，因为这种担保不具有法律上的约束力，仅仅表现为担保人有可能对项目提供一定支持的意愿。意向性担保不需要在担保人的公司财务报告中显示出来，因此受到担保人的偏爱，在项目融资中应用较为普遍。主要表现为政府提供的安慰信或支持信（letter of comfort），其实质是由政府向贷款银行做出的一种承诺，这种承诺一般体现在4个方面：①经营上的支持，如项目投资者承诺不减持其在项目公司中的股权，以及在项目公司名字中保留母公司的名称，东道国政府提供的不重复建设类似设施的保证等；②不剥夺项目资产，如东道国政府保证不会没收项目资产或将项目国有化，或保证项目公司的国民待遇等；③提供资金支持，如项目投资者保证在项目公司遇到财务困难时提供资金支持等；④保证向意向性担保所涉及机构（如购买商、供货商等）施加影响以保证后者履行其合同相关的责任。虽然意向性担保不具有法律约束力，但为了自身的信誉，意向性担保人会尽力施加自己的影响力，促使债务人履行责任。

第二节　项目资信增级主要途径——担保

在项目融资中，仅仅通过项目自身的资产、收益以及合同协议作为债权保障是远远不够的，这是因为：一是项目资产价值相对债权价值低许多；二是项目预期收益是基于预测而得出的，存在不确定性；三是合同协议的履行取决于签约方的意愿和实力，签约方有可能违约或无力履行合同，特别是签约方是专门为项目新成立的子公司时，其自身资信能力不强，需要资信增级。

所谓资信增级就是在项目资产和收益的资信基础上，通过担保和其他措施提高资信等级。资信增级有多种途径：一是由签约方母公司提供担保；二是由第三方（银行、保险公司、担保机构等）提供担保和保险；三是技术性的资信增级措施。在实践中，这些资信增级措施一般同时混合使用，以提高项目的可融资性。其中，担保是资信增级的主要途径。

一、担保的概念及类型

担保是指为确保债务的清偿或其他经济合同项下义务的履行，而由法律规定的保障措施，它是以债务人或者第三人的特定财产或信用来保证债权实现的手段。由

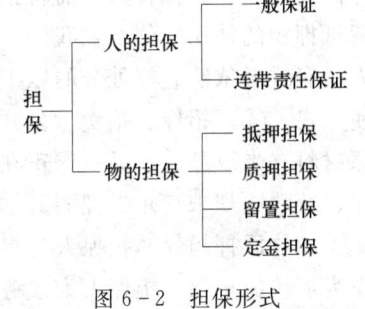

图 6-2　担保形式

担保的概念可知，担保涉及三方当事人：担保人、债务人（被担保人）和债权人（担保受益人）。在民法理论上，担保方式按照提供担保的内容来划分，分为人的担保和物的担保两大类，每种担保又细分为几种担保，如图6-2所示。

1. 人的担保

人的担保即信用担保，是指债务人以外的第三方（即担保人）以法律协议方式向债权人作出的履行合同义务的承诺。保证担保是人的担保的主要表现形式。

保证担保是保证人和债权人之间约定，当债务人不履行债务时，由保证人按照约定承

145

担债务履行的责任,但是,被保证人不能直接处置保证人的财产,只能请求保证人履行担保责任。由此可见,保证担保是一种合同,一种代偿合同,是一种以法律协议的形式做出的承诺。保证担保的担保人可以是一人,也可以是多人(两人以上)。保证担保还可以设定最高担保金额和保证期限。

保证按其性质又分为一般保证和连带责任保证。一般保证是指保证人和债权人约定,当债务人不履行(或无力履行)债务时,由保证人承担保证责任。连带责任保证是指保证人和债务人对债权人承担连带清偿责任,当债务人不履行(或无力履行)债务时,债权人可以请求债务人履行债务,也可以请求保证人承担保证责任。保证合同是指保证人和债权人之间的单务合同和无偿合同,保证人对债权人无任何请求权,而债权人却享有请求保证人承担保证责任的权利,保证人只享有向债务人追偿的权利。如果以担保人的全部财产不足以清偿其所负担的全部债务,债权人则再次面临债权不能受偿或不能足额受偿的风险。由此可见,人的担保仍有不能救济债权人利益的风险,只是增加了一道保障。

2. 物的担保

物的担保(又称物权担保)是指借款人或担保人以自己的有形资产或权益作为履行债务设定的担保物权。物权担保法律界定相对清楚。如果借款人到期不能履行债务而违约,享有担保权益的贷款人可以取得对担保条件下的资产直接占有,或者将这些项目资产出售来优先清偿贷款人的债务。

(1)抵押担保。担保人为提供担保而把财产的所有权转移给债权人,但不转移对该财产的占有。抵押担保附有一项明示或默示的条件,即债务人在履行其债务后重新获得该项财产的所有权。此类担保涉及标的物的法律权属特点是完全物权的所有权,而不是限制物权,因而又被称为所有权担保。因其在担保关系形成中有转移所有权这一形式,又可称之为所有权转让担保。这一物权担保形式的可靠性和可操作性较强,抵押权的发生不以占有标的物为要件,抵押人无需将抵押物交付给抵押权人占有,可以使用抵押物,并可充分发挥抵押物的使用价值。在我国,并非任何财产都可以做抵押物,根据物权法的规定,抵押人所有或者依法有权处分的以下财产可以抵押:①建筑物和其他土地附着物;②建设用地使用权;③以招标、拍卖、公开协商等方式取得的荒地等土地承包经营权;④生产设备、原材料、半成品、产品;⑤正在建造的建筑物、船舶、航空器;⑥交通运输工具;⑦法律、行政法规未禁止抵押的其他财产。

(2)质押担保。担保人为提供担保而把财产移交给债权人占有,并以持续占有该财产作为债权的担保。担保人为债务人或者第三人,通常也称为出质人,债权人为质权人。质押担保以取得质押物的交换价值为目的,故质押标的物应当具有独立的交换价值并能依法予以变现,但具有交换价值而法律禁止流通的财产不得作为质押物。质押的标的物一般以动产为主,此外,财产权利也可作为质押的标的。用于质押的财产权利主要是汇票、支票、本票、债券、存款单、仓单、提单等证券权利,依法可以转让的股份、股票、商标专用权、专利权、著作权中的财产权,应收账款以及法律规定可以设定权利质押的其他权利。抵押担保是一种物之权属转移控制型担保,物之实态并不转移;与之相反,质押担保是物之实态控制型担保,物之权属并不转移。

(3)留置担保。当债权人占有债务人的财产时,若债务人尚未履行债务,债权人可以拒绝履行债务人对返还该财产的请求,并继续占有该财产,作为迫使债务人履行债务的担保。

(4) 定金担保。一方当事人向对方预先交付一定数额的金钱作为债权受偿的担保,所交付的一定数额的金钱成为定金。定金与预付款和押金均不同,预付款是指当事人为履行合同约定的付款义务而预先向对方给付的一笔款项,押金是指作为债权受偿的担保而移交给债权人占有的一定数额的金钱,是一种质押物。

二、项目担保的演变形式

项目融资实践中,项目担保的演变形式通常有担保权转移、债权转让担保和股权转让担保。

1. 担保权转移

所谓担保权转移,是指债务人将自己所拥有的其他担保受益人的权益转移给债权人的一种行为。比如在上海大场水厂 BOT 项目中,项目贷款人要求项目公司(借款人)转让上海城投公司承诺的购水价款支付担保权❶。购水价款的支付担保权作为项目未来收益的保障,对于贷款人来说,获得此项权益的转让,是其债权受偿的重要保障。但从严格的法律意义看,担保权转移不是一种担保行为,但它与担保行为密切相关,并具有类似担保的功能。这一行为与前述其他担保行为有三点不同:一是标的不同,前述各项担保权的标的是一种物权或独立的债权,一般可以由权利人作转让处分;而担保权转移的标的则是一种从属于主债权的从属性债权,我国民法规定不得单独转让。二是担保形成的方式不同,前述各项担保的设定行为是以在权利上设定负担或以权利转让形式行担保之实,从而形成担保关系;担保权转移则不改变担保法律关系内容,而只是改变担保法律关系的主体,即未形成新的担保,只是改变了担保权的实际控制人。三是法律关系的层次不同,前述各项担保权所形成的法律关系分为两层:在主债权人与主债务人之间形成第一层次的主债权—债务法律关系;主债权的担保人与主债务人之间形成第二层次的担保法律关系,并依从于第一层次的法律关系。担保权转移的法律关系分为三个层次:主债权人与主债务人之间形成第一层次的主债权—债务法律关系;从债权的担保人与从债务人之间形成的第二层次担保法律关系;担保权的受让人(如项目贷款人/主债权人)、从债权的保证人与从债务人之间的法律关系,即由三方合意所形成的担保权转让合同。图 6-3 为担保权转移示意图。

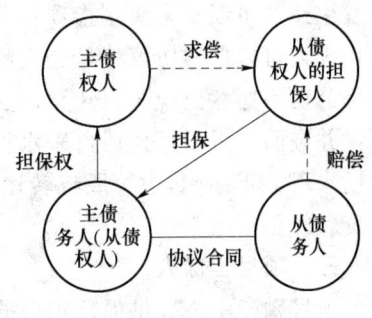

图 6-3 担保权转移

2. 债权转让担保

所谓债权转让担保是指以借款人(或主债务人/从债权人)或第三人拥有的某一债权

---

❶ 上海大场水厂 BOT 项目公司与上海自来水公司签署的供水合同是由上海市城市建设投资开发总公司提供的"支付担保",担保书第 8 条确认:"我方(指上海市城市建设投资开发总公司)同意你方(指上海大场水厂项目公司)可将本担保书中的全部或任何权利和义务转让予专营合同所述融资协议定义的、为水处理厂提供借款融资的银团之代理行(指中国建设银行上海分行)。上述转让仅为向银团付款担保的目的,银团仅在与专营公司主张其在本担保书中的权利时相同的条件下,有权主张本担保书的权利。"

性权利附条件地先行转让给贷款人（或主债权人）的形式，作为借款人履行到期债务的担保。借款人或第三人保留该财产权利的现行支配权和赎回权，如果出现双方约定的违约行为，贷款人就可取得该债权的支配权利，而借款人或第三人则丧失赎回权。图6-4为债权转让担保示意图。

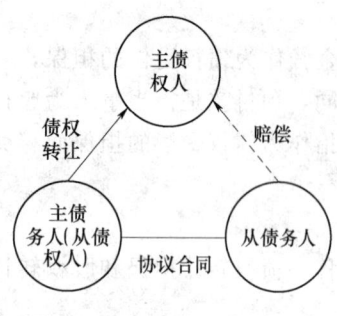

图6-4 债权转让担保

与抵押、质押等担保不同，当发生借款人违约或其他对贷款人不利的情况时，贷款人可直接以债权人的身份采取有效的法律措施，取得支配权而处理标的物，并可凭此转让所获得的权利，直接与各方当事人包括政府发生法律关系。

债权转让担保的适用对象较为广泛，可包括项目公司在建设经营期间获得的各种债权性权利、项目产品收购合同中的收益权、保险受益权等。例如上海大场水厂BOT项目的银行账户抵押协议第13条第2款规定："贷款人和抵押代理人可以根据协议规定，以抵押代理人的名义或者以贷款人的名义转让本协议项下的全部或部分权利。如果是根据贷款协议转让的，本协议项下的收益应当归受让人所有；如果抵押代理人通知资金代理人其根据抵押代理人协议转让的意向，那么抵押代理人应当将其在本协议项下的全部权利转让给资金代理人或资金代理人的委托人。"

3. 股权转让担保

所谓股权转让担保是项目发起人向贷款人通过附条件地转让项目公司中母公司部分股权的形式，作为项目公司偿还贷款的担保。例如，上海大场水厂BOT项目融资贷款操作中就采用了这种担保形式。项目公司的母公司与贷款银团签订"股权转让协议"约定，如果发生违约事项（主要是指项目公司擅自处分项目收益而不先行偿还贷款），贷款人的资金代理人可以按照协议将母公司的股权转让给贷款人，贷款人从而可能控制项目公司。如果母公司不愿意出现股权转移而受制于他人的情况，贷款人就可以间接获得贷款偿还的保证，并进而获得项目公司自来水承购协议之部分支付权益及支付担保权益。因此，在上海大场水厂BOT项目中，股权转让担保的法律作用就是督促项目公司将其经营收益先行偿还贷款。

三、项目担保人

项目融资中，提供项目担保的项目担保人主要有项目投资者、与项目利益有关的第三方和商业担保人。

1. 项目投资者

在项目融资中，项目投资者通常建立一个专门的项目公司来经营项目和安排融资，以避免自己承担项目的无限债务责任。但是，项目公司作为一个新建公司，无论是资金，还是信誉等方面都不足以支持融资，因此贷款银行一般会要求来自于项目公司股东方，即投资者的担保作为债务保证。

项目投资者为项目公司提供担保时，希望这种担保尽量不要作为一种债务形式表现在他的资产负债表中，因为资产负债结构对于一个公司，尤其是对于上市公司和跨国公司而言，是非常重要的。试想如果某一项目的债务并入公司资产负债表之后，造成该公司的资产负债结构恶化，可能会导致一系列问题，包括影响公司信用、公司的筹资能力、公司股票的市场价格和财务风险等。因此，项目投资者希望所提供的担保能够披上一件"正常商业交易"的外衣，从而减少负债对其资产负债结构的影响。披上"正常商业交易"外衣的担保通常以商业协议的形式出现。当然，提供何种形式的担保是不以项目投资者的意愿而决定的，这还要取决于贷款银行的要求。在项目开发建设阶段，由于融资项目的风险很大，贷款银行通常要求项目投资者承担直接的财务责任，此时项目投资者提供的担保就要进入其资产负债表。

2. 与项目利益有关的第三方

与项目利益有关的第三方是指除投资者之外的其他与项目开发有直接或间接利益关系的机构。这些机构由于能从项目中获得直接或间接利益，因此愿意为项目提供担保。总结起来，能够为项目提供担保的第三方机构大致可分为3种类型。

（1）政府机构。政府机构作为担保人在项目融资中是极为普遍的。原因在于项目融资通常为大型工程项目，如石油化工工程、高速公路、港口工程和资源矿产工程等融通资金，而这些工程的建设是有利于项目所在国的经济发展、促进就业、改善经济环境的，因此政府机构非常乐意为项目融资提供担保。另外，在国际项目融资中，政府机构介入为项目提供担保，可以减少政治风险和经济政策风险，增强投资者的信心。再者，由于立法上的限制或出于政治上、财务上的考虑，有时政府机构很难直接参与项目投资，但为了促进项目开发，政府机构只能通过提供贷款（担保）或项目产品长期购买协议等形式来为项目提供担保。如各国出口信贷机构和美国海外私人投资公司（OPIC）等机构，为促进本国开发商在海外的投资，则可能为本国开发商提供政治风险担保和保险。

（2）与项目开发有直接利益关系的商业机构。这类商业机构提供项目担保的原因在于通过提供担保而换取自己的长期商业利益，如获取项目的建设合同、项目设备的供应和安装合同、获取长期稳定的项目产品供应或使用等。由此，与项目开发有直接利益关系的商业机构具体表现如下：

1）工程承包公司。工程建设市场的激烈竞争，致使工程承包公司在很多情况下愿意以固定价格合同承包工程，这实质上为项目提供了完工担保，即工程承包公司承担了项目成本超支的风险。在某些情况下，工程承包公司为了获取承包合同，甚至还愿意为项目投资者提供一定的财务安排，如在BOT项目融资模式中，工程承包公司就为BOT项目提供了贷款或直接投资。

2）供应商，包括设备、能源原材料供应商。要得到项目未来稳定的现金流量，原材料、设备的供应和设备安装、运营质量的保障是必需的。"巧妇难为无米之炊"，贷款银行特别关注项目运营期原材料供应和设备运行稳定性或故障率问题，希望能得到适当的预先安排，即能得到供应商的某种保证。另一方面，有些供应商为了扩大自己产品的销路或供应商所在国为了扩大出口，愿意提供某种担保。常见形式有"供货或付款"合同、买方信贷等。

3）项目产品/设施的用户。项目建成之后，其产品/设施只有稳定的市场需求，才能保证项目未来用于偿还贷款的现金流量的稳定性。故需项目产品/设施的用户从保障市场的角度为项目融资提供一定的担保或财务支持。常见的形式为长期购买协议或预付款等。

（3）世界银行、地区开发银行等国际性金融机构。为了促进发展中国家的经济建设，对于一些重要项目，如基础设施项目等，世界银行的多边投资担保机构（MIGA）等国际性金融机构愿意为融资项目提供贷款担保。由于国际性金融机构的特殊地位和信用，这些机构参与项目同样可以起到与政府机构类似的作用，如减少项目的政治、商业风险，增强商业银行对项目融资的信心。

3. 商业担保人

商业银行、保险公司和专业担保公司等机构是项目融资的商业担保人。与前述两种担保人不一样的是，商业担保人以提供担保作为一种盈利手段，承担项目风险并收取担保服务费用，并通过分散化经营降低自己的风险。

商业担保人提供的担保服务有两种类型：一是担保项目投资者在项目融资中所必须承担的义务；二是为防止项目意外事件发生而提供的保险服务。对于第一种类型的商业担保，项目融资中又具体表现为两种形式：一是以银行信用证或银行保函的方式担保一个资金不足或者资产不足的项目公司对其贷款所承担的义务；二是以备用信用证的方式担保某投资者对项目公司所承担的义务和责任，这种担保在非法人式契约型合资结构中常见。因为在非法人式契约型合资协议中存在这样的条款，即在项目运营过程中，一旦项目中一方表示无力支付项目生产费用或资本开支时，其余各方需要承担该违约方应支付的费用，直至违约事件被改正或违约方资产被出售为止，这是所谓的"交叉担保"条款。但是一般情况下项目各方都不希望看到这样情形的出现，并且清楚地知道，一旦一方由于市场等问题出现支付困难时，其他各方也面临同样的局面，只是程度不同而已。因此为了避免上述情况的出现，在非法人式契约型合资项目结构中，资本不足的公司往往被要求有国际性银行提供的备用信用证作为项目担保，一般来讲，备用信用证的额度为3~9个月的项目生产费用。

四、项目融资的主要信用担保安排

在项目融资中，针对项目建设期间和运营期间的完工风险、市场风险和不可抗力风险，贷款银行为保证贷款的安全，常常要求项目公司或项目发起人提供完工担保、资金缺额担保、销售/供货担保、最低回报率担保和不可抗力风险担保等。

1. 完工担保

完工担保（completion guarantee）主要是针对项目完工风险所设立的，担保人在一定时间内（通常为项目建设期和试生产/试运行期）承担项目成本超支、工期延误的责任，甚至是项目失败的责任，即在这段时间内，担保人对贷款银行承担全面追索的经济责任，直至项目达到"商业完工"标准。显然，从本质上来说，完工担保人承担的是成本超支的财务责任。项目完工担保主要由项目投资者/发起人和工程承包公司或有关保险公司提供。

（1）项目投资者/发起人提供的完工担保。作为项目最终受益人的项目投资者肯定关心项目是否按预定计划完成，否则一旦项目失败，其先期投入的股本资金将是"竹篮子打水一场空"，因此由项目投资者提供完工担保，是贷款银行最容易接受的一种方式。

在项目融资结构中，完工担保可以是一个独立协议，也可以是贷款协议的一个组成部分。通常完工担保包含以下3方面的基本内容：

1) 完工担保的责任。具体来说，就是项目投资者向贷款银行作出保证，除计划内的资金安排外，必须提供建设期成本超支的资金或为达到"商业完工"标准而超过原定计划资金安排之外的任何所需资金。如果项目投资者不履行其提供资金的担保义务而导致项目不能完工，则需偿还贷款银行的贷款。

2) 完工担保的义务。一旦项目出现工期延误和成本超支现象，项目投资者应采取相应的行动履行其担保义务，一般可供选择的方式有两种：一种是项目公司追加股本资金的投入；另一种是项目投资者自己或通过其他金融机构向项目公司提供无担保贷款（准股本资金或次级债务），只有在高级债务得到偿还后，无担保贷款方才有权要求清偿。

3) 保证项目投资者履行担保义务的措施。为了监督项目投资者履行其担保义务，国际上比较通行的做法是，要求项目投资者在指定银行的账户上存入一笔预定金额的担保存款，或从指定金融机构中开出一张以贷款银行为受益人的相当于上述金额的备用信用证，或者由项目投资者开出一张以贷款银行为受益人的本票，以此作为贷款银行支付第一期贷款的先决条件。一旦出现需要运用项目完工担保资金的情况时，贷款银行将直接从上述担保存款或备用信用证或本票中提取资金。如果项目投资者在建设期承担的是完全追索责任，则还会被要求随时将其担保金额补足到原定的金额。

(2) 由工程承包公司或保险公司提供的完工担保。由工程承包公司或保险公司提供完工担保，实质上，是项目投资者将部分或全部完工风险转移给了工程承包公司，因此从某种程度上减轻了项目投资者在完工担保方面所承担的压力。实践中，这种完工风险转移的方式有两种：一是与工程承包公司签订固定价格的承包合同；另一是要求工程承包公司提供工程担保。常见的工程担保有履约担保、预付款担保、保留金担保和缺陷责任担保。为了不影响工程承包公司的履约能力，上述工程担保通常是由工程承包公司通过金融机构提供的，具体表现形式为金融机构开出的银行保函或备用信用证。目前工程建设市场中，工程担保既有有条件的（即从属性担保），也有无条件的（即独立担保）。具体采用有条件的工程担保，还是无条件的工程担保，要视各国的制度环境而定。

1) 履约担保（performance bonds）。履约担保的作用是保证中标的工程承包公司按合同条件建成项目。一旦工程承包公司不能履行其合同义务时，担保人要向担保受益人提供一定的资金补偿。履约担保受益人一般为项目公司，但项目公司会将该权益转让给贷款银行。世界银行贷款项目中规定，履约担保金额为合同价的5%。

2) 预付款担保（advance payment guarantees）。预付款的作用是帮助工程承包公司安排流动资金用于在项目开工前购买设备、材料以及调遣施工队伍进场等，使项目可以按时开工。由于项目公司支付预付款时，工程尚未开工，为保证预付款的合理使用，因此要求工程承包公司提供预付款担保。将来随着预付款的逐步扣回，预付款担保金额会随之减少，但一般而言，预付款担保最高金额为合同价的10%。

3) 保留金担保（retention money guarantees）。在工程实践中，项目业主通常会在每次进度款支付时扣留进度款的5%，直至扣留金额达到合同价的5%，这就是所谓的保留金。项目业主扣留保留金的初衷是保证工程承包公司履行其修补缺陷的义务。但是工程承包公司希望尽快回收资金，因此愿意提供保留金担保替代实际保留金，以解决资金周转问题。显然，保留金担保金额为合同价的5%。

4) 缺陷责任担保（defect liability guarantees）。工程承包合同一般规定项目完工并移交后，在一定时间内（通常为1年），工程承包商要承担工程维修的义务。缺陷责任担保便是为保证承包商进行工程维修的目的而设立的。但在实践中，履约担保和保留金担保将自动转成缺陷责任担保。

2. 资金缺额担保

对贷款银行来说，项目完工担保主要是化解项目建设和试生产/试运行阶段的风险，那么在项目运行阶段，如果出现项目公司收入不足，无法支付生产成本和偿付到期债务的情况，贷款银行又如何化解此类风险呢？

在项目融资中，化解此类风险的方法是采用项目资金缺额担保（cash deficiency guarantees），亦称为现金流量缺额担保。资金缺额担保是一种在担保金额上有所限制的直接担保，担保金额在项目融资中没有统一的标准，一般取为该项目年正常运行费用总额的25%～75%，主要取决于贷款银行对项目风险的认识和判断。项目年正常运行费用应至少考虑以下3方面内容：日常生产经营性开支；必要的大修、更新改造等资本性开支；若有项目贷款，还有到期债务利息和本金的偿还。

实践中，资金缺额担保常采用的形式有3种：

(1) 项目投资者提供担保存款或以贷款银行为受益人的备用信用证。这在新建项目安排融资时较为常见。由于新建项目没有经营历史，也没有相应资金积累，抗意外风险的能力比经营多年的项目要脆弱得多，因而贷款银行多会要求由项目投资者提供一个固定金额的资金缺额担保，或要求项目投资者在指定的银行中存入一笔预先确定的资金作为担保存款，或要求项目投资者由指定银行以贷款银团为受益人开出一张备用担保信用证。

(2) 建立留置基金。即项目的年度收入在扣除全部的生产费用、资本开支以及到期债务本息和税收之后的净现金流量，不能被项目投资者以分红或其他形式从项目公司中提走，而是全部或大部分被放置在一个被称为"留置基金"的账户中，以备项目出现任何不可预见的问题时使用。留置基金账户通常规定一个最低资金限额，也就是说，如果账户中的实际可支配资金总额低于该最低限额，则该账户中资金不得以任何形式为项目投资者所提走，反之，则该账户中资金便可释放，用于项目投资者的分红等。最低留置基金金额的额度必须满足3～6个月生产费用准备金和偿还3～9个月到期债务的要求。

对于新建项目，通常将留置基金与担保存款或备用信用证共同使用来作为项目融资的资金缺额担保。

(3) 由投资者提供对项目最小净现金流量的担保。该种方法是保证项目有一个最低的净收益，但关键的是项目投资者和贷款银行对项目总收入和总支出如何进行合理预测。一旦双方对项目最小净现金流量指标达成一致，便将之写入资金缺额担保协议中，若实际项目净现金流量在未来某一时期低于这一最低水平，项目投资者就必须负责将其缺额补上，保证项目的正常运行。与此类似的还有最低产品担保或最低现金流量担保/支付担保，如外商独资的上海大场水厂与上海自来水公司签订的供水合同中约定，由上海城市投资建设总公司为上海自来水公司供水水价支付的保证人。

第二节 项目资信增级主要途径——担保

3. 销售/供货担保

项目贷款银行在提供贷款资金时，相当关心项目收入的稳定性，因此融资结构的构建必须考虑项目产品有稳定的销售或项目设施有可靠的用户，同时也要考虑项目原材料、燃料等上游产品供给的稳定性。一般情况下，项目公司通过与项目产品（设施）的购买者（用户）或原材料、燃料供应商签订长期销售（供应）协议来实现。所谓长期协议是指项目产品（设施）购买者（用户）或原材料供应商承担的责任应至少不短于项目融资的贷款期限。

上述长期协议在法律上体现为买卖双方之间的商业合同关系，尽管实质上是由项目产品（设施）买方（用户）对项目融资提供的一种担保，但这类协议仍被视作为商业合约，因而是一种间接担保形式。从项目公司角度来说，根据项目的性质以及双方在项目中的地位，这类合约具体又可分为以下 4 种形式："无论提货与否均需付款"协议、"提货与付款"协议、"运输量协议（through-put contracts）"和"供货与付款"协议（supply and pay contracts）等。[例 6-1] 中加拿大塞尔加纸浆厂项目融资中即采用了"提货与付款"形式的销售担保。

【例 6-1】 加拿大塞尔加纸浆厂项目融资中有条件的"提货与付款"协议。

中国国际信托投资公司（简称中信公司）于 1986 年联合加拿大鲍尔公司共同收购了加拿大塞尔加纸浆厂，各拥有该项目 50% 的资产。中信公司每年可获得 9 万 t 产品，销往中国及其他亚太国家市场。同时，中信公司成立了中信加拿大公司和中信（B.C.）公司，代表总公司管理项目投资、安排融资、从事生产、销售等生产经营活动。

由于中信公司在收购塞尔加纸浆项目时正值国际纸浆工业处于底谷，贷款银行对纸浆工业及其价格走势看不清楚，认为单纯接受一个标准的完全以国际市场价格定价的"提货与付款"协议，银行将承受过大的项目市场价格风险，因而坚持由中信公司提供一个介于"提货与付款"类型与"无论提货与否均需付款"类型之间的长期产品销售协议，并由中信公司提供一个市场最低价格担保。但是，该协议在满足一定条件之后，最低价格担保就可以被解除，因此是一个有条件的"提货与付款"协议，见图 6-5。

由于在有条件"提货与付款"协议中建立了底价基金（用于作为贷款银行附加的信用保证）条款，保证了贷款银行在无论是国际市场价格出现问题还是生产出现问题的情况下，均可以获得一个最低的维持项目正常运行的现金流量，从而增强了贷款银行对项目经济强度的信心。

4. 最低回报率担保

在一些基础设施项目中，项目产品或服务直接面向广大用户，没有任何销售协议，市场需求和价格风险非常高。为了提供项目的资信，政府可能提供最低回报率的保证，即政府保证项目的投资回报率不低于某一特定值。

5. 不可抗力风险担保

在项目融资的执行过程中，项目可能涉及两种类型的不可抗力事件：①政治不可抗力，如项目所在国的战争、动乱、暴动、罢工等；②其他不可抗力事件，如自然灾害（雷电、地震、洪灾和海啸等），以及与项目所在国无关但受其负面影响的政治不可抗力事件如他国的战争行为、禁止和封锁等。由于不可抗力事件具有不可预见、不可避免和不可控

第六章 项目资信结构

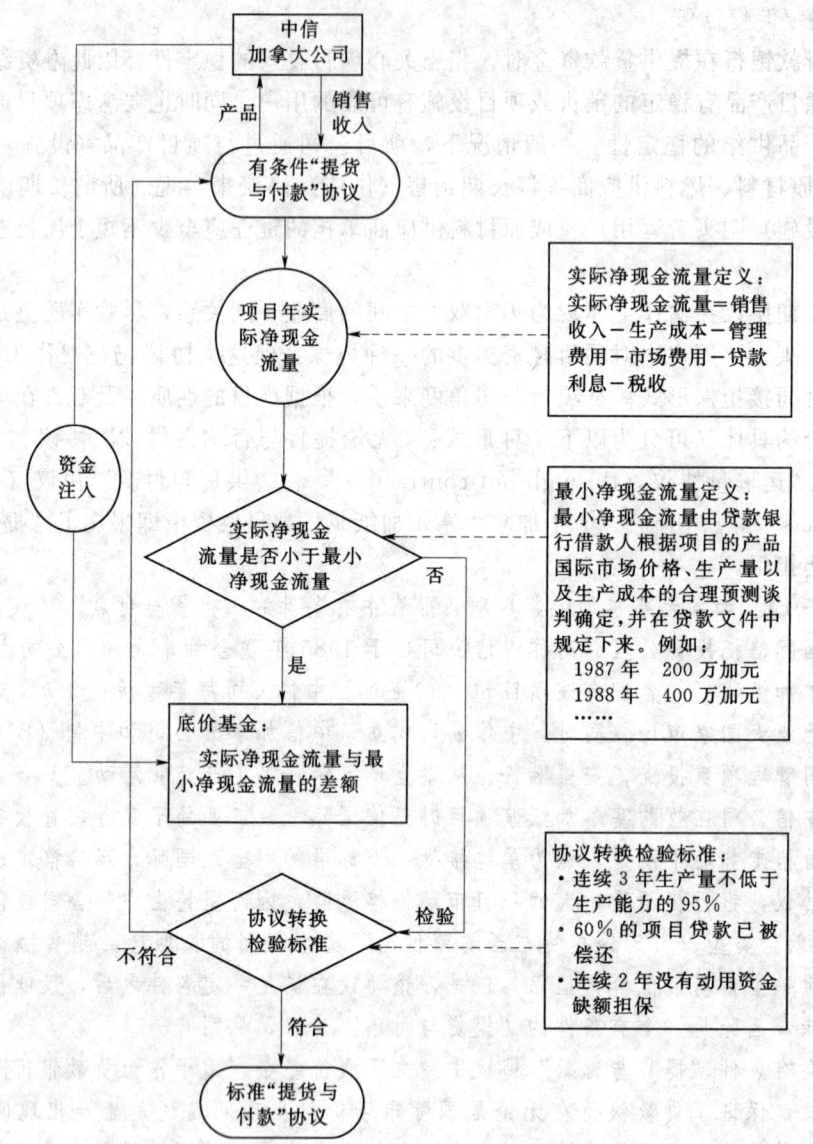

图 6-5 有条件的"提货与付款"协议的工作机理
(资料来源：张极井.项目融资 [M].北京：中信出版社，1997)

制性，因此在实践中常采用担保和保险措施来保证利益相关人的权益。如前所述，政治不可抗力风险一般由世界银行的多边投资担保机构，以及一些工业国家的出口信贷和海外投资机构等提供担保，而其他不可抗力可以通过购买保险的方式转移给保险公司。

第三节 影响项目资信结构设计的主要因素

项目融资的最大特征是"资产导向"和"有限追索"，债务资金的偿还主要来源于项目资产及其所产生的预期现金流量。但在项目开发建设、试生产和运营阶段，项目完工风

第三节 影响项目资信结构设计的主要因素

险、政治风险和现金流量风险比较大的情况下，项目债务资金提供者，尤其是高级债务资金提供者，如贷款银行非常关心其贷款的安全性，一般要求有相应的贷款偿还保证机制。

从理论上来说，贷款偿还保证机制分为契约保证和法律保证两类。前者是一种事前、积极的保证机制，后者则是一种事后、强制性的保证机制，二者之间存在相互补充的关系，法律规则与执法是签订与执行契约的基础。据 Smith 和 Warner（1979 年）和 Dichev 和 Skinner（2002 年）对美国债务契约偿还保证机制的调查统计，发现限制性条款在债务契约中使用频率由大到小依次排列为：重新借债限制＞兼并限制＞资产处置限制＞股利发放限制。上述 4 种限制性条款主要是从防止管理层减少项目价值的行为、规定控制权的角度而设计的，此外还有从支付保证的角度而设计债务条款的，如偿债基金（sinking funds）、第三方担保和债务偿还储备等。各种契约条款在每个国家的出现频率各不相同，这与它们的制度环境紧密相关。但世界银行的 Dailami 和 Hauswald（2004 年）通过对 1993—2002 年期间发行的 105 个项目债券中各种标准债务契约保证机制/条款统计发现，几乎所有的项目债务契约都包含了相同的限制性条款，如资产处置限制、股利发放限制和支付条款等。

具体到项目融资中的债务契约而言，由于项目融资债务资金的无追索或有限追索性质，债务资金提供者似乎更为关注支付条款。这是因为项目资产的专用性，需要有经验的经营管理者，一旦项目不能按时偿付本息，债务资金提供者即使拥有资产，也难以立即变现（这是基于债务资金提供者不愿涉足于实体资产经营的假设而提出的，否则债务资金提供者可以接管经营）。一般而言，项目融资中的贷款偿还保证机制来自于项目投资者，或其他的项目利益相关者所提供的信用保证。信用保证可以是直接的财务担保，如完工担保、资金缺额担保等；也可以是间接的或财务性的担保，如"无论提货与否均需付款""提货与付款"性质的长期销售合约等。在一个具体项目融资中，不同形式的物的担保和信用担保所形成的组合就构成了项目的资信结构。

项目资信结构的选择或设计，一般应考虑以下因素。

1. 项目的经济强度

一般而言，项目的经济强度越好，其偿债能力越强，即项目自身的支付能力较强，高级债务资金提供者对项目支付担保要求可能有所降低。而在实践中，项目的经济强度取决于项目的收益，因此与项目收益有关的协议是项目的主要资信基础。不同的项目具有不同的特性，资信基础不同。例如，在生产型项目（如电厂和水厂）中，产品购买合同（如购电合同和购水合同）是项目的主要资信基础；在服务型项目（如输油管道）中，设施使用协议（如运输服务协议）是项目的主要资信基础；有些服务型项目直接面向广大的用户，如收费公路（桥梁、隧道），一般只有特许经营权而没有销售协议，特许经营权下的市场是项目的资信基础。如果没有其他资信增级措施，资信评级结构在进行评级时，对于产品购买合同为主要资信基础的项目，项目的资信等级一般不会超过包销商的资信等级；对于设施使用协议为主要资信基础的项目，项目的资信等级一般不会超过设施使用者的资信等级；对于租赁合同为主要资信基础的项目，项目的资信等级一般不会超过承租人的资信等级；对于没有任何销售协议的项目，项目的资信等级取决于多种因素，其中市场活力是主要的因素。

2. 项目的潜在风险

在项目融资期间，如果项目风险，如完工风险、经营风险、市场风险较低，则高级债务资金提供者可能不会要求项目投资者或其他利益相关者提供百分之百的债务偿还担保，比如在项目建设期，可能不会要求项目投资者作出百分之百债务承购的保证。

3. 项目技术特性

如果项目采用的是高新技术，尽管项目经济分析显示有较强的经济强度，但由于技术风险较大，高级债务资金提供者也会要求项目投资者提供完工担保和资金缺额担保。

4. 债务资金提供者的风险承受能力

高级债务资金提供者，如贷款银行的风险承受能力对项目资信结构也有一定影响。显然，如果贷款银行承受风险能力强，则可能愿意承担部分项目技术风险、市场风险，从而对项目特别担保要求相当低些。

5. 借贷双方的谈判地位

项目资信结构的确定在某种程度上，还取决于项目借贷双方的谈判地位。如果贷方在谈判中居于优势地位，则可能要求项目投资者或其他利益相关者提供担保金额较高的信用担保；反之则可能要求项目投资者或其他利益相关者提供担保金额较低的信用担保。

6. 国内外金融形势

谈判签约时的国际金融形势影响着项目资信结构的设计。如果谈判签约时，国际金融形势不稳定，则贷方对贷款的发放更为谨慎，可能要求项目投资者或其他利益相关者提供金额较高的信用担保，以保证贷款的安全；反之，则可能要求项目投资者或其他利益相关者提供担保金额较低的信用担保。

【案例阅读与思考】

案例一　中国北方某大型电力项目融资中采用的担保措施

一、项目背景

该项目是由中外四方发起的境内外共同融资的电力项目，采取有限追索项目融资方式来完成，银团贷款庞大。该项目融资的风险不仅来自于项目公司工程完工的工期和质量方面，还来自于项目公司运营过程中的各种风险，尤其是市场风险，将直接导致项目公司无法获取足额的现金流来偿还债务，债权人有必要事先采取各种有针对性的担保措施来最大限度地降低市场风险，确保债权的按期足额回收。

二、采取的项目担保措施

1. 政府支持

该电力项目未来运营的现金流比较稳定，具有较强的还债能力，但为了加强债权保障的安全稳妥，该项目公司的债权人还是就该项目的电力销售收入等事项取得了股东支持，而且得到电力主管部门出具的政府支持函以保证债权回收。

2. 照付不议

债权人通过股东支持，明确购电部门——省电力公司——的电费支付义务。项目公司与省电力公司签订照付不议协议，省电力公司要按月支付购电款，除非不可抗力和设备问题，无论电厂是否正常发电，省电力公司保证支付一定小时数的最低上网电量以保证项目公司正常还本付息。通过购电协议中的销售风险转移工具，债权银行可能面临的违约风险大大降低，相应提高该项目公司的还款信用等级。

3. 预付电费

如该项目公司未来运营遇到还款资金不足，省电力要预付下期电费，解决临时现金断流问题，以保证债权的按时回收。

4. 第三方担保

对于因设备本身问题导致的市场风险，通常是与设备的提供者签订担保协议，保证设备的正常运行。一旦发生设备故障导致各种收益损失，设备提供者要承担相应赔偿责任。

除了上述措施外，该电力项目还应用了保险手段来转移风险。对于项目中那些因不可抗力或设备问题等因素导致的销售风险，贷款银行聘请专业的保险顾问，设计险种结构并强制项目公司分别参加保险。更为重要的是，在签订各类保险合同的时候，贷款银行也是作为签约方之一，明确保险合同中的权益转让给贷款人。在面临不可抗力导致的风险或危害发生时，保险公司在理赔损失的时候，贷款银行是优先受益人，这样就将风险转嫁给了保险公司，提高了项目公司偿债的信用等级。

思考：

(1) 请简述以"照付不议"协议为基础的项目担保的作用、性质和特点。

(2) 该电力项目的资信构成有哪些？

(3) 该电力项目中的担保人有哪些？

案例二　中海壳牌南海项目融资担保

中海壳牌南海项目是由壳牌公司与中方（中海油和广东省投资发展公司）合资开发的项目，为一炼油石化综合项目。1998年初，该项目的可行性研究正式获得国务院的批准，总投资额为43亿美元。中海壳牌南海项目的巨额投资刷新了中外合资企业的投资规模记录。

壳牌公司、中海油和广东省投资发展公司合资成立的项目公司——中海壳牌石油化工有限公司（简称"中海壳牌"）宣称，中海壳牌南海项目所需资金的60%来自于项目融资。由于该项目的融资额度要比其他项目，如中石化与英国石油在上海的合资项目上海赛科BP、中石化与巴斯夫在南京的合资项目扬子—巴斯夫的融资额度大，因此财务顾问——意大利联合商业银行——建议采用如下的项目担保方式：

(1) 投资者担保逐级降低的担保方式。如果像上海赛科BP采取股东完全担保的方式，将会增加中海油和壳牌在或有负债❶方面的风险；而如果像扬子—巴斯夫那样采取完工担保的方式，但因石化产品不能像电力那样可以签署包销协议，银行涉及的风险太大。

---

❶ 所谓或有负债（contingent liability），是指过去的交易或事项形成的潜在义务，其存在须通过未来不确定事项的发生或不发生予以证实；或过去的交易或事项形成的现时义务，履行该义务不是很可能导致经济利益流出企业或该义务的金额不能可靠地计量。

因此最后中海壳牌南海项目采取了介于上述二者之间的一种妥协——投资者担保逐级降低——的担保方式。该种担保方式的具体内容如下：

1) 项目第一阶段，即项目建设期，预计工期 2.5 年。在该阶段项目没有现金流，投资者对银行贷款进行百分之百担保，或银行对项目投资者拥有完全追索权。项目建设期的结束，取决于物理实验、生产实验以及财务试验是否顺利通过。

2) 项目第二阶段，即项目完工到项目可以达到全部的生产能力，预计时间为 2~3 年。该阶段投资者对银行贷款的担保率下降到 50%。

3) 项目第三阶段，即项目公司开发市场、生产和销售等环节相互协调期间。该阶段投资者对银行贷款的担保率再次下降，为 35%。

4) 项目第四阶段，即项目完全走向正常经营阶段。该阶段投资者的担保责任将最终被取消，贷款全部由项目本身产生的现金流偿付。衡量这一阶段结束的标准，包括营运产量等生产性指标以及偿贷比等财务性指标，其中表征项目现金收益和当期要偿付的贷款之比的偿贷比，是最为重要的指标。

（2）出口信贷机构担保的方式。中海壳牌还采取了大型基建中常用的出口信贷机构担保方式，最后中标的 3 家机构为美国进出口银行、日本国际协力银行以及日本贸易保险公司。采用出口信贷机构担保，使投资者争取到了贷款期限长达 15.5 年的银行贷款，从而缓解了投资者的资金压力。

思考：

（1）本案例中采用的"投资者逐级担保降低"的方式与项目融资中主要的信用担保安排有所不同，请问项目融资中主要信用担保安排有哪些？

（2）由该案例可看出，影响项目资信结构设计的因素有项目融资额度和项目风险，除此之外，还有哪些因素影响项目资信结构的设计或选择？

第七章 项目融资结构

> **基 本 要 求**
>
> ◆ 掌握项目融资结构相关概念及其设计的目标、关键问题
> ◆ 掌握投资者直接安排融资和设立项目公司安排融资的特点
> ◆ 掌握融资租赁的概念和类型
> ◆ 掌握资产证券化的概念、运作程序和特点
> ◆ 熟悉产品支付和以"设施使用协议"为基础的融资模式的概念、运作程序和特点
> ◆ 熟悉杠杆租赁融资模式的运作程序和特点
> ◆ 了解设立专用融资公司的主要组织形式

第一节 项目融资结构设计目标和关键问题

一、项目融资结构概念

融资结构一词，含义极其丰富，迄今在学术界并未达成共识。在公司融资领域，有的学者认为融资结构即为资本结构，指企业在筹集资金时，由不同渠道取得的资金之间的有机构成及其比重关系；而有的学者则认为融资结构为融资方案，指不同融资方式的组合。在项目融资领域，融资结构含义更为广泛，指资金融通过程中资金、产权、合同和资产收益等要素的组合和构成，亦即是资金、投资和资信等子项结构所形成的组合和构成。项目融资结构的概念模型见图7-1。

与项目融资结构相类似的一词，还有项目融资模式。项目融资模式实质上也是"资金融通过程中资金、产权、合同和资产收益等要素的一种组合和构成"，但与项目融资结构存在差异。项目融资结构一般特指项目的具体融资方案，而项目融资模式是指一种"抽象的"结构，是指从项目融资实践中提炼、总结出来的，具有某种典型特征、且为业内普遍认同的融资范式（或结构），是解决项目融资结构设计问题的方法论。

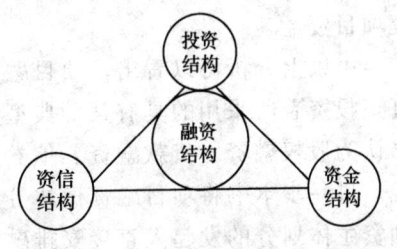

图7-1 项目融资结构概念示意图

因此，从这点意义上说，项目融资模式的选择是项目融资结构设计的核心工作。一般而言，选择项目融资模式应与项目投资结构设计同步考虑，并在确定项目投资结构的基础上，进一步精心选择项目融资模式，完善项目融资结构设计。

目前，许多项目融资教科书和相关文献从不同的角度介绍了诸多项目融资模式，本书将有关文献资料中出现过的一些项目融资模式归纳为以下4类：

(1) 按项目的融资主体划分，有发起人直接安排融资模式、设立项目公司安排融资模式和设立专用融资公司安排融资模式。

(2) 按项目资产权益转让关系划分，有BOT/PPP融资模式、杠杆租赁融资模式、资产证券化融资模式等。

(3) 按资金的来源划分，有股权融资模式、债券融资模式和贷款融资模式。

(4) 按融资的信用保证结构的形式划分，有"设施使用协议"项目融资模式、"生产支付"项目融资模式、"黄金贷款"项目融资模式等。

上述分类中的项目融资模式是多种多样的，而且对同一个项目、相同的资金来源，但从不同的角度去理解，项目融资模式可能也会不同。例如，采用"建设—经营—转让"方式开发的基础设施项目，对于政府来说是一种被称为BOT/PPP的项目融资模式，但是筹集"BOT/PPP"项目建设资金是由获得政府特许经营权的私有企业负责，它除了采用股权融资外，还采用贷款融资、债券融资等多种融资模式。又如"设施使用协议"项目融资模式，它是以一种由借款人（项目投资者）与项目（产品）使用者（或购买者）签订的"无论使用（提货）与否均需付款"性质的协议为基础进行项目融资的，"设施使用协议"在项目融资中的作用是"担保"，但是对于未来现金流量预测不太稳定的项目，这种形式的担保是借款人获得银行贷款的关键；显然，由于信用担保的突出地位，业内人士将这种项目融资称为以"设施使用协议"为基础的项目融资模式。再如资产证券化融资模式，其本质是债券（或权益）融资，但是对于一个实力不太强、资信评级不高的项目投资者发行项目债券是不现实的，因此，它将项目资产权益转让给资信评级较高的特别机构（SPV），由SPV在资本市场上大量发行成本较低的项目债券，并按项目资产权益转让合同的约定向项目投资者（原始权益人）支付债券资金，从而后者达到项目融资的目的。同样，对于杠杆租赁融资模式，项目投资者（原始权益人或承租人）通过项目资产权益转让，由项目出租人筹集项目建设资金，并将建成的项目资产租赁给承租人使用。这对于项目投资者来说是通过租赁方式获得项目资金，对于出租人来说，他可能采用有限追索性质或无追索性质的银行贷款、公司债券等方式来为项目筹集资金，也有可能采用传统的公司融资方式筹集项目资金。

由以上分析可以看出，项目融资模式的定义不在于项目资金的来源，而在于项目的真正投资者所采用的具有某种典型特征的融资方式及其运作程序。鉴于这样的认识，本书认为股权融资、贷款融资、债券融资并不是融资模式，而是项目资金的来源或筹资方式。进一步本书将项目融资模式分为基本模式和经典模式两大类，其中基本模式包含按融资主体划分的发起人直接安排融资、设立项目公司安排融资和设立专用融资公司安排融资3种；经典模式包含基于租赁协议的融资租赁模式、基于"设施使用协议"的融资模式、生产支付融资模式、资产证券化融资模式、基于特许经营权的BOT/PPP模式和REITs模式等。

二、项目融资结构设计目标

对于项目投资者/发起人而言，项目融资结构设计的主要目标包括以下几方面。

第一节　项目融资结构设计目标和关键问题

1. 筹足项目所需资金

资金是项目实施最基本的要素，也是项目融资的最根本目标。因此，项目融资结构设计的最基本的目标是满足项目的资金需求。

2. 实现无追索或有限追索融资

实现融资对项目投资者的有限追索，是设计项目融资结构的目标之一。追索的形式和追索的程度，既取决于贷款银行对一个项目风险的评价以及该项目融资结构的设计，又取决于项目所处行业的风险系数、投资规模、投资结构、项目开发阶段、项目经济强度、市场安排以及投资者的组成、财务状况等多方面的因素。

3. 实现资产负债表外融资

资产负债率过高会影响公司的再融资能力，因此项目投资者/发起人希望当前项目的债务能够设计成为公司表外负债，从而不会过多影响其公司的再融资能力和可持续发展能力。也就是说，实现资产负债表外融资成为融资结构设计的目标之一。

4. 实现最优的风险—收益平衡

根据风险—收益平衡原则，高风险意味着高收益，也就是说如果项目投资者/发起人采用高风险的融资结构，可能就会要求高回报/利润。对于基础设施项目而言，这可能意味着服务的高收费，而高收费可能会削弱竞争能力，或者一旦东道国经济发展不好，消费者支付不起，高收费将难以维持，从而最终影响项目的收益水平。

与此同时，项目资金来源不同，其要求不同、风险不同、成本也不同。融资成本与风险是相关联的，成本最低并不等于最优。因此无论是收益角度还是成本角度，项目融资结构的设计应该考虑实现最优的风险—收益平衡。

但需要指出的是，由于风险大小难以准确估计，同时也因风险主体的承受能力有关，因此最优的风险—收益平衡是因人而异的。

三、项目融资结构设计的关键问题

1. 如何提高项目资信

项目融资的资信涉及股本资金的数量、项目的收益和信用支持。一是在正常情况下，项目的收益是否足以偿还债务。股本资金比例越高，则偿债压力越小；项目本身收益越高，则其偿债能力越强；如果债权人可以合理掌控项目的现金流，则可以进一步提高项目的资信。二是在项目收益以外，能否找到强有力的信用支持，包括项目投资者/发起人的信用支持和第三方的信用支持。这时的问题是如果获得强有力的外部信用支持，如何通过谈判来决定项目投资者和第三方担保人在融资中需要承担的责任和义务，以及需要提供担保的性质、金额和时间等条件。

2. 如何有机结合项目投资者的近期融资战略和远期融资战略

大型工程的项目融资一般都是5~10年的中长期贷款，有的甚至长达20年。在项目融资实践中，有的投资者出于远期的融资战略的考虑，愿意采用这种长期的融资安排；但有的投资者可能是由于对项目所在国或某个投资领域不十分熟悉，以及对项目风险和未来发展没有十分把握，或者也可能出于投资者在财务、会计或税务等方面的特殊考虑而采取的一种过渡性措施，因此他们的融资战略将会是一种短期战略。对于后者，一旦影响融资结构或选择融资模式的因素朝着有利于投资者的方向发生较大变化，他们就会希望通过重新安排融资结构，放松或取消银行对投资者的种种限制，以降低融资成本。这就是在项目融资中经常会遇到的"重新融资问题"。基于这一原因，在设计项目融资结构或选择项目融资模式时，投资者必须明确选择项目融资方式的目的以及日后有可能进行重新融资的问题。不同的项目融资结构在重新融资时的难易程度是有所区别的，有些结构比较简单，有些结构就会非常困难，例如以税务安排为基础的项目融资结构就属于后一类型。

3. 如何充分利用项目的税务亏损和实现表外融资

世界上多数国家都因为大型工程项目的投资大、建设周期长等问题而给予一些相应的鼓励政策，以及对企业税务亏损的结转问题给予优惠条件。融资结构应充分考虑对这些优惠条件的利用。但是世界上多数国家的税法规定对企业税务亏损的结转不是无限期的（个别国家例外），短则只有3～5年，长的也有10年左右时间，即企业的税务亏损可以结转到以后若干年使用，以冲抵公司的所得税。同时，许多国家政府为了发展经济制定了一系列的投资鼓励政策，这些政策也是以税务结构为基础的（如加速折旧）。大型工程项目投资，资本密集程度高，建设周期长，项目前期会产生数量十分可观的税务亏损。如何利用这些税务亏损降低项目的投资成本和融资成本，可以从项目的投资结构和融资模式两个方面着手考虑。但是，实际上项目投资结构在税务方面解决的是一个税务流向（或在项目投资者之间转移）问题，对于首次在一个国家开展业务的外国公司，或者对于一个短期内没有盈利的公司单纯解决了税务流向问题是不够的，还需要通过更为有效的融资结构设计和融资模式的选择来解决吸收税务亏损的问题，以降低项目的资金成本。如选择杠杆租赁项目融资模式可以较好地达到利用税务优惠、降低融资成本的目的。

通过选择项目融资模式和设计项目的投资结构，在一定程度上可以做到不将所投资项目的资产负债与投资者本身公司的资产负债表合并。但是，在多数情况下，这种安排只对合资项目中共同融资的某一个投资者有效。如果是投资者单独安排融资，通过项目融资模式的选择，可以实现投资者的非公司负债型融资的目的。例如，在项目融资中可以把一项贷款或一项为贷款提供的担保设计成为"商业交易"的形式，按照商业交易来处理，既实现了融资的安排，也达到了不把这种贷款或担保列入投资者的资产负债表的目的，因为按照国际通行的会计制度，贷款或提供担保必须反映在债务人的资产负债表上（或在资产负债表的注释中说明），而商业交易则不必进入资产负债表，这样就可以不影响提供贷款或担保人的信用地位。

4. 如何合理分担项目风险

保证投资者不承担项目的全部风险责任是设计项目融资结构或选择项目融资模式必须考虑的问题。减少项目投资者承担项目风险责任的关键是如何在项目参与者和与项目利益相关的第三方之间合理地分配项目风险。项目在不同阶段中的各种性质的风险有可能通过合理的融资结构设计和融资模式的选择得以分散。虽然从借贷关系来看，项目投资者要承担项目建设期和试生产期的全部风险，但是，通过选择合理的项目发包方式，业主获取承包商提交的履约保证金或由银行出具的履约保函，将项目建设期的大部分风险［工期拖延、工程质量和全部（或部分）费用超支风险］转移给项目承包商。在项目建成投产以后，投资者所承担的风险责任将有可能被限制在一个特定的范围内，如投资者有可能只需要以购买项目全部或者绝大部分产品的方式承担项目的市场风险,而贷款银行则有可能同样要承担项目的一部分经营风险。这是因为即使项目投资者以长期协议的形式承购了全部的项目产品,对于贷款银行来说仍然存在两种可能的潜在风险:第一,国际市场上同类产品的价格有可能出现过低的情况,致使项目现金流量不足;第二,有可能出现项目产品购买者不愿意或者无力继续执行产品销售协议而使项目产品滞销。这些潜在问题所造成的风险是贷款银行必须承担的,除非贷款银行可以从项目投资者处获得其他的信用保证支持。

项目融资模式的选择也要充分考虑分散项目生产期的风险,如寻求一个强有力的项目产品需求方,投资者与其签订一个具有无论提货与否都要付款的协议,并取得贷款银行的认可,以此作为项目融资的基础,这样,项目生产期的经营风险有可能在投资者、产品购买者和贷款银行之间进行合理分配。

项目风险的分担同样离不开投资结构的支持。例如,在合资项目中,主要投资者通过引入一些项目产品的需求者作为小股东,以保证一部分项目产品市场,分散市场风险。

第二节　项目融资基本模式

一、投资者直接安排融资

投资者直接安排融资模式,简称直接融资模式,是指项目投资者/发起人直接以自身的名义与贷款银行(团)签署贷款协议,并承担融资安排中相应的责任和义务的一种项目融资模式。比如在非公司型契约投资结构中,项目投资者(≥1人)通过合作协议设立的项目管理机构或公司,通常只具有项目管理的职能,而不具备投融资主体的职能,而项目投资者由于各自直接拥有一定比例的项目资产和项目产品(项目产品可分割),因此,项目投资者可以直接以自身的名义直接安排融资,并直接承担投融资安排中相应的责任和义务。

1. 直接融资的典型结构

在直接融资安排上,主要有两种操作思路:一是统一安排融资,即由所有的项目投资者与同一贷款银行(团),采用统一的贷款协议条件,分别签订贷款协议;二是各自安排融资,即项目投资者各自寻找自己的贷款人,各自进行贷款谈判,各自与自己的贷款人签订贷款协议。在项目产品处理方面也有两种选择:一是统一销售,即由设立/委托的项目管理公司负责市场销售,项目投资者按比例获得销售收入;二是各自销售,项目投资者按比例获得产品,各自负责处理。上述融资安排和产品处理方式结合起来,可形成4种直接融资安排模式,见表7-1。

表7-1　　　　　　　　　　直接融资的4种典型结构

产品销售形式	形　　式	
	统一安排	各自安排
统一销售	统一安排融资、统一销售	各自安排融资、统一销售
各自销售	统一安排融资、各自销售	各自安排融资、各自销售

下面仅以统一安排融资并统一销售、各自安排融资且各自销售两种典型结构为例介绍其具体的操作过程。

(1) 统一安排融资并统一销售的融资模式。如图7-2所示，统一安排融资并统一销售融资模式的具体操作过程可归纳如下：

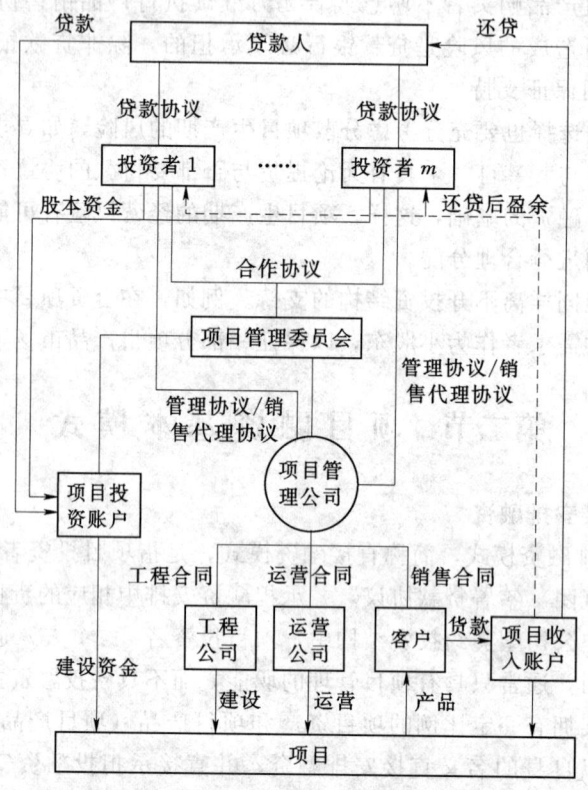

图7-2 统一融资且统一销售的直接融资模式

1) 项目投资者通过签订合作协议成立非公司型合资结构，并成立项目管理委员会作为最高权力机构。部分或全部项目投资者出资新成立一个项目管理公司，并与之签订项目管理协议/销售协议，抑或与市场上一家具有丰富经验的项目管理公司签订项目管理协议/销售协议。按照协议规定，项目管理公司负责项目的建设和生产经营。

2) 按照合作协议规定，设立项目投资账户，项目投资者分别按规定的比例投入自有资金，并统一面向同一贷款人（银团）安排融资。但是每个投资者独立地与贷款人签署贷款协议，筹集协议规定份额的项目建设资金和流动资金，投资者之间没有连带责任。

3) 根据管理协议，项目管理公司代表投资者与工程公司签订工程建设合同，监督项目的建设，工程费用由项目投资账户支付。

4) 根据合作协议规定，设立项目收入账户；项目管理公司负责项目的生产管理，并根据销售代理协议，代理销售项目产品，销售收入进入项目收入账户。项目收入按照事先规定顺序使用。一般而言，项目收入使用的优先顺序为：项目的生产费用和资本再投入、偿还贷款银行的到期债务、分配盈余资金。

(2) 各自安排融资且各自销售的融资模式。如图 7-3 所示，各自安排融资且各自销售融资模式的具体操作过程可归纳如下：

1) 项目投资者通过签订合作协议成立非公司型合资结构，并成立项目管理委员会作为最高权力机构。部分或全部项目投资者出资新成立一个项目管理公司，并与之签订项目管理协议，抑或与市场上一家具有丰富经验的项目管理公司签订项目管理协议。按照协议规定，项目管理公司负责项目的建设和生产经营。

2) 项目管理公司代表投资者安排项目的建设和生产，组织原材料供应，但不负责产品的销售，只是根据投资比例将项目产品分配给项目投资者。

3) 按照合作协议规定，设立项目投资账户，项目投资者分别按规定的比例投入自有资金，并根据各自财务情况自行安排融资，并分别与不同贷款人（银团）签署贷款协议，筹集协议规定份额的项目建设资金和流动资金，投资者之间没有连带责任。同时投资者按照协议规定直接支付自身承担的生产费用。

4) 项目投资者按照合作协议规定，各自获得相应比例的项目产品，并通过自身渠道独立进行市场销售，或者直接由项目投资者按照事先签订的"无论提货与否均需付款"性质的合同规定购买项目产品。根据投资者与贷款人之间的现金流量管理协议，产品销售收

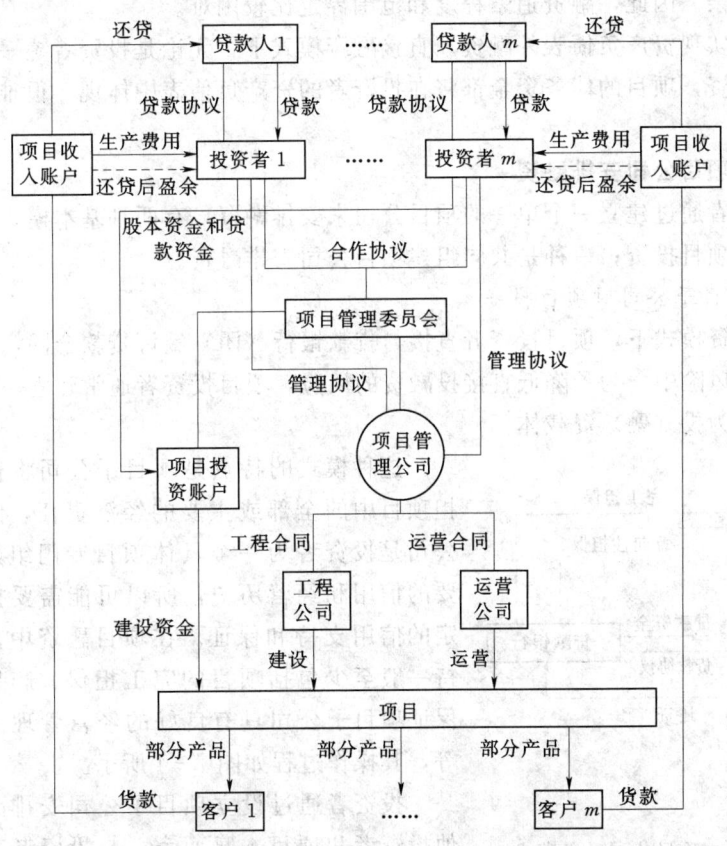

图 7-3 各自安排融资且各自销售的直接融资模式

入进入贷款人的监控账户，并按照事先规定的优先顺序进行分配。

2. 直接融资模式的特点

（1）便于项目投资者灵活的安排融资结构及融资方式。一方面，在直接融资模式下，不同投资者具有较大的空间进行融资策划，投资者可以根据自身投资战略需要，在多种融资方式、多种资金来源方案之间进行选择和合并，从而得到最优融资结构；另一方面，项目投资者可以根据项目的经济强度和本身的资金状况较灵活地安排债务比例。

（2）有利于投资者进行税务方面的安排，降低融资成本。在直接融资模式下，项目投资者可以直接拥有项目资产并控制项目的现金流量投资结构，即项目收入可与投资者其他收入合并纳税，因而可以充分地利用项目的税务亏损或优惠来降低融资成本。

（3）可以灵活运用投资者的资信等级，降低融资成本。对于贷款银行来说，同样是有限追索的项目融资，投资者资信等级越高，意味着风险相对越低，因而可以获得成本相对较低的贷款资金。

（4）实现有限追索的融资安排相对复杂。通常情况下，项目投资者在信誉、财务状况、市场销售和生产管理能力等方面不一致，以及项目资产的不可分割性，导致直接融资模式下，不同投资者以项目资产和现金流量作为融资担保（抵押或质押）的难度较大。同时，要划清不同投资者在项目中承担的融资责任和投资者其他业务之间的界限，在实务操作上也较为复杂。因此，融资追索程度和范围界定比较困难。

（5）不易实现资产负债表外融资。直接融资模式下，无论是投资者统一安排融资，还是各自安排融资，项目的债务资金都将在投资者的资产负债表中体现，很难将融资安排成为表外融资。

二、设立项目公司安排融资

项目投资者通过建立一个单一的项目公司来安排融资，有两种基本模式：一种是设立项目子公司对项目投资；一种是共同组建项目公司安排融资。

1. 设立项目子公司对项目投资

在直接融资模式下，项目投资者直接与贷款银行（团）签订贷款合同，从而使自身完全暴露在投资风险中。为了降低直接投融资的风险，项目投资者通常建立一个单一目的的项目子公司作为投（融）资载体。

这种模式的特点是项目子公司将代表投资者承担项目中的全部或主要的经济责任，但是由于该子公司是投资者为一个具体项目专门组建的，缺乏必要的信用和经营历史，所以可能需要投资者提供一定的信用支持和保证。在项目融资中，这种信用支持一般至少包括项目的完工担保、产品购买担保和保证项目子公司具有良好的经营管理的意向性担保等，其操作过程如图7-4所示。

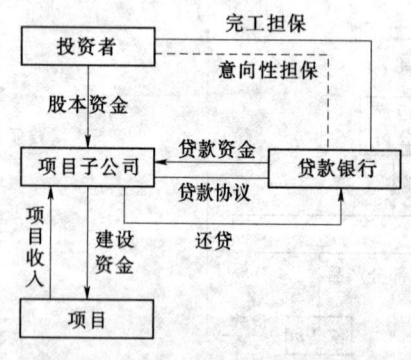

图7-4 设立项目公司融资模式

投资者通过设立项目子公司安排融资，对于其他投资者和项目本身而言，与投资者直接安排融资几乎没有区别，但对于项目投资者本身而言，却有

一定差别,表现如下:

(1) 容易划清项目的债务责任。贷款银行的追索权只能涉及项目子公司的资产和现金流量,其母公司除提供必要的担保以外不承担任何直接的责任,融资结构较投资者直接安排融资要相对简单清晰一些。

(2) 项目融资有可能被安排成为资产负债表外融资。

(3) 在税务结构安排上的灵活性可能差一些,但这也不一定就构成这种融资模式的缺陷,这取决于各国税法对公司之间税务合并的规定。

2. 共同组建项目公司安排融资

项目投资者共同投资组建一个单一目的的项目公司(有限责任公司或股份有限公司),由该项目公司负责项目的开发建设和运营,即负责项目的融资、建设和运营,是项目融资中较为普遍的做法,如图7-5所示。

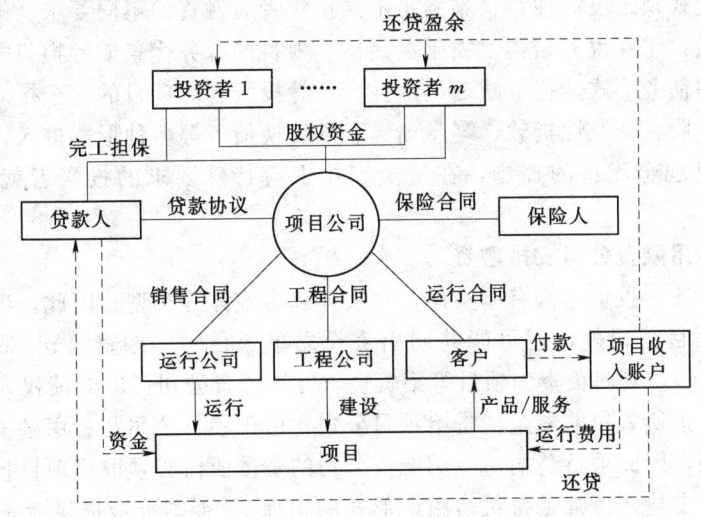

图 7-5 共同组建项目公司安排项目融资结构图

由图7-5可看出,项目具有投资主体、融资主体和管理主体的三重角色。其操作过程如下:

(1) 项目投资者根据股东协议组建项目公司,并注入一定的股本资金。

(2) 项目公司作为独立的生产经营者,签署一切与项目建设、生产和市场有关的合同,安排项目融资,建设经营并拥有项目。

(3) 项目融资安排在对投资者有限追索的基础上。在项目建设期间,投资者为贷款银行提供完工担保。完工担保是通过设立项目公司安排融资模式中很关键的环节。由于项目公司的弱点是除了正在安排融资的项目之外没有任何其他的资产,也没有任何经营历史,所以投资者必须承担一定的担保责任,而完工担保是应用最普遍的一种。在项目生产期间,项目融资可以安排成为无追索贷款。

(4) 项目产品销售收入及其他收入产生的现金流量,在支付项目的生产费用和资本再投入后,偿还贷款人的到期债务,盈余资金作为项目公司的利润,以红利或股息的形式返回给项目投资者。

3. 设立项目公司安排融资的特点

此处以共同组建项目公司安排融资这种模式为代表，阐述其特点。

(1) 项目公司直接控制项目的现金流量和拥有项目整体资产，可以项目整体资产和现金流量作为融资的抵押和信用保证，这种做法较易为贷款银行接受，法律结构相对比较简单。

(2) 项目的融资风险和经营风险大部分限制在项目公司，项目投资者承担有限责任。这使得项目融资容易被安排在对项目投资者进行有限追索甚至无追索的基础之上，也容易实现投资者的资产负债表外融资。

(3) 如果项目投资者中有信誉良好的大型跨国公司，则可以利用这些大型跨国公司在管理、技术、市场和资信等方面的优势，为项目获得一些小公司无法得到的贷款优惠条件。

(4) 融资模式缺乏灵活性，很难满足不同投资者对融资的不同要求。缺乏灵活性主要表现在两个方面：①在税务结构上缺乏灵活性，项目的税务优惠或亏损只能保留在项目公司中应用；②在债务形式选择上缺乏灵活性，虽然投资者对项目的资金投入形式可以选择以普通股、优先股、从属性贷款、零息债券、可转换债务等多种形式进入，但是，由于投资者缺乏对项目现金流量的控制，在资金安排上有特殊要求的投资者就会面临一定的困难。

三、设立专用融资公司安排融资

如第三章所述，投资结构有单实体、双实体和多实体等类型，因此，项目投资者除了共同出资组建项目公司外，还可能共同出资设立单一目的的融资公司（special purpose funding company），专门负责为项目筹集资金。专用融资公司可以向债权人借贷或发行债券和股票，然后把所筹集的资金转贷给项目公司。由于项目公司和专用融资公司都是由项目投资者组建的，因此项目公司与专用融资公司的贷款协议必须取得项目投资者或第三方金融机构的担保支持（通常是备付信用证形式的担保），否则资金提供者不愿向专用融资公司提供资金。专用融资公司可以是普通的公司或合伙制结构，也可以是信托公司或信托基金组织。

设立专用融资公司安排融资就是把融资的职能从项目公司的职能中分离出来，使项目公司专注于项目的管理工作，因而比较适合吸收社会公众的资金。

设立专用融资公司安排融资的融资结构框架可参见第三章中的双实体或多实体投资结构示意图（图3-3）。

第三节 项目融资经典模式

一、以"设施使用协议"为基础的融资模式

1. 以"设施使用协议"为基础的融资模式的概念

以"设施使用协议"为基础的项目融资模式，是指围绕着一个工业设施或者服务性设施的使用协议作为主体安排项目融资。这种"设施使用协议"，在工业项目中也称为"委托加工协议"，是指在某种工业设施或服务性设施的提供者和这种设施的使用者之间达成

的一种具有"无论提货（使用）与否均需付款"性质的协议。以"设施使用协议"为基础安排项目融资，其成败的关键在于项目设施的使用者能否提供一个强有力的具有"无论提货（使用）与否均需付款"性质的承诺。这种承诺要求项目设施的使用者，在项目融资期间，不管是否真正地利用了项目设施所提供的服务，都得向设施的提供者无条件地定期支付预先确定数额的项目设施使用费。项目设施使用费在理论上要足以能够支付融资期间项目的生产运营成本和偿还债务，因此至少需要考虑以下三个方面：一是生产运营成本和资本再投入费用；二是融资成本，即项目融资的本金和利息的偿还；三是投资者的收益，在这方面的考虑较前两方面要灵活一些，可以根据投资者股本资金的投入数量和投入方式作出不同的结构安排。

在项目融资中，这种无条件承诺的合约权益，即获得项目设施使用费的权益将被转让给提供贷款的银行，与项目投资者提供的完工担保一同构成项目信用保证结构的主要组成部分。

以"设施使用协议"为基础的融资模式，主要应用于石油、天然气管道项目，发电设施，某种专门产品的运输系统以及港口、铁路设施等带有服务性质的项目。20世纪80年代以来，在很长一个时期内，由于国际原材料市场不景气而导致与原材料有关的项目投资风险过高，包括工业国家在内的公司、财团对这一领域的新项目投资都持相当谨慎的态度，因此这种融资模式开始被引入工业项目中。

2. 以"设施使用协议"为基础的融资模式的运作

下面以一案例说明以"设施使用协议"为基础的融资模式的运作过程。

几个投资者准备以非法人式契约型合资结构的形式在某国著名铁矿区投资兴建一个大型的铁矿开发项目。由于该地铁矿石质地优良，该项目与国外一些著名钢铁公司订有长期的铁矿石供应协议。但是，由于当地港口运输能力不够，严重影响项目的生产和出口。于是，铁矿开发项目的几个投资者决定对港口进行扩建，以扩大港口的出口能力。但铁矿开发项目的投资者或者出于本身财务能力的限制，或者出于发展战略上的考虑，不愿意单独承担起港口的扩建工作。项目投资者希望铁矿石买方能够共同参与港口的扩建工作，然而，买方出于各种考虑也不愿意进行直接的港口项目投资。经过谈判，铁矿项目投资者与主要铁矿石客户等各方共同商定，利用"设施使用协议"作为基础安排项目融资来筹集资金扩建港口。

其具体操作步骤如下：

（1）签订"设施使用协议"。铁矿开发项目的投资者与作为项目铁矿石买方的国外钢铁公司谈判达成协议，由铁矿石买方联合提供一个具有"无论提货（使用）与否均需付款"性质的港口设施使用协议。协议规定，一旦港口扩建成功，铁矿石买方就定期向港口的投资者支付规定数额的港口使用费作为项目融资的信用保证。由于签约方是实力雄厚的钢铁公司，这个协议能够为贷款银行所接受。对于实力较小的公司，则可能还需要银行的担保信用证。理论上，项目设施的使用费在融资期间应能够足以支付港口项目的生产经营成本、项目债务本息和投资者合理的收益。

（2）组建项目管理公司。铁矿开发项目投资者在取得买方的港口设施使用协议及铁矿的长期销售合约后，投资组建一个港口运输管理公司，负责拥有、建设、经营整个铁矿运输港口系统。由于港口的未来吞吐量及其增长有协议保证，港口经营收入也相对稳定和有保障，所以铁矿开发项目的投资者可以将新组建的港口运输管理公司的股票发行上市，公开募集当地政府、机构投资者和公众的资金作为项目的主要股本资金。

(3) 公开招标选择项目承包商。中标的承包商必须具备一定标准的资信和经验，并且能够由银行提供履约担保。港口运输管理公司要与中标的工程承包商签订"交钥匙"工程建设合同。

(4) 构建项目融资的信用保证框架。铁矿项目投资者将"港口的设施使用协议"转让给新组建的港口运输管理公司，港口运输管理公司以该协议和工程承包商的承建合同以及其提供的工程履约担保作为融资的主要信用保证向贷款银行取得融资。

上述案例中，以"设施使用协议"为基础的项目融资模式中各方的关系见图7-6。对于作为铁矿石客户的国外钢铁公司而言，只需承诺正常使用港口设施和支付港口使用费的义务，与直接参与港口的扩建投资相比，避免了投资风险；对于铁矿项目的投资者来说，在完成了港口的扩建工作的同时，避免了大量的资金投入，有效地将港口项目的风险分散给了与项目有关的用户、工程承包商以及其他投资者，更重要的是通过这一安排保证了铁矿项目的长期市场。通过这一案例，也可以进一步理解市场安排在项目融资中所起到的关键性作用。

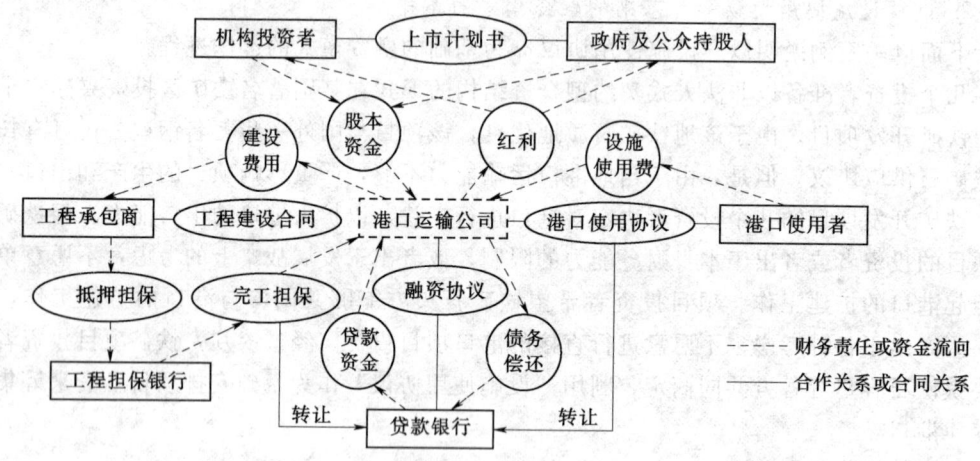

图7-6 以"设施使用协议"为基础的项目融资模式

3. 以"设施使用协议"为基础的融资模式的特点

(1) 在投资结构的选择上比较灵活，既可采用公司型合资结构，也可采用契约型合资结构、合伙企业结构，按照项目性质、项目投资者和设施使用者的类型及融资、税务方面的要求，设计相应的投资结构。

(2) 适用于基础设施项目。使用该融资模式时，项目的投资者可以利用与项目利益有关的第三方，即项目设施使用者的信用来安排融资，分散风险，节约初始资金的投入，因而特别适用于资本密集、收益相对较低但相对稳定的基础设施项目。

(3) 采用该种模式进行的项目融资活动，在税务结构处理上比较谨慎。这突出表现在虽然国际上有些项目将拥有设施使用协议的公司利润水平安排在损益平衡点上，以达到转移利润的目的，但有些国家的税务制度在这一方面有一定的规制要求。

二、产品支付模式

产品支付（production payment）融资模式，亦称生产支付融资模式，是指建立在贷款银行从项目中购买某一特定矿产资源储量的全部或部分未来销售收入权益的基础上的融资安排。根据"产品支付协议"，贷款银行远期购买项目全部或一定比例的资源储量或未来生产的资源性产品产量，这部分资源储量或产量的收益将作为项目融资的主要偿债资金来源。因此，产品支付的融资安排是贷款银行通过直接拥有项目的产品和销售收入，而不是通过抵押或权益转让的方式来实现的。

产品支付融资模式是项目融资的早期模式之一，起源于20世纪50年代美国的石油、天然气项目的融资安排，后被广泛运用到各种矿产资源开发项目中。一般来说，产品支付融资模式适用于资源储量已经探明并且项目生产的现金流量能够比较准确预测的资源开发项目。

1. 产品支付融资模式的运作

通常情况下，以产品支付融资模式的基本运作思路见图7-7，具体如下：

（1）贷款银行或项目投资者建立一个"融资的中介机构"，由该机构与项目公司签订"产品支付协议"（有时还要签订"销售代理协议"），从项目公司购买一定比例的项目资源储量或未来生产的资源性产品产量，作为项目融资的基础。

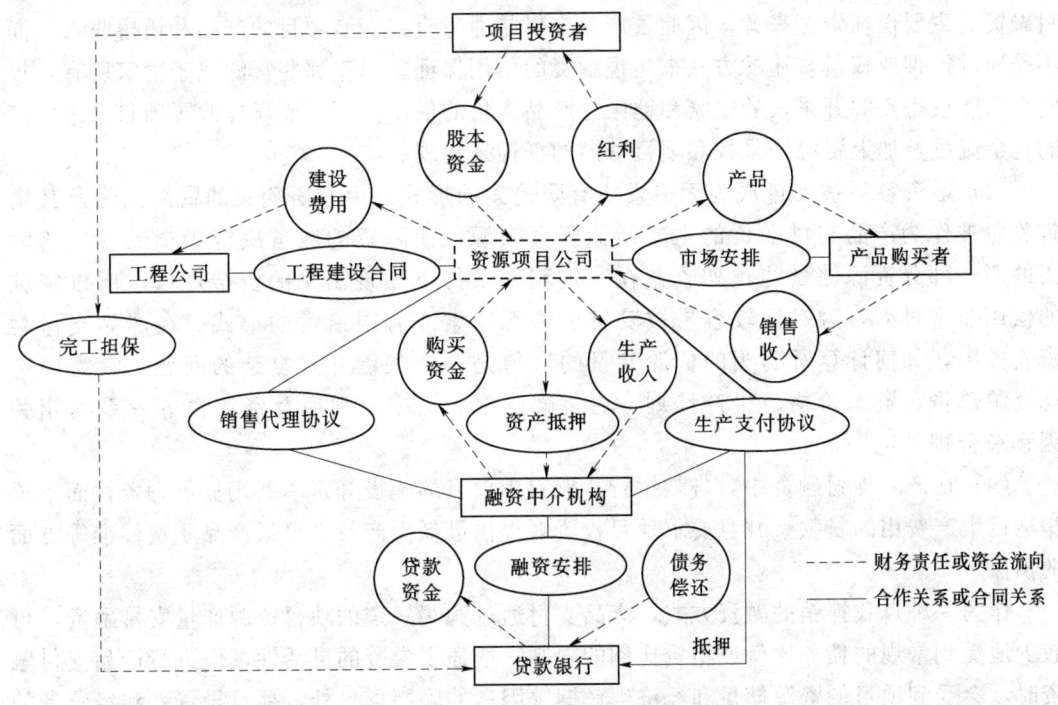

图7-7 生产支付融资模式

(2) 根据产品支付协议，融资中介机构以支付产品"购货款"的形式为项目公司融资，提供项目的建设和资本投资资金，而项目公司则承诺按照一定的价格计算公式安排产品支付。产品的定价要在产品本身价格的基础上考虑到"利息"因素。同时，融资中介机构要求以项目固定资产抵押和完工担保作为项目融资的信用保证。

(3) 融资中介机构以产品支付协议规定的产品销售收入权益为抵押，从贷款银行处获得用于向项目公司支付购买协议规定比例或数量的资源性产品的资金。

(4) 在项目进入生产期后，如果签订了销售代理协议，项目公司将作为融资中介机构的代理销售其产品，销售收入直接进入融资中介机构用以偿还债务；若没有销售代理协议，则融资中介机构要在市场上直接销售产品或销售给项目公司或其他相关公司，以销售收入偿还从贷款银行处借入的"购货款"。

实际上，产品支付融资模式中贷款银行也可以直接安排融资而不利用融资中介机构。但是，利用融资中介机构有利于贷款银行将一些由于直接拥有资源或产品而引起的责任和义务（例如环境保护责任）限制在融资中介机构内，并且在信用保证结构上，利用融资中介机构比直接安排融资时简单。因此，产品支付融资在大多数情况下都会设立一个融资中介机构。

2. 产品支付融资模式的特点

(1) 信用保证结构较其他融资方式独特。产品支付的融资安排是建立在贷款银行购买某一特定矿产资源储量的全部或部分未来销售收入权益的基础上的。在这一安排中，提供融资的贷款银行从项目中购买到一个特定份额的生产量，这部分生产量的收益也就成为项目融资的主要偿债资金来源。因此，产品支付是通过直接拥有项目的产品和销售收入，而不是通过抵押或权益转让的方式来实现融资的信用保证。对于那些资源属于国家所有，投资者只能获得资源开采权的国家和地区，产品支付的信用保证主要通过购买项目未来生产的现金流量，加上资源开采权和项目资产的抵押来实现。

(2) 融资容易被安排成为无追索或有限追索的形式。由于所购买的资源储量及其销售收益被作为产品支付融资的主要偿债资金来源，而融资的数量决定于产品支付所购买的那一部分资源储量的预期收益在一定利率条件下贴现出来的资金现值。所以贷款的偿还非常可靠，融资比较容易被安排成为无追索或有限追索的形式。在产品支付融资安排中，如何计算所购买的资源储量的现值是一个关键并且复杂的问题。它需要考虑资源总量、资源价格、生产计划、通货膨胀率、汇率、利率及资源税等一系列相关因素来合理确定。

(3) 在产品支付融资中，贷款银行一般只为项目的建设和资本费用提供融资，而不承担项目生产费用的贷款，并且要求项目投资者提供最低生产量、最低产品质量标准等方面的担保。

作为一种自我摊销的融资方式，产品支付通过购买一定的项目资源产量安排融资，可较少地受到常规的债务比例或租赁比例的限制，增强了融资的灵活性，但进行产品支付融资时，会受到项目的资源储量和经济生命期等因素的限制。另外，项目投资者和经营者的素质、资信、技术水平和生产管理能力也是进行产品支付融资设计时不容忽视的重要方面。

第三节 项目融资经典模式

【例 7-1】 Pioneer 自然资源公司的产品支付融资。

为了增强公司的财务弹性（financial flexibility），以便进行更多自然资源的开发利用，2005 年，Pioneer 自然资源公司运用产品支付融资模式筹措了 30 亿美元的资金，这也是 Pioneer 自然资源公司的第三次产品支付融资。在该次产品支付融资中，Pioneer 公司以贴现率 5.2%，按每桶 41 美元的价格或按调整公司经营成本后，每桶约 34 美元的价格出售了与 730 万桶石油等量（barrels oil equivalent，BOE）的产品，该出售量不到公司已证实总储量的 1%。

在第三次产品支付融资中，Pioneer 公司在特定时期内，出售了 Spraberry 油田一定比例的天然气和石油的特许权利益，即出售了 5 年内的石油产品，始于 2006 年 1 月 1 日；同时出售了 32 个月内的天然气产品，始于 2005 年 5 月 1 日。该次产品支付中所出售的产品不到 Spraberry 油田在产品支付融资期间产量的 20%，约为 Spraberry 油田已证实储量的 2%。产品支付融资期间，石油和天然气产品的出售计划和相应的递延收入（deferred revenue）摊销，见表 7-2。

表 7-2　　　　　　　　　　产品支付融资计划

年份	石油产品 /($\times 10^6$ 桶)	天然气产品 /($\times 10^9$ m³)	销售产品总量 /($\times 10^6$ 桶)	递延收入 /($\times 10^6$ 美元)
2005	—	1.6	0.3	10
2006	1.4	2.3	1.8	73
2007	1.3	2.1	1.7	68
2008	1.2	—	1.2	52
2009	1.2	—	1.2	50
2010	1.1	—	1.1	47
合计	6.2	6.0	7.3	300

Barclays 银行投资部安排或提供资金给产品支付的购买者——融资中介机构。对于 Pioneer 公司的长期资产而言，产品支付是一种极其有效的货币化策略，这是因为产品流和相关经营成本的可预测性。产品支付交易允许 Pioneer 公司以较低的贴现率提前获取收入，而同时能降低产品价格和利率风险。

出于会计信息披露的目的，Pioneer 公司资产负债表上公司的产品和储量将减少产品支付融资中出售的石油和天然气产品数量，而销售收入记为递延收入。在产品支付融资期间，递延收入将被分摊到各期，并被记为非现金石油和天然气收入。由于产品支付中出售的石油和天然气产品数量并未在总产量中反映，因此导致每桶石油和天然气收入上升。因为 Pioneer 公司承担了所有的经营成本和折旧，而且由于产品支付融资中出售的产品并未包括在总产量或已证实的储量中，所以与石油和天然气产品销售有关的损耗和分摊成本，当按每 BOE 计算时，将会提高。相应地，由于销售收入被用于偿还未偿债务，因此利息支出将减少。

产品支付融资中所获得收入并不是立刻要纳税，而是被包含在整个产品支付融资期间的应纳税收入中。

（资料来源：http://www.Rigzone.com）

三、融资租赁模式

1. 融资租赁模式发展沿革

租赁自古就有之,但融资租赁以 1952 年 5 月美国人 H. 叙思费尔创立的美国租赁公司位标志首次出现,自此发展迅猛,成为了现代租赁制度的核心内容。全球融资租赁业的交易规模整体上呈现增长态势。1980—2019 年期间,全球融资租赁交易规模从 636 亿美元增长到 13623.8 亿美元,期间有四轮交易规模增长率下降的时期,尤以 2008 年美国次贷危机后 2009 年下降最为厉害,该年度全球融资租赁交易规模为 5574 亿美元,但之后连续 10 年保持增长态势。根据怀特克拉克集团(White Clarke Group)对 2019 年全球融资租赁业统计,从全球区域看,北美洲、欧洲和亚洲地区的融资租赁市场份额之和占全球 96% 以上,其中北美地区占全球的 37.4%,欧洲地区占 32.9%,亚洲地区约占 26.1%。从国别看,美国、中国、英国、德国和日本位列前 5 名。

我国融资租赁业始于 1981 年,其发展进程与我国改革开放基本同步,可以划分为萌芽、停滞、整顿和发展完善 4 个阶段,详见表 7-3。

表 7-3　　　　　　　　　　我国融资租赁业发展历程

阶　段	标 志 性 事 件
萌芽阶段 (1981—1987 年)	1981 年 4 月,中国国际信托投资公司、北京机电设备公司和日本东方租赁公司共同创办中国东方租赁有限公司,标志着中国现代融资租赁业务正式起步。之后短短几年间,国内融资租赁行业迅速发展
停滞阶段 (1988—1998 年)	20 世纪 80 年代中国经济制度处于转轨时期,1988 年颁布的《全民所有制工业企业法》明确规定"国家机关、行政主管部门不能提供担保"。该条法律的出台意味着出租方权益不再得到保障,由于经营困难,很多企业开始出现破产、倒闭情况
整顿阶段 (1999—2003 年)	《合同法》中明确将融资租赁纳入法律条款,标志着中国融资租赁业法律制度的正式建立。此后《企业会计准则——租赁(2001)》《金融租赁公司管理办法(2000 年)》等文件出台,促进了中国融资租赁行业的逐步恢复与发展
发展完善阶段 (2004—　)	该阶段一系列政策法规的出台完善了融资租赁行业准入及监管制度,并确定融资租赁公司的三大分类:金融租赁公司、外商投资公司和内资公司,国内融资租赁行业快速发展,并逐步完善

图 7-8 显示了我国 2012—2021 年间融资租赁合同余额情况,图 7-9 显示了不同类型公司融资租赁合同余额情况。

2. 租赁与融资租赁的概念

(1) 租赁的概念。租赁(lease)是指将物品借与他人使用而获取一定报酬的活动,也即是收取或支付租金融通资产使用权的一种交易方式,这是将租赁视为一种交易的观点。但目前中外会计准则的共识是将租赁视为一种协议,认为租赁是在一定时期内让与某项资产使用权以换取一项或一系列支付的协议。任何租赁协议皆包括两个当事人:承租人(lessee)和出租人(lesser)。对于承租人而言,租赁最大的好处是在期初不需要支付所需资产(设备、工厂等)的全部资本开支便可获得该资产的使用权。由此,租赁增加了承租人经营的灵活性,改善了承租人的财务状况。

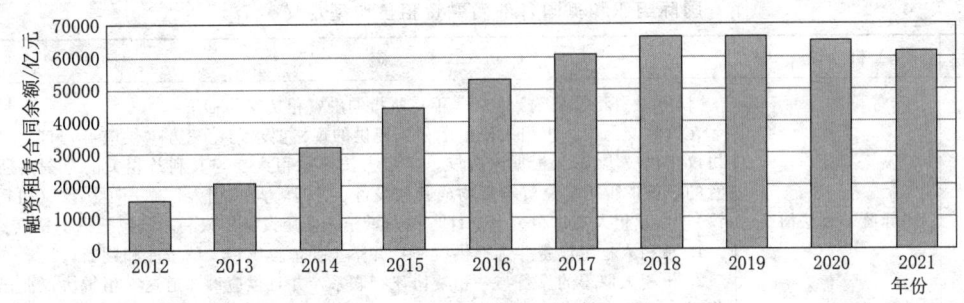

图 7-8 2012—2021 年我国融资租赁合同余额

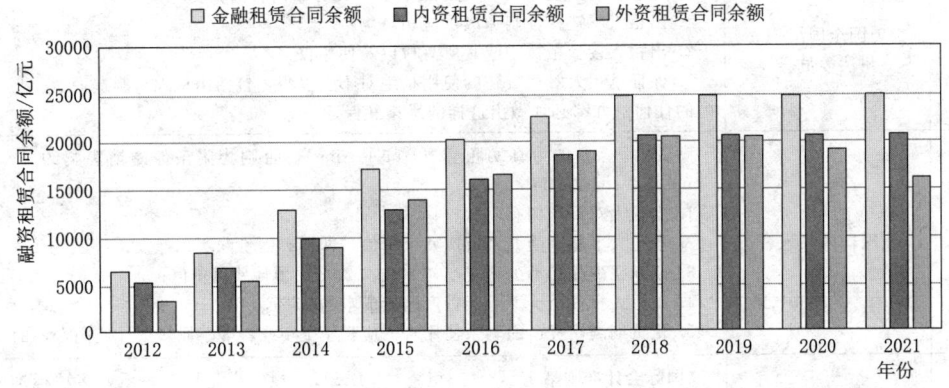

图 7-9 2012—2021 年我国不同类型公司融资租赁合同余额

租赁协议是出租人与承租人为租赁一定资产而明确相互权利和义务关系的一种法律文件，其具有与一般经济合同不同的特征，表现为：①租赁资产为特定物，即租赁资产必须是经过多次使用，只减少其价值而不能被消耗掉的资产，包括动产和不动产；②租赁协议是一种继续性合同，即在整个租赁期间持续存在合同关系；③租赁协议是关于资产使用的协议，租金是承租人为获得资产使用权而必须付出的代价。

租赁协议一般包括以下条款：①合同协议当事人；②租赁物件；③租赁期限及租赁期满后租赁物件的处理；④租赁物件的所有权；⑤租金及租赁保证金；⑥纳税；⑦租赁物件的保管、维修和保养；⑧租赁物件的灭失及损毁；⑨保险与担保；⑩违约的罚则及争议的处理等。此外，租赁协议还可能包括一些特殊条款，如对承租保障条款、转租赁条款等。

(2) 融资租赁的概念。迄今为止，融资租赁尚没有统一的定义，各国对融资租赁有不同的认识，即使是同一个国家之内，不同部门和专家学者对之也有不同的认识和解释。

1) 国际组织和美国各部门融资租赁定义及评价。表 7-4 列出了国际组织和美国各部门融资租赁定义。

由表 7-4 可看出，如果租赁期满承租人廉价购买资产，就会被美国国内收入署认为是附条件的销售契约，而不是真实租赁，显然这跟美国商法典规定并不一致。在很多领域，租赁期满租赁物转移给承租人，或者租赁物以名义价格转让给承租人，是融资租赁的标准。国际融资租赁公约和美国商法典特别强调租赁物由第三方供应，否则就不是融资租赁。

表7-4 国际组织和美国各部门融资租赁典型定义

序号	机构	定义
1	国际统一私法协会	《国际融资租赁公约》（1988年）所指的融资租赁交易如下： 在这种交易中，出租人根据承租人提供的规格要求与第三方（供应商）订立一项协议（供应协议）。根据该协议，出租人按照承租人在与其利益相关的范围内所同意的条款取得工厂、资本货物或其他设备，并且，与承租人订立一项协议（租赁协议），以承租人支付租金为条件，授予承租人使用设备的权利。其包括以下特点： 1. 承租人指定设备并选择供应商，并不主要依赖出租人的技能和判断； 2. 出租人取得的设备与一租赁协议相联系，并且供应商知道这一租赁协议业已或将要在出租人和承租人之间订立； 3. 租赁协议规定的应付租金的计算特别考虑到了摊提设备的全部或大部分成本
2	美国全国统一州法委员会	《商法典》规定融资租赁是指具有以下几方面内容的租赁： 1. 出租人不选择、制造或供应租赁物； 2. 出租人接受租赁物或其所有权以及使用权； 3. 保证承租人对租赁物的使用权绝对不受侵犯，包括出租人、制造商、供应商在内的任何一方都必须做出这样的承诺和保证
3	美国国内收入署	满足以下条件的为真实租赁（true leasing），否则为附条件的销售契约（conditional-sale contract）： 1. 出租人对资产拥有所有权； 2. 承租人不能享受期末资产残余价值，即没有廉价购买选择权； 3. 期末至少存在不少于资产初始成本20%的预计残值价值； 4. 出租人投资至少不低于资产购置成本的20%； 5. 租赁期满，资产的剩余使用寿命应长于1年或者等于原来预计使用寿命的20%
4	国际会计准则委员会	《国际会计准则第17号——租赁》（IAS17）规定满足以下一项或多项标准的租赁，应归类为融资租赁： 1. 租赁期满资产所有权转让给承租人； 2. 承租人有廉价购买资产的选择权； 3. 租赁期占资产使用寿命的大部分； 4. 租赁最低付款额的现值几乎相当于租赁资产的公允价值； 5. 租赁资产性质特殊，如果不作较大修改，只有承租人才能使用

2）我国对融资租赁的定义及评价。我国不同政策法律文件对融资租赁的定义也有差异，详见表7-5。

表7-5 我国不同政策法律文件给出的融资租赁定义

序号	文件	定义
1	《民法典》	第735条：融资租赁合同是出租人根据承租人对出卖人、租赁物的选择，向出卖人购买租赁物，提供给承租人使用，承租人支付租金的合同。 第736条：融资租赁合同的内容一般包括租赁物的名称、数量、规格、技术性能、检验方法，租赁期限，租金构成及其支付期限和方式、币种，租赁期限届满租赁物的归属等条款。 第739条：出租人根据承租人对出卖人、租赁物的选择订立的买卖合同，出卖人应当按照约定向承租人交付标的物，承租人享有与受领标的物有关的买受人的权利。 第746条：融资租赁合同的租金，除当事人另有约定外，应当根据购买租赁物的大部分或者全部成本以及出租人的合理利润确定。 第747条：租赁物不符合约定或者不符合使用目的的，出租人不承担责任。但是，承租人依赖出租人的技能确定租赁物或者出租人干预选择租赁物的除外。 第748条：出租人应当保证承租人对租赁物的占有和使用

续表

序号	文件	定义
2	《企业会计准则——租赁》	从出租人角度将租赁分为融资租赁和经营租赁。经营租赁,是指除融资租赁以外的其他租赁。 融资租赁,是指实质上转移了与租赁资产所有权有关的几乎全部风险和报酬的租赁。其所有权最终可能转移,也可能不转移。一项租赁存在下列一种或多种情形的,通常分类为融资租赁: a. 在租赁期届满时,租赁资产的所有权转移给承租人。 b. 承租人有购买租赁资产的选择权,所订立的购买价款与预计行使选择权时租赁资产的公允价值相比足够低,因而在租赁开始日就可以合理确定承租人将行使该选择权。 c. 资产的所有权虽然不转移,但租赁期占租赁资产使用寿命的大部分。 d. 在租赁开始日,租赁收款额的现值几乎相当于租赁资产的公允价值。 f. 租赁资产性质特殊,如果不作较大改造,只有承租人才能使用。一项租赁存在下列一项或多项迹象的,也可能分类为融资租赁: a. 若承租人撤销租赁,撤销租赁对出租人造成的损失由承租人承担。 b. 资产余值的公允价值波动所产生的利得或损失归属于承租人。 c. 承租人有能力以远低于市场水平的租金继续租赁至下一期间
3	《财政部国家税务总局关于全面推开营业税改征增值税试点的通知》(财税〔2016〕36号)	具有融资性质和所有权转移特点的有形动产租赁业务活动,合同期满付清租金后,承租人有权按照租赁物残值购入该租赁物,拥有其所有权。租赁物残值不论是否销售给承租人,都属于融资租赁
4	《金融租赁公司管理办法》(2014)	本办法所称融资租赁,是指出租人根据承租人对租赁物和供货人的选择或认可,将其从供货人处取得的租赁物按合同约定出租给承租人占有、使用,向承租人收取租金的交易活动。适用于融资租赁交易的租赁物为固定资产,银监会另有规定的除外
5	《融资租赁公司监督管理暂行办法》(2020)	本办法所称融资租赁业务,是指出租人根据承租人对出卖人、租赁物的选择,向出卖人购买租赁物,提供给承租人使用,承租人支付租金的交易活动。适用于融资租赁交易的租赁物为固定资产,另有规定的除外

由表7-5可看出,我国不同部门对融资租赁认定标准的侧重点有所不同,主要体现在以下方面:

a. 我国民法典侧重承租人对租赁物和出卖人的选择来定义和认定融资租赁的。

b. 我国租赁会计准则基本套用了国际租赁会计准则的表述,遵循实质重于形式的原则,侧重资产所有权有关的风险和报酬的实质性转移来定义和认定融资租赁的。

c. 税收部门在所得税法及其实施条例中没有对融资租赁的认定标准予以说明,但在增值税政策中有描述,认为融资租赁承租人在租赁期满后有廉价购买选择权,但无论是否选择,具有融资性质和所有权转移的都属于融资租赁,显然强调融资性质和所有权转移特点的认定标准。

d. 监管部门均侧重承租人对租赁物和出卖人的选择来定义和认定融资租赁。

从融资租赁的起源看,其"融资与融物"双融特征是其发展的内在动因,更多倾向于会计处理和税收政策规定以降低融资成本。综合我国各部门的侧重点,可以看出融资租赁具有以下特点:

a. 融资租赁是一项涉及三方当事人——出租人、承租人和供货商,并至少由两个以上合同——买卖合同和租赁合同构成的三边交易。

b. 不可撤销。基本租赁期内，若无特殊情况，承租人一般无权取消租赁协议。

c. 租赁资产的所有权与使用权的分离。在租赁期内，法律上所有权属于出租人，经济上使用权属于承租人。但在租赁期满后，承租人有以较低价格留购租赁资产的权力。

d. 租赁资产具有专用性，出租人只负责按承租人的要求融资购买设备，但不承担租赁资产缺陷、迟延交货等担保责任和维修保养义务，且承租人对于租赁资产具有完全付清的义务，即租金总额应能使出租人收回租赁资产的所有资本投资并有一定的赢利。

3) 融资租赁物的适格性。在融资租赁业务实践中，如果融资租赁合同的双方不被视为成立了融资租赁关系，而被认为是民间借贷法律关系，这就存在"名租实贷"问题，进而不能享受税收优惠和既定合同项下的租赁合理利润。"名租实贷"问题的存在很多是源于选取不适格的融资租赁物。

《国际融资租赁公约》（1988年）中明确融资租赁物为工厂、资本货物或其他设备；我国监管部门出台的《金融租赁公司管理办法》（2014年）和《融资租赁公司监督管理暂行办法》（2020年）明确为固定资产，但我国民法典和《融资租赁司法解释》对融资租赁物没有明确规定。但是固定资产并非法律术语，认定标准也不一致。根据《企业会计准则第4号——固定资产》中的规定，确定某物是否属于固定资产，不是取决于它的实务属性，而是取决于它在生产过程中执行职能的特殊方式。固定资产的一个重要特征是持有目的在于使用而不是出售或投资，即固定资产是劳动工具或手段，而不能是劳动对象，其价值通过分期转化到劳动产品当中。因此，融资租赁物应当是使用的"设备"而不是专门用来出售或投资的。

需要说明的是，由于融资租赁产品的强金融属性，融资租赁行业自身具有对融资租赁物扩大解释的强烈欲望，导致融资租赁物的泛形式化现象愈加明显，比如近年来出现的无形资产、生物资产等，显然这是一个有争议且值得探讨的问题。

3. 融资租赁类型

按照不同标准，融资租赁就有不同的分类。

(1) 根据出租人对购置一项租赁资产的出资比例，可将融资租赁划分为单一投资租赁（single investor lease/straight investment lease）和杠杆租赁（leveraged lease）两类。

1) 单一投资租赁。单一投资租赁是指租赁资产的购置成本百分之百由出租人独自承担。单一投资租赁的租赁费有固定费用和浮动费用两种形式。固定费用形式一般应用在期限较短或者金额较小的租赁协议中，而浮动费用形式一般应用在期限较长或金额较大的租赁协议中，其是根据银行利率浮动的。

2) 杠杆租赁。杠杆租赁是指在租赁交易中，出租人只承担租赁资产的购置成本中一部分（通常为20%～40%），其余大部分由银行、保险公司等金融机构提供贷款补足。但银行等金融机构提供贷款时，需要出租人以租赁资产的第一抵押权、租赁协议下的收益权的受让为担保。通常将购置成本的借贷部分（debt portion）与权益部分（equity portion）的比值称之为财务杠杆，通过这一财务杠杆的作用，租赁交易各方能获得一般租赁所不能获得的更多经济利益（[例7-2]），故称之为杠杆租赁。下面将对杠杆租赁进行更为详细介绍。

(2) 根据租赁物是否是出租人自己购买的，分为直接融资租赁和转租赁两种。

1) 直接融资租赁。顾名思义,就是出租人根据承租人要求,从供应商购买租赁物,然后出租给承租人。

2) 转租赁。承租方(第一承租方)向融资租赁公司租赁所需的设备等租赁物,再将租赁物转租给第二承租方的租赁方式。转租赁至少涉及三方:出租方、第一承租方(第二出租方)、第二承租方,是同一租赁物多次融资租赁业务。一般在跨国租赁中出现。

(3) 其他常见类型。实践中还有常见的一些业务类型,比如委托租赁、售后回租,这2种类型是否是融资租赁,在学界尚存有争议,因为并未体现"承租人对租赁物和出卖人的选择"这一认定标准,但在实践中,常以"与资产所有权的风险和报酬实质性转移"认定标准而视为融资租赁。

1) 售后回租。售后回租是承租人先将自有的设备或其他资产出售给出租人,再与其签订融资租赁合同将租赁物租回的融资租赁方式。售后回租是一种集销售和融资为一体的特殊形式,承租人和出租人都具有双重身份并进行双重交易,是企业筹集资金的新型方法。

2) 委托租赁。委托租赁是融资租赁企业作为出租人,在接受委托方的资金或者租赁物后,按照书面委托提供融资租赁服务给委托人事先指定的承租人的租赁方式。在租赁期间,委托租赁业务中的租赁物所有权仍旧归委托方所有,而出租方只依据租赁合同约定收取手续费,出租方不承担风险。

常见的融资租赁类型优劣势比较见表7-6。

表7-6 常见融资租赁类型比较

类型	主要参与者	优势	劣势
直接融资租赁	出租人、承租人、供应商	受承租人的资信状况影响较小,可借助融资租赁公司降低设备的购置成本	出租人对指定的租赁物和供应商了解不足,以及残值处置能力一般
杠杆租赁	出租人、承租人、供应商、贷款方、经理人	有利于出租人放大融资租赁业务规模,获取更多的租赁收益	给出租人带来了较大的财务风险
转租赁	出租人、第一承租人、第二承租人	转租人能够充分借助其他融资租赁公司的融资便利及时获取利差收益	出租人能获取的收益更低,且增加了交易环节,处理难度较大
售后回租	出租人、承租人	有利于承租人及时盘活其存量资产,提高其资产融资的能力	承租人违约时,出租人对租赁物处置收益相对较低
委托租赁	出租人、承租人、委托方	使没有租赁业务经营资质的企业达到"借壳"经营业务的目的	承租人的介入,增加了交易成本,将会降低委托方的租赁收益

由于售后回租可以用于盘活存量资产,在我国应用较为广泛,常见于国企改革流动资金的补给。比如2015年,山东钢铁与建信金融租赁有限公司开展售后回租融资租赁业务,合计15亿元用于补充流动资金。该次融资租赁分为两大业务:其一业务以公司济南分公司拥有的3200m^3高炉、中厚板粗轧机等生产设备作为租赁标的物,融资金额为5亿元;其二业务以公司济南分公司拥有的210t转炉、400m^2烧结机等生产设备作为租赁标的物,

融资金额为10亿元。手续费合计0.325亿元，年租金合计0.726亿元。实际综合融资成本分别为5.8%和5.67%。待租赁期满后，公司按协议规定以零元价格将出售的固定资产进行回购。

【例7-2】 Anderson公司设备融资租赁分析。

假设美国Anderson公司拟购买一种设备，有贷款购买和租赁设备两种方案。已知该种设备的市场购买价为1000万美元，其使用年限为5年，Anderson公司的债务税后成本为6%。如若能得到租赁合同中所隐含的税后成本，则Anderson公司就可作一比较，从而作出是贷款购买还是租赁设备的决策。即若租赁合同中所隐含的税后成本小于债务税后成本，则租赁设备较好；反之，则贷款购买设备较好。

在不考虑安排贷款或租赁交易成本以及为购买设备而发生的一些其他费用的前提下，表7-7给出了计算租赁合同中隐含税后成本所需的现金流量。

表7-7　　　　　　　　　Anderson公司租赁现金流量分析表　　　　　　单位：千美元

项目	时间/年					
	0	1	2	3	4	5
(1) 省却的购买净价	10000					
(2) 税后租金	−1650	−1650	−1650	−1650	−1650	
(3) 折旧节税损失		−800	−1280	−760	−480	−440
(4) 税后维修成本的节省	300	300	300	300	300	
(5) 税后残值损失						−840
(6) 净现金流量	8650	−2150	−2630	−2110	−1830	−1280

对表7-7的解释如下：

(1) 由于Anderson公司采用租赁，则不需支付设备的净购买价格——由出租人支付，因此可视为Anderson公司节省了1000万美元，即在第0年末有一项现金流入。

(2) Anderson公司若租赁，则必须支付每年年初支付租金275万美元，考虑所得税扣税作用，若所得税税率为40%，则Anderson公司实际支付税后水平的租金为165万美元。租金可视为现金流出，填写在第2行的第0~4年末。

(3) 融资租赁折旧在出租人一方，Anderson公司选择租赁，则意味着其放弃了计提折旧的权利。折旧节税的损失为租赁的机会成本，作为现金流出，列于第3行的第1~5年末。

(4) Anderson公司选择租赁，而不是贷款购买，其将节省每年50万美元或税后30万美元的维修费用。该项作为现金流入列于第4行。

(5) Anderson公司选择租赁，其将放弃84万美元的税后净残值，这也是租赁的一项机会成本。作为现金流出列于第5行的第5年末。

由表7-7中的净现金流量，经计算得到租赁合同中隐含的税后成本为5.5%。显然，该租赁合同隐含税后成本小于贷款税后成本，故而Anderson公司应选择租赁，而不是贷款购买。

虽然表7-7是从Anderson公司即承租人的角度进行分析的，但也容易得到在该交易中出租人的税后回报率为5.5%。为了说明杠杆租赁中出租人的成本效益分析方法，将上述单一投资租赁改变为杠杆租赁，即进一步假设出租人购买设备的投资中有50%的资金为贷款，贷款利率和期限分别为9%和5年。表7-8给出了杠杆租赁中出租人税后回报率的现金流量分析表。

表7-8　　　　　　　　　出租人税后回报率现金流量分析表　　　　　　　单位：千美元

项　　目	时间/年					
	0	1	2	3	4	5
(1) 表7-2中的净现金流量	-8650	2150	2630	2110	1830	1280
(2) 杠杆现金流量①	5000	-270	-270	-270	-270	-5270
(3) 净现金流量	-3650	1880	2360	1840	1560	-3990

① 出租人在第0年初借款500万美元，在第5年末偿还，利息每年年末支付，为$0.09 \times 500 = 45$万美元，但利息是扣税的，故税后利息现金流量为：$-45(1-T) = -45 \times (1-0.4) = -27$(万美元)。

由表7-8中的净现金流量，经计算得到出租人税后回报率约为8.5%，大于单一投资租赁中5.5%的税后回报率。这就是财务杠杆效果，使出租人利用他人的资本来提高自身资本利润。

4. 杠杆租赁

如前所述，杠杆租赁融资模式是指在项目投资者的要求下，资产出租人以租赁费优先获得权的转让和租赁资产的抵押向贷款人取得贷款，购买项目资产，然后租赁给资产承租人，即项目投资者，资产承租人以项目营运收入支付租赁费而获取资产使用权的一种融资模式。资产出租人和贷款银行的收入以及信用保证主要来自该租赁项目的税务优惠、租赁费、项目的资产以及对项目现金流量的控制。显然，对资产出租人而言，杠杆租赁融资模式是一种无追索或有限追索的融资方式。

杠杆租赁既可为整个项目安排融资，亦可用来安排债务资金作为整个项目融资的一个组成部分。

(1) 杠杆租赁融资模式的参与人。一般而言，杠杆租赁融资模式至少涉及4个当事人：资产出租人、贷款人、资产承租人和杠杆租赁经理人。

1) 资产出租人。资产出租人通常是由专业租赁公司、银行和其他金融机构等股本参加者（至少有两个）组成的合伙制结构。合伙制结构为杠杆租赁结构提供股本资金，安排债务融资，享受项目结构中的税务好处，出租项目资产收取租赁费，在支付到期债务、税收和其他管理费用后取得相应的股本投资收益。

2) 贷款人。贷款人即债务参加者，为普通银行和金融机构，以对股本参加者无追索权的形式向融资项目提供60%~80%的建设和开发资金，在债务偿还前享有优先取得租赁费的权利。

3) 资产承租人。资产承租人是项目的投资者和真正的发起人，拥有项目的使用权。由于在杠杆租赁项目的建设期和生产前期，资产出租人可以吸收项目的税务亏损，并将部分扣税好处转让给承租人，所以与其他融资模式相比，项目发起人可以获得较低的融资成本。由于杠杆租赁结构的复杂性，并不是任何人都可以组织起来以杠杆租赁为基础的项目融资。因此，项目资产承租人本身的资信状况是一个关键的评判指标。

4) 杠杆租赁经理人。杠杆租赁经理人相当于融资顾问的角色，主要由投资银行担任，其任务是设计杠杆租赁融资结构,并与各方谈判组织融资结构中的股本参加者和债务参加者,安排项目的信用保证结构。若融资安排成功,杠杆租赁经理人就代表股本参加者监督管理杠杆租赁项目的日常运行项目资产承租人的现金流量,并收取管理费作为报酬。

杠杆租赁项目融资结构中 4 个参与人之间的基本法律关系见表 7-9。

表 7-9 杠杆租赁项目融资结构中各方的基本法律关系

法 律 文 件	合 同 方
租赁协议	项目资产出租人/承租人
贷款协议	项目资产出租人/债务参加者
信用保证协议	项目资产出租人/债务参加者/承租人
合伙制结构协议	股本参加者
管理协议Ⅰ——合伙制代理人协议	经理人/项目资产出租人
管理协议Ⅱ——债务管理协议	经理人/债务参加者
管理协议Ⅲ——项目资产承租人现金流量管理协议	经理人/项目资产承租人

资料来源：张极井.项目融资[M].北京：中信出版社,1997。

(2) 杠杆租赁融资模式的运作。采用杠杆租赁融资通常有以下运作程序：

1) 项目投资者确定或参加一个项目的投资,并设立项目公司或专设公司[图 7-10 (a)]。

2) 项目投资者将项目资产及其在投资结构中的全部权益转让给资产出租人,并提供具有"无论提货与否均需付款"或"提货与付款"性质的产品承购协议。资产出租人——合伙制结构通过转让销售合同、应收款形式和建立项目现金流量控制账户形式获得担保,将融资安排成有限追索形式,同时与项目公司或专设公司签订项目租赁协议[图 7-10 (b)]。

3) 项目建设期,项目投资者为融资安排提供完工担保,承担项目的全部责任。合伙制结构从贷款人和股本参加者处获得项目建设费用和流动资金,与工程承包公司签订工程建设合同,支付项目的建设费用[图 7-10 (c)]。

4) 项目经营阶段,项目公司在拥有项目资产使用的基础上进行生产经营,并按租赁协议逐年支付租赁费。杠杆租赁经理人按照生产费用、项目资本性开支、杠杆租赁经理人的管理费、到期债务偿还、股东投资收益等先后顺序分配和使用项目现金流量[图 7-10 (d)]。

5) 租赁期末,项目投资者的一个相关公司需要以事先商定的价格将项目的资产购买回去[图 7-10 (e)]。但该相关公司不能为投资者本人或其设立的项目公司,否则此项交易的性质变为委托购买,不能享受杠杆租赁融资中的税务好处。

四、资产证券化模式

1. 资产证券化的概念及演化

(1) 资产证券化的基本概念。证券化(securitization)可分为融资证券化和资产证券化。融资证券化(financing securitization)是指资金短缺者采取发行证券(债券、股票等)的方式在金融市场向资金提供者直接融通资金的过程。融资证券化多为信用融资,只

第三节 项目融资经典模式

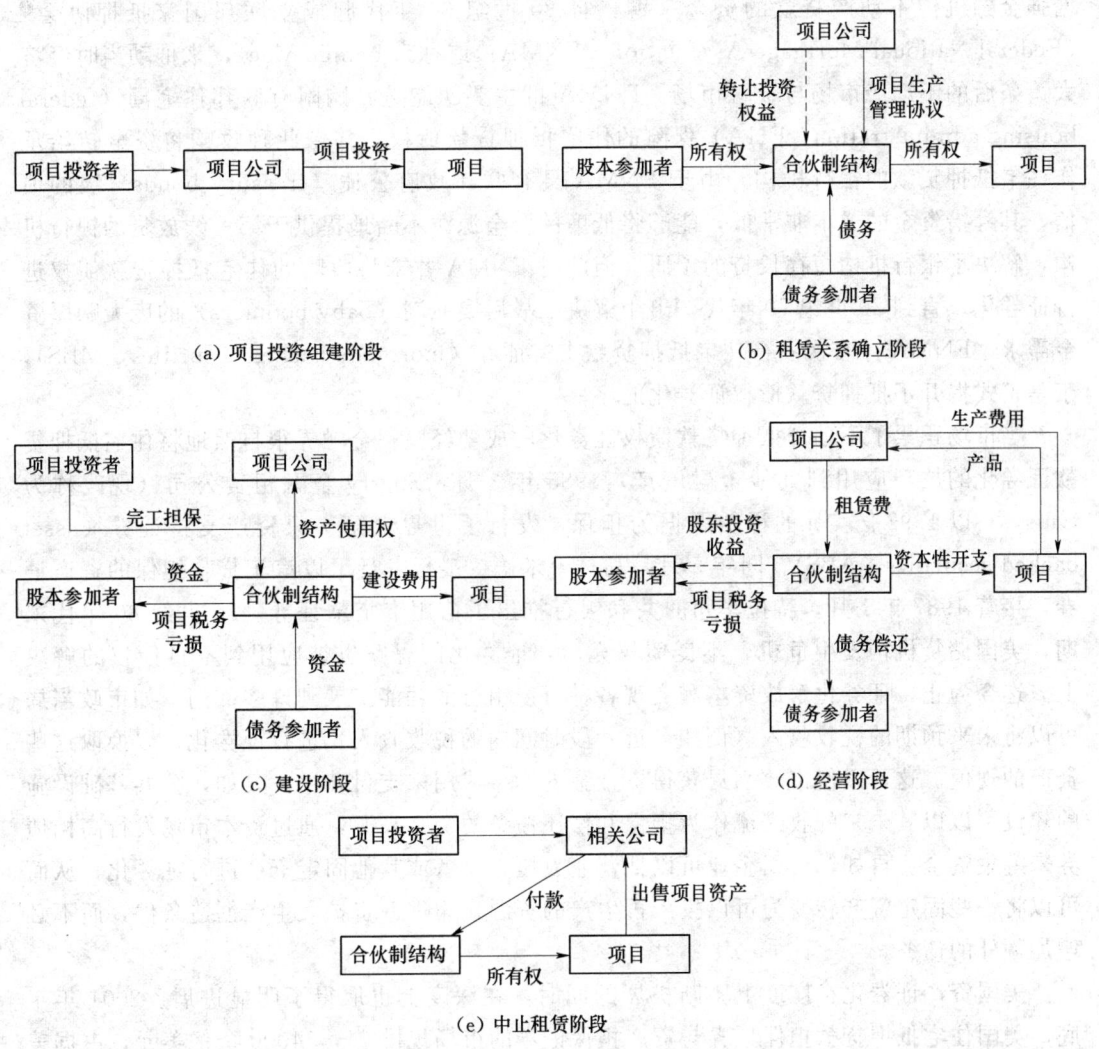

图 7-10 杠杆租赁项目融资结构的五个阶段

有资信等级较高的公司企业或政府才能以较低成本采用这种方式融资。习惯上,一般又将融资证券化称为"一级证券化"。而资产证券化(asset securitization)是指将缺乏流动性但又能产生可预期的稳定现金流的资产汇集起来,通过一定的结构安排对资产中风险与收益要素进行分离与重组,在加以信用评级和增级后,将其转变成可以在金融市场上出售和流通证券的过程。资产证券化注重资产运作,是从信用融资的基础上发展起来的,故又称为"二级证券化"。❶

(2) 资产证券化的演化。资产证券化兴起于美国的住宅抵押贷款证券化。美国政府为

---

❶ 由于资产证券化为一种金融创新形式,对其定义存在一定争议。如我国有学者将融资证券化和资产证券化统称为资产证券化,包括现金资产的证券化、实体资产的证券化、信贷资产的证券化和证券资产的证券化,这是一种广义的资产证券化概念。但在本书中,资产证券化的概念是狭义的,仅指二级证券化。

增强金融机构不动产贷款的资金来源,自 20 世纪 30 年代起成立联邦国家抵押协会[1](Federal National Mortgage Association,FNMA;或称为 Fannie Mae),来推动当时经济大萧条后的不动产市场与金融市场。FNMA 的主要功能是收购附有联邦住宅局(federal housing administration,FHA)保险的住宅抵押贷款债权,并借此种收购将资金转给承作住宅抵押贷款的银行机构。由于 FNMA 具有联邦政府公债(treasury bonds)级的债信,其筹措资金的成本非常低,能够将低廉的资金源源不断地提供于第一线放贷的银行机构,解决了银行机构短存长贷的矛盾。但此时 FNMA 并未将收购的住宅抵押贷款债权进行证券化。直到 20 世纪 70 年代,出于解决二战后婴儿潮(baby boomers)的庞大购屋资金需求,FNMA 才首次发行住宅抵押贷款支持证券(mortgage backed securities,MBS),于是正式揭开了抵押贷款债权证券化的序幕。

当市场积累了不动产抵押贷款债权证券化的成功经验,金融界很自然地将住宅抵押贷款证券化的技巧应用到其他金融资产。1985 年 3 月,Sperry 金融租赁公司(现改称为 Unisys)以 1.92 亿美元的租赁票据为担保,发行了世界上第一只资产支持证券(asset backed securities,ABS)。同年 5 月,马林·米德兰银行发行了以汽车贷款担保的资产证券,接着 1987 年 1 月,特拉华州的共和银行推出了信用卡贷款证券。20 世纪 80 年代末期,美国储贷机构发生危机,不良债权充斥,证券化的思路也被应用到不良债权的解决上。迄今为止,证券化解放资本和变现各种资产组合的功能扩展到许多部门。如市政当局可以将未来预期的税收收入(例如最近一段时间内的税收收入)进行证券化,以换取这些资产的现值。这可以使市政当局获得资金弥补赤字或用来支付费用。又如,公共基础设施的建设可以以其未来的收入流作为担保和偿还债务的资金来源,通过资本市场发行高档债券来筹集资金。再如,公司企业可以把营业大厦、设备或其他固定资产进行证券化,从而可以将一些固定资产转变为可以投入再生产的资源,为进一步扩大生产创造条件,而不必增加额外的债务。

美国资产证券化在广度上不断扩展的同时,在深度上也取得了明显进展。2001 年年底,美国住宅抵押贷款担保证券与资产担保证券的市场规模增至 54000 余亿美元,占据美国债权证券市场的 33.23%。而根据同一时间的统计,在美国,整个资产证券化市场的分布,仍以住宅抵押贷款的相关证券的规模最大,占总市场的 70%。通常将以各种抵押贷款为标的物的证券化产品称为抵押贷款支持证券(MBS),而将以其他资产为标的物的证券化产品称为资产支持证券(ABS)。

在我国,1992 年的三亚地产投资券标志着我国进行了资产证券化的初步尝试。2003 年 2 月,央行首次在《2002 年货币政策执行报告》中提出"积极推进住房贷款证券化",并于 2003 年实施了华融资产管理公司不良资产信托分层项目;2004 年国务院在《关于推进资本市场改革开放和稳定发展的若干意见》中首次提出:"积极探索并开发资产证券化

---

[1] 1968 年,FNMA 被分为政府国民抵押贷款协会(Government National Mortgage Association,GNMA 或 Ginnie Mae)和联邦国民抵押贷款协会(FNMA)。后来,FNMA 成为一家私人公司,并在纽约股票交易所上市。2008 年 9 月次贷危机后,FNMA 由美国联邦住房金融局接管,从纽约证交所退市。GNMA 的主要功能是对经由联邦住宅和退伍军人局保险后的贷款组合,提供及时偿付本息担保。

品种",决定由中国建设银行和国家开发银行分别试点 MBS、ABS 项目;2013 年 3 月,中国证券监督管理委员会〔2013〕16 号公告公布的《证券公司资产证券化业务管理规定》标志着中国资产证券化迈入快速发展的通道。中国资产证券化产品从银行信贷资产拓展到企业应收款、融资租赁债权、信托(票据)收益权、PPP 项目资产等领域,资产证券化规模日益扩大。根据资产证券化分析网统计数据,截至 2022 年 12 月底,2015—2022 年间中国资产证券化总发行规模达到 17.01 万亿元,累计发行 9931 单。

2. 资产证券化的主要参与人

资产证券化采用的组织形式不同,参与的主体也会有所不同。但一般会涉及到以下各方参与人:发起人/原始权益人(originators)、服务商(servicer)、发行人或特殊目的载体(special purpose vehicle,SPV)、证券承销商(underwriters)、受托管理人(trustee)、投资者(investor)、信用评级机构(rating agency)、信用增级结构(credit - enhancing agency)等。

(1) 发起人/原始权益人。发起人/原始权益人是指拥有一定权益资产的当事人,如拥有项目资产的项目公司、商业银行、保险公司等。

(2) 服务商。通常由发起人自身或其指定的银行来承担,它在资产证券化中的主要作用体现在两个方面:一是负责收集权益资产到期的现金流,并催讨过期应收款;二是代替发行人向投资者或投资者的代表——受托人支付证券的本息。

(3) 发行人或特殊目的载体。资产担保证券的发行人是一特殊目的载体,它是专为资产担保证券化而成立的一个机构。在证券化过程中,首先原始权益人将基础资产组合转让给一家独立的中介机构,即 SPV,这家独立的中介机构发行资产担保证券,从而达到筹措购买上述资产所需资金的目的。

(4) 证券承销商。证券承销商实际上可以两种方式销售证券:一是包销;二是代销。包销是指证券商从发行人处购买证券,然后再销售给公众,如果卖不完,则必须自己消化。代销是证券商作为发行人的代理人为其提供更多的购买者,不承担销售完证券的责任。发行人和证券商必须合作,确保发行结构符合法律、会计、税务等制度的要求。

(5) 受托管理人。在资产证券化中,受托管理人是不可缺少的。受托管理人的主要职责是:一是作为发行人的代理人向投资者发行证券;二是将权益资产的应收款转给投资者,并且在款项没有立即转给投资者时有责任对款项进行再投资;最后就是受托人应对服务商提供的报告进行确认并转给投资者。当服务商不能履行其职责时,受托人应该能够起到取代服务商角色的作用。

(6) 投资者。投资者是资产支持证券的最终购买者。目前,资产支持证券的购买者主要为一些机构投资者,如保险公司、养老基金、退休基金等。

(7) 信用评级机构。在资产证券化过程中,信用评级机构的主要作用是对将要发行的证券的风险和收益进行评价,给出证券的信用等级,从而为投资者的投资决策提供合理、可靠的依据。信用评级机构除了前述的标准普尔和穆迪外,还有惠誉(Fitch)以及达夫菲尔普斯(Duff&Phelps)。

(8) 信用增级机构。信用增级是资产证券化最关键的环节之一,其目的是使一个原本属于投机级证券的信用等级提高到 BBB 及其以上等级,从而可以进入高档资本市场。因此找寻一个受到投资者信任的信用增级机构非常重要。信用增级机构可以是政府或政府性质的机构（进出口银行等），也可以是商业机构。

3. 资产证券化的基本运作流程

资产担保证券化的种类不同，证券化交易的流程也有所不同。但总体来讲，一个完整的交易一般要经过以下环节，见图7-11。

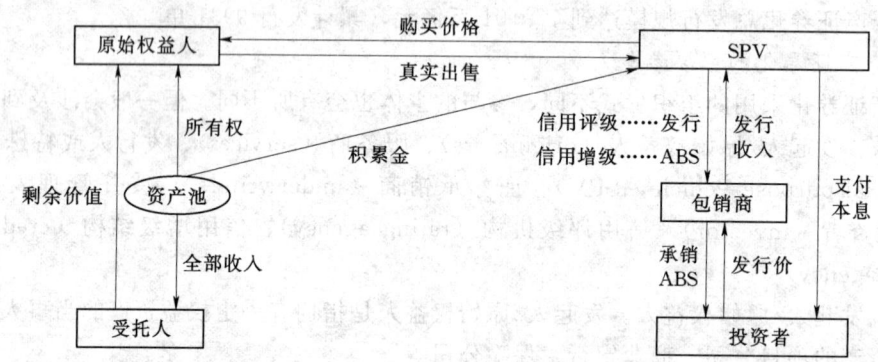

图7-11 资产证券化运作流程图

（1）确定证券化资产，组建资产池。原始权益人首先要在分析自身融资需求的基础上确定资产证券化目标；然后对自己拥有的资产进行清理、估算和考核，根据证券化目标确定一个具体的资产目标；最后，将筛选出来的资产汇集成一个资产池（assets pool）。需要注意的是，原始权益人对资产池中的每项资产都必须拥有完整的所有权。

（2）设立特殊目的载体SPV。SPV的设立是证券化过程中的关键环节，其目的是为了最大限度地降低原始权益人的破产风险对证券化的影响，也就是说原始权益人的破产不会影响到证券化基础资产。对于这一点可从两个方面理解：一是指SPV本身的不易破产性；二是指将证券化资产从原始权益人那里真实出售给SPV，从而实现了破产隔离。为了达到破产隔离目的，在组建SPV时应遵循以下要求：①债务限制；②设立独立董事；③保持分立性等。

（3）资产的真实出售。原始权益人将资产池中的资产转移给SPV是证券化过程中的重要环节。资产从原始权益人转移到SPV手中，在英美法系中叫让渡或让与，大陆法系中叫债权转让。转让按是否需要征得债务人的同意、是否要通知债务人，大致分为三种类型：①协议转让；②通知转让；③自由转让。协议转让强调资产的转移必须征得债务人的同意；通知转让并不要求得到债务人的同意，但要求原始权益人在债权转让时必须告知债务人；自由转让则是既不要求得到债务人的同意，也不要求原始权益人在债权转让时告知债务人。无论采取哪一种转让方式，为了避免法律风险、税收和会计处理问题，资产的转让在性质上必须被界定为"真实出售"（true sale），否则就不能达到破产隔离的目的。

（4）信用增级。为吸引投资者并降低融资成本，必须对资产证券化产品进行信用增级，以提高所发行证券的信用等级。信用增级可通过外部增级和内部增级来实现。外部增级是由外部第三方提供的信用增级工具，内部增级是用基础资产产生的现金流来提供。

（5）信用评级。在资产证券化交易中，信用评级通常分两次进行：初评和发行评级。

初评的目的是确定为了达到所需要的信用级别必须进行的信用增级水平。在按评级机构的要求进行信用增级之后，评级机构才进行正式的发行评级，并向投资者公布最终评级结果。证券的信用等级越高，表明证券的风险越低。

与传统的公司债券评级相比，资产担保证券化的信用评级有两大特点：一是资产担保证券的信用评级主要围绕交易中证券投资者的应收权益而进行的；而公司债券信用评级更关注于原始权益人的综合资信水平。二是在资产担保证券信用评级中，起决定作用的是基础资产和交易结构等可变因素，信用评级申请人可以根据信用评级机构的要求对这些因素进行改善，以获得需要的信用等级，具有较大的灵活性；而公司债券的评级则是基于公司的经营业绩、财务状况等不易在短期内改变的因素，评级结果很难以当事人的意志为转移，即原始权益人恐怕不能获得需要的等级。

(6) ABS的发行和交易。信用评级完成并公布结果，同时获得证券监管机构的批准后，SPV将证券交由承销商去销售。证券发行后，就可以在资本市场上进行流通交易。

(7) 获取证券发行收入，向原始权益人支付购买价格 SPV从证券承销商处获取证券发行收入后，再按资产买卖合同规定的购买价格，把发行收入的大部分支付给原始权益人，实现资产转移。

(8) 实施资产与资金管理。SPV一般会聘请专门的服务商来对资产池进行管理。服务商的主要任务是对基础资产的日常运行进行管理，收取和记录资产产生的现金收入，并将这些款项存入受托管理人的收款专用账户中。与此同时，受托管理人按约定建立积累基金，以便对投资者按期支付本息。

(9) 清偿证券。按照证券发行时说明书的约定，当证券全部被偿付完毕后，如若资产池产生的现金流还有剩余，那么这些剩余的现金流将在原始权益人和SPV之间按规定进行分配，当然也可以凭这一部分现金流发行剩余权益证券。

到此，资产担保证券化交易的全部过程也随即结束。

4. 资产证券化的类型

资产证券化分类标准有许多，常见的分类如下：

(1) 按照基础资产不同，资产证券划分为抵押贷款支持证券化（MBS）和资产支持证券化（ABS）两大类。每大类还可以进一步细分，比如抵押贷款支持证券化可细分为住房抵押贷款支持证券化和商业地产抵押贷款支持证券化等，资产支持证券化可细分为企业应收账款证券化、融资租赁资产证券化、信托收益权资产证券化等。

(2) 按照监管部门的不同，中国资产证券化可以分为三类，即信贷资产证券化（信贷ABS），由银保监会监管；企业资产证券化（企业ABS），由证监会监管；资产支持票据（Asset-Backed Notes，ABN），由交易商协会监管。显然该分类仅适用于中国大陆地区。

(3) 按现金流处理与偿付结构不同，资产证券化一般分为过手型（Pass-through）证券化和转付型（Pay-through）证券化。这种分类在美国较为常见。

1) 过手型证券化。过手型证券是一种权益凭证，其对基础资产组合所产生的现金流没有进行任何处理，而是直接将该现金流"过手"给投资者。一般而言，过手型证券投资者直接享有其购买份额的组合资产所有权，可以定期，如每月收取由发放者直接"过手"而来的本金和利息。这种形式的证券化结构有以下特点：

a. 过手证券是一种权益凭证，代表具有相似到期日、利率和特点的组合资产的直接所有权。

b. 组合资产从发起人/原始权益人的资产负债表中剥离，所发行的证券不构成发起人/原始权益人的债务。

c. 投资者承担组合资产的早偿风险（prepayment risk）。由于这种交易结构不对基础资产产生的现金流进行任何处理，而是将其简单地"过手"给投资者，由投资者自行承担基础资产的早偿风险。因此，过手证券只是将发起人的风险转移并细化到每个投资者身上而已，同时也解决了发起人基础资产的流动性问题和转移利率风险和违约风险。但从投资者的角度来说，投资购买该种证券的原因是可获得高于同期国债利率的收益。

在实践中，为了解决原始债务人的违约和拖欠风险，又出现了下列解决方式：由第三方对证券的偿付提供担保。这样过手型证券可分为部分修正过手证券（partially modified pass-through）和完全修正过手证券（modified pass-through）。部分修正过手证券是不管是否收到原始债务人的偿付资金，投资者皆可获得一定偿付。完全修正过手证券是不管是否收到原始债务人的偿付资金，都保证按计划向投资者完全偿付。

2）转付型证券化。转付型证券是一种以特定资产为抵押的债权凭证，其用于偿付证券投资者本息的资金来源于经过重新安排的基础资产组合产生的现金流。也就是说，证券本金和利息的偿付时间与基础资产组合产生的现金流时间并不完全一致。通常情况下，利息半年支付一次，本金到期才支付，故而投资者的收益是相对稳定的。也就是说，转付型证券根据投资者对风险、收益和期限等的不同偏好对基础资产组合产生的现金流进行了重新安排和分配。另外，与过手型证券不同的是，转付型证券是发行人的负债义务，作为抵押的资产组合仍在发行人的账簿上以资产表示，而未从其资产负债表中剥离。

目前，广泛使用的转付型证券化产品有抵押担保债券（collateralized mortgage obligation，CMO）、仅付本金债券（principal only，PO）、仅付息债券（interest only，IO）、计划摊还档债券（planned amortization class，PAC）等，上述各类债券的一个重要特征就是采用了分档技术（tranching）。所谓分档是指根据投资者对风险、收益和期限等的不同偏好，将债券设计成不同的档级。每档债券的风险、收益各不相同，从而满足不同投资者的偏好。下面以 CMO 为例进行介绍。

CMO 是以某一特定的资产组合为基础、发行多个不同利率、不同期限的固定利率转付证券组合。发行人将该特定资产组合的现金流在不同期限的债券之间进行分配，以便将资产组合提前偿付的风险在不同类别的债券持有者之间进行分配。例如，SPV 可以将一个期限为 20 年的 1 亿美元住房抵押贷款组合设计为 2000 万美元的 5 年期、5000 万美元的 12 年期、3000 万美元的 20 年期的债券。该组合各种债券都是半年支付一次利息，到期支付本金。因此，第一种债券将在发行 5 年内得到全部偿付，第二种债券将在 12 年内得到全部偿付，第三种债券则在 20 年内得到全部偿付。

如今 CMO 的发行已经从三类到期债券发展到六类到期债券。一种典型的 CMO 是由四类期限由短到长、顺序排列的常规债券和一类剩余债券组成。前三个正规级债券，即 A、B、C 三级，对于原始权益人而言属于高级债务，自债券发行结束之日起就按固定利率付息，并依次到期偿还本金。第四个正规级债券，即为 Z 级，一般情况下都是应计债券（类似于零息票债券），在前三级本金未偿清之前只按复利计算利息，并不实际支付，故 Z 级债券又被称为应计债券。当偿还了前三级债券，Z 级债券和剩余债券持有者一起按期收取本金和利息。当 4 个正规级证券本息偿清后，所有剩余的现金流量全部属于剩余级债券的持有人。由此可见，证券期限越短，风险越小，收益也就越小；期限越长，风险越大，潜在收益也越大。

CMO 的本质是对基础资产产生的现金流进行重新安排。将这种安排"极端化"处理的结果便产生了新的金融工具：IO 债券和 PO 债券。IO 债券的投资者只收到源于基础资产组合产生的利息收入，而 PO 债券的投资者只收到源于基础资产组合产生的本金收入。IO 和 PO 债券均受原始债务人早偿行为的影响。在利率下降时，前者的收入减少，价格下降，而后者则可以提前获得本金收入，价格上升。关于这两种债券的具体内容可参考有关资产证券化的专门文献资料。

【案例阅读与思考】

案例一　澳大利亚波特兰铝厂项目融资

一、项目背景

波特兰铝厂位于澳大利亚维多利亚州的港口城市波特兰，于 1984 年开始建设，1988 年 9 月全面建成投厂。波特兰铝厂由电解铝生产线、阳极生产、铝锭浇铸、原材料输送及存储系统、电力系统等几个主要部分组成，其中核心的铝电解部分采用的是美国铝业公司 20 世纪 80 年代的先进技术，建有 2 条生产线，整个生产过程采用电子计算机严格控制，每年可生产铝锭 30 万 t，是当时世界上技术先进、规模最大的现代化铝厂之一。

1985 年 6 月，美国铝业澳大利亚公司（简称"美铝澳公司"）邀请中国国际信托投资公司（简称"中信公司"）投资波特兰铝厂。经过历时 1 年的投资论证、可行性研究、收购谈判、项目融资等阶段的紧张工作，中信公司在 1986 年 8 月成功地投资了波特兰铝厂，持有项目 10% 的资产，每年可获得产品 3 万 t 铝锭。中信公司成立了中信澳大利亚有限公司（简称"中信澳公司"），代表总公司管理项目的投资、生产、融资、财务和销售，承担总公司在合资项目中的经济责任。

二、项目融资结构

1. 波特兰铝厂的投资结构

波特兰铝厂采用的是非法人式契约型投资结构。该投资结构是在中信公司决定参与之前就已经由其他投资者谈判建立起来了。因此，对于中信公司来说，在决定是否投资时，没有决策投资结构的可能，所能做的只是在已有的投资结构基础上尽量加以优化：第一，确认参与该投资结构是否可以实现中信公司的投资战略目标；第二，在许可的范围内，就合资协议的有关条款加以谈判以争取较为有利的参与条件。

2. 中信澳公司在波特兰铝厂中所采用的融资模式

中信公司所聘请的融资顾问在现有的非法人式契约型投资结构下，基于中信澳公司成立初期为一"空壳公司"，不能充分利用投资初期每年可得到的减税优惠和税务亏损的考虑，建议中信澳公司在波特兰铝厂投资中采用有限追索的杠杆租赁项目融资模式，期限为12年。该建议为中信公司所采纳，最终的融资结构见图7-12。该有限追索杠杆租赁融资中有4个重要的组成部分：

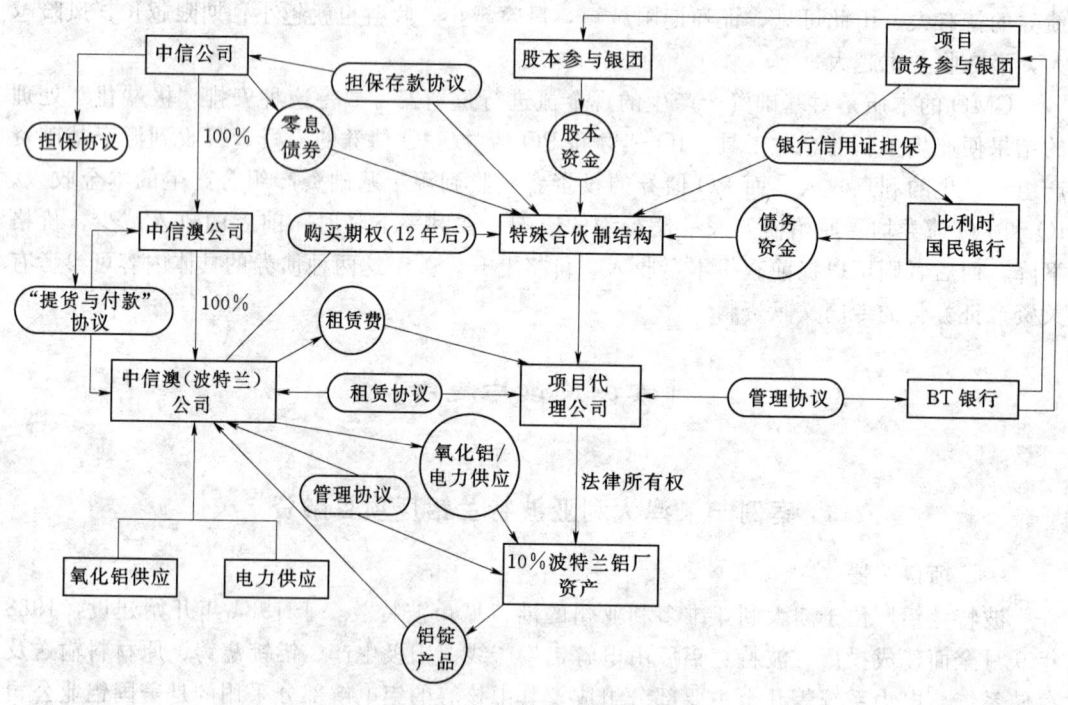

图7-12 中信公司在波特兰铝厂中使用的融资结构

(1) 股本参与银团。由5家澳大利亚主要银行组成的特殊合伙制结构，以及其所任命的波特兰项目代理公司——"项目代理公司"，是杠杆租赁中的股本参与者，是10%波特兰铝厂资产的法律持有人和杠杆租赁结构的出租人。特殊合伙制结构是专门为波特兰铝厂项目的有限追索杠杆租赁结构组织起来的，负责为中信澳公司在波特兰铝厂项目中10%投资提供股本资金（为项目建设资金投资的1/3）和安排债务资金。股本参与银团直接享有项目结构中来自加速折旧以及贷款利息等方面的巨额税务好处，并通过与中信澳（波特兰）公司签署的资产租赁协议（或称委托加工协议），将项目资产出租给中信澳（波特兰）公司生产电解铝。股本参与银团通过租赁费收入支付项目的资本开支、到期债务、管理费用、税收等。

股本参与银团在波特兰项目中不直接承担任何的项目风险或中信公司的信用风险。这些风险由项目债务参与银团以银行信用证担保的方式承担。

(2) 项目债务参与银团。项目债务资金结构由两个部分组成：比利时国民银行和项目债务参与银团。全部的债务资金贷款（占项目建设资金投资的2/3）是由比利时国民银行提供的。但是比利时国民银行并不承担任何的项目信用风险（全部风险由项目债务参与银团以银行信用证的形式承担），因而比利时银行并不是杠杆租赁结构中真正意义上的"债务参与者"。杠杆租赁结构中真正的"债务参加者"是由澳大利亚、日本、美国以及欧洲等9家银行组成的贷款银团。贷款银团以银行信用证的方式为股本参与银团和比利时国民银行提供信用担保，承担全部的项目风险。而比利时国民银行的作用是为项目提供无需交纳澳大利亚利息预提税的贷款。

以上股本参与银团、债务参与银团以及实际债务资金提供者——比利时国民银行组成了波特兰铝厂项目融资中具有特色的一种资金结构，为全部项目投资提供了96%的资金，基本上实现了100%的融资。

(3) 项目资产承租人。中信澳公司全资拥有的中信澳（波特兰）公司是杠杆租赁结构中的资产承租人。中信澳（波特兰）公司通过一个12年期的租赁协议，从项目代理公司手中获得10%波特兰铝厂项目资产的使用权。根据融资安排，在12年融资期限结束时，中信澳（波特兰）公司可以通过期权安排，收购股本参与银团在项目中资产权益，成为10%波特兰铝厂资产的法律持有人。

由于融资的有限追索性质，中信澳（波特兰）公司的现金流量被处于融资经理人的监控之下，用来支付生产成本、租赁费等经营费用，并在满足了一定的留置资金条件下，可以用利润的形式返还给股东——中信澳公司。

(4) 项目融资经理人。美国信孚银行澳大利亚分行（简称"BT银行"）在有限追索的杠杆租赁融资结构中扮演了四个方面的重要角色：第一，作为中信公司的融资顾问，负责组织了这个难度极高的项目融资结构；第二，在融资结构中承担了杠杆租赁经理人的角色，代表股本参与银团处理一切有关特殊合伙制结构以及项目代理公司的日常运作；第三，担任了项目债务参与银团的主经理人；第四，分别参与了股本参与银团和债务参与银团，承担了贷款银行的角色。

3. 融资模式中的信用保证结构

作为一个有限追索的项目融资，项目投资者所承担的债务责任以及所提供的信用支持表现在三个方面：

(1) "提货与付款"形式的市场安排。中信澳公司通过与中信澳（波特兰）公司签署一项与融资期限相同的"提货与付款"形式的长期产品购买协议，保证按照国际市场价格购买中信澳（波特兰）公司生产的全部项目产品，降低了项目贷款银团的市场风险。

但是由于中信澳公司与中信澳（波特兰）公司一样均为一种"空壳公司"，所以贷款银行要求中信公司对中信澳公司与中信澳（波特兰）公司之间的"提货与付款"协议提供担保。

(2) "项目完工担保"和"项目资金缺额担保"。中信公司在海外的一家国际一流银行中存入一笔固定金额（为项目融资总金额的10%）的美元担保存款，作为项目完工担保和资金缺额担保的准备金。在项目建设费用超支和项目现金流量出现缺额时，根据一定的程序项目融资经理人可以动用担保存款。但是这个担保是有限的，其限额为担保存款的本金和利息。

(3) 中信公司在项目中的股本资金投入。中信公司以大约为项目建设总金额4%的资金购买了特殊合伙制结构发行的与融资期限相同的无担保零息债券，成为中信公司在项目中的实际股本资金投入。虽然资金额很少，但作为项目投资者的一种实际投入，可以对贷款银团起到一种良好的心理作用。

(资料来源：张极井. 项目融资 [M]. 北京：中信出版社，1997)

思考：
（1）什么是杠杆租赁融资模式？本案例中的主要参与人有哪些？
（2）本案例中的股本参与银团为何采用特殊合伙制结构？
（3）除了案例中提及的利息预提税的避税方式外，在融资实践中常见的利息预提税避税方式还有哪些？

案例二　四川省某 42 MW 水电融资租赁

一、小水电融资租赁模式创新

融资租赁作为一种结合融资、融物、贸易于一体的融资模式，在国际上是仅次于银行信贷的第二大融资方式。在美国，融资租赁企业资本融资渗透率为 30%；而中国融资租赁渗透率不足 10%。究其根本原因，主要是我国大部分融资租赁模式并未充分发挥融资、融物相结合的产业金融优势，未与银行信贷产生差异化竞争优势。以传统水电融资租赁为例，传统融资租赁模式中，融资租赁期限一般为 3~10 年，融资租赁企业在认可电站企业信用的基础上，给予小水电一定的融资额度，要求在 3~10 年全部清偿完毕。本质上还是银行授信的业务模式，无论是融资额度还是还款方案均与银行贷款无异。

华能天成融资租赁有限公司深耕中小水电产业，结合华能集团产业基因和融资租赁模式优势，深入分析研究水电站投资金额大、投资回收慢、资产生命周期长、丰枯期明显等行业特点，结合自身独特的"资产为本"经营理念，在业内率先提出了小水电融资租赁产品创新模式。

（1）以现金流为起点。立足于小水电历史发电数据及水资源数据，模拟电站未来现金流，倒算可支持的融资额度。充分考虑水电站丰、平、枯周期以及大、小年周期等产业特性，制定与电站现金流波动节奏相符的还款方案。

（2）匹配水电资产长生命周期，提供高额度的融资金额。基于小水电资产生命周期长的资产属性，设置 15~30 年融资期限。通过拉长融资期限，大大缓解了租赁期间内还款压力，提高了融资额度。小水电资产匹配 15~30 年超长期融资，真正做到资产与负债期限正向匹配，避免了长周期资产匹配多个短期负债。

（3）以"资产为本"的理念。以"资产为本"的投资逻辑开展融资租赁业务，只需要资产相关股权、物权、收费权抵质押及实控人担保，无需业主其他资产额外担保等增信措施。

二、四川省某 42MW 水电站概况

四川省某 42MW 水电站，2010 年并网发电，利用小时数 5100h/年，年发电收入 5000 万元。根据竣工决算报告，该项目总造价 4 亿元，建设期资金来源，该项目总造价 4 亿元，建设期资金来源为股东投资 1.8 亿元、项目贷款 2.2 亿元。截至 2020 年年初，项目贷款剩余 0.4 亿元，新增各类流贷合计 0.5 亿元，股东投资 1.8 亿元基本未收回，无股东分红。2010—2019 年，该水电站实现发电收入 4.2 亿元，日常运营开销及固定资产购置支出共计 1.4 亿元，利息费用支出 1.2 亿元，银行项目贷款本金偿还 1.8 亿元（表 7-10）。

表 7-10　　　　　　　　　　2010—2019 年水电站运营期现金流数据

现金流分类	项目	方向	金额/亿元
运营现金流	总发电收入	流入	4.2
	日常运营支出	流出	1.2
	固定资产购置	流出	0.2
	利息费用	流出	1.2
融资现金流	银行项目贷款本金	流出	1.8
	各类短期贷款	流入	0.5

由表 7-10 可看出，该电站存在以下问题：

（1）资金链紧张。建设期贷款与运营期现金流不匹配，还款需要股东不断补贴。融资渠道不畅通，只有少量银行流贷。2020 年年初，该水电站面临即将偿还 0.4 亿元某银行项目贷款本金的压力；账面流动贷款 0.5 亿元是由多达 3 家近 10 笔贷款组成的，每年循环批贷管理成本高，存在断贷风险。业主疲于偿还贷款，无法对企业采取长远的规划。

（2）融资难、融资贵，无法抓住再投资机会。融资渠道有限，股东即使寻找到优质的投资机会，也苦于资金长期被小水电站占用而丧失。

三、四川省某 42MW 水电站融资租赁方案

2020 年年初，水电站业主与融资租赁公司开始融资租赁业务接洽。融资租赁公司通过充分考虑水电站丰、平、枯周期以及大、小年周期等产业特征，模拟电站未来现金流，倒算未来 20 年可支持的融资额度。该电站预计每年发电收入 5100 万元，年运营费用 1000 万元，融资租赁本息支出合计 2300 万，完全可以使用发电收入扣除运营支出后的 4100 万自由现金流偿付，且股东可以享受剩余分红。融资租赁公司还进行了最不利情况测算，测算表明，在极端小水年份，即使发电收入下降 40%，发电收入降至 3060 万，仍可以通过电站现金流还款。

通过测算，确定最终融资租赁方案为：20 年融资期限，融资额度 3 亿元。电站业主全部置换项目贷款及流动贷款（其中，长期贷款 0.4 亿元；流动贷款 0.5 亿元；剩余 2.1 亿元用于改善股东资金的流动性）。股东获得 2.1 亿元资金回笼，可以寻找其他投资机会，增加利润增长点，提高资金使用效率。本案例中，股东使用融资租赁资金收购了 1 座司法拍卖的水电资产，构建了水电投融资的专业平台。

（资料来源：李雪洁. 基于 EVA 模型的小水电价值管理研究：以四川省某 42MW 水电融资租赁方案为例 [J]. 小水电，2021 (1)：67-70，94，有改动）

案例三　杭州庆春路过江隧道 PPP 项目资产证券化

一、杭州庆春路过江隧道 PPP 项目概况

庆春路过江隧道项目是杭州市首个采用 BOT（投资建设-运营-移交）模式投资建设的基础设施项目，隧道于 2010 年 12 月 10 日正式建成通车。该项目是连接钱塘江北岸钱江新城和南岸钱江世纪城两个城市 CBD 的重大基础设施工程，对均衡钱塘江两岸发展具有重要作用。经过竞争性采购方式，杭州市政府择优选定浙江浙大网新集团有限公司作为

庆春路过江隧道项目社会资本方。浙大网新集团及其关联方——网新建设出资设立项目公司"杭州庆春路过江隧道有限公司"专门负责建设和运营庆春路隧道,浙大网新集团在资金和技术上为项目公司提供重要支持。

2007年6月8日,项目公司与杭州市钱江新城建设管理委员会正式签订专营权合同。合同相关规定如下:

(1) 项目公司享有隧道的特许经营权,即庆春路过江隧道项目的投资建设和运营权,具体为:社会资本方能够获取政府固定专营补贴的权利,以及经营隧道过程中所享有的隧道冠名权和隧道建设用地范围内的广告经营权和电力、电信管线经营权。与此同时项目公司应全权负责本隧道的通行管理和维修养护等服务,保证隧道的安全畅通和设备完好,直至运营期满为止。

(2) 隧道建设期为3年,运营期20年。社会资本方运营期的主要投资回报是由政府提供的专项补贴收入,补贴资金是由杭州市钱江新城建设管理委员会与萧山区政府共同承担。首期专营补贴从正式通车运营之日起算满两个季度后支付,期限共20年,每年7月和次年1月分别支付年专营补贴的1/2,专营期最后一年的专营补贴在项目移交工作完成后支付。每年向项目公司支付人民币15066万元,具体金额会根据基准贷款利率、法律法规变动、税收调整情况进行相应调整。

(3) 项目总投资额大约为14.32亿元,其中,网新集团和网新建投分别投入0.58亿元和3亿元作为项目的资本金,约占总投资的25%,而剩余资金均由项目公司通过银行贷款等方式筹得。贷款是通过以项目公司收到的政府给予的专营补贴质押向国家开发银行进行项目融资获得,贷款总额为10.74亿元,资金专项用于本项目建设。

(4) 项目运营过程中,政府因公共利益、公共安全需要,有权从社会资本方回购本项目,社会资本方可提出补偿申请,并按事前合同约定价款进行分期偿付,期数由交易双方协商确定,最多不可超过三期。

二、杭州庆春路过江隧道PPP项目资产证券化交易结构

在庆春路过江隧道运营约8年之际,由于经营情况良好,距离移交时间还有14年,项目公司开始策划进行资产证券化。2017年3月10日,中信建投-网新建投庆春路隧道PPP项目资产支持专项计划在上海证券交易所完成发行,发行总额达11.58亿元,是首批PPP资产证券化项目中规模最大的一个。庆春路过江隧道PPP项目资产证券化产品相关要素见表7-11。

表7-11　　　庆春路过江隧道PPP项目资产证券化产品相关要素

产品档次	规模/亿元	收益率/%	期限/年	占比/%	赎回/回购周期/年	评级
优先A级	7	4.05	14	60.4	2	AAA
优先B级	4	4.15	14	34.5	3	AAA
次级	0.58	—		5.1		—

注　次级由发行人自行持有。

该项计划是以杭州市庆春路过江隧道专营权合同收益作为基础资产,因此该项计划的

原始权益人是PPP项目专设项目——公司杭州庆春路过江隧道有限公司，负责基础资产的筛选以及资产池的组建和转移，同时，承担项目的资产服务机构，负责基础资产的催收和交存。此外，中信建投证券股份有限公司承担计划管理人，负责整个项目全程的设计和管理。为确保认购人的资金安全，计划管理人中信建投还委托兴业银行股份有限公司杭州分行作为资金托管人，国家开发银行股份有限公司浙江省分行作为监管银行。

原始权益人杭州庆春路过江隧道有限公司拟选在特定期间内的所有专营补贴收入所对应的债权及其从权利形成最初的基础资产池，并转移至计划管理人中信建投，由其设立并管理资产支持专项计划。产品发行后投资者可与中信建投签订协议取得资产支持证券，中信建投则将这部分专项计划资金作为获取应收权益的对价支付。庆春路过江隧道有限公司还承担作为资产服务商，负责存续期内基础资产对应的应收款项的回收和催收等工作，对应款项则由杭州市政府将其直接汇入资产服务机构开立的监管账户。然后监管银行国开行会在专项计划收款日将归集的资金划入专项计划账户，由托管人根据《托管协议》对专项计划资产进行托管，最后通过证券登记托管机构向投资者兑付相关的证券收益。具体交易结构如图7-13所示。

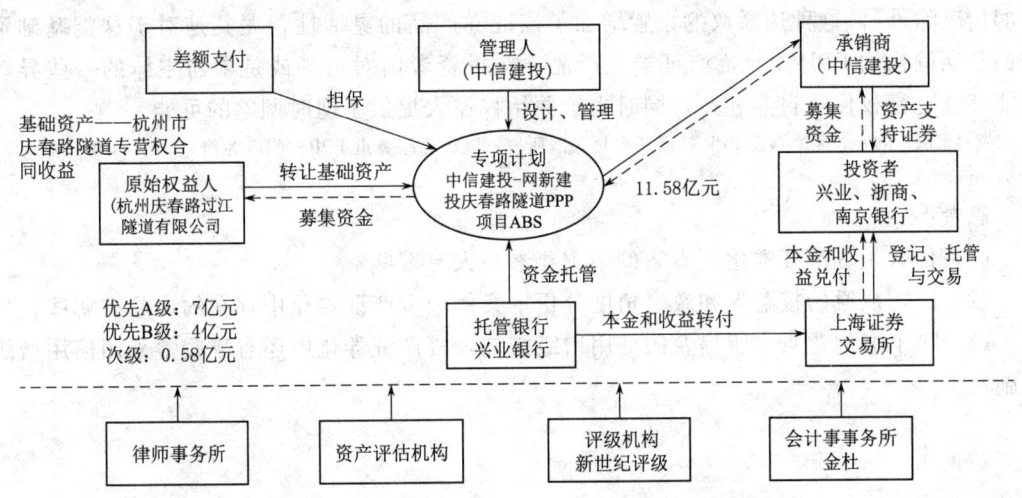

图7-13 庆春路过江隧道PPP项目资产证券化交易结构图

三、信用增级方式

庆春路过江隧道PPP项目资产证券化产品的基础资产是专营权合同收益，由于回收期限较长，存在一定的信用风险、市场风险等不确定因素，为保障投资者本息的足额偿付，增加产品的信用等级，该专项计划设置了相应的信用增级措施，以保障专项计划的正常运营。

（1）内部结构化分层。该项计划采用了优先、次级分层结构进行内部信用增级，设计了两档优先级和一档次级产品，配置有不同的收益安排。其中优先级资产支持证券规模占比为94.99%，剩余均属次级类产品，全部由原始权益人庆春路过江隧道有限公司持有。在进行产品的收益分配时，优先级资产支持证券预期收益优先受偿，其次再考虑优先级本金的偿还，在优先级证券投资者享有的权益未完全受偿前，次级证券的持有者，即原始权益人不得参与收益的分配。由此可见，次级证券的持有者为项目的违约或其他风险可能造成的损失提供了一定缓冲,优先、次级的分层安排,让原始权益人为优先级证券持有者提供了一定的信用支持,降低该证券投资者的投资风险。

(2) 差额支付承诺机制。该项计划设有差额支付承诺机制,承诺人为网新集团。《差额支付承诺函》约定在存续期内的任何差额补足启动日,专项计划托管账户内的可分配金额不足以支付专项计划费用以及优先级资产支持证券的各期预期收益和未偿本金余额。

中信建投有权代表所有优先级证券持有人发出通知书,网新集团应于规定时间无条件向专项计划支付差额补足款项。以此保障在不确定情况发生时,投资者也应当享有的收益和本金。

(3) 回售和赎回支持。该证券设置有回售和赎回选择权。也就是说,优先 A、B 级分别在证券设立日后的每 2 个、3 个年度设有证券回售日,在回售登记期内,优先级资产支持证券持有人可以选择将未到期的优先级证券份额部分或者全部出售给差额支付承诺人。而如果赎回日前的回售登记期结束后,扣除已回售的剩余优先级资产支持证券的本金规模之和低于设立时资产支持证券本金规模的 50% (含),那么网新集团就有权赎回剩余份额,赎回的优先级份额可按照上海证券交易所届时有效的交易规则进行处理(已经全部赎回的情况除外)。这种选择权的设置增加了该证券产品的灵活性,尤其是对于这类基础资产回收期偏长的 PPP 项目资产证券化产品,在投资者面对市场或是参与主体的一些异动时能够及时行权保障自身利益,同时也给原始权益人提供了适时调整的可能。

(资料来源:刘卉. 准经营性 PPP 资产证券化实践研究:以庆春路隧道 PPP-ABS 为例 [D]. 江西师范大学, 2019,有改动)

思考:

(1) 什么是资产证券化?本案例中主要参与人有哪些?

(2) 试着从原始权益人和政府角度分析本案例中资产证券化中存在的风险有哪些。

(3) 除了案例背景中所提及的信用增级措施,资产证券化中还有哪些常采用信用增级措施?

第八章 PPP 融资模式

> **基 本 要 求**
>
> ◆ 掌握 PPP 的基本概念及其类型
> ◆ 掌握 PPP 项目的一般运作流程
> ◆ 掌握特许经营期的基本概念
> ◆ 熟悉 PPP 融资模式设计的主要因素
> ◆ 熟悉 PPP 融资模式的选择流程
> ◆ 了解 PPP 融资模式的选择方法

第一节 PPP 融资模式概念和类型

一、PPP 的基本概念

PPP 是 "Public-Private Partnership" 的英文缩写，常用的中文译名为公私合作（制）。关于其内涵，迄今国内外尚未达成共识。

（1）世界银行在《PPP 参考指南》（第一版）中指出 PPP 是私人部门和政府机构之间为提供公共资产或服务而达成的一项长期合同协议。在该协议下，私人部门承担新建或已有公共资产（服务）的重大风险和管理责任。

（2）联合国培训研究院认为：PPP 涵盖了不同社会系统倡导者之间的所有制度化合作方式，目的是解决当地或区域内的某些复杂问题。PPP 包含两层含义：其一是为满足公共产品需要而建立的公共和私人倡导者之间的各种合作关系；其二是为满足公共产品需要，公共部门和私人部门建立伙伴关系进行的大型公共项目的实施。

（3）欧盟在《成功 PPP 指南》（2003 年）中给出的 PPP 定义为：PPP 是指公共部门和私人之间的一种合作关系，其目的是为了提供传统上由公共部门提供的公共项目或服务。私人的控制水平和融资是定义 PPP 的核心要素。

（4）美国国家 PPP 委员会和加拿大国家 PPP 委员会给出的定义类似，认为 PPP 是公共部门和私人部门之间的合作，是双方基于各自经验，通过资源、风险和回报的合理分担，以最佳满足清晰定义的公共需求。

（5）澳大利亚国家 PPP 委员会将 PPP 定义为"提供公共基础设施的一种方式，政府雇佣私人机构设计、施工、融资、维修或运营设施"。

（6）美国学者（Savas）指出：PPP 作为私有化的一种形式，具有延展性，被广泛定义为一种安排，在这种安排下，政府、私人机构和非营利组织共同从事一项传统的公共活动。但另一美国学者 Grimsey 和 Lewis 认为"PPP 与私有化并不相同，因为私有化下政府对持续经营没有直接控制，而 PPP 下政府保留最终责任"。

由上述 PPP 定义可知，PPP 内涵极为丰富，且随着各国实践需求而不断发展。但总结上述不同组织、国家或学者的定义，不难发现 PPP 的内涵应至少包含以下核心要素之一：其一为融资要素。学者 Ghavamifar 对 PPP 类型的调研结果显示，由私人部门承担融资责任是区分 PPP 和传统方式的重要因素。实践中，在政府财政紧张的情况下，私人部门参与投融资能有效减轻政府即期财政负担，加快基础设施建设。其二为项目产权或实际控制权要素。此处项目产权为权利束，不仅指所有权，而且包含经营权和收益权等权利。根据产权经济学，特许私人部门拥有项目所有权或项目经营/控制权和收益权，可以激励私人部门进行管理和技术创新，从而提高 PPP 项目的建设运营效率。同时，特许私人部门运营基础设施，有利于促进公共部门机构改革，消除冗员现象。其三为风险分担要素。共同分担风险是 PPP 与传统方式的重要区别所在，PPP 中公私部门按照各自承担风险能力的大小来分担风险，不仅能够有效地降低各自所承受的风险，还能加强对整个项目的风险控制。

因此，本书将 PPP 定义为：公共部门与私人部门[①]之间的合作关系，在风险共担、利益共享的基础上，公共部门充分利用私人资源进行基础设施/公共项目的投融资、设计、建设和运营维护全部或部分工作，以更好地为公众提供服务和满足社会公共需求。

从该定义可看出，PPP 创新了基础设施/公共项目的供给和生产方式，因为按照传统的西方经济学理论，基础设施/公共项目属于市场失灵的范围，需要由公共部门提供和生产。而 PPP 模式下，可在公共部门的政策支持下，私人部门提供和生产基础设施或公共项目（服务）。当然，私人部门只有在"有利可图"的前提下，才会有积极性提供和生产基础设施或公共项目（服务）。从政府角度看，PPP 模式下私人部门的介入，解决了公共项目（服务）供给中财政资金短缺的问题，从而起到了融通资金的作用，故而 PPP 模式也是一种融资模式。

与公共项目或基础设施传统投融资方式相比，PPP 融资模式具有以下特点：

（1）具有项目风险的公私部门有效分担机制，解决了传统投融资方式下，公共部门承担无限投资风险责任的问题。

（2）有利于提高公共项目（服务）供给的数量和效率。PPP 融资模式下，由私人部门负责项目的投融资、设计、建设和运营维护，可以充分利用私人部门的管理经验和技术能力，从而提高公共项目（服务）供给的数量，以及建设和运营效率。英国国家审计办公室（NAO）分别在 2003 年和 2009 年针对 PPP 项目和非 PPP 项目进行了绩效评价，绩效评价参数为合同价格、施工交付时间、项目设计和质量。这两次绩效评价表明，PPP 项目在进度和成本控制方面均有明显优势。2010 年，加拿大咨议局（Conference Board of Canada）对 20 世纪 90 年代到 2004 年之间实现融资关闭的主要 PPP 项目的绩效评价也得出类似的结论。

[①] 本书遵循国际惯例，将 PPP 称为公共部门与私人部门之间的合作关系，但在我国，PPP 一般定义为政府部门与社会资本方之间的合作关系。这里所谓的社会资本方主要指依法设立且有效存续的具有法人资格的企业，包括民营企业、国有企业、外国企业和外商投资企业。需特别指出的是，本级人民政府下属的政府平台公司及其控股的其他国有企业（上市公司除外），如果未转化为一般公司，则不得作为社会资本方参与本级政府辖区内的 PPP 项目。

第一节 PPP融资模式概念和类型

(3) 有利于促进政府职能的转换。传统投融资方式下，政府是公共项目（服务）的直接提供者，而采用PPP项目融资模式，政府就可以从烦琐的、具体的公共项目（服务）的建设运营事务中脱离出来，从过去的公共项目（服务）的提供者转变成一个监管者的角色。这就要求政府的职能必须重新定位和调整，由过去的直接监管模式转变为间接监管模式。

(4) 具有资金成本高和交易费用高等额外成本劣势。这是因为：与免税的政务债务相比，私人资金税赋较高；PPP融资模式参与方多，谈判准备时间长、签署的法律文书多，相对而言交易成本高。这种额外成本劣势有时候难以通过PPP项目运营维护效率的提高来完全覆盖。

(5) 降低了公共部门会计账户的透明性。PPP项目融资模式下，公共项目的资金筹措由私人部门负责，从形式上看可能体现为私人部门的负债，但是由于PPP模式下公共部门"保留最终责任"，故而PPP模式下的负债实质上称为公共部门负债的表外处理，降低了公共部门会计账户的透明性。

二、PPP融资模式类型

1. 国外PPP融资模式分类

如前所述，不同国家和组织对PPP的内涵认识不统一，从而导致对PPP融资模式的分类也不尽一致，各国可以根据自身的制度禀赋特征和改革动因设计PPP模式的方式和类型。

(1) 世界银行对PPP的分类。世界银行综合考虑资产所有权、经营权、投资关系、商业风险和合同期限等因素，将PPP划分为服务外包（service outsourcing，1~2年）、管理外包（management outsourcing，3~5年）、租赁（lease，8~15年）、特许经营（concession，25~30年）、BOT/BOO（20~30年）和剥离（divestiture，永久）6种模式。

(2) 联合国培训研究院对PPP的分类。联合国培训研究院认为特许经营、BOT和BOO三类模式成为PPP，而外包、租赁和剥离不属于PPP范畴。

(3) 欧盟委员会对PPP的分类。欧盟委员会按照投资关系将PPP分为传统承包、一体化开发和经营、合伙开发三大类。传统承包类是指政府投资，私人部门只承担项目中的某一个模块，例如建设或者经营；一体化开发和经营类是指公共项目的设计、建造、经营和维护等一系列只能均由私人部门负责，有时也需要私人部门参与一定程度的投资；合伙开发类通常需要私人部门负责项目的大部分甚至全部投资，且合同期间资产归私人拥有。

(4) 英国财政部对PPP的分类。英国财政部2003年将PPP项目融资模式分为资产出售、PFI（private financing initiative）、合资、合作投资、政策伙伴等几种，其中1992年提出的PFI在英国应用最为普遍。经过20余年的实践，2012年英国财政部对PFI进行了总结评估，指出PFI存在以下劣势：采购周期长、交易成本高、合同缺乏弹性和透明性、由于风险被不恰当地分配（给私人部门）而导致的补偿费偏高、私人投资者的投资回报可能过高等。针对PFI的上述劣势，英国财政部于2012年提出了一种新的PPP方式，即PF2。PF2中，政府部门将以少数股本与私人投资者共同投资，以改善公私合作关系，促进项目信息对称和项目的战略发展满足社会公众利益，同时增进合同的透明性和项目风险、收益的合理分配。为了避免政府部门既当股权投资者又当采购者的利益冲突，英国财政部在其内部专门成立了投资中心，与采购当局分离开来。投资中心由那些具有投资和商业决策专业技能的人负责管理，专司政府股权投资决策和管理。

（5）美国对 PPP 的分类。美国国会研究处（Congressional Research Service，CRS）将 PPP 划分为 6 种类型，分别为私人合同收费服务、DB、DBOM、长期租赁协议、DBFO 和 BOO，而美国高速公路管理局（Federal Highway Administration，FHWA，2009 年）划分更为细致，将 PPP 划分为 16 种具体类型，除上述 6 种外，还包括私有化、BOT、BTO、CM@Risk 等。

（6）加拿大对 PPP 的分类。加拿大 PPP 国家委员会按照投资关系和风险分担要素将 PPP 划分为 10 种类型，详见表 8-1。

表 8-1　　PPP 项目融资模式的各种类型（按加拿大 PPP 国家委员会划分）

序号	类型	英文名称	含义
1	运营和维护合同	Operation and Maintenance (O&M)	政府部门与私营合作者签订合同，私营合作者运营和维护公共设施。在该模式下，私营合作者承担设施运行和维护过程中的全部责任，但不承担资本风险
2	设计-建设（DB）	Design Build	政府部门与私人部门签订合同，私人部门设计和建设符合政府标准和绩效要求的设施。设施建成后，政府拥有所有权，并且负责设施的运营和管理
3	公共设施的扩建	Wrap Around Addition (WAA)	私人合作者投资并兴建公共设施的扩建或者附属设施，然后在一段时期内负责附属设施的运营，直到收回投资以及得到合理的投资回报
4	承包—运营	Turnkey Operation (TO)	政府为项目提供投资，由私人合作者设计、建设，并且在一段时期内负责项目的运营；政府设定绩效目标，并且拥有所有权。这种形式的伙伴关系适用于这样的形式，即政府希望拥有所有权，但是又希望从私人的建设和运营中获取利益
5	租赁—购买	Lease Purchase (LP)	政府与私人合作者签订合同，私人合作者负责设计、融资、建设设施以及提供公共服务。私人合作者然后将设施租赁给政府一段时间，租赁期满所有权归政府。这种方式适用于政府有提供服务的需求，而无力投资和提供服务的情形
6	暂时的私有化	Temporary Privatization (TP)	某一现存的公共设施的所有权转移到改善和扩建此设施的私人合作者的手中，设施的所有权和经营权在一段时间内归私人合作者，直到其收回投资并得到合理的回报。这种模式适用于大部分基础设施和其他公共设施
7	租赁-开发-经营或者购买-开发-经营	Lease Develop Operation or Buy Develop Operate (LDO or BDO)	私人合作者从政府租赁或者购买一设施，进行扩建或者改建，然后依据与政府签订的合同，负责经营。政府期望私人合作者投资于设施的改建或者完善，并赋予私人合作者一段时期的经营权，使其能够收回投资并得到回报
8	建设-转让-经营	Build Transfer Operate (BTO)	政府和私人签订合同，投资兴建设施。设施一旦建成，私人合作者便把设施的所有权转移给政府。然后，政府与私人合作者签订合同，以长期租赁的方式把设施租赁给合作者，实施租赁经营。在租赁期，私人合作者有机会收回投资，并且得到合理的回报

第一节 PPP融资模式概念和类型

续表

序号	类型	英文名称	含义
9	建设-拥有-运行-转让	Build Own Operate Transfer（BOOT）	私人开发商从政府部门得到排他性的特许权，负责融资、建设、经营、维护和管理公共设施，并通过使用者付费的方式，在一定的期限内，向使用者收取费用，收回投资，得到回报。在特许经营期满后，所有权转让给政府
10	建设-拥有-经营	Build Own Operate（BOO）	政府把现有的公共设施所有权和经营的责任转移给私人部门，或者与私人合作者签订合同，使其建设、拥有和经营新的设施。私人合作者一般要承担融资的责任

资料来源：Public-Private-Partnerships—A Canadian Guide，Service Industries Brance of Industry Canada，June，2001，PP.18-24。

2. 新建PPP项目融资模式分类

由前面国外PPP融资模式的分类可见，PPP融资模式类型各国差异性极大，同时涵盖范围极广，比如既包含已建工程的改扩建、特许经营或已建设施的服务/管理外包，又包括新建工程的投资建设、运营。在此，本书主要针对新建PPP项目，根据前述PPP模式3个核心要素——融资、产权和风险分担，以及建设项目生命周期的阶段性划分规律，对新建项目PPP模式类型进行细分，详见表8-2。

表8-2　　　　　　　　　　新建项目PPP模式分类

序号	最终所有权	融资	设计施工	运营维护	PPP类型
一	公共部门	公共部门	私人部门（付费合同）		DBO（设计-建设-运行）
					DBOM（设计-建设-运行-维护）
二	公共部门	私人部门部分或全部投资	私人部门（付费合同）	公共部门	FDBT（融资-设计-建设-移交）
			私人部门（特许合同）		FDBOT（融资-设计-建设-运行-移交）
					FDBOOT（融资-设计-建设-拥有-运行-移交）
三	私人部门	私人部门部分或全部投资	私人部门（付费合同/租赁合同）		FDBOM（融资-设计-建设-运行-维修）
		私人部门	私人部门（特许合同）		FDBOO（融资-建设-拥有-运行）

注：1. Design—D；Build—B；Finance—F；Operate—O；Own—O；Maintain—M；Transfer—T。
　　2. 付费合同—Fee-based contract；特许合同—Concession Contract。

第一类模式主要是由政府或公共部门负责投资，并且拥有项目的所有权，主要包括DBO、DBOM等。DBO模式中私人部门按合同规定的要求进行项目的设计、建设，并接受委托，负责基础设施项目运营，而公共部门拥有基础设施所有权和重大运营决策权，适用于项目所有权不适宜由私人部门拥有的项目。DBOM模式是在上述模式的基础上进一步和私人部门进行合作，将项目的维护也移交给私人部门。私人部门参与项目生命周期的各个阶段，高度的一体化可以有效地降低沟通所耗费的成本，缩短项目设计建设时间。私人部门先进的技术和管理有助于提高运营效率，减轻政府管理工作。

第二类模式由私人部门负责项目的部分或全部投资，但项目的最终所有权归政府所有，主要包括 FDBOT、FDBOOT、FDBT 等。

FDBOT 是指私人部门获取特许经营权后，私人部门承担该项目的投融资、建设、运营，在运营期内私人部门向用户收取费用来回收项目投资，并取得一定的回报，特许期（10～30 年）结束将项目移交给政府。FDBOOT 是指私人部门获得特许经营权后，私人部门自行投融资、设计、建设、经营项目，同样在特许期结束将项目移交政府，但是私人部门在项目的经营期内明确拥有项目的所有权。以上两种模式中私人部门在特许期内拥有项目的实际控制权，利用特许期内项目收入回收投资并获得合理利润回报，不仅为政府减轻投资压力，同时也降低了政府部门所面临的风险，并且减少政府与私人部门之间的利益纠纷，便于协调。

FDBT 模式指政府与私人部门签署付费合同，由私人部门负责项目的投融资和建设，项目建设完成后移交给政府部门，由政府部门负责运营。政府部门在移交后的一定期限内（3～5 年）向私人部门支付一定费用，该费用可弥补私人部门的建设投资、融资费用，并能使私人部门获得合理的投资回报。

第三类模式由私人部门负责投资并拥有项目的所有权，主要包括 FDBOM、FDBOO。FDBOM 模式下政府与私人部门签署付费合同（合同期限视项目规模而定，一般为 10 年以上），由私人部门投融资、设计、建设、运营维护项目，并拥有项目的所有权，其创新在于它不是传统资本性采购，而是一种服务采购政策。FDBOO 模式下，政府与私人部门签署特许合同，由私人部门投融资、建设、运营并永久拥有项目，但运营期间要接受政府的监督管理或价格规制。

第二节　影响 PPP 融资模式设计的主要因素

PPP 模式涉及政府部门和私人部门两个核心利益相关方，二者存在不同的利益和偏好，而不同的 PPP 模式有不同的适用条件，因此需要结合项目的具体情况和外部环境因素进行 PPP 模式的选择和设计。在此主要针对新建 PPP 项目融资模式设计的影响因素进行分析。

一、项目自身特点

1. 项目经济属性

项目经济属性不同，项目私人投资的补偿/回报机制也有所不同，适用的 PPP 模式也有所不同。根据项目经济属性，可分为公益性项目和经营性项目两大类。公益性项目自身几乎没有现金流入，难以依赖自身收入弥补投资并盈利，只能依赖政府的影子付费机制或使用付费机制或租金支付机制实现。因此，公益性项目比较适宜采用付费合同/租赁合同形式的 PPP 模式，如 FDBT、FDBOM 等。经营性项目可以依赖自身现金流量弥补投资并盈利，适宜采用特许合同形式的 PPP 模式，如 FDBOT 等。

2. 项目技术属性

基础设施项目如供水、供电和地铁等，具有网络化的运营技术特点，PPP 项目作为网络系统中的一个节点，必须考虑网络系统的整体最优，不能牺牲网络系统中其他利益主体的利益。如我国成都第六水厂 FDBOT 项目，因对未来区域用水量预测不准确，设计规

第二节 影响PPP融资模式设计的主要因素

模过大,当地政府为了满足成都第六水厂PPP合同中最低购水量的要求,不得不减少供水网络中其他水厂的供水量,从而导致其他水厂的亏损和供水成本的增加。因此为保证实现网络系统的整体优化,需要统一规划、调度,政府必须拥有较大的运营决策权和控制权,此时比较适宜采用基于付费合同的DBO、DBOM和FDBT模式。

3. 项目战略地位

项目战略地位是指项目对项目所在地国民经济或产业结构的影响程度,对国民经济或产业结构影响大的项目一般会慎用由私人部门拥有产权或实际控制权的PPP模式,如FDBOT、FDBOO等模式。

二、政府部门的能力和经验偏好

1. 政府部门(雇员)能力

由于PPP项目的投融资、建设和运营全部或部分交给私人部门负责,而私人部门的逐利本性与基础设施项目的社会公益性目的存在冲突,可能会损害社会公众的利益和安全,因此与传统交付方式相比,PPP模式需要政府部门对传统方式下的项目管理或监管方式和流程进行变革,同时提高政府部门(雇员)在项目招标、谈判、合同监管和规制等方面的能力。但不同的PPP模式由于蕴含的公私双方的风险分担和权利义务不尽相同,因此对政府(雇员)的能力要求也有所差异,比如DBO/DBOM和FDBT的合同期限相对较短,私人部门的控制权相对较小,因此与其他PPP模式相比,对政府(雇员)的监管和规制能力要求相对较低。

2. 政府财政支付能力

政府财政支付能力分为即期财政支付能力和未来财政支付能力两种。如果政府即期财政支付能力强,则偏向选择DBO/DBOM,否则需要利用私人部门的资金,采用FDBT、FDBOT等模式;如果政府即期财政支付能力差,但未来财政支付能力强,则可选择FDBT模式或合同期限较短的FDBOT/FDBOM模式;如果政府即期和未来财政支付能力均较差,且项目具有经营性,则适宜采用FDBOT/FBOO等模式。

3. 政府的目标偏好

首先是融资与提高运营效率和服务质量两个目标之间的偏好。若仅为提高运营效率和服务质量,可考虑采用DBO/DBOM;若仅考虑融资目标,则可选用FDBT;若等同考虑融资和效率提高两大目标,则可考虑采用FDBOT等模式。其次是项目工期和成本目标。不同PPP模式下,对加快项目进度和降低项目成本的激励强度是不同的。比如在FDBOT模式下,私人部门更有动力采取优化措施加快进度和降低成本,以便使项目尽早投入使用,从而提高项目的盈利能力;而在DBO/DBOM模式,由于项目工期的长短和成本的高低,对私人部门的收费影响不大,因此缺乏投入精力研究优化措施的积极性。

4. 政府的既有经验

根据制度经济学理论,PPP模式是公私双方关于基础设施项目投融资、建设、运营等事项的一种制度安排。而政府对这种制度安排具有"路径依赖性",即政府过去的PPP模式实践经验对新建项目PPP模式的选择具有较大影响,可能会倾向于选择自身比较熟悉的PPP运作模式。

三、法律政策

1. 法律适应性

如前所述，PPP 模式下私人部门与社会公众存在潜在利益冲突，如许多国家和地区推行 PPP 模式过程中出现的私人部门的高回报与基础设施的高价格/高收费之间的悖论，或者私人部门的高回报和政府的高补贴之间的困境，从而引发社会公众对政府或非执政党对执政党的质疑，因此，许多国家和地区对推行 PPP 模式都极为谨慎，一般会出台专门的法律法规明确哪些 PPP 模式在法律上是可行的，如我国有关法律法规就明确规定不能采用 FDBOOT 模式，即明确在特许期间，私人部门不能拥有基础设施项目产权。而在美国收费公路中亦存在类似情况，即对于在非私人土地上修建的收费公路，仅允许授予私人收费特许权，特许期一般在 30~50 年，而政府通常会保留对收费公路设施的所有权。

2. 税收优惠政策

不同 PPP 模式下，公私双方签署的合同性质、风险分配和法律依据不同，私人部门对项目产权的拥有关系也不同，因此不同 PPP 模式的税收会计处理不同，这会影响到项目投资者回报、基础设施收费/服务价格或政府补贴。比如，美国收费公路的 PPP 模式中，更多采用的是基于租赁合同的 FDBOM 模式，因为美国税法规定，租赁合同下私人部门可享受到加速折旧扣税等税收优惠，从而提高项目的经济强度，同时降低社会公众承受的收费价格。

四、其他因素

PPP 模式是公私双方的一种制度安排，必须考虑公私双方利益的协调、能力的互补，以及潜在私人部门的数量。

1. 私人部门的能力和偏好

私人部门能力和偏好的考虑主要表现如下：

（1）融资能力。如果项目投资规模大，而市场中潜在的私人部门融资能力较差，则难以满足 PPP 项目的融资需求，此时只能选择由政府投融资的 DBO/DBOM 模式或政府和私人部门共同投资的 FDBOT 等模式。

（2）技术与管理能力。从世界范围看，获得融资和提高效率是政府采用 PPP 模式的目的。而效率的提高来源于私人部门的技术与管理能力，尤其是运营技术与管理能力，如果市场上满足技术与管理能力需求的私人部门很少或基本没有，就适宜采用 FDBT 模式。

（3）风险承受能力。如果私人部门风险承受能力较低，则适宜采用基于付费合同的 PPP 模式，否则采用基于租赁或特许合同的 PPP 模式。

2. 私人部门数量

从某种程度说，市场中具有满足规定要求能力的私人部门数量也影响 PPP 模式的选择。因为基础设施项目本身具有的垄断性导致运营阶段的竞争性可能不足，而若私人部门数量少，则一方面导致市场进入竞争性不够，从而私人部门可能要求过高的回报率或服务/收费价格；另一方面从整个基础设施市场看，可能会形成寡头垄断局面。因此，在满足要求的私人部门数量较少而又有限制垄断的需求时，应采用基于付费合同的 PPP 模式，这样私人部门拥有的控制权较小。

第三节 PPP 融资模式选择流程与方法

PPP 融资模式选择包括两层含义：第一层次为是否选择 PPP 融资模式的决策问题，即是选择传统交付方式（如 DBB、DB、CM@risk 等），还是选择 PPP 融资模式？第二层次为若选择 PPP 融资模式，则 PPP 融资模式的具体类型是什么？本节主要阐述第一层次的决策问题。

一、PPP 融资模式选择流程

根据英国财政部（HM Treasury）的规定，PPP 融资模式选择流程如图 8-1 所示。

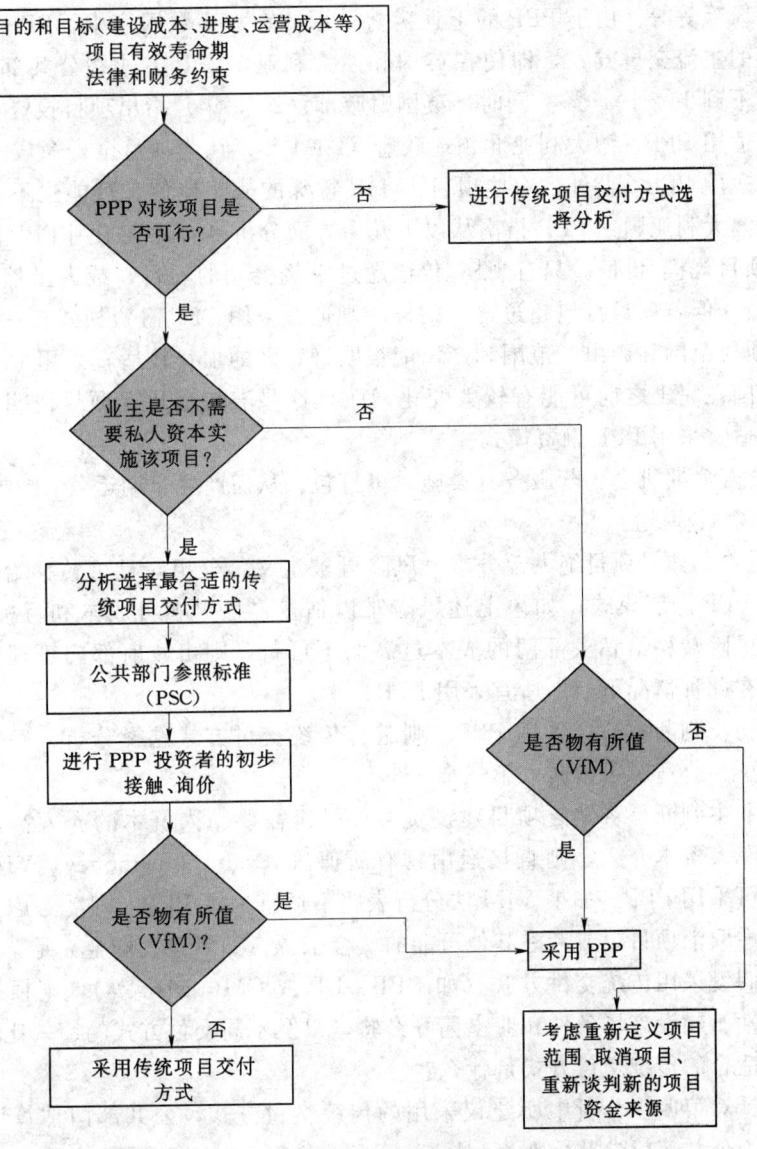

图 8-1 PPP 融资模式选择流程示意图

(1) 研究项目特点及其环境，收集类似项目的绩效数据，估计该项目的成本和进度，分析法律和财务约束。

(2) 初步判断该项目是否适合采用 PPP 融资模式。实践表明，PPP 虽然将项目风险转移给私人部门，可以提高项目的实施效率，节省成本、加快进度和促进工程设计、运营技术的创新，但并不存在"免费的午餐"，这是因为 PPP 仍然伴随着一些劣势，如 PPP 合同过于复杂，导致前期公私双方谈判时间过长，交易成本过高；对政府部门的能力要求高；在招标时，对项目的性能规格描述难以完全、准确，容易导致 PPP 合同的再谈判；私人融资成本高，PPP 项目运营维护效率的提高有时难以抵消私人的高融资成本劣势；PPP 方式将项目债务转移至私人部门，导致公共部门的财务会计透明度降低，容易引发政府债务风险等等。由于 PPP 的上述劣势，因此在大多数国家中，PPP 交付方式并不是基础设施的主流交付方式，即使在英国和澳大利亚，PPP 方式在公共部门建筑行业的投资中仅占不到 10%~15%。同时，英国财政部（2003 年）指出项目投资小于 2000 万英镑的项目不适用 PPP，澳大利亚北领地政府（2004 年）认为项目全寿命成本低于 5000 万澳元的亦不适用 PPP。此外，有些项目由于其特殊的战略地位，可能也不适用 PPP 项目融资模式。澳大利亚国家 PPP 指南从以下几个方面分析是否适宜采用 PPP 融资模式：

1) 项目规模/价值。只有规模/价值超过 1 亿美元的项目，或者虽然单个项目小于该规模/价值，但若项目打包超过这一门槛，则适宜采用 PPP 融资模式。

2) 项目范围和产出。范围和产出能被明确定义的项目较适宜采用 PPP 融资模式；而若项目范围在完工之前可能有较大变化，而且这些潜在变化在项目说明书中无法适当描述，则不适宜采用 PPP 融资模式。

3) 全寿命期机会。若服务（设施）可打包，从而产生长期运营/维护机会，则较适宜采用 PPP 融资模式。

4) 风险。如果项目绝大部分重大风险可被定义、分担，且可转移给私人部门，则较适宜采用 PPP 融资模式；如果上述风险难以估量，且对项目成本和目标有实质性影响，或者上述风险转移给私人部门的成本过高而不可行，则由政府部门管理这些风险较为合理，因此在此种情况下，不适宜采用 PPP。

如果初步判断不适合采用 PPP，则进行传统交付方式选择分析，确定采用何种传统交付方式更为合适；否则转入第三步。

(3) 业主判断是否缺乏项目建设资金？是否需要私人资本的介入？如果建设资金短缺，需要私人资本介入，则直接运用物有所值法（value fou money，VfM）进行决策分析，是否可采用 PPP。如果 VfM 法分析表明不适宜采用 PPP，则需考虑重新定义项目范围，或考虑取消项目，或考虑其他可能的资金来源；如果建设资金充足，则转入第四步。

(4) 假设采用传统交付方式（如 DBB、DB 或 CM@Risk 等），则根据项目规模、技术经济属性、建设市场条件和业主偏好经验，以及不同交付方式的绩效比较等因素，分析该项目最适合的传统交付方式是什么？

(5) 针对第四步分析中所建议采用的传统交付方式，公共部门估算该项目的建设投资，此即为公共部门参照标准（public sector comparator，PSC）。

(6) 发布可能的 PPP 项目信息，初步了解 PPP 项目潜在投资者意向和可能报价。

(7) 比较项目潜在私人投资者的可能报价（PPP）与PSC，如果PPP小于PSC，则采用PPP融资模式，否则采用传统交付方式。

二、PPP融资模式选择方法

如前所述，在政府部门缺乏基础设施建设资金的情形下，政府部门只能引入私人部门并将融资、建设等任务交给私人部门完成，即只能采用PPP融资模式投资建设基础设施。显然，在缺乏基础设施建设资金的情形下进行PPP融资模式的决策较为简单，但在政府部门自身具有建设资金的情况下，是否采用PPP融资模式的决策就更为复杂些。2004年英国财政部颁布的《物有所值评估指南》（*Value for Money Assessment Guidance*）中所提出的VfM法已成为许多国家，比如澳大利亚、韩国、日本等国项目采购方式决策的重要方法。英国财政部一份报告显示，2008年英国政府在交通、健康、能源环境、学校等领域，通过物有所值理论共计实现了300万欧元价值；该报告指出，"2010—2011年，英国包括建设部门在内的各政府部门将通过物有所值共计节省350万欧元开支"。

物有所值的通常内涵是指投入（成本）与产出（收益）之比，这里的投入不是指所采购物品的现价，而是指物品的全寿命期成本，即所采购物品在有效使用期内发生的一切费用再减去残值。关于产出，即"值"的含义则争议较大，狭义的理解仅指资金的使用效率，而广义的理解则不仅包括资金的使用效率，而且还包括质量、可获得资源的最佳利用、项目目标实现程度、时效性和长期运营效果等，甚至还包括为国内产业发展提供的机会以及促进技术转让等内容。一般而言，发展中国家取其广义含义，而发达国家取其狭义含义，主要指资金的使用效率。英国财政部将物有所值描述为"考虑项目全寿命期收益、成本和风险后可得到的最佳结果"，其是谋求可获得资源的最佳利用，而不仅仅是以最低价格获得项目产出或服务。

因此，针对广义和狭义的VfM产出概念，目前世界各国提及的物有所值法有定性评价和定量评价之分。

1. VfM定性评价

广义的VfM产出概念不仅仅关注资金的使用效率，而且更为关注实施PPP项目可能带来的技术和管理方面的创新，服务质量和效率的提升，以及项目风险的合理分担，社会层面的资源最佳利用，这些往往是不能够完全量化评价的。我国财政部于2015年12月18日颁布实施《PPP物有所值评价指引（试行）》（以下简称《评价指引》），指出物有所值定性分析重点关注项目采用PPP模式与采用政府传统采购模式相比能否增加公共供给、优化风险分配、提高效率、促进创新和公平竞争、有效落实政府采购政策等。物有所值定性分析采用专家评分法，主要包括确定定性分析指标、组成专家小组、召开专家小组会议和做出定性分析结论等。

根据《评价指引》及其修改意见稿，物有所值定性评价指标分为基本指标和附加指标两大类，其权重占比分别为80%和20%，具体说明如下。

(1) 基本指标。基本指标主要包括如下方面：

1) 全生命周期整合潜力。由于采用PPP模式，将项目的设计、建造、融资、运营和维护等全生命周期环节整合起来，通过一个长期合同全部交由社会资本合作方实施，是实现物有所值的重要机理。因此该指标主要通过察看项目计划整合全生命周期各环节的情况来评分。

2）风险识别与分配。如前所述，清晰识别和优化分配风险，是物有所值的一个主要驱动因素。因此该指标主要通过察看项目识别阶段或项目确定阶段对项目风险的认识情况来评分。

3）绩效导向。从PPP项目特性和实践经验看，绩效付费是有效激励私人部门提高运营质量和效率的有效手段。PPP项目的绩效指标，特别是关键绩效指标，确定了对PPP项目运营维护和产出进行检测的要求和标准，例如，针对公共产品和服务的数量和质量（或可用性）等。绩效指标越符合项目具体情况，越全面合理，越清晰明确，则绩效导向程度越高。因此该指标主要通过察看在项目识别阶段或项目确定阶段项目绩效指标的设置情况来评分。

4）潜在竞争程度。该指标主要通过察看项目将引起私人部门之间竞争的潜力，以及预计在随后的项目采购等阶段是否能够采取促进竞争的措施等来评分。

5）鼓励创新。该指标主要通过察看项目产出说明来评分。一般来讲，产出说明应主要规定私人部门应付产出的规格要求，尽可能不对项目的投入和私人部门具体实施等如何交付问题提出要求，从而为私人部门提供创新机会。

6）政府机构能力。该指标主要通过察看政府的PPP理念，以及结合项目具体情况察看相关政府部门及机构的PPP能力等来评分。PPP理念主要包括依法、依合同平等合作、风险分担、全生命周期绩效管理等，以及PPP不仅是基础设施及公共服务融资手段，更是转变政府职能、建立现代财政制度等的重要手段。政府的PPP能力主要包括知识、技能和经验等，包括可通过购买服务获得的能力。

7）项目内资产相关性。该指标主要考核项目范围内各个边界清晰、基本能够独立提供某类公共服务的固定资产之间的相关性。相关性差的固定资产一般不适宜纳入同一项目。

8）项目可融资性。该指标主要通过预计项目对金融机构（贷款和债券市场）的吸引力来评分。吸引力越大，项目越具有融资可行性，越能够顺利完成融资交割和较快进入建设、运营阶段，实现较快增加基础设施及公共服务供给的可能性就越大。

（2）附加指标。以下为推荐的附加指标，可视项目具体情况而选用。

1）项目规模。该指标主要依据项目的投资额或资产价值来评分。PPP项目的准备、论证、采购等前期环节的费用较大，只有项目规模足够大，才能使这些前期费用占项目全生命周期成本的比例处于合理和较低水平。此外，一般情况下，基础设施及公共服务项目的规模越大，才能够采用PPP模式吸引社会资本参与。

2）项目资产寿命。该指标主要依据项目的资产预期使用寿命来评分。项目的资产使用寿命长，为利用PPP模式提高效率和降低全生命周期成本提供了基础条件。

3）全生命周期成本测算准确性。主要通过察看项目对采用PPP模式的全生命周期成本的理解和认识程度以及全生命周期成本将被准确预估的可能性来评分。全生命周期成本是确定PPP合作期长短、付费多少、政府补贴等的重要依据。

4）运营收入增长潜力。该指标主要通过预计私人部门增加运营收入的可能程度来评分。私人部门通过实施项目，在满足公共需求的前提下，增加额外运营收入，可以降低政府的成本和公众的支出。

5) 法律和政策环境。主要通过察看现行法律、法规、规章和政策等制度限制政府采用 PPP 模式实施项目来评分。

6) 区域带动性。PPP 项目一般在基础设施和公共事业领域内应用，其对区域经济社会发展有着重要影响。该指标主要考察 PPP 项目实施对区域经济社会发展的辐射或带动效应。

2. VfM 定量评价

国际上常用的物有所值法主要有两种：一种是成本效益分析法，是一种通过比较项目的全部成本和效益来评估项目价值的方法。该种方法的基本原理为：针对某项目的若干方案，用一定的技术方法，计算出每种方案的成本和收益，按照"以最小的成本获得最大的效益"的决策准则，选择出最优的方案。成本效益法常用于评估需要量化社会效益的公共事业项目的价值。另一种是应用公共部门参照标准（PSC），公共部门参照标准是政府在参照类似项目的基础上，根据项目的实际情况制定出的政府提供项目的标杆成本，将 PPP 融资模式下的成本与此标杆成本比较，进而得出 PPP 融资模式是否更加物有所值，通常称为 PSC-PPP 比较法。

成本效益法较为常见的做法是将净现值（NPV）作为评价指标。成本效益法由于需要对各方案的成本效益进行计算，因此需要大量的数据支持和诸多假设，尤其是在有些成本或效益不能直接用货币衡量或不能确定时，其计算的准确性受到很大程度的影响。

PSC-PPP 比较法一般不需要计算项目的收益，而是在满足获取一定标准和质量水平的项目需求基础上，计算所付出的费用以及其他支出（统一折算成货币），费用最低。这就需要计算出政府采购模式下的费用支出，进而将 PPP 融资模式下建设相同项目的总费用与政府采购模式的总费用进行比较。也就是说，采用 PPP 融资模式是否更加物有所值，可以通过将 PSC 与 PPP 进行对比来衡量。PSC 通常需要考虑服务质量、价格、时间、风险分担以及政府为项目融资的可能性。有些情况下 PSC 和 PPP 报价比较接近，考虑到政府可以将部分风险转移给私人部门，政府会倾向于选择 PPP 融资模式。同样，在计算 PSC 和 PPP 报价时，需要对一些因素，特别是风险因素做出假设和估计。在 PSC 和 PPP 报价差别很小的情形下，当某些假设条件略做改动后，二者的大小关系会发生改变，这就使得决策变得非常困难。为解决该问题，在做出重要的假设或者评价关键风险因素时，有必要进行敏感性分析，从而尽量提高评价和决策的准确性。

应用 PSC-PPP 比较法的大部分国家中，一般在可行性研究阶段进行物有所值评估，以便判断是否适合采用 PPP 融资模式。但还有一些国家和地区，是在投标报价过程中进行物有所值评价的。有时，私人部门参与的投标报价需要比政府采购的价格低 5%~10% 才有可能中标。如阿根廷就是在竞标过程中对物有所值进行评价，进而决定是否由私人资本与政府资本结合，共同进行项目采购。

(1) 公共部门参照标准（PSC）的概念。PSC 作为政府评价 PPP 融资模式是否物有所值而采用的一种标杆价格，它代表了政府采购可能发生的价格。虽然目前国际上对 PSC 的定义还没有定论，但各种定义都包括以下几个方面：需要做出假设和预测，使用净现值进行比较;基于全寿命期的评价,以及政府采购的可行性(考虑资金、运营等因素)。也就是说,PSC 通过综合集成上述因素,将这些因素全部转化为货币形式来进行综合评价。

然而,在进行多因素综合影响分析时,经常面对的一个问题是多因素累积误差而引起的总误差放大。为了提高该方法的估计精度,目前国际上通常采用蒙特卡罗模拟法,从而对每个因素发生的可能性和造成的影响进行模拟估计。

(2) 公共部门参照标准(PSC)的组成。根据英国财政部《物有所值评估指南》(2006 年),公共部门参照标准由 4 部分组成,分别是初始 PSC、转移风险、保留风险和竞争中立,如图 8-2 所示。

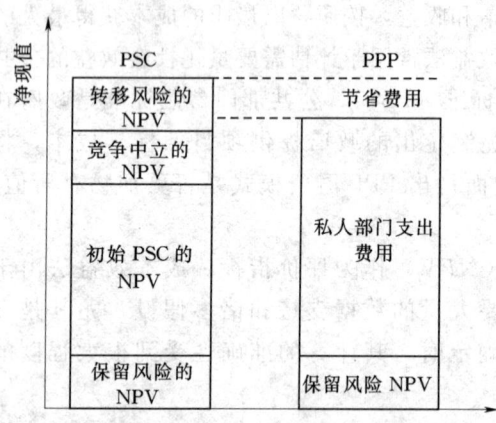

图 8-2 公共部门参照标准
(PSC)和 PPP 组成示意图

1) 初始 PSC (raw PSC)。初始 PSC 是公共部门建设项目的基本费用,包括公共部门提供项目建造、维护、运营等服务所需的成本。在 PSC-PPP 比较法中,专指采用传统政府投资模式下最优采购方案的直接成本,包括直接投资成本和直接运营成本两部分。对于需要国际采购的部分,需要根据市场的实际情况对其进行估价。

2) 转移风险(transferable risk)。转移风险是指所有转移给私人部门的风险的总价值。确定可转移风险价值时,需要较完备的当前和历史数据作为估价标杆。由于不同国家对相关数据的参考和采用程度并不相同,各国对转移风险的估计值也有所不同。比如,澳大利亚 PPP 项目采购的平均转移风险价值在项目总价值的 8% 左右,而英国的转移风险价值一般为项目总价值的 10%~15%,平均值为 12%。

3) 保留风险(retained risk)。保留风险是指所有未转移给私人部门的风险的价值。在公私合作的项目采购中,公私部门的风险分担是必须明确的事情。通过分析风险的发生概率和影响程度,可以得出公共部门和私人部门各自分担的风险价值,也更有利于准确的估算项目采购的总价值。

4) 竞争中立(competitive neutrality)。竞争中立是由于政府的共有制产生的政府业务净竞争优势的价值。例如,政府在项目采购过程中的税务支出,通过政府的税务体系,又作为政府的税务收入,返回给政府。

(3) 基于 PSC-PPP 的物有所值法的缺陷。在计算 PSC 时,各种风险、折现率及其他因素的估算都是基于一定的假设。一般而言,预计采用 PPP 融资模式的项目运营期为 30 年左右,甚至有时会达到 60 年。在长期内各种因素都可能会发生变化,这难免会影响项目价值或 PSC 估算的准确性。因此,PSC 也应随着项目进程不断更新,使公共部门能够准确地把握项目的实际投资情况,及其与公共部门评价标准的差别,进而对项目采购方式加以调整和约束,以更好地实现项目的物有所值。

第三节 PPP融资模式选择流程与方法

【例8-1】 基于PSC-PPP比较法的某新建轻轨项目物有所值评估。

某新建轻轨项目连接着两个人口密集的中心A、B，历经不同的社区，共11km长，5个车站，既有地面又有地下轨道。

1. 一般假设

（1）采用DBB采购方式下，项目设计时长3年；招标阶段时长0.5年；项目建设期4.5年；运营时间为30年。

（2）项目运营期现金流量均在期末支付。

（3）在折现未来现金流量中政府所使用的资金成本为7%；在PSC和PPP的 NPV 值的计算也使用同样的折现率。

（4）项目建设成本中不考虑不可预见费。

（5）PPP融资模式下，由于PPP承包商的创新和设计、施工的搭接，项目设计和建设时间将会缩短2年，项目运营期仍为30年。

2. 项目资本投资和项目运营维修费用

（1）项目资本投资。该项目建设和专业服务成本估算见表8-3。表8-3中的成本是根据FTA的标准成本目录（standard cost categories，SCC）划分的。项目总资本投资为1586600000美元（按费用支出年份计）。

表8-3 轻轨项目建设和专业服务成本 单位：美元

序号	主要任务	预算
SCC10	导轨 & 轨道部分	362700000
SCC20	车站、停车站、终点站、联运	268700000
SCC30	配套设施：工场、商店、管理设施等	57200000
SCC40	现场工作 & 特殊条件	51000000
SCC50	系统	88700000
SCC60	原材料、土地、已有设施改善	172700000
SCC70	车辆	189500000
SCC80	专业服务费	396100000

（2）项目运营维修费用。项目运营维修（O&M）费用由运输代理机构根据递交给FTA的财务分析报告而估算出来的，运营第1年的O&M费用为79330000美元。O&M费用将以2.6%的不变比率增长。因此运营第10年末的O&M费用为102544000美元，运营期第30年末将为166990000美元。

3. 项目初始PSC的NPV

根据以上项目资本投资和O&M费用的估算，以及拟采用的折现率7%，经计算初始PSC（不计不可预见费）为1836008804美元。

4. 竞争中性

竞争中性是考虑政府业务净竞争优势的情况。税收支付的差异是竞争中性的主要部分。例如，土地税或地方政府利率可能适用某些场合。PSC中考虑竞争中性的主要目的是识别PPP融资模式而引起的额外税收。在运输代理机构负责的情形下，这部分额外税收可被忽略，因为通行权通常不是合同的组成部分。当项目进入运营阶段后，运输代理机构通常不区分 PPP 和 PSC 下的工资税，因为工资税是相似的。同时，如果地方费用或税收比较大的话，也需要在竞争中性中考虑。

5. 转移风险

经过风险识别和评估，识别出 6 个对该项目成本有重要影响的风险因素。该 6 项风险可转移给 PPP 承包人。可转移风险因素以及影响的预算项目列于表 8-4 中。

表 8-4　　　　　　　　　影响项目成本的可转移风险因素

序号	风险因素	预算项目	重要任务
1	由于不同的现场条件而导致的不可预见的削减或填充	保留削减或填充	导轨 & 轨道部分
2	由于市场的变化而引起的车辆价格的波动	重轨	车辆
3	由于设计计划和说明书的细节所要求的额外时间所导致的设计阶段成本超支	最终设计	项目设计
4	由于夜班监督所需要的额外时间而导致的施工管理成本超支	施工监管 & 管理	专业服务
5	施工期间有害物质的暴露超过预期	有害物质去除	现场工作
6	施工期间碰见意想不到的设施	现场设施和设施搬迁	现场工作

表 8-5 描述了上述风险因素影响的预算项目。

表 8-5　　　　　　　　可转移风险因素影响的预算项目　　　　　　　　　单位：美元

SCC 编码	受影响的预算项目	预算
10.07	地下隧道（导轨）	97500000
40.02	现场设施，设施搬迁（现场工作）	18000000
40.03	有害物质去除（现场工作）	20000000
70.01	车辆（车辆）	175000000
80.01 & 80.02	初步设计和最终设计（专业服务）	181000000
80.04	施工监督 & 管理（专业服务）	143000000

风险评估小组估计了上述风险因素发生的概率及其影响的成本范围，详见表 8-6。假设风险因素发生概率服从伯努利分布，风险影响结果符合三角分布。决策者给出每一个风险的最低、最高和最可能值，然后用三角分布来描述。每一风险因素对相关预算项目的影响可由所定义的三角分布通过蒙特卡罗模拟法产生。

预算中需要考虑上述风险所引起的总成本变化。风险引起的成本变化可用 @RISK 进行模拟。假设仅考虑成本的不确定性，为了获得项目预算的 90% 置信水平，可应用所有风险费用的累计分布函数（cumulative distribution function，CDF）。如图 8-3 所示，若置信水平为 90%，在项目初始预算中应考虑的不可预见费用为 97000000 美元，占初始 PSC 的 6.5%。

第三节 PPP融资模式选择流程与方法

表8-6　　　　　　　　　　可转移风险因素影响和概率分布

风险因素	概率	影响
由于不同的现场条件而导致的不可预见的削减或填充	$P(X=1)=0.3$	三角分布$(0.1,0.25,0.35)$
由于市场的变化而引起的车辆价格的波动	$P(X=1)=0.7$	三角分布$(0.1,0.15,0.3)$
由于设计计划和说明书的细节所要求的额外时间所导致的设计阶段成本超支	$P(X=1)=0.3$	三角分布$(0.1,0.25,0.35)$
由于夜班监督所需要的额外时间而导致的施工管理成本超支	$P(X=1)=0.2$	三角分布$(0.1,0.2,0.3)$
施工期间有害物质的暴露超过预期	$P(X=1)=0.5$	三角分布$(0.3,0.5,0.65)$
施工期间碰见意想不到的设施	$P(X=1)=0.3$	三角分布$(0.3,0.4,0.6)$

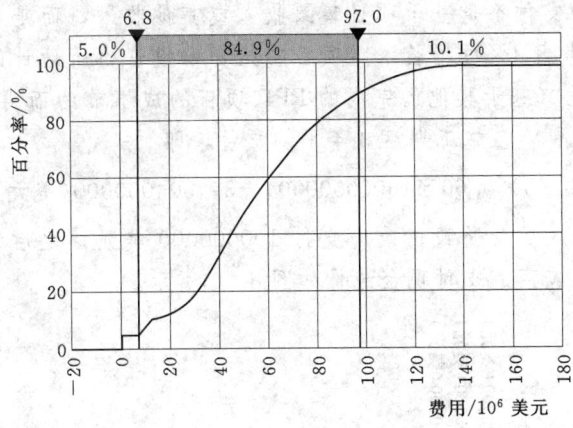

图8-3　总风险影响的累计分布函数

总的风险费用按照各项费用占据初始预算费用的比例进行分配到各个受影响预算项目，而分配到各个受影响的项目预算费用再按该预算项目的时间平均分配。风险因素对项目预算的总影响见表8-7。

表8-7　　　　　　　　　风险因素对项目预算的总影响

SCC 编码	受影响的预算项目	总的成本变化/美元	持续时间/年	每年成本变化/美元
10.07	地下隧道（导轨）	14905437	5	2981087
40.02	现场设施，设施搬迁（现场工作）	2751773	5	550354
40.03	有害物质去除（现场工作）	3057526	5	611505
70.01	车辆（车辆）	26753349	3	8917783
80.01&80.02	初步设计和最终设计（专业服务）	27670607	9	3074511
80.04	施工监督&管理（专业服务）	21861308	9	2429034

第八章 PPP融资模式

在初始PSC中考虑上述风险费用,然后按照7%的折现率,可计算得到考虑不可预见费的初始PSC的净现值为1902418130美元。表8-8为项目初始成本(初始PSC)在开始9年内的现金流(注:第9年为运营期的第一年,设计施工期为8年)。

表8-8 设计施工阶段项目初始PSC 单位:美元

PSC	时间/年	1	2	3	4	5	6	7	8	9
	总成本	53400000	68100000	66900000	97000000	299600000	409600000	381300000	204800000	85230000
	净现值	49906542	59481177	54610328	74000836	213610659	272933775	237454477	119195465	46359473

6. PPP建议书

PPP融资模式下项目设计施工期为6年,政府承担项目初始资本投资的60%。政府每年给PPP承包商的支付不是基于项目售票收入或其他收入,而是依据服务的可获得性(availability),每年考虑4%的增长率。项目初始资本投资为所估计的初始PSC的95%,即为1600000000美元(基于其他已完成的PPP项目的成本节约而得)。项目初始资本投资的60%(政府部分)将在施工期后3年平均支付,即

$$(0.95 \times 0.60 \times 1600000000) \div 3 = 304000000(美元)$$

第7年:项目进入运营阶段,政府支付100000000美元,之后每年按4%的比率增长。政府对于PPP承包商的支付现金流量如图8-4所示。

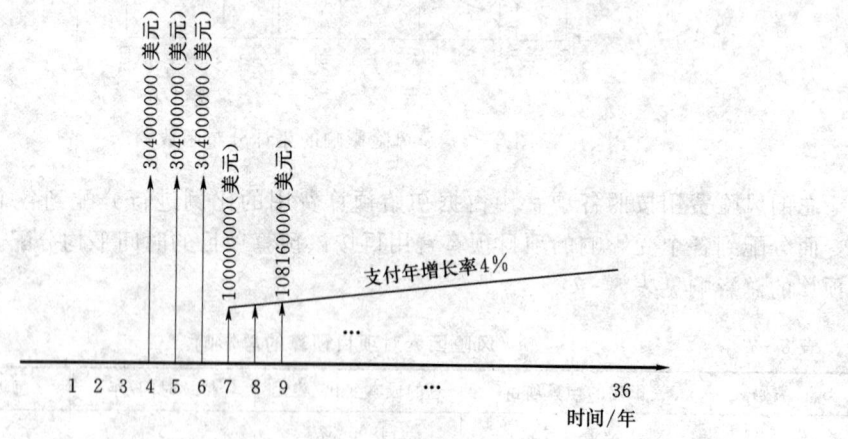

图8-4 PPP融资模式下政府支付的现金流量图

若采用折现率7%,则图8-4中的现金流量的净现值(NPV)为1926002448美元。将该值与经风险调整的初始PSC的净现值1902418130美元比较,可知应选择PSC,即该项目最好的交付方式为DBB。

7. 敏感性分析

主要进行单因素敏感性分析,考虑PSC总成本(风险调整前)对资本成本、O&M成本和折现率等因素的敏感性程度。结果见表8-9,如资本成本降低15%,初始PSC(风险调整前)变为1673348433.90美元。图8-5为敏感性分析图。

第三节 PPP融资模式选择流程与方法

表8-9　　　　　　　　　　初始PSC的敏感性分析

变化幅度/%	资本成本/美元	O&M成本/美元	折现率/%
−15	1673348433.90	1723267853.55	2067731084.12
−10	1727568557.27	1760848170.37	1985227407.39
−5	1781788680.65	1798428487.20	1908140369.02
0	1836008804.03	1836008804.03	1836008804.03
5	1890228927.40	1873589120.85	1768416567.03
10	1944449050.78	1911169437.68	1704987757.46
15	1998669174.15	1948749754.50	1645382481.70

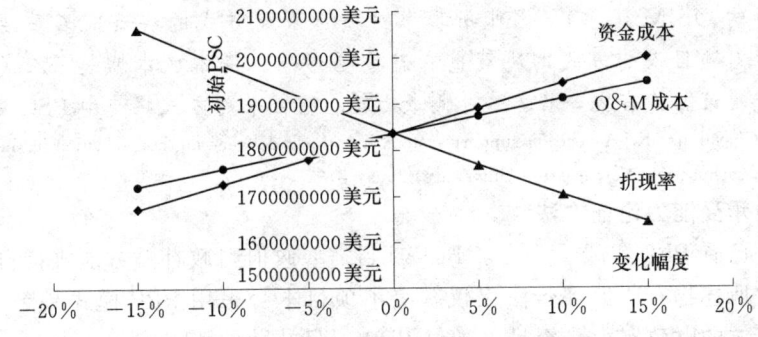

图8-5　初始PSC敏感性分析图

由图8-5可看出，折现率是影响初始PSC的敏感性因素，而初始PSC对资本成本和O&M成本变化的敏感性几乎相同。为了分析因素变化对决策的影响，下面再对PPP的NPV与PSC的NPV之间的差值，即$NPV_{(PPP-PSC)}$对资本成本和折现率的敏感性进行分析。比如假设PPP和PSC的建设成本发生同样的变化。表8-10中列出了敏感性分析结果。由表8-10可看出，资本成本上升5%，决策就将发生变化，即PPP融资模式将变成最优采购方式。

表8-10　　　　　　　　PPP-PSC比较的敏感性分析

变化幅度/%	资本成本/美元	折现率/%	变化幅度/%	资本成本/美元	折现率/%
−15	98520690	94994593	5	−1394473	4113860
−10	73541899	68812073	10	−26373264	−13511537
−5	48563509	45083021	15	−51373264	−29457980
0	23584318	23584318			

图8-6为（PPP-PSC）的敏感性分析图。由图8-6可看出，折现率增长6%，最优采购方式将会改变，即由PSC转换为PPP。其主要原因为PPP融资模式下私人部门承担了预先支付的费用（而PSC下政府承担了所有的资本性支出），利率的上升降低了给私人

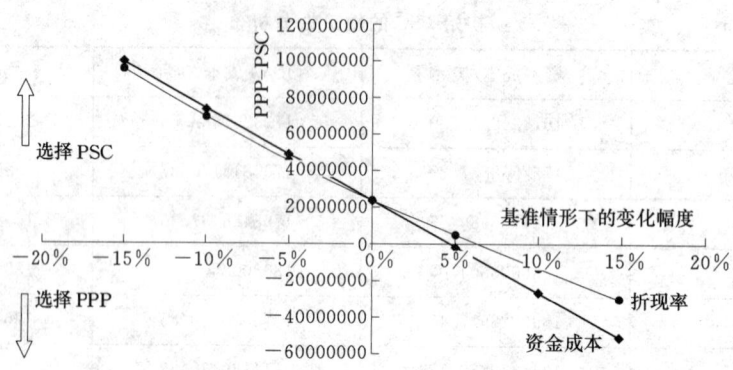

图 8-6 PPP-PSC 比较的敏感性分析图

部门未来的支付。还需指出的是 PSC 下项目年度运营费用更低（如，给 PPP 承包商的支付要大于项目的 O&M 费用）。因此折现率对项目采购方式的决策有着重要影响。同样的，资本成本对项目采购方式的决策也有着重要影响。资本成本增长 5%（75000000 美元）将会改变决策。换言之，资本成本增长 5%，项目采购方式将使由 PSC 变为 PPP。

（资料来源：Ghavamifar K. A decision support system for project delivery method selection in the transit industry [D]. Boston, Massachusetts: Northeastern University, 2009: 8）

三、财政承受能力论证方法

从国内外已有 PPP 实践看，许多 PPP 项目需要政府财政补贴方能维持自身的存续发展。因此前文所述物有所值评价法仅仅解决了项目本身采用 PPP 模式是否可行的问题，并未解决政府方的财政实力是否足以支付 PPP 项目补贴的能力问题，由此，从政府方角度进行 PPP 财政承受能力评价是十分必要的。

财政承受能力论证是指识别、测算 PPP 项目的各项财政支出责任，科学评估项目实施对当前及今后年度财政支出的影响，为 PPP 项目财政管理提供依据。财政承受能力论证是针对一定时期内政府部门已实施和拟实施的所有 PPP 项目的各项财政支出责任而进行的论证，而非针对单一 PPP 项目进行的。由于 PPP 项目实施的动态性，因此财政承受能力论证也具有动态性。对于某个拟实施的 PPP 项目而言，如果政府部门将其所需财政补贴额度与之前已实施的 PPP 项目财政补贴额度统筹考虑后，超过了该政府部门的财政承受能力，则该拟实施的 PPP 项目就暂不具备可行性。

我国财政部在借鉴亚洲开发银行 PPP 项目实践经验的基础上，于 2015 年 4 月 7 日印发了《政府和社会资本合作项目财政承受能力论证指引》（以下简称《财政承受能力论证指引》）。《财政承受能力论证指引》对财政承受能力论证工作流程做出了规定，主要为财政支出责任识别、支出测算、能力评估和信息披露 4 大环节。

1. 财政支出责任识别

从 PPP 项目全生命周期看，PPP 项目财政支出责任主要包括股权投资、运营补贴、风险承担、配套投入等。

（1）股权投资支出责任是指在政府与私人部门共同组建项目公司的情况下，政府承担的股权投资支出责任。如果私人部门单独组建项目公司，政府不承担股权投资支出责任。

第三节 PPP融资模式选择流程与方法

（2）运营补贴支出责任是指在项目运营期间，政府承担的直接付费责任。不同付费模式下，政府承担的运营补贴支出责任不同。政府付费模式下，政府承担全部运营补贴支出责任；可行性缺口补助模式下，政府承担部分运营补贴支出责任；使用者付费模式下，政府不承担运营补贴支出责任。

（3）风险承担支出责任是指项目实施方案中政府承担风险带来的财政或支出责任。通常由政府承担的法律风险、政策风险、最低需求风险以及因政府方原因导致项目合同终止等突发情况，会产生财政或有支出责任。

（4）配套投入支出责任是指政府提供的项目配套工程等其他投入责任，通常包括土地征收和整理、建设部分项目配套措施、完成项目与现有相关基础设施和公用事业的对接、投资补助、贷款贴息等。配套投入支出应依据项目实施方案合理确定。

2. 支出测算

（1）股权投资支出测算。股权投资支出应当依据项目资本金要求以及项目公司股权结构合理确定。股权投资支出责任中的土地等实物投入或无形资产投入，应依法进行评估，合理确定价值。计算公式为

$$政府方股权投资支出 = 项目资本金 \times 政府占项目公司股权比例 \quad (8-1)$$

（2）运营补贴支出测算。运营补贴支出应当根据项目建设成本、运营成本及利润水平合理确定，并按照不同付费模式分别测算。

1）对政府付费模式的项目，在项目运营补贴期间，政府承担全部直接付费责任。政府每年直接付费数额包括：社会资本方承担的年均建设成本（折算成各年度现值）、年度运营成本和合理利润。计算公式为

$$当年运营补贴支出数额 = \frac{项目全部建设成本 \times (1+合理利润率) \times (1+年度折现率)^n}{财政运营补贴周期}$$
$$+ 年度运营成本 \times (1+合理利润率) \quad (8-2)$$

式中：n 为折现年数；财政运营补贴周期为财政提供运营补贴的年数；年度折现率应考虑财政补贴支出发生年份，并参照同期地方政府债券收益率合理确定；合理利润率应以商业银行中长期贷款利率水平为基准，充分考虑可用性付费、使用量付费、绩效付费的不同情景，结合风险等因素确定。

2）可行性缺口补助模式的项目，在项目运营补贴期间，政府承担部分直接付费责任。政府每年直接付费数额包括：社会资本方承担的年均建设成本（折算成各年度现值）、年度运营成本和合理利润，再减去每年使用者付费的数额。计算公式为

$$当年运营补贴支出数额 = \frac{项目全部建设成本 \times (1+合理利润率) \times (1+年度折现率)^n}{财政运营补贴周期}$$
$$+ 年度运营成本 \times (1+合理利润率) - 当年使用者付费数额$$
$$(8-3)$$

式（8-3）中符号意义同式（8-2）。

在计算运营补贴支出时，应当充分考虑合理利润率变化对运营补贴支出的影响。一般而言，按照式（8-2）和式（8-3）计算的运营补贴支出数值会偏大。在实践中，一般会预先设定合理财务内部收益率，采用现金流量折现（DCF）模型计算运营补贴支出。

(3) 风险承担支出测算。风险承担支出应充分考虑各类风险出现的概率和带来的支出责任,可采用比例法、情景分析法及概率法进行测算。如果 PPP 合同约定保险赔款的第一受益人为政府,则风险承担支出应为扣除该等风险赔款金额的净额。

1) 比例法。在各类风险支出数额和概率难以进行准确测算的情况下,可以按照项目的全部建设成本和一定时期内的运营成本的一定比例确定风险承担支出。

2) 情景分析法。在各类风险支出数额可以进行测算但出现概率难以确定的情况下,可针对影响风险的各类事件和变量进行"基本""不利"及"最坏"等情景假设,测算各类风险发生带来的风险承担支出。计算公式为

$$\text{风险承担支出数额} = \text{基本情景下财政支出数额} \times \text{基本情景出现的概率}$$
$$+ \text{不利情景下财政支出数额} \times \text{不利情景出现的概率}$$
$$+ \text{最坏情景下财政支出数额} \times \text{最坏情景出现的概率} \quad (8-4)$$

3) 概率法。在各类风险支出数额和发生概率均可进行测算的情况下,可将所有可变风险参数作为变量,根据概率分布函数,计算各种风险发生带来的风险承担支出。如第二章所述,概率法可采用蒙特卡洛仿真等方法实现。

(4) 配套投入支出测算。配套投入支出责任应综合考虑政府将提供的其他配套投入总成本和社会资本方为此支付的费用。配套投入支出责任中的土地等实物投入或无形资产投入,应依法进行评估,合理确定价值。计算公式为

$$\text{配套投入支出数额} = \text{政府拟提供的其他投入总成本} - \text{私人部门支付的费用} \quad (8-5)$$

3. 能力评估

财政承受能力评估包括财政支出能力评估以及行业和领域平衡性评估。财政支出能力评估,是根据 PPP 项目预算支出责任,评估 PPP 项目实施对当前及今后年度财政支出的影响;行业和领域均衡性评估,是根据 PPP 模式适用的行业和领域范围,以及经济社会发展需要和公众对公共服务的需求,平衡不同行业和领域 PPP 项目,防止某一行业和领域 PPP 项目过于集中。

在进行财政支出能力评估时,未来年度一般公共预算支出数额可参照历史数据确定,比如以前五年相关数额的平均值及平均增长率计算。不过一般公共预算支出的历史数据序列越长,则预测相对会更准确。为了有效控制政府财政支付责任,各国政府都会规定 PPP 项目政府财政支出的年度最高限额,一般以下超过一般公共预算支出的一定比例计,如我国财政部门规定 PPP 项目年度政府财政支出占一般公共预算支出比例不能超过 10%。

4. 信息披露

由于 PPP 交易过程中,涉及土地、税收、价格管制等部门,需要有一个专门机构进行统筹协调,因此各国政府通常会成立一个专门的协调机构,即 PPP 中心。同时鉴于大多数 PPP 项目需财政补贴方能可持续发展,为保证信息公开透明和便于社会公众监督,许多国家规定 PPP 项目信息及其财政支出情况必须公开进行信息披露。比如我国财政部门自上而下建立了 PPP 中心,并建设了统一信息平台(PPP 中心网站),规定各级财政部门(或 PPP 中心)应当通过官方网站及报刊媒体,每年定期披露当地 PPP 目录、项目信息及财政支出责任情况。应披露的财政支出责任信息包括 PPP 项目的财政支出责任数额及年度预算安排情况、财政承受能力论证考虑的主要因素和指标等。同时规定 PPP 项

目实施后，各级财政部门（或 PPP 中心）应跟踪了解项目运营情况，包括项目使用量、成本费用、考核指标等信息，定期对外发布。

第四节　PPP 项目的一般运作流程

由于 PPP 融资模式涵盖范围广，且在不同国家中，不同 PPP 项目的运作流程并不完全相同，甚至还存在较大差异。鉴于 PPP 项目一般采用项目融资，项目融资运作过程成为 PPP 项目运作过程的一部分。在此以 FDBOT 模式（亦为常称的 BOT 模式）为例，介绍 PPP 项目的一般运作流程。

典型的 FDBOT 项目要经过以下几个阶段：确定项目阶段、项目采购阶段、项目融资阶段、项目建设阶段、项目运营阶段和项目移交阶段，其运作流程如图 8-7 所示。

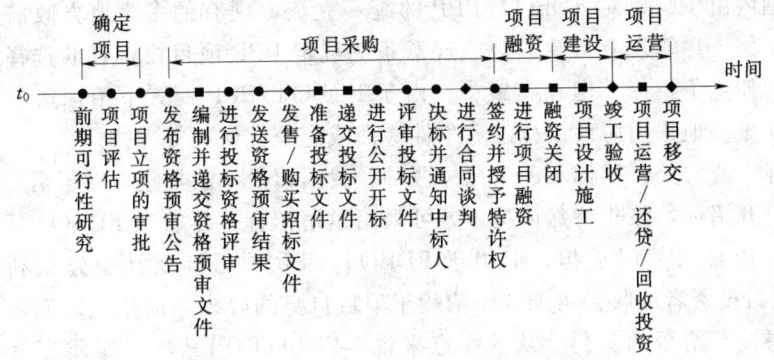

图 8-7　FDBOT 项目的一般运作流程

一、确定项目阶段

确定项目阶段，也就是项目识别和准备阶段。如前所述，PPP 项目大多集中在基础设施和公用事业领域，因此在大多数国家中，项目是由政府方发起的。因此在该阶段，对政府而言，其核心工作不仅仅是制定 FDBOT/PPP 行动计划，即进行可行性研究确定哪些项目适合采用 PPP 融资模式，并及时向社会发布行动计划，而且还应该从政策制定者和项目采购人的角色出发，做好以下两方面工作：①创建有利于私人部门参与基础设施项目的环境，如建立专门的推动委员会（如 PPP 国家委员会或 PPP 工作组），主要职责为：专门从事 FDBOT/PPP 政策法律的研究制定、政府部门雇员和私人部门的能力建设或培训、FDBOT/PPP 项目交易技术支持（合同条件和技术标准等）、相关政策咨询和审计监督以及宣传教育争取公众对 PPP 融资模式的理解等。②采购准备工作，如果采用招标采购方式的话，则有编制招标工作计划、招标方式、招标范围、投标人的资格条件、评标标准和办法等。

对私人部门而言，确定具有商业吸引力的项目需考虑以下三方面内容：

（1）如何选定目标市场，即选定合适的国家或地区。一般调查如下因素：国家（地区）的宏观经济管理，特别是处理国际收支的能力；对待民间投资的态度、政策和规章制度方面是否公平；政治系统、政党和政策是否稳定；政府机构办事效率、腐败程度；项目所在地的社会、经济、金融条件；潜在的合作和合资伙伴。

（2）如何选定为目标市场服务的方向，即选择合适的项目类型。具体来说，需考虑以下因素：项目建设和运营是否符合现行的法律和政策？是否有适合项目的特殊优惠政策？是否有足够的市场需求？是否有销售协议或设施使用协议？价格设定方面有什么特殊的规定？项目收益是否为硬通货？项目所需的技术是否成熟可靠？是否在主办人的能力范围内？等等。

（3）采取何种方式进入所选定的市场，即进入市场的方式。企业进入目标市场的策略有3种：独立开拓市场；与知名企业合伙；与当地企业合伙。至于采取何种策略，则视项目投资者的财力、技术能力和政策规定或优惠条件、项目规模和风险等因素而定。

需要说明的是，在某些情况下，项目建议书或可行性研究也可能由私人部门进行，如广东沙角B电厂是香港和合实业公司在经营广州白天鹅宾馆时，饱受电力短缺之苦，从而产生用BOT/PPP模式建设运营电厂的想法，因此主动向政府提出的项目建议书。

二、项目采购阶段

目前在国内由于缺乏对FDBOT/PPP的统一立法，现有的多为地方政府层面的行政法规和规章条例。尽管现有行政法规或规章条例规定PPP项目投资者的选择方式为竞争性选择方式，如竞争招标，但在实践中，由于FDBOT/PPP模式下招标边界条件难以准确界定，因此更多地采用协商议标、竞争性磋商或竞争性谈判等方式。

竞争招标一般为公开招标和邀请招标两种。我国招投标法规定，对于需要招标的项目应首先考虑公开招标，除非特殊情况，方可采用邀请招标。尽管在FDBOT/PPP模式下，项目建设资金由私人部门承担，但由于FDBOT/PPP项目涉及社会公众利益，或FDBOT/PPP项目投资者的收益可能并不依赖于项目自身的收入，而依赖政府基于产品或服务的"可获得性"给予的支付，从这一点来说，FDBOT/PPP项目实质上是"政府投资项目"，按现行法律规定应采用竞争性方式选择FDBOT/PPP项目投资者。不过，我国招投标法实施条例中规定，对于"已通过招标方式选定的特许经营项目投资人依法能够自行建设、生产或者提供"的情形，工程施工可以不进行招标，这可在一定程度上节约FDBOT/PPP的交易成本，缩短交易时间。

限于篇幅，本书在此仅介绍资格预审文件的内容组成和评审、招投标文件的内容组成和评标方法等内容。

1. 资格预审文件内容和评审

采用公开招标方式选择特许经营项目投资者，一般需要进行资格预审。资格预审的作用主要体现在排除将合同授予不合格的投标人的风险，同时也降低了投标人的投标风险。

（1）资格预审文件内容。资格预审文件既可由政府有关机构自己组织专家人员编制资格预审文件，也可委托设计单位或咨询公司进行编制。但鉴于FDBOT/PPP项目的专业性较强，资格预审文件一般委托专业咨询公司进行编制。资格预审文件主要内容包括项目简介、政府对项目的支持、对投标人的要求、需要申请人提供的资料、资格预审评审标准、资格预审的预期进度表、各种附表等。

资格预审中，对投标人的要求一般为财务、技术和信用三方面，需要申请人递交如下资料予以证明：①公司管理或组织机构；②近几年经独立会计师审计的年度会计报告及其他财务状况资料；③近几年的纳税资料；④最近几年作为特许经营项目主办人的经历、目前承担的或已签约的将要进行的特许经营项目，并对项目的性质、特点、投资规模、特许期等作简要说明；⑤融资能力以及银行对申请人出具的资信证明；⑥为本项目提供的人员能力、设备能力和未来项目公司的组织结构；⑦区别于其他申请人（项目投资者）具有竞争力的资料；⑧如果申请人为联营体，除联营体内每个成员作为单个公司应独立提供其公司的资料外，还需提供双方的联营体协议。

（2）资格预审文件的评审。资格预审文件评审一般由政府有关部门组建的评审专家小组进行，主要是对资格预审文件的完整性、有效性和正确性进行评审，目的在于检查、衡量潜在投标人是否有能力执行合同。评审内容包括：①财务方面，潜在投标人是否有足够的资金和融资能力、财务状况是否良好、合作伙伴是否有强大的财团作支持；②技术方面，潜在投标人是否有承担过类似本项目的经验、是否有满足本项目能力和经验要求的足够数量的技术管理人员（尤其是项目经理）、是否有现代企业的管理机制和完善的质量保证体系等；③信用方面，潜在投标人过去合同履约情况，包括以往项目委托的调查书、潜在投标人的良好履约记录或违约记录等。

资格预审评审结束后，评审专家小组需要撰写评估报告。资格预审评估报告应当包括项目概况、资格预审工作情况、获取资格预审文件的企业名单、提交资格预审申请书的企业名单、评审的各项原始记录、资格预审不合格的原因或理由，以及其他项目内容、评审结果。招标人应向所有参加资格预审的申请人公布评审结果；对于未通过资格预审评审的申请人，应将结果通知该申请人；对通过资格预审的申请人，除应以书面形式通知其预审结果外，还应当告知其应在规定的时间内回复招标人是否参加投标、招标文件的领取要求等涉及投标的相关事宜。

在广西来宾B电厂资格预审公告发布后，共有31家国际性公司或公司联合体提交了资格预审文件。资格预审的评定标准为：①近几年内是否有开发与来宾B电厂相当规模电厂的经验；②是否有足够的财务能力来完成整个项目的开发，以及融资信誉状况，要求出具有关金融机构对该项目的融资意向书和金融机构对申请人的融资信誉评价；③近几年对各种合同、协议的履约状况，是否有因自己的过失而导致应履约合同的争议或仲裁。根据上述3条标准，来宾B电厂项目评标委员会评定选择了12家申请人作为A组，可以单独或组成联合体参加投标；另外19家申请人作为B组，不能直接参加投标，只能与A组的一家或几家组成联合体才能参加投标。

2. 招投标文件内容组成

（1）招标文件的内容组成。通过资格预审的投标人可以在规定时间和地点购买招标文件（一般称之为标书）。FDBOT/PPP项目的招标文件一般包括以下内容：①投标人须知，介绍项目概况、项目技术指标、特许条件及地方政府或授权机构提供的其他条件、项目建议书的要求、评标标准与方法、招标时间安排、投标保证金、开标时间与地点、履约保证金等；②特许经营协议草案及附件，包括合同格式和合同条款；③投标文件的格式要求等。比如，广西来宾B电厂项目的特许权招标文件由以下6个方面组成：①由广西区政府起草的特许协议、购电协议、燃料购电协议和运输协议的草案；②电厂建设对技术标准和技术方案的要求，以及资金来源方案；③拟建电厂的技术方案及项目的可行性研究报告；④融资方案和融资部门的支持函；⑤运营、维护和移交方案；⑥投标保证金的银行保函。

在发放招标文件之前，应审查以下方面：①招标范围和条件是否明确；②报名时间、项目建议书的编制时间是否合理,是否符合国家有关规定;③评标办法、评标标准是否合理,是否有对潜在项目投资人的歧视性条件;④废标条件是否合理、明确,是否排斥潜在项目投资人条款;⑤合同主要条款是否完整、合理。

(2) 投标文件的内容组成。投标文件必须符合招标文件要求的格式、条款及其他条件,内容必须明确。对于 FDBOT/PPP 项目来说,投标文件应明确说明下列事项:①项目投资者的资信,包括技术水平、生产能力和财务状况等;②项目总投资;③项目公司组织结构;④资金结构、资金来源以及外汇安排;⑤投资回收计划;⑥项目盈利水平(投资回报预测);⑦风险分析与分配、不可抗力事件的规定;⑧收费(产品的价格或服务费用)、价格调整公式或调整原则,以及特许期;⑨建设进度及目标竣工工期;⑩运营计划、维修和养护计划等。

此外,还应提交证明其投资能力的意向书,包括:①项目公司与项目投资者间的投资意向书;②项目公司与银行(团)间的融资意向书;③项目公司与承包商的设计建设意向书;④项目公司与设备供应商间的设备供应意向书;⑤项目公司与运营商间的运营、维修意向书;⑥项目公司与保险公司间的保险意向书等。

3. 评标指标与标准

(1) 评标标准。FDBOT/PPP 项目评标标准,亦称为特许经营者选择标准,一般会因国家和项目类型不同而有所不同,但是,也不乏存在共性标准。Marcus 对英国的政府和私人部门的实证研究表明,特许经营者选择标准主要考虑的是私人部门组织特点和优势、工程建议书和财务能力三方面因素。张学清通过比较分析世界范围内不同 BOT 项目特许经营者的选择方法和标准,总结出改进 BOT 项目特许经营者选择效率的选择标准,主要包括财务能力、技术能力、管理能力以及安全卫生和环境能力 4 个标准集,共 92 个评价标准。在香港隧道 BOT 项目中,还将特许经营者选择分为"必须满足"的标准和"期望满足"的标准。其中"必须满足"的标准包括特许经营候选人完成项目的能力、运营项目的能力、财务能力和抵御财政风险的能力等。张学清还认为应根据具体的 BOT 项目的特点来调整上述选择标准,以反映不同 BOT 项目及其特许经营候选人的特点。以大连理工大学戴大双教授为带头人的团队通过研究,认为特许经营者选择指标及标准具有可多维划分性,如划分为技术和商务两大类,也可划分为特许经营者能力和项目方案两类;该团队研究提出的特许经营者选择标准可见表 8-11。

表 8-11 特许经营者选择指标

序号	一级指标	二级指标
1	建设运营管理与政府支持	建设经验;项目管理能力;按时完工计划和保障能力;资源计划的合理性;运行管理、环境保护等方案水平;安全管理水平和能力;产品或服务质量保障;合理确定项目总投资;要求政府提供担保的程度;运营期接受政府监督安排;要求政府风险补偿程度;要求政府协助和配合程度
2	运营经验与声誉	运营维护经验;业绩;商业信誉;资金实力
3	融资	融资能力;融资方案的可行性
4	特许价格与特许期	合理确定项目产品特许价格及其调整方案;合理确定项目特许经营期及其延长方案

第四节 PPP 项目的一般运作流程

续表

序号	一级指标	二级指标
5	施工组织与运营维护水平	施工组织方案水平；技术方案的有效性；设备或资产管理维护水平；移交时的技术状态保障
6	风险分担与应对	项目公司承担风险的程度；应对项目风险水平
7	先进技术及其创新与升级	设备和技术的先进程度；施工及运营方案的技术创新水平；特许期内项目更新改造投资
8	运营组织与增值服务	提供额外产品服务的能力；组织结构设计方案合同

(2) 评标方法。目前在国内外形成的评标方法如下：

1) 最低评标价法。该法将非价格标准尽量量化成货币计算，并将之与价格标准相加，得到"评标价"，评标价最低者中标。

2) 最低投标价法。顾名思义为投标价格最低者中标。关于投标报价参数，目前国内外应用较多的是净现值（net present value，NPV），具体表现为费用（如收费价格，建设、运营维护费用或特许期内财务费用）净现值最低；或者收入现值最小（least present value of revenue，LPVR）。通常用来评价潜在投标人的商务和财务能力。最小收入现值（LPVR）法首次在智利的圣地亚哥到瓦尔帕莱索高速公路 BOT 项目中得到应用，其主要思路为：政府在项目招标中首先确定特许价格，投标人以各自预期经营期内的项目总收入现值为投标报价，项目总收入现值最低报价者中标，最终的特许经营期取决于项目的实际收益水平，因而也称"弹性特许期"选择模式。鉴于 LPVR 法并不能区分潜在投标人的运营管理能力，Gustavo（2004 年）和 Gines（2004 年）提出了改进的 LPVNR（least present value of net revenue）模型，要求投标人给出两个信息：①给出不考虑收回经营成本时的总收入 B_i；②给出年均经营成本 E_i，满足 $\min(B_i+E_i)$ 的投标人中标。

3) 综合评审法。总体看，NPV 法或 LPVR 法忽视了不同投标人技术方案的相对优劣，为弥补 NPV 法或 LPVR 法的缺陷，常采用综合评审法。该方法建立在项目本身固有的不确定性和决策者的主观判断基础上，对各种标准集（如财务、技术、管理、法律和环境）进行评价，根据相对重要程度赋予每个主要标准集及其子标准集权重。每份投标方案将根据这些标准评分，总分最高的投标人获得 BOT 项目的特许经营权。由于 FDBOT/PPP 特许经营者选择的复杂性，难以用唯一属性评价，故综合评审法在实践中应用最为广泛。

此外，在香港和新南威尔士的 BOT 项目投标人评价中，应用了 Kepnoe-Tregoe 法。Kepnoe-Tregoe 法实质是两阶段投标法。首先，按照"必须满足"的标准选择符合全部标准的投标人，然后按照"期望满足"的标准选择最终中标人。显然，Kepnoe-Tregoe 法能够有效减少投标人数，降低投标失败的平均成本，但该方法需要招标人花费更多的精力和时间来确定"必须/期望满足的标准"，以及二者之间的相对重要度。

广西来宾 B 电厂 BOT 项目采用的是综合评审法，总分数 1000 分，电价为 600 分，其中水平电价 500 分和电价走势 100 分，非电价因素为 400 分，主要是衡量融资方案、技术方案、运营维护方案和移交方案。最后中标者为法国电力联合体，其优势主要体现在：

1) 电价比较低。根据其投标文件中的资产负债表和资金流量表的分析结果，项目的股本金回报率在 17% 左右（这是根据投标文件中总投资 5.6 亿美元来测算的）。实际上从它申请成立的项目公司注册的总投资看,考虑其他因素的影响,总投资已达 6.16 亿美元,投资增加近 10%。所以,如果按形成的总投资计算,其回报率比原来预计的要低。

2) 项目造价低。法国电力联合体的工程投资为 4.12 亿美元,比其他联合体的工程投资低很多。法国电力联合体是由法国电力公司和 GEC 阿尔斯通公司联合组成,法国电力公司主要负责电厂的营运和电厂的生产管理,GEC 阿尔斯通公司主要负责电厂的建设总承包,二者均具有丰富的电力生产建设经验。

3) 融资方案好。法国电力联合体获得了法国政府的支持,法国政府提供的出口信贷额占整个融资总额的 70%,比例较高。因此,它的融资费用较低,资金成本低。

4) 建设工期较短,资金回收较快。第一台机组投产只需 30 个月,第二台机组投产只需 33 个月,整个电厂可投入商业运行只需 33 个月。

三、项目融资阶段

特许权协议谈判结束且草签后,FDBOT/PPP 项目一般要求在草签特许权协议后 1 年内完成项目融资,然后方可正式签订特许权协议。为此,中标人的主要工作包括:进行融资决策;与潜在的贷款人进行融资谈判,与贷款人一起协商起草融资协议条款,并签署最终的贷款协议。为配合项目融资谈判,中标人还要与(设计、施工、运营和维护)承包商和保险公司等谈判和签订相关合同。

1. 进行融资决策

如第二章所述,是否采用项目融资要在项目投资可行性研究的基础上进行融资可行性研究。融资可行性研究主要注重贷款期内项目的现金流量及其风险分析,从而判断项目偿还债务资金的能力及其可靠性和安全程度。在决定采用项目融资后,还要进行项目融资结构的设计,如项目资金结构,即股债比例;而项目偿还债务资金的可靠性和安全程度决定项目的投资结构和资信结构。投资结构决定项目主办人承担风险的程度,资信结构决定项目资金提供者的风险承担程度。最终的融资结构要通过谈判才能敲定。

2. 进行融资谈判,完成融资关闭

融资方案初步确定后,就要准备资料备忘录,物色潜在的债权人,并向他们提供资料备忘录,起草项目融资的有关文件。在项目融资中,理论上项目投资者(项目公司股东)的信用与贷款获取能力关系不大,但实践中,技术力量强、实力雄厚、信誉良好的投资者更容易获得贷款。对于债权人来说,除了项目现金流的可预测性及现金流能满足债务偿还的要求外,可实施的抵押利益、可靠的资信增级、合法的干预权、公正的仲裁等也非常重要。

融资谈判时,贷款人希望最大限度掌控项目,对借款人加以限制;而借款人也想最大限度地掌控项目。因此双方在以下三方面谈判争议较大:①在贷款契约或资金账户协议方面,对年度经营预算的控制、银行控制的项目现金数量/自主运用项目资金的能力、对支付股息的限制;②在保留权利方面,自主行动的能力、需要贷款人批准的事项;③在股本支持协议方面,将股份向战略投资者或公众转让的时间表。由于双方利益存在冲突,因此谈判过程往往是一个多次反复的过程,经常会修改前面的决策直至双方达成一致,最终签署融资协议,实现融资关闭。至此,FDBOT/PPP 项目的前期工作全部结束,项目进入设计、建设、运营和移交阶段。

四、项目建设阶段

一旦完成融资关闭,项目即进入建设阶段。在项目建设开始前,项目公司要确定项目合同策略,主要包括合同计划、合同范围、支付方式等。

1. 合同计划

合同计划就是项目发包所进行的系统安排。合同计划有三种形式:整体发包、平行发包和系列发包。所谓整体发包就是将项目视为一个整体,不再对之进行分解,将整个项目的设计、施工、材料和设备采购等工作全部发给一个承包商。平行发包是将项目分解成若干相对独立的子项目,同时实施。在平行发包中,各承包商之间的关系是平行的,只存在协调协作关系,不存在合同关系。系列发包是将项目分解成若干个先后衔接的子项目,按顺序依次实施。在实践中,对于规模大的复杂项目,上述3种合同计划常常组合使用。例如,某机场项目将整体项目分解为候机楼、跑道等子项目,这些子项目的设计、施工、材料和设备采购等工作分别选择一个承包商负责实施,即为平行发包和整体发包的综合。

2. 合同范围

对项目公司而言,项目的设计、施工以及建设管理等任务的合理组合和发包是项目建设阶段的主要策划工作。关于项目的建设管理,项目公司可以自行管理,也可以委托管理。委托管理常见的方式有 PM/PMC/MC 等模式。而项目的设计、施工可分离发包(DBB),也可一体化发包(DB),如果考虑采购和试运营的话,还有项目总承包模式(EPC/交钥匙模式)。在项目融资实践中,为了将项目建设风险转移给承包商,EPC/交钥匙模式在实践中应用最为广泛。

3. 合同支付方式

项目合同的支付方式有计量式支付方式和补偿式支付方式。前者包括固定总价和单位价格(基于图纸和技术规范的计量合同、基于项目性能规范的计量合同、基于报价清单的计量合同、基于工程量表的计量合同等),后者包括成本+利润率、成本+固定费用、成本+奖励3种支付方式。在项目融资实践中,项目建设合同较多采用固定总价合同。

五、项目运营阶段

项目运营阶段是指项目交付使用至特许经营期满这段时间。项目的运营维护可由项目公司自行承担,也可通过与专业运营商签订运营维护合同,委托他人进行运营管理维护。如果委托他人进行运营管理维护,则项目公司需要制定绩效考核标准和方法,且采用激励合同刺激专业运营商降低成本,提供服务/产品质量。

同样道理,由于采用 FDBOT/PPP 融资模式的多为基础设施,其涉及社会公众利益和安全,特许经营期间,需要政府进行监督和检查。因此,在特许权协议中,应明确政府对项目设施运营和维护工作进行管理、检查和监督的权限、程序、措施和惩处手段;还可以设定要求运营维护商主动提交定期报告的制度。

贷款人也需要对项目设施运营进行监控,以保证贷款偿还。因此,在贷款协议中,应明确贷款人对项目设施运营和维护工作进行检查和监督的权限。一般要求运营维护商定期提交项目状态报告(包括但不限于运营报告、财务报告等),以便贷款人掌握项目设施运营状况，采取必要的事前保障措施和事后救济方法。

六、项目移交阶段

特许经营期满后，项目要移交给项目所在国政府或其指定机构，即所谓的正常移交。正常移交前，项目公司要解除 FDBOT/PPP 项目的所有债务、留置权、抵押、担保等，并且项目的各项质量技术指标要符合移交标准。移交时，项目公司要将全部固定资产的所有权和利益、场地使用权，以及项目的设计、营运、维修等重要的技术资料移交给政府指定机构。

此外，在移交前，政府一般会委托资产评估机构进行资产评估，委托会计师事务所进行财务清理。如果项目设施未能达到协议规定的移交标准，项目公司要对政府予以补偿。

当然，当出现下列 3 种情况时，FDBOT/PPP 项目也可能发生非正常移交事件：

(1) 项目公司违约，政府要求收回特许权。

(2) 不可抗力事件。

(3) 政府违约，项目公司要求政府收回特许权，并予以补偿。

在实践中，政府或其指定的机构为防止项目公司在特许经营期满前一段时间里"竭泽而渔"，即对项目公司的资产进行"透支"使用，除了在特许权协议中制定详细的项目移交标准以外，还会采取下列方法：

(1) 采用过渡期办法。在过渡期内，由公私双方组建项目移交委员会或者类似联合工作机构。然后由项目移交委员会共同管理、共同营运项目。移交委员会的职责一般包括：①确定最后恢复性大修的程序、方法和具体要求；②确定性能测试的程序、方法和具体要求；③确定设施移交的程序、方法和具体要求；④确定设施、设备、物品、文件、技术、知识产权移交的详细清单；⑤参加并监督项目移交的全部过程；⑥对项目移交过程中可能出现的争议事项作出初步裁决；⑦当事人约定的赋予项目移交委员会的其他职责。

(2) 借鉴留置资金的思路，要求投资者/项目公司提供相应的担保，保证项目在移交后一段时间（如 12 个月）内，能够按照预先规定的标准运营。否则，项目在移交后的规定时间内达不到规定标准，政府马上就可得到相应的补偿。

第五节　PPP 特许权合约关键参数设计

PPP 特许权合约中一般涉及特许经营期、收费水平和补贴额度等参数的确定。这些参数的确定是否合理，直接影响到政府或社会公众和私人部门之间利益分配的公平性。

一、特许经营期设计

特许经营期有广义和狭义之分，广义特许经营期不仅包括项目运营期，而且还包括项目建设期；狭义特许经营期仅包括项目运营期。对于新建工程而言，一般指广义特许经营期。特许经营期设计包括 3 个要素：特许经营期长度、特许经营期结构和激励措施。

第五节 PPP特许权合约关键参数设计

1. 特许经营期长度

特许经营期长度与项目投资者希望获取的项目收益水平有关,若项目收费水平一定,则项目投资者要求的投资回报率越高,特许经营期就越长。但是由于项目的有效寿命期一定,因此特许经营期长意味着项目移交政府后的有效运营期短,也就是意味着公私部门之间利益分配不尽公平,损害了社会公众/纳税人的利益。许多国家规定,特许经营期不得超过40年,一般为10~30年。此外,特许经营期的长度可能是固定年限,也可能是不固定的/弹性年限。固定特许经营期较为常见,弹性特许经营期常用于那些市场需求难以准确预测的项目,比如收费公路、桥梁、隧道项目等。英格兰Dartford收费大桥规定特许期最长为20年,但是一旦收回投资成本及实现合理利润,该大桥就立即移交给政府;苏格兰Skye收费大桥的特许经营权协议规定:如果项目收入超过预期,则缩短特许经营期;但是,如果项目收入低于预期,则特许经营期维持原来的20年不变。显然,弹性特许经营期将市场需求风险在公私双方之间进行了较为恰当的分配。

2. 特许经营期结构和激励措施

特许经营期的结构有单时段和双时段之分。单时段特许经营期是指特许权协议中规定的时间长度包含了建设期和运营期;双时段特许经营期是指特许权协议中既规定了建设期的长度,又规定了运营期的长度。有时,对于一些急需的基础设施,政府希望越早完成越好,则有可能采取工期激励措施,鼓励项目主办人尽早完成项目。

显然,对于单时段特许经营期结构,项目完工风险主要由项目公司承担。项目越早完工意味着项目营运时间越长,项目收入可能越多,反之,则意味着项目完工时间延误,项目公司承担因营运期缩短所造成的损失。因此单时段特许经营期有利于刺激项目公司缩短工期。如马来西亚南北高速公路BOT/PPP项目采用的即为单时段特许经营期结构,受"早完工早收益"的激励,该公路比计划提前15个月完工。当然其中还有非常重要的一点是,分包商为项目公司的股东,其与项目公司的利益一致。但是需要说明的是,在项目完工风险大的情况下,如果将完工风险完全由项目公司承担,则可能会导致风险收益的不平衡问题,因此建议采用带有工期激励措施的单时段特许经营期,或采用双时段特许经营期。双时段特许经营期结构下,项目完工风险主要由政府承担,项目提前完工或延迟完工与项目公司的运营期长短无关,若不考虑市场因素,项目完工时间对项目公司的影响不大。有时为了在政府与项目公司之间合理分担项目完工风险,会采用工期激励措施,完工风险分担强度取决于激励强度。中国香港西海港隧道项目即采用双时段特许经营期,其中建设期为可变长度,最长为4年,经营期从实际完工日期和预计完工日期二者之中最早的一个起算,为30年。

二、产品/服务收费设计

FDBOT/PPP项目一般具有垄断性或准垄断性,无法通过市场定价,需要政府对项目产品/服务收费进行规制(regulation)。收费价格的高低关系到项目公司的收益和债务还贷能力,同时由于特许经营期一般长达10~30年,存在许多影响收费价格的风险因素,需要进行价格调整,这些都是收费设计要考虑的因素。换言之,收费设计主要考虑的要素有3个:①基本收费的高低及形式;②选择收费的结构(综合收费或组合收费结构);③设计调价机制。上述3个要素可组合成多种收费设计形式。

1. 基本收费水平和形式

基本收费水平的确定与规制政策、社会公众承受水平、特许经营期长度等因素息息相关。实际操作中，常常是预先设定某些因素（如特许经营期长度等），而采用财务分析方法，如折现现金流量模型法确定基本收费水平。假设特许经营期固定的条件下，FDBOT/PPP项目产品/服务收费P可被认为是投资者投资回报率IRR的函数，即$P=f(IRR)$，则产品/服务收费的确定思路如下：

（1）确定FDBOT/PPP项目中投资者的合理投资回报率。一般选择某行业中社会投资的平均回报率。在某些国家急需发展的行业，可考虑选择略高于社会投资的平均回报率。

（2）根据同类项目的有关历史数据，应用相关的数学工具，如回归分析法、时间序列预测法等，预测项目在特许经营期内的运营成本、产品的销售量或服务的需求量等。

（3）给定任意一个项目产品/服务收费，确定项目公司的收入，并建立项目的现金流量表，计算相应的项目收益率。

（4）改变项目产品/服务收费，重复（3），当项目的收益率等于（1）中所确定的合理投资回报率时，其产品/服务收费即为所需的项目产品/服务收费。

（5）进行敏感性分析。在维持投资回报率不变的基础上，假设税率、运营成本、产品销售量或服务需求量、利（汇）率为不确定因素，并设定上述不确定因素的每次变动幅度，计算相应的项目产品/服务收费水平。从而得到各不确定因素对项目产品/服务收费的影响程度，以此来反映项目风险的大小。

常见的基本收费形式有三种：水平收费、递减收费和递增收费，如图8-8所示。三者之间的差别主要体现在现金流在特许经营期内分布不同。在不考虑其他波动因素的前提下，水平收费形式提供平稳的现金流，递减收费形式提供逐渐减少的现金流，而递增收费形式提供逐渐增加的现金流。递减收费形式适用于项目运营初期需要大量资金偿还贷款的情形，递增收费形式适用于项目初期需要以低价吸引用户的情形；水平收费形式则较为常见。总的来说，基本收费形式应尽量与所需现金流吻合，有利于项目公司的资金管理。

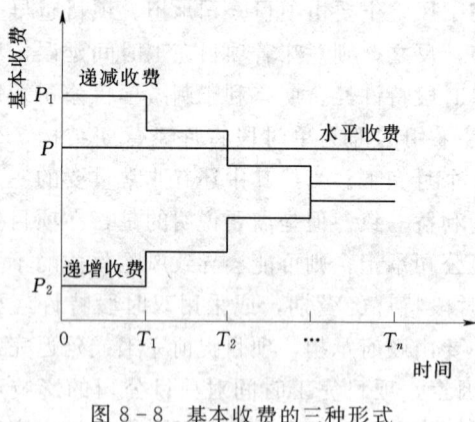

图8-8 基本收费的三种形式

2. 收费结构

收费结构有综合收费和组合收费两种结构，采用何种结构主要取决于生产成本结构。生产成本特性简单的项目，生产成本由一主要成分组成，受外界影响的因素较少，可以比较容易地调整收费以反映影响因素的变化，此时可采用综合收费结构，如大多数收费公路采用这种收费设计。生产成本特性复杂的项目，其生产成本包含多种成分，每种成分受到不同风险因素的影响，为了方便调价机制的设计，适宜采用组合收费结构，如大多数水厂、污水处理厂和电厂项目采用这种收费设计，用公式可表示为：$P=f($市场需求，生产材料价格,通货膨胀,汇率、其他)。即组合收费结构下产品/服务收费水平需考虑市场需求、生产材料价格、通货膨胀、汇率及其他因素的影响。

3. 调价机制

收费调价机制的目的主要是减少通货膨胀、汇率波动、需求变化、生产材料价格起伏、利息波动等因素对项目公司收益的影响,从而影响其还本付息能力。

(1) 考虑通货膨胀的调价机制。通货膨胀影响项目运营成本,因此需要对项目产品/服务收费进行相应调整。常见的调整机制如下:

1) 预先确定价格调整幅度。主要思路是在项目开始之前,按照预期的通货膨胀率计算每年的产品价格并固定下来,不管实际通货膨胀率为多少,不再针对通货膨胀率进行价格调整。该种方法的优点是操作简单,缺点为难以准确的预测未来的通货膨胀率,实际通货膨胀率可能高于或低于预期的通货膨胀率。

2) 定期谈判确定方法。主要思路是预先确定调价期,根据上一期的通货膨胀率,通过谈判确定下一期针对通货膨胀的调价幅度。该方法的优点是能够正确地反映通货膨胀的影响,但缺点是谈判费时费力,调整滞后一个时期。

3) 与消费指数(或通货膨胀率)挂钩方法。该种方法能较好地克服上述两种方法的缺点。通常使用 RPI－X 公式进行价格调整。产品/服务收费可以随消费价格指数(CPI)或零售价格指数(RPI)上涨,但上涨幅度要扣除一个因子 X(其大小可由谈判确定),目的是刺激项目公司通过提高效率来弥补 X,从而使消费者受益。由于零售价格指数是反映整个经济体系的通货膨胀情况,具体行业的通货膨胀情况可能有些差别,为了弥补这一差别,增加一个因子来反映零售零售价格指数没有准确反映的价格变化量,从而形成 RPI－X＋Y 调价公式。式中的 Y 因子可以为正,亦可为负,是该行业特有的但零售价格指数没有涵盖的通货膨胀率。

(2) 考虑汇率波动的调价机制。在许多国际 FDBOT/PPP 项目中,由于项目收入一般为当地货币,因而汇率波动影响项目公司的收益和还贷。为了减轻汇率波动的影响,一般采用与汇率挂钩的调价方式。具体操作步骤为:一是确定需要调价的部分,不是整个价格需要进行汇率调整,只是对涉及需要外汇的部分进行汇率调整;二是确定调整关系,汇率时刻在变动,但调价发生在付款之时,预先确定一个参考汇率,比较付款当天的汇率做相应的调整;三是确定调整范围,为了分担风险,一般确定一个不调整范围 $[-\alpha, +\alpha]$,即汇率波动不超过该范围,不调整价格,为了避免任何一方因汇率波动过大而难以承受,还可以设置最低价格(调整下限)和最高价格(调整上限)。比如广西来宾 B 电厂项目中,政府承担汇率风险和法律变更风险。当人民币兑美元汇率发生变化并超过一定范围时,允许项目公司相应调整电价。但该调整是双向的,即汇率上浮和下浮时,电价都要调整。

(3) 考虑需求波动的调价机制。如果项目为市场型的,即直接面向广大用户,则项目公司将面临市场需求波动的风险。为了降低市场需求波动风险,保证项目公司获得合理投资回报,政府需要对规制价格进行调整。典型的调价机制包括:①确定调整范围,允许需求在一定范围 $[-\alpha, +\alpha]$ 内波动,而不调整价格;同样为了避免任何一方因需求波动过大而难以承受,还可以设置最低价格(调整下限)和最高价格(调整上限)。②确定调价系数，具体调整系数事先由双方谈判确定。需要指出的是，收费与市场需求挂钩可能导致恶性循环（需求少，提高收费；收费提高，需求减少），也可能诱使项目公司不注意提高产品/服务的质量。

（4）考虑原材料价格（含人工成本）变化的调价机制。在"生产加工"型项目中，原材料/燃料动力的价格是项目产品成本的主要组成部分。电厂发电所需的燃料（煤、天然气、燃油等），自来水厂所需要的原水，污水处理厂所需要的化学药剂等，它们构成产品成本的一部分。常见的调价方式是谈判确定生产单位产品所消耗的原材料定额，按实际的市场价格计算该部分的成本，然后直接支付给项目公司。如在污水处理厂中，成本项主要包括动力费、化学品费、水费、化验费、绿化管养费、污泥处置费、修理费、工资福利费、管理费，调价公式中将运营成本赋予固定的权重（通常称为参数），这一权重在整个项目期间内只调整1~2次。而市场价格变动主要参照官方统计公布的指数变化。该种方法的缺陷在于：①仅对"运营成本"的"市场价格"变动进行反映；②固定权重的做法无法动态的反映不同的成本项在总成本中的比重变化；③诱发价格调整的条件设置（无论是年限还是变化幅度）具有一定的任意性。基于成本项的价格调整机制，需要准确确定单位产品的原材料消耗量，否则就难以实现效率提高的目标。

三、政府补贴设计

鉴于一些FDBOT/PPP项目（如地铁项目）的初始投资很大，加之该类项目具有（准）垄断性，基于社会福利的考量，其产品/服务收费水平受到规制，此时如果没有政府补贴，项目投资者可能就难以回收投资，更甭提获得合理回报率了。政府补贴设计包括两个要素：一是政府补贴形式；二是政府补贴额度。

1．政府补贴形式

实践中，政府补贴形式多种多样，并且分类标准不同，称呼也不同。在此将政府补贴分为现金补贴和非现金补贴两种形式。

（1）现金补贴（currency subsidy）。现金补贴又可分为投资补助、贴息补贴、运营期货币补贴等形式。

1）投资补助。是指政府对符合条件的企业投资项目给予的投资资金补助。我国《中央预算内固定资产投资补助资金财政财务管理暂行办法》（财建〔2005〕355号）指出，投资补助适用范围为：公益性和公共基础设施项目、保护和改善生态环境项目、促进欠发达地区的经济和社会发展项目、推进科技进步和高新技术产业化项目、符合国家有关规定的其他项目。对具体项目的投资补助，原则上不得超过项目总投资的50%，可根据项目建设实施进度一次或分次安排。

2）贴息补贴。指政府对符合条件、使用了中长期银行贷款的企业投资项目给予的贷款利息补贴。按照我国《基本建设财务规则》（财政部令第81号）规定，"经营性项目取得的财政贴息，项目建设期间收到的，冲减项目建设成本；项目竣工后收到的，按照国家财务、会计制度的有关规定处理"。贴息补贴的适用范围同投资补助。投资补助和贴息资金均为无偿投入。

3）运营期货币补贴。指在项目运营期间政府给予企业投资项目运营成本的资金补贴，以保证投资者能回收投资并能获得合理回报。

(2) 非现金补贴（In-kind subsidy）。非现金补贴，亦称实物补贴，指政府对符合条件的企业投资项目给予的非现金形态的补贴，用以弥补投资者投资成本并获得合理回报。在（准）经营性项目融资实践中，非现金补贴应用较为广泛，常见的有土地开发权和收益权，或已盈利项目收益权的无偿转让。如泰国曼谷二期高速公路中，泰国政府将已建成的一期高速公路在特许经营期内的收费权无偿转让给项目公司——曼谷快车道公司。类似地，马来西亚南北高速公路 BOT 项目中，项目公司——马来西亚联合工程公司也无偿获得了政府已建好的 377km 收费公路的收费权（项目公司只需对其进行少量改进即可达到合同标准）。

2. 政府补贴额度

影响政府补贴额度的因素有很多，包括项目建设投资、建设期和特许运营期长度、运营成本、市场需求、产品/服务价格等。确定政府补贴额度的常用模型仍然为折现现金流量模型（DCF），采用净现值法。其主要思路如下：

(1) 将中标投资者在准入阶段提出的投标文件（或通过谈判确定的特许经营合同）中提出的收益率要求（如内部收益率或其他动态收益指标）作为整个项目周期内收益水平的基础。

(2) 确定上述收益率为"基准收益率/保障收益率"。

(3) 应用蒙特卡罗法模拟上述风险因素对项目净现金流的影响，首先计算不考虑政府补贴时该项目的净现值，此时净现值小于零。

(4) 考虑某一定水平的政府年补贴率（为政府年补贴额与项目建设投资的比值），然后应用蒙特卡罗法模拟上述风险因素对项目净现金流的影响，计算项目净现值。

(5) 若项目净现值小于零，则适当增加政府年补贴率，模拟计算项目净现值。

(6) 判断项目净现值是否大于等于零，若是，则停止计算；若小于零，则不断重复(5)~(6) 步骤。

(7) 运用插值法计算项目净现值为零时的政府补贴率。

(8) 重复上述 (4)~(7) 步骤 5000~10000 次，即可得到政府补贴率的概率分布曲线及其概率统计值，如期望值和标准方差等。该期望值即为我们所求的政府补贴率。

在运用上述方法时，有 2 个关键环节值得注意：一是风险因素的准确识别；二是风险因素概率分布函数的确定。由于项目尤其是工程项目的单件性，因此风险因素的历史数据获取困难，且收集到的数据与实际情况存在误差，因此实践中常采用专家判断法。工程项目中各不确定性因素的概率密度多呈单峰连续曲线，如三角分布、正态分布等。单峰连续分布函数参数的具体确定一般通过专家使用"三点估计"法进行。使用"三点估计"法通常先假设不确定性因素服从某一可行的单峰连续分布，然后由专家根据经验及可靠信息给出不确定性因素的三点估计：最大值 P_{max}、最小值 P_{min} 和最可能值 P_m，最后用三点值确定预选的分布函数参数。比如，若服从正态分布，其概率分布的期望值 D 和方差 σ^2 可分别表示为：$D(P_{min}+4P_m+P_{max})/6$，$\sigma^2=(P_{max}-P_{min})^2/36$。

【例 8-2】 某水利 FDBOT 项目特许经营期设计研究。

某省拟建 A 水利枢纽，计划将该枢纽中电站部分以 BOT 的方式进行建设。A 水利枢纽的装机容量为 10 万 kW，年平均有效电量为 37683 万 kW·h；项目计划建设期为 66 个月，分年度投资计划流程为10：18：20：18：24：10，其中发电专有投资占电站分摊投资的78%，从第33年起的4年内考虑机电设备更新改造费用。运营期初始上网电价为0.4282元/(kW·h)，其后每5年上调5%。相关税收按现行政策取值；折旧费使用直线法计算，年限取30年，固定资产形成率为95%；该省政府参照《水利建设项目经济评价规范》(SL 72—2013)及《建设项目经济评价方法与参数》，将项目特许期的折现率定为7%，最低投资回报率为7%，最高投资回报率为10%。若在最长特许期期间内投资回报率达不到7%，政府将给予项目公司补贴，补贴的多少以特许期内投资回报率达到7%为准，具体补贴方式可与项目公司进行商议。

1. 水利FDBOT项目特许期决策模型

(1) 项目公司收入及运营成本函数。

1) 项目公司收入函数。水利FDBOT项目的收入函数主要由水利产品价格与销售量决定，项目公司收入函数为

$$CI = P_t Q_t + S_t \tag{8-6}$$

式中：CI为项目公司的年销售收入；P_t为第t年的产品价格，对于上网电价或水价，一般以某一价格为基价，然后根据该地区的经济发展，按适当百分比提高或降低；Q_t为第t年水利产品的销售量；S_t为第t年政府给予项目公司的补贴。

2) 项目公司运营成本函数。在水利FDBOT项目中，项目公司的总成本主要由运营成本(CO)、税费等构成，运营成本包括有原材料及燃料动力费、修理费、员工工资及福利费等。运营成本函数公式为

$$CO = C_1 + C_2 + C_3 + C_4 + C_5 + C_6 + \cdots + C_n \tag{8-7}$$

式中：C_1为原材料及燃料动力费，根据装机容量的一定比例进行取值；C_2为修理费，可按固定资产价值的一定百分比计算；C_3为员工工资及福利费，按照当地经济发展情况及行业工资水平进行测算；C_4为管理及其他费用，其中管理费按员工工资及福利费总额的1.2倍计算，其他费用则根据具体水利FDBOT项目进行确定，如水电站项目的其他费用一般按装机容量的一定百分比取值；C_5为水资源费，根据现行有关规定，水力发电用水的水资源费为0.003~0.008元/(kW·h)；C_6为库区基金，现行政策规定，大中型水库库区基金根据实际上网销售电量，按不高于0.008元/(kW·h)的标准征收。

(2) 特许期决策模型。假设政府和项目公司为风险中性；特许期为单时段结构，包含建设期和运营期，且存在一个最长期限的法律法规约束。考虑水利项目的公益性，政府目标是社会福利的最大化，即尽早满足社会公众的需求，而不是项目经济利益最大化，因此为了吸引社会资本，政府特许期决策的目标函数是满足项目公司在特许期内合理的投资收益，采用折现现金流量模型(DCF)，即为项目公司在特许期内的净现值最大化，同时为了避免项目公司获得超额利润，一般政府会根据当地经济条件规定项目公司所获得的最高投资回报率，在此，项目投资回报率用净现值率来描述。在综合考虑水利FDBOT项目特许期间不确定性影响因素基础上，构建如下特许期决策的现金流量模型：

$$\max NPV = NPV_{T_1} + NPV_{T_2}$$

第五节　PPP特许权合约关键参数设计

$$s.t. \begin{cases} NPV_{T_1} = \sum_{t=1}^{T_1} \dfrac{-I_t}{(1+r)^t} \\ NPV_{T_2} = \dfrac{1}{(1+r)^{T_1}} \sum_{t=1}^{T_2} \dfrac{(CI-CO)_t}{(1+r)^t} \\ NPVR_t = \dfrac{NPV_t}{I_0} \\ NPVR_{\min} \leqslant NPVR \leqslant NPVR_{\max} \\ T_1 \leqslant T_{1\max}, T_2 \leqslant T_{2\max} \end{cases} \tag{8-8}$$

式中：I_0 为项目总投资；I_t 为建设期第 t 年投资额；r 为折现率；CI_t 和 CO_t 为运营期第 t 年的现金流入和现金流出；NPV 为整个特许期的净现值；NPV_{T_1} 为建设期的净现值；$NPVR_{\min}$ 和 $NPVR_{\max}$ 分别为最低投资回报率和最高投资回报率；$NPVR_t$ 为第 t 年的投资回报率；T_1 和 T_2 为建设期与特许运营期；T 为整个特许期的长度；$T_{1\max}$ 为可能的最长建设期；$T_{2\max}$ 为最长特许经营期。

2. 水利FDBOT项目特许期的模拟计算

根据水利 FDBOT 项目的特点，将原材料及燃料动力费、员工工资及福利费、维修费、管理及其他费用定为风险因素，根据水利 FDBOT 特许权协议，上述风险由项目公司承担；水资源费、库区基金作为政策性费用，这3项政策性费用变动风险由政府承担。在 A 水电站中，库区基金按供电量的 0.008 元/(kW·h) 计算，为 297.45 万元/年；水资源费则根据该省《水资源费征收标准》的规定，按电站供电量的 0.007 元/(kW·h) 计，为 260.27 万元/年。原材料及燃料动力费和其他费用按装机容量计算；员工工资及福利费根据该省类似项目的平均工资水平进行计算，管理费计为员工工资及福利费的 1.2 倍；维修费按照固定资产原值的百分比进行估算，其概率分布类型与建设投资一致。

为了计算方便，本案例假设：①项目建设工期、投资及运营成本等变化只受外界不确定因素变化的影响，且相互独立；②在特许期内年平均有效上网电量不变；③将项目建设期的各工作任务包整合起来看作一个整体。

（1）建设期及建设成本确定。笔者通过邀请专家对类似水利建设项目的工期规律及建设投资进行分析并假设 A 项目建设期及建设投资服从三角函数分布，其概率分布分别为（4.50，5.00，5.50）和（9.14，10.75，11.29）。

应用水晶球（Crystal ball）软件对建设期及建设投资进行蒙特卡洛模拟，模拟次数设定为1万次。建设期（T_1）及建设投资（I_0）统计结果如表 8-12 所示，概率分布如图 8-9 和图 8-10 所示。

表 8-12　建设期及建设投资模拟统计结果

统计项目	建设期/年	建设投资/亿元	统计项目	建设期/年	建设投资/亿元
均值	5.01	10.40	峰度	2.43	2.44
中位数	5.01	10.46	变异系数	0.04	0.04
标准差	0.20	0.45	最小值	4.51	9.16
方差	0.04	0.21	最大值	5.49	11.28
偏度	0.04	−0.44	标准误差	0.00	0.00

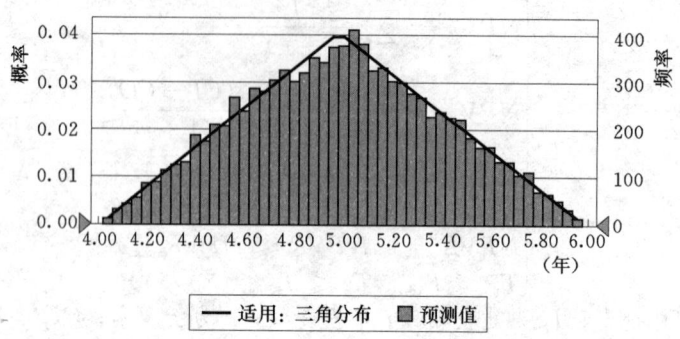

图 8-9 建设期模拟概率分布图

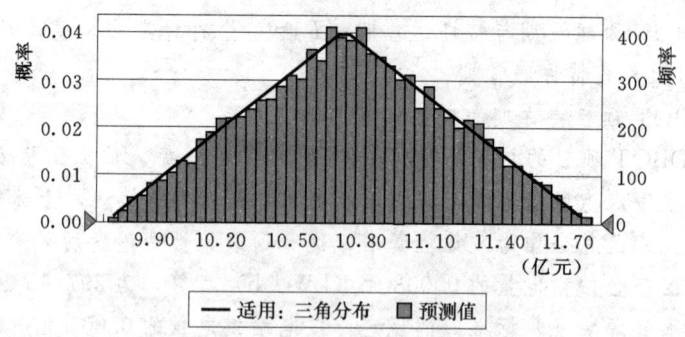

图 8-10 建设投资模拟概率分布图

假定投资 A 电站的项目决策者为风险中性，将该项目的置信水平设定为 95%，则项目建设期 T_1 和建设投资 I_0 分别为

$$T_1|_{95\%}=T+\sigma\times Z_a=5.01+0.2\times1.645=5.34(年)$$
$$I_0|_{95\%}=I+\sigma\times Z_a=10.40+0.45\times1.645=11.14(亿元)$$

式中：σ 为标准差。

(2) 运营期影响因素及概率分布的确定。笔者通过对类似水电站的运营成本数据资料进行统计分析后，得出影响 A 电站特许运营期的外生不确定性因素概率分布，见表 8-13。

表 8-13　　　　　　　　　运营成本概率分布　　　　　　　　单位：万元/年

不确定因素类型	概率分布
原材料、燃料动力费 C_1	三角分布（45，50，55）
员工工资及福利费 C_2	均匀分布（433，586）
其他费用 C_4	三角分布（216，240，264）
修理费 C_3	三角分布（761.85，846.50，931.15）

(3) 净现值模拟及决策。A 电站运营期的收入及经营成本按上述式（8-1）和式（8-2）进行计算。在 95% 的置信水平下，根据水晶球软件的模拟结果，当特许期为 51 年时，NPV 见表 8-14。

第五节 PPP特许权合约关键参数设计

表 8-14　　　　　　　　　特许期净现值的模拟结果　　　　　　　　单位：万元

特许期	均值	标准差	最小值	最大值	特许期	均值	标准差	最小值	最大值
1	−10411.21	0	−10411.21	−10411.21	34	8260.38	148.00	7752.36	8835.91
5	−80472.50	0	−80472.50	−80472.50	35	8742.04	150.56	8209.77	9379.71
10	−62973.86	90.81	−63284.62	−62654.21	36	9192.42	153.29	8670.36	9792.93
15	−38642.70	118.75	−39089.84	−38220.36	37	10379.87	153.42	9842.41	10972.99
20	−20331.08	130.00	−20827.17	−19866.15	38	11489.70	153.62	10956.52	12077.61
21	−17319.02	131.59	−17792.80	−16872.37	39	12527.00	153.69	11999.59	13120.13
22	−14348.86	132.90	−14825.87	−13882.03	40	13496.35	153.91	12961.40	14093.05
23	−11573.04	134.03	−12065.57	−11092.35	41	14402.25	153.89	13862.72	15006.13
24	−8978.64	135.12	−9495.68	−8482.83	42	15297.70	153.99	14749.72	15895.87
25	−6554.05	136.07	−7057.67	−6054.59	43	16134.54	154.10	15579.41	16741.67
26	−4288.35	136.88	−4809.91	−3794.04	44	16916.65	154.15	16356.30	17524.26
27	−2054.25	137.63	−2558.65	−1562.91	45	17647.59	154.17	17084.47	18252.04
28	33.95	138.38	−485.45	538.51	46	18330.64	154.25	17762.44	18933.57
29	1985.16	139.11	1479.75	2492.77	47	19005.59	154.26	18438.35	19607.84
30	3808.84	139.51	3283.80	4318.96	48	19636.36	154.28	19065.85	20240.97
31	5512.98	139.91	5000.29	6013.82	49	20225.91	154.29	19652.54	20828.12
32	7192.75	140.10	6669.44	7698.65	50	20776.87	154.30	20199.17	21374.89
33	7744.85	144.65	7222.62	8293.95	51	21291.77	154.34	20715.18	21891.46

　　根据上述分析可计算出各年的投资回报率，其中，第33、第34、第37和第38年的投资回报率分别为

$$NPVR_{T=33} = \frac{7744.85}{111400} \times 100\% = 6.95\%; \quad NPVR_{T=34} = \frac{8260.38}{111400} \times 100\% = 7.42\%$$

$$NPVR_{T=37} = \frac{10379.87}{111400} \times 100\% = 9.32\%; \quad NPVR_{T=38} = \frac{11489.70}{111400} \times 100\% = 10.31\%$$

　　由此可知，项目公司所获得的最低投资回报率7%介于第33年与第34年之间，最高投资回报率10%介于第37年与第38年之间，用插值法可以计算出A电站的特许期区间：

$$T_{\min} = 33 + \frac{NPVR_{\min} - NPVR_{T=33}}{NPVR_{T=34} - NPVR_{T=33}} = 33 + \frac{7\% - 6.95\%}{7.42\% - 6.95\%} = 33.11 （年）$$

$$T_{\max} = 37 + \frac{NPVR_{\max} - NPVR_{T=37}}{NPVR_{T=37} - NPVR_{T=38}} = 37 + \frac{10\% - 9.32\%}{10.31\% - 9.32\%} = 37.69 （年）$$

　　因此，该水利FDBOT项目的特许期区间为

$$T = [33.11 - (6 - 5.34), 37.69 - (6 - 5.34)] = (32.45, 37.03) 年$$

　　即A电站的特许期间为32.45~37.03年，在此基础上预测出来的特许期能将项目风险合理地分配给项目公司和当地政府，能够使项目公司获得预期的利益又不会损害政府的利益，给水利FDBOT项目特许期的决策提供了合理依据。需要指出的是，本模型并没有

考虑 FDBOT 投资者的施工利润，如果 FDBOT 投资者能够自行施工，则在考虑其可能获得的施工利润的基础上，按照本模型确定的特许期可适当缩短。

【案例阅读与思考】

案例一　西昌市东西海三河水环境 PPP 项目融资

一、项目概况

西昌市东西海三河水环境 PPP 项目（以下简称三河水环境 PPP 项目）属于环境和生态建设保护项目，建设内容包括西昌市城区河道整治、堤带路及截污干管工程，泥石流治理及水土保持工程和月亮湖湿地公园二期工程三个子项目。西昌市城区河道整治、堤带路及截污干管工程位于西昌市海河流域，主要包括东、西河（包括南安河）、海河堤防工程、河道疏浚、道路工程、截污工程等项目；泥石流治理及水土保持工程分别针对东河和西河采取相应的工程措施进行泥石流治理和水土保持；月亮湖湿地公园二期工程总面积 38.14hm^2，主要包括海河右岸景观带、东河与西河段清淤和市政交通工程等。

三河水环境 PPP 项目实施运作模式为 DBOT（设计-建设-运营-移交），合作周期为 20 年，包括 3 年建设期和 17 年运营期，回报机制为政府付费机制。

项目实施机构采用公开招标方式选择供应商，最终中标供应商为中国电建集团成都勘测设计研究院有限公司（牵头方，以下简称成勘院）、中国水利水电第五工程局有限公司（以下简称水电五局）、中电建（北京）基金管理有限公司联合体。

二、项目投融资结构

三河水环境 PPP 项目总投资为 22.54 亿元。项目公司投资由项目资本金和项目融资资金两部分构成。项目资本金为项目总投资的 20%（约为 4.51 亿元），债务资金为总投资的 80%（约为 18.03 亿元），以项目公司为主体，采用"质押项目公司收益权"方式进行融资。

三、项目运作流程和交易结构

中标供应商联合体成员均为中国电力建设集团有限公司（简称电建集团公司）子公司，2015—2017 年，中国电建集团 5 亿以上项目中 PPP 项目个数由 2 个增长到了 32 个，数量翻了 5 番，投资金额由 14.84 亿元增长到了 1283 亿元，增长了近百倍。

根据《国务院关于创新重点领域投融资机制鼓励社会投资的指导意见》（国发〔2014〕60 号）第 38 条"鼓励发展支持重点领域建设的投资基金，大力发展股权投资基金和创业投资基金，鼓励民间资本采取私募等方式发起设立主要投资于各领域的产业投资基金。政府可以使用包括中央预算内投资在内的财政性资金，通过认购基金份额等方式予以支持。"

同时鉴于集团公司投资规模急剧扩大，中国电力建设股份有限公司（以下简称电建股份公司）于 2016 年 12 月全资设立了中电建（北京）基金管理有限公司（以下简称电建基金公司），承担集团公司层面的融资平台作用，以解决集团公司股权投资资金的来源。

在此背景下，三河水环境 PPP 项目详细运作流程如下：

（1）设立有限合伙企业：由 P 保险系资管计划、电建集团公司、电建基金公司共同出资设立产业基金壹号母基金（有限合伙企业）。该母基金交易结构见图8-11。

（2）募集资金：电建基金管理公司设立资管计划募集资金，与保险公司签署《资管合约》。

（3）设立子基金：壹号母基金（有限合伙企业）与成勘院共同出资设立三河水环境项目PPP子基金——广德中电建盛蓉投资合伙企业（有限合伙）。

（4）设立PPP项目公司——西昌中电建东西海河水环境有限公司：政府方出资代表——西昌市安宁水务建设投资有限责任公司（以下简称西昌市水务公司）、成勘院、水电五局、电建基金公司多名股东，分别占股10%、7%、3%、80%。项目公司注册资本金暂定为4500万元。

（5）PPP项目公司负责项目投融资、建设、运行管理。

项目股东参与方交易结构如图8-12所示。

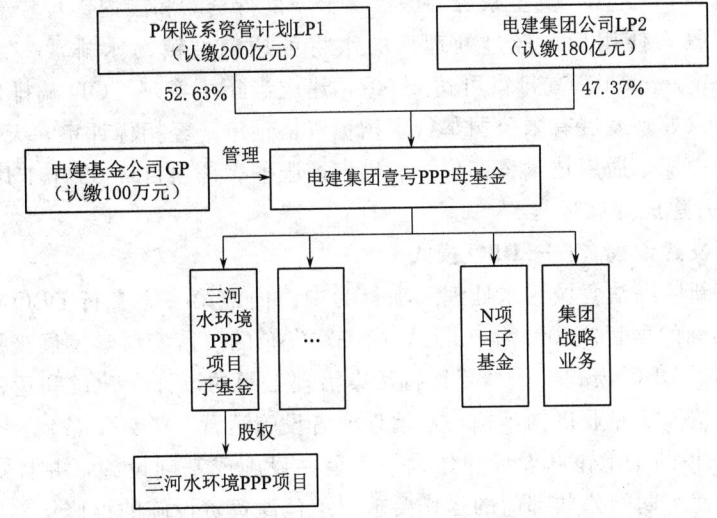

图8-11 电建集团公司有限合伙型母基金交易结构图

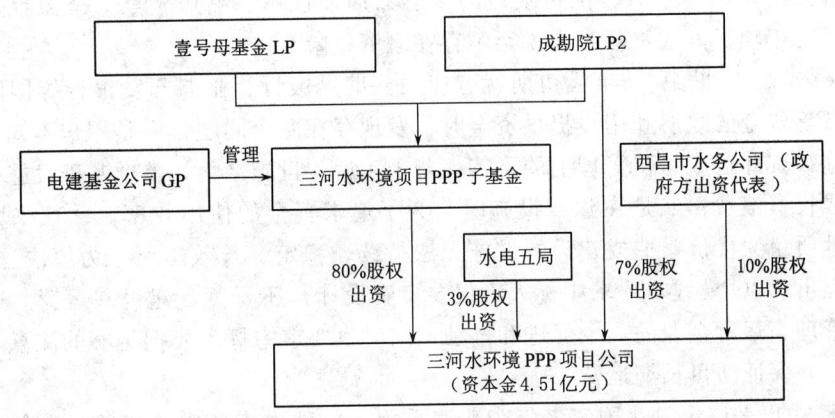

图8-12 三河水环境PPP项目交易结构图

（资料来源：张聪. 基础设施项目PPP产业基金应用案例研究［D］. 北京交通大学，2019，有改动）

思考：
(1) 请根据三河水环境项目特点，分析中标供应商的优势所在。
(2) 请分析该 PPP 项目风险，并说明政府方和项目公司方之间如何分担项目风险？
(3) 三河水环境项目 PPP 子基金属于财务投资者，存在提前退出 PPP 项目问题，常见的退出机制有哪些？

案例二　天津市滨海新区汉沽营城污水处理厂项目开发融资模式

一、项目概况

天津市滨海新区汉沽营城污水处理厂项目占地面积 $28hm^2$，项目建设内容包括：污水处理厂 1 座，总规模为 15 万 t/d，采用污水二级处理工艺，按两次设计分期实施，近期实施的污水为 10 万 t/d；中水厂 1 座，规模为 5 万 t/d；以及厂外配套管网 52km 和泵站 7 座，工程总投资 3.61 亿元。资金来源为国债资金、世行贷款和国内银行贷款。

污水处理厂投入使用后，经过处理后的水将可达到城镇污水排放一级标准，COD (chemical oxygen demand) 减排量可达 2700t，建成当年可实现 COD 减排量 225t。2005 年 7 月，天津市水处理发展有限公司举行了招标资格预审；经招标评审，天津创业环保集团股份有限公司中标，通用技术咨询公司提供咨询服务。该项目 2008 年 1 月 30 日开工建设，2008 年 10 月建成并试运行。

二、项目开发建设模式——DBO 模式

天津市滨海新区汉沽营城污水处理厂项目为中国内地第一家实行 DBO (design build operate) 总体招标的项目。2005 年 12 月，国务院发布的《落实科学发展观加强环境保护的决定》就提到了 DBO 模式——"要推行污染治理工程的设计、建设和运营的一体化模式，鼓励排污单位委托专业机构承担污水治理或者设施运营"（第 24 条）。

DBO 模式，指的是承包商设计并建设一个公共设施或基础设施，并且负责运营该设施，满足在工程使用期间公共部门的运作要求。承包商负责设施的维修保养以及更换在合同期内已经超过其使用期的资产，在该合同期满后，资产所有权移交回公共部门。DBO 模式具有责任主体比较单一、优化项目的全寿命周期成本、缩短工期、全流程控制等优势，特别是对于项目方或责任方来说，不存在融资风险。

DBO 模式在 20 世纪 90 年代初期就有应用。世界银行、亚洲开发银行等国际金融组织给一些缺乏资金的政府和用户提供资金时，发现存在两个问题：一是用户不知道如何运行处理设施，因此造成运营管理上的不善，若干年后，设施老化，整个基础设施投资宣告失败，造成投资浪费；二是在建设设施时，为了追求资金的使用效率，往往采取低价竞标，以牺牲质量为代价，造成建设的设施无法持续、稳定、长效运营。为解决这一弊端，世界银行提出 DBO 模式，要求中标人不仅要负责设计，还要负责建设和运营。这既是对不懂如何管理、运营企业的一个促进和推动，同时也要求中标人要把足够的注意力转移到质量上来，并保证项目长期运营。

DBO 模式也是许多发达国家多年来普遍采用的一种主流模式，其身影遍布基础设施和工业领域，不仅为政府所青睐，也为私人投资者所应用。在基础设施领域，污水处理、供水工程、海水淡化、污泥焚烧、垃圾处理等工程中应用广泛；在工业领域，基于效率提

高的追求，许多工业企业专注于其核心业务，而将很多大型公用辅助类设施，如水、电、气、制氧等分离出去，采用 DBO 模式将上述大型公用辅助设施交由专业人员设计、建设和运营管理。

思考：

（1）请阐述 DBO 模式和 FDBOT 模式下，公私双方的风险分担有何不同？

（2）DBO 模式下，政府拥有基础设施的产权，而 DBO 责任主体拥有基础设施的运营权，具有典型的"二权分离"特征，请问：政府如何监管更为有效？

（3）DBO 模式下，政府选择设计建设和运营主体的标准和方法有哪些？

案例三　港珠澳大桥投融资模式

一、项目概况

1. 项目背景

建设港珠澳大桥的设想最早可追溯到 20 世纪 80 年代初，香港合和实业有限公司主席胡应湘先生于 1983 年首次提出兴建连接香港与珠海的伶仃跨海大桥的提议。随着珠江三角洲经济腾飞，20 世纪 90 年代中期，珠海市曾积极推进伶仃跨海大桥项目，但均未落实。20 世纪末亚洲金融危机后，为振兴香港经济，获得新的经济增长点，香港特区政府有了新的设想，提议尽快修建连接香港、澳门和珠海的跨海陆路通道，并于 2002 年正式向中央政府提出修建港珠澳大桥的建议。2003 年 7 月，国家发展改革委综合运输研究所完成的《香港与珠江西岸交通联系研究报告书》表明，修建港珠澳大桥连通三地具有重大的政治及经济意义，需要尽早安排建设。2003 年 8 月，国务院批准开展港珠澳大桥项目前期工作，并同意成立由香港特区政府作为召集人，粤港澳三方组建"港珠澳大桥前期工作协调小组"负责该项工作。2004 年 3 月，港珠澳大桥前期工作协调小组设立常驻办公机构"港珠澳大桥前期工作协调小组办公室"（以下简称"前期办"），全面启动港珠澳大桥项目建设各项前期工作。2018 年 10 月 23 日，港珠澳大桥建成通车。

2. 工程概况

港珠澳大桥工程路线起自香港国际机场附近的香港口岸人工岛，向西接珠海/澳门口岸人工岛、珠海连接线，止于珠海洪湾，总长约 55km（其中珠澳口岸到香港口岸约 41.6km），主要包括主体工程和连接线、口岸工程两部分。港珠澳大桥主体工程长 29.6km，采用桥隧结合方案，穿越伶仃西航道和铜鼓航道段约 6.7km 采用隧道方案，其余路段越 22.9km 采用桥梁方案。

港珠澳大桥工程总投资约 726 亿人民币。其中，口岸及连接线部分总投资约为 350 亿元，主体工程部分总投资约为 376 亿元。根据共识，三地口岸及连接线工程由三地政府各自投资建设。因此，下面主要介绍港珠澳大桥主体工程的投融资模式及其决策过程。

二、主体工程部分投融资模式决策过程

港珠澳大桥主体工程投融资模式决策过程较为漫长，从 2004 年 1 月 13 日至 2008 年 7 月 9 日，历时四年多。从决策研究过程看，可分为三个阶段：

（1）2004—2005 上半年间的 BOT 投融资模式研究。在公共工程投资建设领域，香港与澳门特区政府在操作 BOT 投融资模式方面具有经验丰富、制度健全的优势，因此希望

采用港珠澳大桥主体工程采用BOT投融资模式。但采用该模式，存在以下几个关键问题需要解决：①特许经营授权主体的问题。港珠澳大桥跨越三地，涉及三地不同的制度环境，港澳特区享有除国防和外交外的自治权，因此理论上港珠澳大桥主体工程的特许经营授权，只能由各自管辖范围内的政府分别授权，但接下来的问题是，是统一授权给一个主体特许经营，还是分别授权给不同主体特许经营？这可能导致特许权经营协议法律依据不同、内容也不尽完全相同。即使特许权协议内容相同，因为法律依据不同，可能导致三地政府对同一内容条款的解释也会有差异，这些因素对港珠澳大桥主体工程的运营管理影响深远。②特许经营期限的问题。根据财务测算，港珠澳大桥主体工程如果采用BOT投融资模式，特许经营期限至少要50年及其以上，社会投资者才有可能盈利。但中国内地当时法律仅对境内公路规定收费年限不得超过25年，对跨境/跨界公路的收费年限没有做出规定，也没有对跨境/跨界公路的收费是否同样适用境内公路收费做出规定，存在法律空白之处。③项目公司设立的问题。如果设立一家项目公司，项目公司在何地注册登记？按照中国内地法律，BOT项目公司必须在内地设立，香港、澳门特区的法律是否允许在内地设立的BOT项目公司在港、澳地区建设、经营BOT项目？④中国内地BOT法律不确定性的问题。中国内地推行BOT投融资模式，并没有像其他国家和地区进行单独BOT立法，一般是遵循现有法律框架体系，予以地方法规和政府部门规章进行补充，总体看来法律位阶低，且各法规和部门规章之间，甚至同一部门先后颁布的规章存在着矛盾和冲突，因此中国内地BOT法律不确定性较高。假若参照香港和上海市等地的做法，对单个BOT项目进行立法授权特许，这对于跨境/跨界港珠澳大桥而言，三地政府共同立法授权特许的实施难度和实施时间难以预料。

(2) 2005年下半年至2006年6月的PPP投融资模式和政府投融资模式研究。受到当时北京4号线成功经验的启发，前期办提出开展港珠澳大桥主体工程采用PPP投融资模式的研究，同时还根据香港特区政府的建议，开展政府投融资模式等不同投融资模式的研究。此处PPP投融资模式取狭义概念，意在政府和社会投资者共同出资建设港珠澳大桥主体工程。按照国际上规范的PPP运作流程，PPP投融资模式与BOT投融资模式一样，必然涉及特许经营权授予的问题，因此港珠澳大桥主体工程采用PPP模式存在与采用BOT模式同样的问题，二者的主要差异在于：①采用PPP模式，还需要考虑政府投资和社会投资的比例，或者政府投资和社会投资建设的项目范围的问题；②由于有政府投资的介入，可适当提高社会投资的回报率，因此PPP模式下大桥主体工程的特许经营期限较BOT模式下要短些。

政府投资模式下，一般采用"财政出资本金＋财政信用融资"方式筹措资金，因此可能也需要考虑大桥主体工程的收费年限和价格问题，但该问题可通过项目资金结构的优化设计较易得到解决。进一步，政府投资模式又可细分为三地分别投资建设和三地共同投资建设两种子模式。总体看来，政府投资模式下存在的制度成本和经济成本相对较低，但对政府的财政压力最大。此外，在共同投资建设子模式下，由于中国内地实行项目法人责任制，依然存在项目法人公司的设立地及相关事项等问题。

(3) 2006年7月至2008年11月深化比较与确定。根据前期研究，前期办和咨询机构对港珠澳大桥主体工程采用BOT模式、三地政府各自投资建设、三地政府共同投资建设三种方案,从金融风险、监管成本、法律约束、投资者选择、建设期间协调难度、前期准备时间、财务收入等方面进行了深入分析研究,并于 2006 年 10 月面向内地及港、澳企业的投资人进行意向调查,收集了许多宝贵意见。由此,港珠澳大桥投融资模式的原则由最初的"大桥原则上由社会企业投资,基于项目财务效益情况,政府可考虑在政策上予以支持",修改为"三地政府分别负责口岸和连接线的投资,大桥主体按照吸引企业、社会投资为基本模式进行建设"。考虑大桥主体以邀请招标形式选定组成联合题的投资者,投资者拟由内地企业和港、澳企业组成,政府对投资者给予一定支持。

三地政府对大桥主体工程是"分界建设"还是"统一建设"的争议一直延续到 2008 年 2 月 28 日的前期协调小组第八次会议上才结束。在该次会议上,三地政府达成的共识为:三地政府采用统一投资建设模式,合作建设港珠澳大桥主体工程,由三地政府按比例全额提供项目资本金,总投资与资本金差额部分,由三地政府共同组建的大桥项目法人机构向金融机构融资解决。

三、主体工程部分投融资最终方案

2008 年 11 月,港珠澳大桥前期工作协调小组第九次会议上确定了主体工程的具体投融资方案。

(1) 港珠澳大桥主体工程采用"政府全额资本金方式"。按照粤港澳三地经济效益费用比相等原则的投资责任分摊比例,香港、澳门、内地分别为 50.2%,14.7%,35.1%,香港、澳门、内地政府在资本金比例为 35% 的情况下各自分配投资 67.5 亿元、19.8 亿元和 47.2 亿元。中央政府对海中桥隧主体工程给予资金支持,内地政府资本金由 47.2 亿元提高至 70 亿元,香港、澳门政府的出资额不变,得到项目资本金总额为 157.3 亿元,资本金比例约为 42%。

(2) 项目资本金以外部分,由粤港澳三地共同组建的管理机构通过贷款解决,贷款金额约为 218.7 亿元。大桥建成后,实行收费还贷,项目性质为政府出资收费还贷性公路。

2010 年 7 月,港珠澳大桥管理局正式挂牌成立,负责投融资、建设和运营管理粤港澳三地共同建设的主体工程。

综上,港珠澳大桥工程投融资结构如图 8-13 所示。需要特别说明的是,图 8-13 中的港珠澳大桥管理局虽然负责主体工程的投资、建设和运营管理,但其并未按公司型法人组建,而采用的是事业型法人形式,主要理由在于:①满足社会公益目的的要求。港珠澳大桥的修建旨在促进大湾区的经济社会融合发展,从融合中寻找新的经济增长点,服务于港、珠、澳三地,具有社会公益目的性,而非盈利目的,这与公司型法人盈利本质有冲突。②三地政府控制权之需求。为实现社会公益目的,大桥收费水平确定仅以满足还贷和正常运营管理的需要而确定,同时在特殊情形下,三地政府还能直接掌握大桥重要事项的决策权和控制权,大桥管理局采用事业型法人可以满足此需求。但若采用公司型法人,由于公司法等相关法律的约束,三地政府对于大桥的运营管理只能拥有间接控制权,难以实现其意志。

四、投融资模式选择评析

港珠澳大桥工程是一项投资巨大、影响深远的巨型复杂工程,而投融资模式对大桥工程治理体系有着决定性影响,因此该工程投融资模式的决策必须兼顾发展、公平和效率。

第八章 PPP 融 资 模 式

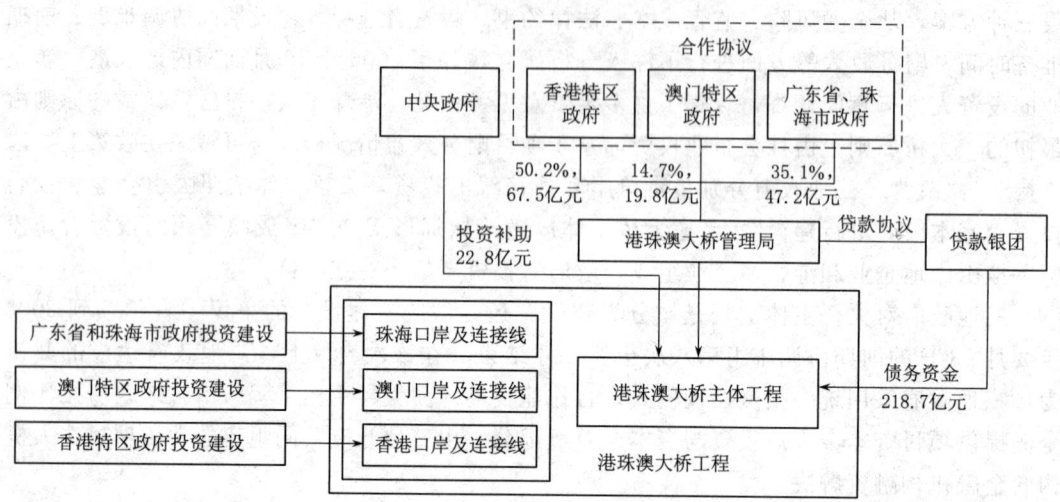

图 8-13 港珠澳大桥投融资结构示意图

BOT 模式和 PPP 模式虽然可以引入私人（社会）投资者，增加项目的创新能力和服务水平，但在私人（社会）投资者考虑项目自偿性为首要因素的前提下，BOT 模式和 PPP 模式不一定能够实现政府融资的目标期望——效率和公平。以港珠澳大桥为例，BOT 模式和 PPP 模式不可避免地会涉及特许协议的问题，由于该项目的投资回报不理想，私人（社会）投资者为了收回投资和取得回报，项目的收费时限极有可能达到 50 年及其以上，这与政府实现大桥公平和效率的目标是不契合的。此外，BOT 模式下由于法律不确定性高，为解决该法律问题，可能会导致建设周期长，难以尽早发挥效益，满足经济社会发展目标。这也是港珠澳大桥最终放弃私人（社会）投资而选择政府投融资模式的根本原因所在。

思考：

（1）请根据案例描述，总结大型工程项目投融资模式决策影响因素有哪些？

（2）该案例中提及的 PPP 模式为狭义的 PPP 模式，请问广义的 PPP 模式包括哪些运作方式？

第九章 REITs 融资模式

基本要求

- 掌握 REITs 的基本概念和作用
- 理解中国内地 REITs 交易结构设计的基本思路
- 熟悉 REITs 基础资产选择要点
- 了解 REITs 产品资产重组、定价与发行、资产交易等运作要点
- 了解国际上典型 REITs 交易结构
- 了解我国 REITs 会计与税务处理要点

第一节 REITs 内涵与发展

一、REITs 内涵

1. REITs 的定义

REITs（real estate investment trusts）为不动产投资信托基金，是通过发行收益凭证汇集投资者的资金，交由专业投资机构进行不动产投资经营管理，并将大部分投资收益分配给投资者的一种投资基金。由定义可看出，其实质是将不动产进行证券化的一种方式，即将流动性低、非证券形态的不动产资产直接转化为资本市场上的证券资产的金融化过程。因此，REITs 是一种满足特定制度要求的金融产品，标准化的 REITs 具有以下特征：

（1）REITs 投资的标的主要是收益稳定的、或具有增值潜力的不动产资产。

（2）REITs 投资收益实施强制的高比例分红政策，即 REITs 投资者应享有 REITs 投资收益的大部分。

（3）REITs 的管理具有金融和不动产双重属性。REITs 一般实行主动管理模式，由专业投资机构对不动产资产进行专业管理与合理决策，其不动产属性主要体现在不动产资产管理、运营、客户管理等，金融属性主要体现在 REITs 的增资扩股、债务融资、并购与处置、投资者关系等。

（4）REITs 的杠杆率是有限制性的。即为保障 REITs 投资者的权益，许多国家通过制订 REITs 杠杆率上限来约束其债务融资行为，尽管该杠杆率上限比例各国有所不同，但总体看，都表现为较高的负债约束性。

（5）REITs 产品构建具有税收驱动性，具体表现在 REITs 层面进行所得税的免除，以及在 REITs 设立过程中给予一定的税收优惠。

2. REITs 的功能

REITs 的诞生意味着其承担着诸多功能,主要表现如下:

(1) 对于企业而言,首先,REITs 具有融资、改善财务和经营状况的功能。REITs 是将企业持有的低流动性的不动产资产通过证券化的手段变为高流动性的金融资产,实现全部或部分出售。因此,REITs 的融资功能不是直接为企业提供增量资金,而是通过存量资产变现来融资,从而可以缓解企业的资金压力,有助于改善企业财务和经营状况。与直接出售资产相比,企业通过 REITs 出售资产权益,一方面有可能降低由于资产缺乏流动性而带来的估值损失,另一方面可以保有整体控制权是否转移的选择权或决策权。REITs 可能通过真实出售基础资产,可以达到资产出表效果,不会增加企业的负债和杠杆率。其次,REITs 有助于企业战略转型的实现。对于重资产企业,比如地产企业、仓储物流企业等,以存量资产发行 REITs 后,可以以 REITs 管理人或服务商的身份参与资产管理与运营,充分挖掘物业资产的运营价值,实现轻资产经营,从而促使企业由传统的自建、自持不动产的重资产运营模式,转向专业化的、服务型的轻资产运营模式。比如,在商业地产领域,2015 年越秀 REIT 在香港联交所上市,逐渐形成越秀地产与越秀 REIT 双平台运作的"开发+运营+金融"的全链条模式。上市企业越秀地产负责拿地、开发和前期运营,之后将已在地产平台上证券化的项目注入越秀 REIT,进行二次证券化,项目售出利润能够形成核心利润,在实现重资产剥离的同时,依然保留相关物业的控制权。2018 年,越秀地产持有越秀 REIT 月 53% 的份额。又如,万豪集团于 1993 年 10 月将所有酒店资产剥离给万豪酒店 REIT,使企业资产负债表大大瘦身,新的万豪集团则专注于为其旗下连锁酒店提供经营和管理服务,最终发展成为全球知名的酒店管理公司之一。

(2) 对于投资者而言,首先,REITs 具有抗通胀作用,资产配置价值较高。资产配置是投资者财富管理决策的重要环节之一。有关学者研究表明,资产配置对投资组合收益率变动的影响达到 40%~100%。常见的大类资产有现金、股票、债券、外汇、金融衍生品、大宗商品、不动产及实物资产等,其中不动产包括土地、附着在土地上的建筑物和机场、港口、管道、数据中心等基础设施。REITs 与股市、债市的相关性比较低,具有相对独立于其他市场的走势。从美国 REITs 与主要投资品的相关系数来看,绝对值基本均小于 0.6,相关性较弱,与主流债券的相关性在 0.2 以下,与主流的股票指数相关性在 0.5 左右。因此,与股票、债券等传统大类资产相比,由于不动产具有强大的抗通胀能力,使 REITs 成为资产配置中不可或缺的优质资产类别。

REITs 抗通胀的内在逻辑是在高通胀时期,货币的超额供给会增强以不动产为基础资产的信用扩张,居民名义收入的增长也会提升不动产的购置需求,从而提升不动产价格,这已经在多个经济周期中得到佐证。在 20 世纪 70 年代的美国大通胀,CPI 在 1979 年达到了 13.5% 的峰值。当时,REITs 表现相当出色:1979 年交易所上市的全美权益型 REITs 的回报率为 24.4%,其中股息收入平均高达 21.2%,扣除通胀因素(13.5%)后回报率为 10.9%。从更长的周期来看,1972—2020 年,全美 REITs 年均回报率为 9.43%,权益型 REITs 的年均回报率高达 11.45%,高于标普 500 的 10.82%、纳斯达克指数的 8.83% 和道琼斯指数的 7.49%。在长周期中配置 REITs 产品可以提高收益,降低波动性。

风险相互抵消带来的波动性降低是资本市场投资者追求的目标之一。REITs 具有出色的风险分散属性，原因有二：一是基础资产类别众多，各自内在风险属性本身就存在差异性，因而存在风险抵消的可能性；二是基础资产具有显著的地域差异，相对于股票，REITs 是投资者分散地域性风险更有效的工具，有利于投资者进行跨区域的资产配置。

其次，REITs 具有普惠性金融功能。对于个人投资者而言，REITs 降低了不动产投资的参与门槛，为居民的财产性收入提供大类资产，使中低收入家庭参与不动产资产配置成为可能，充分体现了金融的普惠性。

最后，REITs 的特征和风险收益属性与保险金、养老金等投资期限长、风险偏好稳健的机构投资者需求十分吻合，拓展了该类投资者的资产配置渠道。

(3) 从宏观经济层面看，REITs 诞生于经济低迷期，肩负经济发展新动能的作用。REITs 的推出对国家财政政策和货币政策的实施均有重要作用。首先，在财政政策方面，REITs 促进了不动产的流动性和透明度，使同等财政投入获得更大回报，同时 REITs 还可以吸引社会资本一同参与基础设施建设，为国有资本在未来经济景气时的退出提供新的渠道，帮助政府财政健康可持续发展。从税收的角度看，REITs 使大量存量不动产重新有了流动性，可以为政府的税收引入合理税源。此外，对于发展中的经济体而言，REITs 的推出有助于吸引稳定的外国资本和外商投资，成为助推发展中经济体经济转型的关键力量。其次，在货币政策层面，具有以下功能：

1) 作为货币政策调控工具的 REITs，有助于促使货币政策向实体经济的传导机制更加畅通。这是因为，REITs 是由实体经济直接发行的证券化工具，通过 REITs 可以绕过商业银行体系，直接影响实体经济的货币供应，更直接和有效地发挥货币政策的作用。

2) 作为货币政策调控工具的 REITs，有助于促进直接融资，降低实体经济的杠杆率。从世界各国实践看，REITs 多为权益型的，体现为实体经济资产负债表中的股权和长期资本，扩大了实体经济股权融资的深度和广度，从而改善了企业的融资期限结构，增加了企业的直接融资比率，保持甚至优化了实体经济的资产负债表。

3) 作为货币政策调控工具的 REITs，有助于拓宽货币政策对金融市场定价机制的影响力，为外汇政策预留操作空间。金融市场的定价能力由利率和风险溢价两个维度决定。在开放的经济环境中，利率的变化将导致资本流入流出，对外汇政策产生影响。而使用 REITs 工具，可以绕开利率，直接对风险溢价进行调节，在一定程度上在不影响外汇市场的同时实现国内资产价格的提升。这与传统的货币政策工具有所不同，如央行票据、国债等只会对利率产生影响，但并不影响风险溢价。商业银行的资产端主要由基础设施投资以及其他一些具有风险特征的资产投资构成，假如金融市场的风险偏好不变，其不敢增加投资，势必严重限制货币政策的操作空间和效力。

3. REITs 的分类

REITs 较为常见的分类依据有：按法律载体、投资方式和投资对象划分。

(1) 按法律载体的不同，REITs 分为公司型、契约型和合伙型三种。公司型 REITs，顾名思义就是以公司形态而存在，在美国市场占主流地位；契约型 REITs 以信托或基金为法律载体，在亚洲市场更为普遍；合伙型 REITs 以合伙型企业为法律载体。各自特点见表 9-1。

表 9-1　　　　　　　　　　不同法律载体下 REITs 的特点

类型	公司型	契约型	合伙型
资金属性	公司财产	信托财产	合伙人制财产
资金使用	按公司章程规定	按信托合同规定	按合伙协议规定
投资人身份	股东	契约	合伙
收益分配	股权凭证分配	收益凭证分配	合伙协议约束

(2) 按投资方式的不同，REITs 分为权益型、抵押型和混合型三种。其中权益型 REITs 投资并拥有底层资产的所有权，通过资产经营取得收入，收益来自租金和底层资产的增值，是全球 REITs 实践中采用较多的一种类型；抵押型 REITs 下，投资人与底层资产所有者之间是一种债权债务关系，其向底层资产所有者或者开发商直接提供抵押信贷，或者通过购买抵押贷款支持证券间接提供融资，主要收入来源为贷款利息；混合型 REITs 既购入拥有并经营不动产，又向不动产所有者和开发商提供信贷资金，是上述两种类型的混合。各自特点见表 9-2。

表 9-2　　　　　　　　　　不同投资方式下 REITs 的特点

类型	底层资产	收益来源
权益型	拥有和管理能够产生稳定现流的不动产项目	以持有组合标的的租金收入为主，辅以资产升值带来的资本性收益
抵押型	向开发商或所有者提供抵押贷款，或者是通过持有房地产抵押证券	抵押贷款利息收入
混合型	持有标的组合中既有权益型的标的，又有抵押型的标的	租金和利息收入

(3) 按投资对象的不同，REITs 分为商业零售 REITs、基础设施 REITs、租赁住房 REITs、物流 REITs 等。具体而言，REITs 的底层资产包括商业写字楼、零售物业、酒店、仓储物流、医疗保健、主题公园、体育馆等，以及种植园、监狱、学校建筑等。而机场、港口、收费公路、电力设施、通信铁塔、数据中心等具有稳定、较高收益率的基础设施也越来越多被各国 REITs 所应用。

二、REITs 发展

(1) 全球 REITs 的起源与发展。REITs 制度以美国 1960 年修改《国内税收法典》(Internal Revenue Code) 为标志而诞生。美国推出 REITs 的初衷是为应对 1956—1959 年的经济低迷。荷兰、波多黎各紧随其后，分别于 1969 年、1972 年推出 REITs 制度，以应对经济增速下滑问题。之后 REITs 陷入沉寂，直到 20 世纪 90 年代，为刺激经济，比利时、巴西、加拿大、土耳其、新加坡和希腊 6 个国家先后推出 REITs 制度。进入 21 世纪后，由于受到 1997 年亚洲金融危机和 2008 年金融危机的影响，许多发达国家和发展中国家陆续推出 REITs 制度，截至 2021 年年底，共有 43 个国家推出 REITs。据统计，截至 2020 年 12 月底，全球 REITs 市场上公开交易的市值约 2 万亿美元，其中美国 REITs 市场几乎占据了全球 REITs 的半壁江山，在美国上市的 REITs 有 238 只，涉及零售和购物中心、办公、公寓、酒店、物流和仓储、医疗保健、林地、户外广告牌等多种类型的不动产，总市值规模为 1.29 万亿美元。

（2）中国 REITs 的探索与发展。相较于其他已推出 REITs 制度的国家而言，中国标准化 REITs 制度出台时间较晚。2020 年 8 月初，中国证监会发布了《公开募集基础设施证券投资基金指引（试行）》，该文件标志着我国公募 REITs 的正式启动。虽然中国公募 REITs 2020 年才正式启动，但对 REITs 的初步实践却可以追溯到 20 世纪 90 年代初由海南三亚市政府下属的三亚市开发建设公司（简称"三亚开建"）发行的"三亚地产投资券"。三亚地产投资券以三亚市丹州小区 53.33hm² 土地为标的物，以未来的地产销售收入为支撑募集资金。作为投资管理人的汇通国投承担了担保责任，负责向三亚开建支付发行收入、监督其按照设计标准和预定时间完成开发任务，并在开发完成后，组织地产销售并保证地产售价的公允性。三亚地产投资券被广泛认为是中国不动产证券化的开山之作，包括现金流来自未来销售收入、破产隔离等相关安排，初具 REITs 雏形。之后，类 REITs 在国内房地产行业盛行，但在国家部委层面，商务部 2005 年在向国务院递交的全国地产调查报告中明确提出"打通国内 REITs 融资渠道"，这是国内首次正式提出 REITs 概念和政策建议。2007 年，中国人民银行、中国证监会和中国银监会分别成立了 REITs 专题研究小组，从此，我国 REITs 市场的探讨与实践不断在向前推进。表 9-3 显示了中国 REITs 市场发展各阶段的标志性文件。

表 9-3　　　　　　　　中国 REITs 市场发展及其标志性文件

阶段	时间	机构	政策文件	关于 REITs 的表述
探索期	2008 年 12 月	国务院	《关于促进房地产市场健康发展的若干发展》《关于当前金融促进经济发展的若干意见》	"金融国九条"为国常会确定的九项金融促进经济发展政策措施，其中第五条明确指出，要"创新融资方式，通过并购贷款、REITs、股权投资基金和规范发展民间融资等多种形式，拓宽企业融资渠道"。"金融 30 条"以 30 条措施细化"金融国九条"，再次提及 REITs
	2009 年 4 月	央行	《关于开展房地产投资信托基金试点工作的请示》	根据国务院指示，由央行牵头，会商证监会等相关单位，根据银行间市场和交易所市场不同的特点，分别制定试点管理办法，报国务院批准后尽快推动试点工作
停滞期	2010 年 5 月	央行	《银行间债券市场房地产信托受益券发行管理办法》	央行将《银行间债券市场房地产信托受益券发行管理办法》及各地试点项目的基本情况上报国务院，国务院要求央行在当时形势下，就 REITs 试点额能否以及怎样支持保障性住房建设补充资料
快速发展期	2013 年 3 月	证监会	《证券公司资产证券化业务管理规定》	证监会正式开启资产支持专项计划市场，类 REITs 产品得以通过以 ABS 为载体发行

续表

阶段	时间	机构	政策文件	关于REITs的表述
快速发展期	2014年9月	央行	《中国银行业监督管理委员会关于进一步做好住房金融服务工作的通知》	明确表示要"扩大市场化融资渠道,支持符合条件的房地产企业在银行间债券市场发行债务融资工具,积极稳妥开展房地产投资信托基金(REITs)试点"
	2014年11月	证监会	《证券公司及基金管理公司子公司资产证券化业务管理规定》	进一步完善资产支持专项计划市场相关规定
	2015年1月	住建部	《关于加快培育和发展住房租赁市场的指导意见》	提出要大力发展住房租赁经营机构、支持房企将其持有的房源向社会出租、积极推进REITs试点
	2019年4月	发改委	《2019年新型城镇化建设重点任务》	支持发行有利于住房租赁产业发展的房地产投资信托基金等金融产品
	2020年4月	证监会、国家发展和改革委员会	《关于做好基础设施领域不动产投资信托基金(REITs)试点项目申报工作的通知》	正式启动基础设施领域的公墓REITs试点工作,推动基础设施REITs在证券交易所公开发行交易
	2020年8月	证监会	《公开募集基础设施证券投资基金指引(试行)》	明确了产品定义与运作模式及基金份额发售方式,规范基金投资运作,为国内基建REITs试点提供正式法律政策文件

第二节 REITs 交易结构

从世界范围看,各国 REITs 交易结构不完全相同,各有自身特色,下面选取一些典型国家的 REITs 交易结构予以介绍。

一、美国 REITs 交易结构

美国 REITs 的交易结构有 UPREITs 和 DOWNREITs 两种,具体表现如下:

(1) UPREITs 交易结构(图 9-1)。在该交易结构下,运作流程为:底层资产产权人以底层资产(不动产)出资设立经营性合伙企业并成为其有限合伙人;UPREITs 公司以其募集资金向经营性合伙企业出资,成为普通合伙人;有限合伙人在一段时间后(一般为1年)后,可以将持有持有合伙企业份额转换为 REITs 份额或现金,从而获得流动性。

(2) DOWNREITs 交易结构(图 9-2)。在该交易结构下,并不存在固定的合伙人实体,而是通过成立一个新的合伙人实体完成每一次的收购交易,来享受税收优惠。DOWNREITs 通过在市场发行股票筹集资金,其自身原本持有部分房地产资产,但为了在收购房地产资产中享有税收优惠,将和相关房地产所有者合伙成立新的经营性合伙企业,DOWNREITs 以资金出资,成为新合伙企业的普通合伙人,房地产所有者以资产出资成为新合伙企业的有限合伙人,并获得新合伙企业的合伙凭证。新合伙企业负责持有和管理之后获取的房地产资产。也就是说,每收购一项新的资产,DOWNREITs 就会和一

第二节 REITs 交易结构

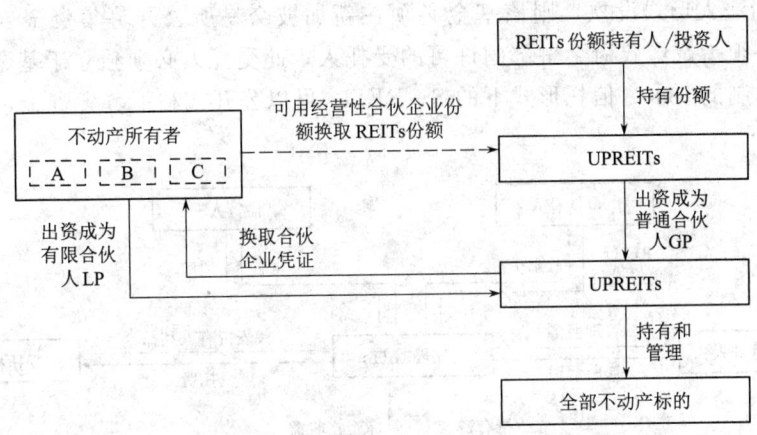

图 9-1 UPREITs 交易结构示意图

家或若干家房地产企业合伙成立新的经营性合伙企业。显然，随着 DOWNREITs 旗下资产的扩张，原有房地产资产在 DOWNREITs 旗下的占比不断下降，DOWNREITs 也由直接持有物业的模式发展成为通过不同项目公司间接持有物业的模式。

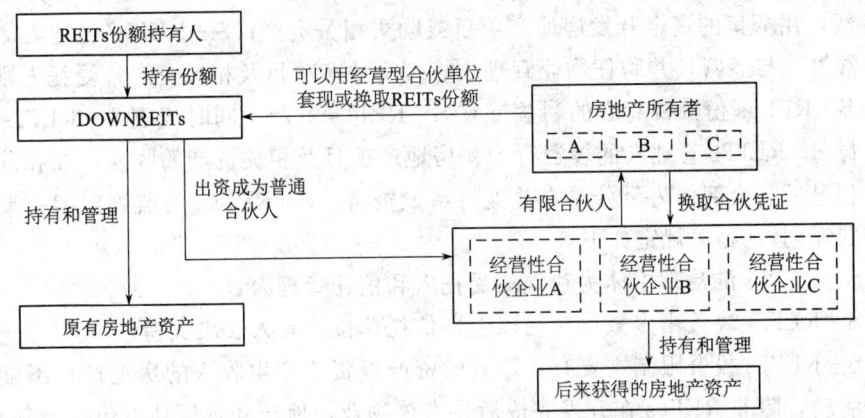

图 9-2 DOWNREITs 交易结构示意图

无论是何种交易结构，美国 REITs 制度对 REITs 运作形式、投融资限制、利润分配、设立要求等方面均有所规定。

1）运作形式。以公司型为主，需要由董事会或基金托管人管理，可以公募，也可以私募，可自主选择是否上市。

2）设立要求。要求拥有超过 100 名股东，以及前 5 个股东持股比例不能超过 50%。

3）投融资限制。REITs 产品的价值须由 75% 的房地产、抵押贷款、其他 REITs 证券、现金或政府证券构成，至少 95% 的收入需要来自资产出售、租金、贷款利息或股息。

4）利润分配。要求 REITs 产品将应纳税收入的 90% 及以上作为红利分配给股东（或投资者）。

二、新加坡 REITs 交易结构

从法律载体形式看，新加坡 REITs（简称 S-REITs）可以为公司型或信托型。若

REITs以公司法人形式设立,则该基金必须在新加坡交易所公开募集资金。若以信托形式设立,则必须指定经政府金融部门许可的受托人,此受托人必须独立于基金经理人,同时符合金融体制的要求。信托形式下的S-REITs可以公开或私下募集资金,其交易结构如图9-3所示。

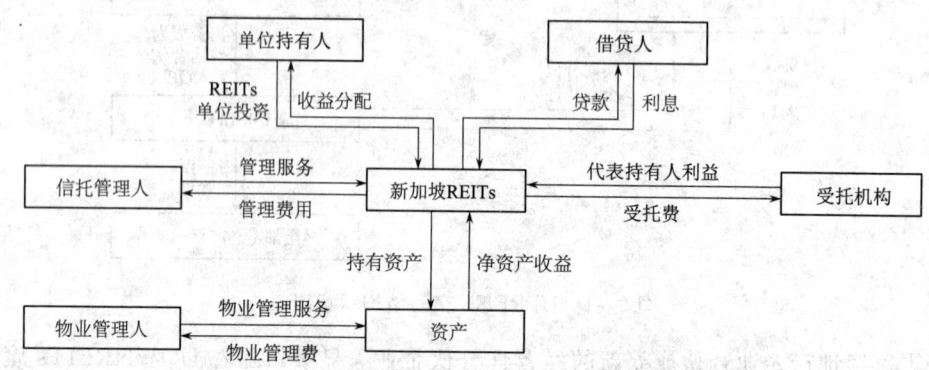

图9-3 信托形式下S-REITs交易结构示意图

在该交易结构下,S-REITs管理人根据新加坡交易所上市规则以及信托契约发行REITs份额,用募集的资金开发房地产项目或购买相关资产;S-REITs管理人需要负责资产的日常管理与经营,并聘任物业管理人管理房地产项目及相关资产;受托人则根据信托契约为S-REITs份额持有人的利益持有S-REITs资产,同时代表S-REITs持有人的利益监督S-REITs管理人的投资行为。房地产项目及相关资产的收入,在扣除各种费用及贷款利息后,全部作为可分派收益支付给投资者。S-REITs的监管框架主要是《集体投资计划守则》,相关规定如下:

(1) S-REITs的治理主体为独立的受托人和信托管理人。

(2) S-REITs决策由多数(50%以上)信托单位持有人表决支持。

(3) S-REITs投资限制主要有:75%的资产投资于产生收入的房地产;不能从事房地产开发活动,除非REITs在开发完成后持有该物业,地产开发活动不包括翻新和修缮;如果空置土地将要开发,则房地产企业可投资空置土地;不可投资抵押贷款(抵押贷款支持证券除外);房地产开发活动和未完成的房地产开发合同的总价值不得超过总资产得10%等。

(4) S-REITs杠杆率限制在45%以内。

三、中国香港REITs交易结构

中国香港REITs(简称H-REITs)实质上借鉴了美国早期的REITs交易结构,采用信托制(图9-4)。H-REITs的发起人主要为大型地产集团,由于在中国香港房地产市场中,持有物业的增值收益比租金收益更客观,因此物业持有方通常不会放弃物业的控制权。作为发起人的大型地产集团会深入介入H-REITs交易结构,会通过成立全资机构作为REITs的管理人,因此大型地产集团既是H-REITs的发起人、持有人,又可作为H-REITs的管理人和物业管理人,对资产的控制权非常有力。

发起人通常会将底层资产转入项目公司,然后由H-REITs出资购买项目公司股权,

第二节 REITs 交易结构

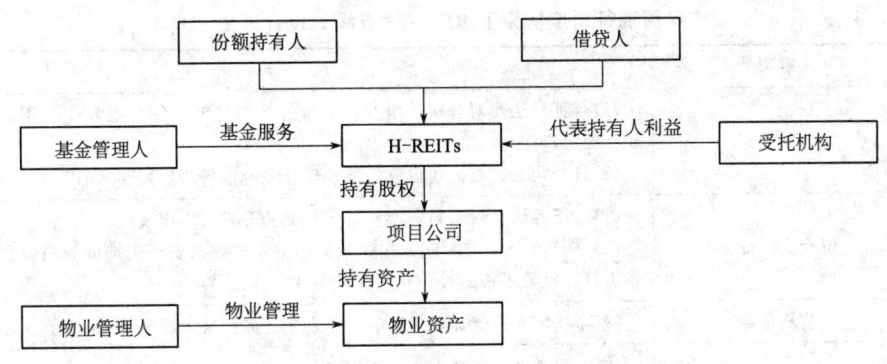

图 9-4 H-REITs 交易结构示意图

以获得底层资产的所有权。

受托人代表持有人的利益并持有资产管理计划的资产，尽管拥有最终决策权，但受托人并不干预管理人对基金的运营管理，也不干预资产经营，只对管理人行为和资产管理计划的合规性进行监督。受托人一般为银行或银行所述信托机构。

物业管理人要具备中国香港联合交易所要求的资质的相关管理公司，负责制定和审慎实施 REITs 的投资战略，对投资计划进行财务管理和现金流监测，策划管理租赁业务，进行例行的楼宇维修管理，协助完成信息披露材料的准备和合规审查等。物业管理人在不违反管理协议的条件下将底层物业的管理职能转授给第三方服务机构，由独立服务商为租户提供物业服务。

根据中国香港《房地产投资信托基金守则》规定，H-REITs 需要经过香港证监会的批准才可以在香港交易所挂牌，相关规定和限制如下：

（1）利润分配。要求税后净收入 90% 的金额进行股息分派。

（2）投资限制。产品资产总值的至少 75% 投资产生定期租金收入的房地产项目；可以投资有流动性的金融产品，但不得超过 REITs 总资产的 5%；REITs 对房地产的持有期至少为 2 年（发展中项目则要求自竣工起持有至少 2 年）。

（3）杠杆率限制。REITs 管理的商业地产借贷比例最高为资产总值的 45%。

（4）治理要求。管理人在任何时候保持物业 50% 以上的拥有权和控制权等。

四、中国内地 REITs 交易结构

根据我国现行政策[1]规定，"80% 以上基金资产投资于基础设施资产支持证券，并持有其全部份额；基金通过基础设施资产支持证券持有基础设施项目公司全部股权"，由此确定我国基础设施 REITs 试点"公募基金+ABS"的交易结构。"公募基金+ABS"在我国现行制度框架下更具有适应性，能够充分借鉴证券投资基金的经验，降低监管和立法成本。比如公募基金投资资产支持证券有效避免了公募基金投资未上市公司股权或不动产可能存在的法律争议，同时借助企业资产支持证券的成熟机制进行合理估值，可以降低交易成本。我国现行制度框架下试点模式设计理由见表 9-4。

---

[1] 现行政策主要指《公开募集基础设施证券投资基金指引（试行）》。

第九章 REITs 融资模式

表 9-4　我国现行制度框架下 REITs 试点模式设计理由

序号	事项	设计理由
1	公司股权	(1)《证券法》对公司股票发行上市有严格规定，公司型 REITs 不符合现行 IPO 规定； (2)《公司法》对公司设立、股份转让及利润等规定限制 REITs 的日常运作
2	资产支持证券	(1)《证券法》尚未对资产支持证券的公开发行做出规定； (2)《证券公司资产证券化业务管理规定》要求资产支持证券面向合格投资者发行，对象不得超过 100 人，未实现公募化
3	公募基金	《基金法》及资管新规❶尚不允许公募基金直接投资于非上市公司股权
4	信托单位	(1)《证券法》未认定信托单位属于证券范畴； (2)《集合资金信托计划管理办法》限制自然人不得超过 50 人； (3) 信托暂未实现公募发行
5	试点模式（公募基金＋资产支持证券）	(1) 未突破《公司法》《证券法》和《基金法》现行规定； (2) 仅突破证监会《关于证券投资基金投资资产支持证券有关事项的通知》中关于评级和比例的限制； (3) 能有效利用公募基金税收优惠政策； (4) 借助公募基金实现标准化权益型 REITs

我国基础设施 REITs 试点"公募基金＋ABS"交易结构（图 9-5）中，包含公募基金、资产支持证券、项目公司和底层基础设施项目，只有整体架构方可视为一个完整的基础设施 REITs，而非仅将某一层孤立的机构视作基础设施 REITs。基础设施 REITs 通过资产支持证券、项目公司等载体穿透取得基础设施项目的完全所有权或经营权利。我国基础设施 REITs 为封闭式基金，产品存续期限内不设可退出的开放期，投资人通过二级市场的公开交易实现退出。典型案例项目治理结构如图 9-6 所示。

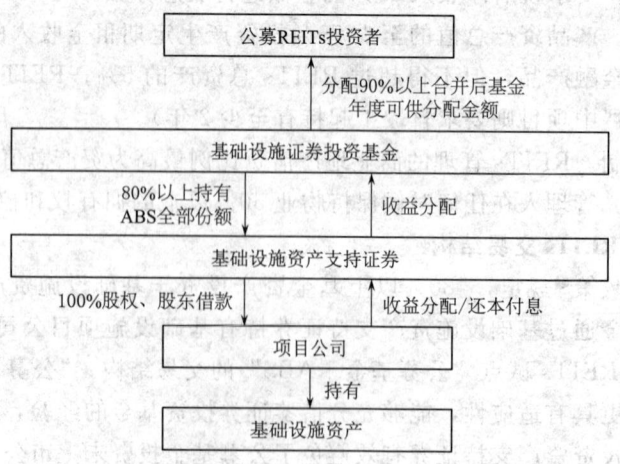

图 9-5　我国基础设施 REITs 试点交易结构示意图

---

❶ 资管新规指由中国人民银行、中国银行保险监督管理委员会、中国证券监督管理委员会、国家外汇管理局于 2018 年 4 月 27 日联合印发的《关于规范金融机构资产管理业务的指导意见》（银发〔2018〕106 号）。该文件于 2020 年 7 月 31 日修订，有效期至 2021 年年底。

第二节 REITs 交易结构

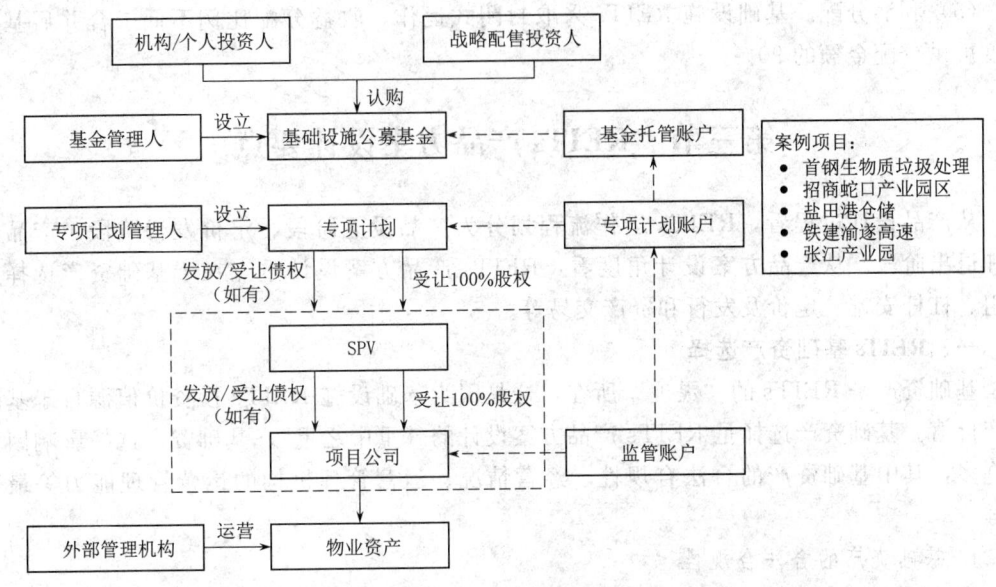

图 9-6 中国基础设施 REITs 典型案例项目治理结构示意图

我国基础设施 REITs 的相关规定和限制具体如下：

（1）治理结构。要求采用外部治理结构，基金管理人和资产支持证券管理人具备法定资格条件、资信状况良好，并且基金管理人与资产支持证券管理人应存在实际控制关系或受同一控制人，提升产品运作的协同性。基金管理人可设立专门子公司承担该运营管理职责，也可委托外部管理机构负责部分运营管理职责。

（2）投资限制。要求公募基金不少于 80% 的资产应投资并持有资产支持证券全部份额。

（3）产品期限要求。产品期限应匹配基础设施项目的收费期限、大修维护周期、产权周期等，并可通过续期、提前终止等机制保留调节产品期限的灵活性。

（4）杠杆率限制。基础设施 REITs 对外借款需用于规定用途，但不得依赖外部增信，且基金总资产不得超过基金净资产的 140%。其中，用于基础设施项目收购的借款应当符合下列条件：

1）借款金额不得超过基金净资产的 20%。

2）基础设施 REITs 运作稳健，未发生重大法律、财务、经营等风险。

3）基础设施 REITs 已持基础设施和拟收购基础设施相关资产变现能力较强且可以分拆转让以满足偿还借款要求，偿付安排不影响基金持续稳定运作。

4）基础设施 REITs 可支配现金流足以支付已借款和拟借款本息支出，并能保障基金分红稳定性。

5）基础设施 REITs 具有完善的融资安排及风险应对预案。

如果基础设施 REITs 成立后保留基础设施项目已存在对外借款的，应当充分说明理由，详细说明保留借款的金额、比例、偿付安排、符合法定条件的说明及对基础设施项目收益的影响，并充分揭示相关风险。

(5) 利润分配。基础设施 REITs 采取封闭式运作，收益分配比例不低于合并后基金年度可供分配金额的 90%。

第三节 REITs 产品方案设计要点

从产品设计过程看，REITs 运作流程划分为产品设立阶段、定价发行阶段、产品运营和退出阶段。从产品方案设计角度看，REITs 产品方案设计重点在于基础资产选择及重组、杠杆安排、定价及发行和资产交易等。

一、REITs 基础资产选择

基础资产是 REITs 的"灵魂"所在，这是因为基础设施 REITs 投资价值源自于基础资产价值。基础资产选择是 REITs 产品方案设计的"重中之重"。基础资产选择影响因素有许多，其中基础资产的合法合规性、经营情况、运营管理机构的运营管理能力等最为关键。

1. 基础资产的合法合规性

基础资产的合法合规性主要体现在基础设施投资建设是否符合固定资产投资管理相关规定、产权是否清晰、资产转让程序是否合法合规等。

(1) 基础设施投资建设程序的合法合规性。由于固定资产投资对经济社会影响深远，且具有不可逆性，各国政府对全社会固定投资均有着严格的管理规定。在我国，固定资产投资需履行固定资产投资相关程序，获得相关审批、核准或备案文件方意味着基础设施立项成功，方能开始投资建设，否则基础设施项目存在被相应行政主管部门责令限期改正、处以罚款、没收违法所得、停止建设、停止生产或使用等风险。这些风险将导致基础设施项目成本增加、运营不稳定，甚至可能因拆除、迁址等要求发生基础资产的灭失，从而给基础设施 REITs 运作带来极大的风险。因此对基础设施项目投资建设全过程的合法合规性进行尽职调查是十分必要且重要的。

(2) 产权的明晰性。基础设施 REITs 的基础资产属性通常分为两大类：一类是基于基础资产所有权而取得的租金收入，甚至资产升值带来的收益；另一类是基于特许经营权或政府部门批准的收费权利而取得的经营收入。显然，前一类是基础设施 REITs 拥有完整的所有权，而后一类是基础设施 REITs 仅拥有经营权，而非完整的所有权。

如果基础设施项目已合法取得土地使用权证、不动产权证书，可直观判断权证记载的权利主体合法持有基础设施项目占地范围内的国有土地使用权、房屋建筑物和构筑物的所有权。如果基础设施项目存在未办理土地使用权证、房屋所有权证书或不动产权证书的情形，此时可结合项目已取得的前期用地文件或用地协议来分析项目用地合法性，如政府部门关于拆迁、土地征用的批复、用地预审意见、规划选址意见、建设用地批准书，以及土地使用权出让合同、国有土地划拨决定书等，通过项目批文、土地批文明确的开发建设主体，以及项目建设全流程建设批准文件的申报主体，按照"谁投资、谁所有"的原则，判断基础设施项目的权属。

对于特许经营权或收费权利的确认，一般认为只要基础设施项目公司合法与政府签署了特许经营合同或获得了政府相关部门出具的授权书，且相关部门同意出具合法使用土地

第三节 REITs产品方案设计要点

的证明即可。但需注意的是，这种特许经营权或收费权是建立在项目公司对基础设施项目资产有独占使用权或收费权的基础之上，且项目资产上不存在权利负担，不存在已知或潜在的项目资产权属争议。

（3）资产转让程序的合法合规性。发行基础设施REITs涉及其基础资产的转让问题，不同国家对固定资产的转让程序规定有较大差异。在我国，对国有资产转让，还有特别的规定。一般而言，以股权交易或资产交易转让为基础设施项目受到的限制可能有如下情况：

1）特许经营权或收费权权益的转让限制。特许经营者是一般政府通过竞争方式选择的相对满意的合作者，因此在特许经营协议中会特别规定特许经营者不得擅自退出或处置特许经营权，除非取得授权主体的书面同意，否则不得以任何形式转让项目的特许经营权、项目公司股权、资产所有权，且对受让方的主体资质条件会有一定的限制。类似地，收费权权益的转让也存在这样的规定。

2）债权人对项目转让的限制。现实中，基础设施项目建设不可避免地会举债，债权人为保证其权益，往往在贷款协议、质押抵押文件中规定，未经贷款银行等债权人的事先书面同意，项目公司不得放弃其在有关项目合同项下的任何权利，不得向第三方转让或处分其在项目合同项下的任何权利。

3）划拨土地转让的限制。土地获取方式有行政划拨、招拍挂等方式。一般公益性项目用地通过行政划拨方式获取，因此在大多数国家中，划拨土地使用权的转让必须获得有关行政主管部门的批准，方可转让。

4）国有产权转让相关的限制。在我国，国有产权交易应遵循国有资产管理相关法律法规，取得国有资产管理部门就转让行为、转让方式的批准。以公开进场交易方式进行国有资产产权转让可能会出现资产旁落、周期拉长、定价不衔接等情况，导致REITs发行失败。而采用非公开协议转让方式的适用条件比较苛刻，因此在现实中，更常见的是"特事特办"规则，结合基础设施项目转让目的、REITs的产品结构和交易架构、询价发行（实质是对于基础资产的穿透定价）等，取得有关主管部门关于支持非公开协议转让的批准，或合理处理进场交易相关安排，在符合国有资产监管要求的前提下，实现基础资产稳妥有序转移至REITs名下。

2. 基础资产的经营状况

基础资产有稳定收益（含经营收入、资产升值等）是REITs存续的根本所在。因此，基础资产的经营状况不仅决定了基础设施REITs的发行定价和对投资者的吸引力，还决定了未来基础设施REITs的市场表现。站在市场角度，如何从定性和定量两个方面对基础资产的经营状况进行预测判断和考量，然后进行选择组合，是REITs产品设计需要考虑的重点问题所在。

（1）资产定性分析。基础资产现金流的稳定性和成长性直接反映了基础资产的经营状况，其受到基础资产经营模式成熟度、收益来源稳定性、未来收益增长性和经营期限长短等因素的影响。

1）经营模式的成熟度。经营模式是指企业组织依据其经营宗旨，为实现企业确定的价值定位所采取某一类方式方法的总称。成熟的经营模式意味着基础资产在整个产业链体系中拥有准确的价值定位和清晰的盈利模式。一般而言，一些传统基础设施经营模式非常成熟，比如高速公路等。但对于新型基础设施项目，因为处于行业起步发展阶段，尚未形成稳定的产业链集群及上下游关系，盈利模式不够清晰，甚至在一段时间内都无法产生收益，这类资产就暂时不适合作为基础设施 REITs 的基础资产。而一些行业的经营模式进行调整或优化后，更易于发行 REITs，比如铁路、地铁和电力等行业实行网运分开模式，盈利模式会更加简单清晰。输配电资产发行 REITs 时，可以考虑以过网费替代购售电差价。

2）收益来源的稳定性。成熟的经营模式决定了基础资产产生现金流的可行性，收益来源决定了基础资产产生现金流的可能性。收益来源稳定性决定了基础资产的投资价值。对于面向市场的基础设施项目，影响其收益稳定性的因素主要是供需关系，而供需关系又受到区域行业发展水平、下游用户需求、用户分散程度、资产比较优势、用户资信实力与黏性等因素的影响。相关研究表明，前述因素与基础资产收益来源的稳定性呈现正相关关系。

3）收益增长的可预期性。基础设施 REITs 收益增长源自于基础资产的收益增长，因此收益的增长性也是判断基础资产经营状态的重要标准。同样道理，基础资产收益的增长性也受到诸多因素影响，主要有行业前景度、下游需求增长情况、资产自身承载量、运营提升空间等。有些基础设施处于夕阳行业，其发展前景就有限，收益增长的可预期性就不强；大多数基础设施皆受到设计规模限制，比如即使下游需求增长，但由于设计供给能力有限，在实际需求超过其设计供给能力的情形下，即使需求继续增长，其收益也无法进一步增长；如果说外部需求增长和多元化经营导致收益的增长是"开源"的话，那么在运营中采取措施进行降本增效，就是"节流"。比如运维成本支出比较高的基础设施，如果能切实通过运营不断优化成本支出，就可以有效提升收益。

（2）资产定量分析。基础资产的经营状况可以用一些定量指标来描述，除了前面投资分析中常用的内部收益率、投资回收期等经济指标以外，常用的指标还有：

1）资产运营期限。一些基础资产的使用权、经营权、收费权等权利有法定到期时间，在法定期限到期后，基础资产相关权利或被直接转让给政府，或仅被允许收取运营成本甚至免费的方式运行，此时，资产价值将会大幅降低，甚至出现价值归零的情况。而另一些资产由于需要一定时间运营培育才能达到成熟运营状态。因此，资产运营期限对基础资产收益有着直接影响。基础设施 REITs 旨在通过持有基础设施项目取得经营收益和资产升值收益，也要求基础资产的剩余经营年限不能过短。

2）资产出租率（利用率）。资产出租率（利用率）是直接反映不动产经营状况的量化体现。一般而言，资产出租率（或利用率）越高，代表基础资产的使用效率就越高，资产经营状况越好；反之，则意味着基础资产闲置率较高，资产经营状况较差。资产出租率（利用率）与资产类型及其所在区域经济社会发展水平有关，比如，产业园区、仓储物流和数据中心等领域的基础资产，国内市场平均的出租率水平在 80% 左右，核心区域如北京、长三角区域和粤港澳大湾区内的优质资产出租率可达到 90% 以上。

3）资本化率。资本化率（capitalization rate）是指将纯收益资本化（或转化）为价格的比率，用于衡量不动产投资收益率，通常用不动产年度净经营收入与不动产价值（或成本)的比值来衡量。实践中,不动产资产价格也可以用预计资本化率来估值,即资产价格＝年度净营业收入/资本化率。资本化率虽作为不动产投资的重要判断指标,简单直观,但也存在无法体现租金等经营实际和不动产价值的长期趋势的缺陷。

需要强调的是,根据上述指标所得出的基础资产评价与选择结论未必完全一致,这需要根据指标的特点相机决策。

3. 管理人的运管能力

基础设施REITs管理人包括基础资产管理人和REITs产品端管理人,二者的运管能力对基础资产端收益和REITs产品端收益皆有较大影响。

(1) 基础资产管理人的资产运营管理能力。基础资产管理人一般为原始权益人,主要从以下几方面衡量其运营管理能力:

1) 管理人自身运营管理体系的完善性。不同行业的基础资产有不同的运营特点和规律,管理人必须拥有与基础资产运营适配且成熟完善的运营管理体系,才能为基础资产的稳定增值赋能。运营管理体系的成熟性,还可以视基础资产类型不同,设置一些定量指标来考量,比如环保类的固废及污水处理等项目通常运用成本率指标考核,而仓储物流类项目通常重点关注其运营管理对租金及管理费收入增长率来体现。

2) 同类型资产规模经营管理历史业绩及未来成长性。一些基础设施类项目的资产运营管理人,一般为其资产持有人或其关联方,但也有一些资产持有人会单独成立轻资产运营的资产管理运营公司,进行专业化的运营管理,并进行市场拓展,承接外部资产的运营管理。因此资产管理规模是反映管理人市场占有率或受市场认可程度的重要指标,资产管理规模增长率是反映其未来成长性的一个指标。此外,资产管理运营公司同类型资产的历史管理经验,如历史管理年限、良好的资产运营管理记录,皆是综合衡量其运营管理能力的重要指标。

(2) 核心运营管理团队成员稳定性及其信誉。运营管理能力的影响因素除了前述的运营管理体系、历史业绩等因素外,还包含核心团队成员,如专项技术人员、财务人员、投资管理人员等的管理经验、专业知识和基本素养,此外,由于存在"内部控制风险"问题,还必须考虑核心团队成员的职业道德,通常通过失信人名单和黑名单等公开记录的查询检验,尽可能降低其道德风险。

二、资产重组

基础设施REITs本质上也是资产上市行为,但与企业股权IPO不同的是,其发行上市的载体(REITs产品)并不是现成的,一般需要进行复杂的资产重组交易,将原来属于不同主体持有的基础资产包装入REIT产品,形成"资产池",并交由独立的项目公司单独持有,这是基础设施REITs产品结构的基石。在基础资产重组过程中,要尽可能降低重组环节的税费负担,较少贸易摩擦。

(1) 资产重组目的。基础设施REITs产品进行资产重组的目的有三个:一是实现风险隔离。将基础资产从原始权益人剥离出来,可以确保标的资产与原始权益人之间权属关系清晰,资产独立完整,并与原始权益人的法律风险、财务风险、税务风险及破产风险等隔离。二是通过资产重组,基础资产由独立的项目公司拥有,股权结构简单明了,有助于投资人对基础资产的识别和判断,同时后续退出时,通过项目公司股权交易,可以合理降低契税、土地增值税、增值税及附加等交易成本。三是通过资产重组完成持有标的资产的项目公司股债结构搭建，成熟的股债结构后续可在 REITs 运营周期合法合规前提下实现税收筹划效果，保障投资人收益。

(2) 资产重组常见操作方式。从国内外实践看，常见基础资产重组操作方式包括正向剥离和反向剥离两种方式。正向剥离是指基础设施资产持有人以标的资产为基础，分立形成新项目公司，或原持有主体设立子公司，将标的资产以出资或者划拨方式注入该子公司。反向剥离是指将项目公司中与基础设施资产无关的资产和业务剥离到其他主体后，项目公司仅持有与基础设施资产相关的资产及业务。

正向剥离方式下，基础设施资产从原持有主体置入新成立的项目公司，基础设施资产权属关系简单清晰，但存在操作复杂、耗时更长、交易成本更高等弊端；反向剥离方式下，虽然操作稍微简单些，但由于基础设施资产仍由原资产持有人持有，承担原资产持有人以往经营过程中可能存在的法律风险、财务风险和税务风险等。因此反向剥离对原资产持有人的尽职调查尤为重要，必要是需要设置一定的缓释方式，降低法律风险和财务风险。

采用何种资产重组方式，要视制度环境、原资产持有人持有资产类型和数量等因素而定。通常情况下，如原资产持有人所持资产中，与基础设施资产无关的比较少，宜采用操作过程更为便捷、税费更少的反向剥离方式进行资产重组。否则，宜采用正向剥离方式进行资产重组。

三、杠杆安排

如何控制杠杆风险是基础设施 REITs 产品设计中一个非常值得关注的问题。合理的杠杆水平可以使 REITs 运作、投资的资金安排更加灵活，同时在控制风险的前提下，提供权益投资人的收益。

从境外基础设施 REITs 产品看，杠杆率（或资产负债率）普遍高于我国。根据我国现行规定，我国基础设施 REITs 总体资产负债率不得超过 28.57%，而美国 REITs 产品资产负债率为 50%~60%；新加坡基础设施 REITs 产品资产负债率法律红线为 50%，大部分处于 30%~45%；日本虽对 REITs 资产负债率没有限制，但总体平均处在 44% 左右；亚洲其他区域及欧洲部分国家 REITs 产品资产负债率也普遍处于 50%~70%。显然，我国 REITs 产品资产负债率水平处于最低水平。

从杠杆添加方式看，美国、新加坡、日本、印度、中国香港特区等 REITs 市场在项目公司层面、REITs 层面均可举债经营，可由 REITs 发债进行运营性资金补充或符合规定要求的投资、收购等行为。但我国基础设施 REITs 根据法规要求及市场实际看，加杠杆的渠道可能只能通过项目公司进行贷款，现阶段基础设施 REITs 暂不能通过灵活多样的债务融资手段充分利用资本市场的低成本债券性资金。不过，低水平杠杆率，以及允许运营和收购资产的安排也给我国基础设施 REITs 后续杠杆使用的灵活性和政策的进一步优化留足了空间。

四、定价与发行

1. REITs 的估值逻辑

由 REITs 的运作可知，REITs 的价值创造建立在其基础资产的真实经营基础上，以

第三节 REITs产品方案设计要点

资产运营产生的净现金流量作为投资者分红付息的主要来源,以资产本身的管理升级和估值提升为投资者带来长期持有的收益。因此,REITs和REITs基础资产的估值具有相同的商业逻辑,二者的市场定价有相互锚定关系。

从商业逻辑的本源出发,REITs估值的核心在于评估其长期稳定分红和由于提升运营水平而使资产增值的能力。基于此,实践中常用的REITs估值方法有三种:相对估值法、红利贴现模型、资产净值法。

(1) 相对估值法。相对估值法又称乘数法,是资本市场对上市公司股票进行估值的常用方法之一。REITs是兼具债券和股票特性的投资工具,具有高分红派息特征,其分红能力是资本市场关注的焦点。常用的估值乘数有分红收益率、市价/净营运现金流、市价/调整后净营运现金流等。

1) 分红收益率。分红收益率为一年的总分红额与当时市价的比值。根据资产类别、资产区域、管理人水平、治理结构等多方面因素来确定可参照的分红收益率,从而得到REITs的估值。分红收益率作为估值乘数的优点在于指标直观、易于计算,且为投资者最关心的指标,但缺点在于,由于管理人可以在一定程度上调整分红率,因此分红收益率是一个短期易被操控的指标,从而无法真实反映REITs的收益能力。

2) 市价/净营运现金流。根据通用会计准则(GAPP)的定义,净营运现金流等于净利润加上不动产折旧,再减去债务重组所得或损失和不动产销售收益。在一般公司中,不动产折旧在会计处理上被当作费用来处理,但在现实中,由于通货膨胀、土地价格上涨、建造成本上升、租金提升和空置率下降等原因,许多物业资产往往可以保值增值。折旧费抵消了REITs的大部分现金流并不合理,因此,将折旧费计入收益对于REITs产生的现金流度量更合理。此外,净营运现金流计算时需减去物业出售的资本利得,其原因在于,定期折旧会减少资产负债表上的物业持有成本,而资本利得则来自高于持有成本价格的物业出售,在净营运现金流计算中若包含资本利得,则相当于将折旧加入两次。显然,与分红收益率倒数不同的是,市价/净营运现金流考虑了留存收益,意味着考虑了REITs未来的发展空间。

3) 市价/调整后净营运现金流。尽管净营运现金流在REITs市场中被广泛运用,但其也存在不足。在计算净营运现金流时,简单地将折旧加回至净利润中,没有考虑为维持物业价值而进行维护和更新所产生地资本支出,会高估资产运营地业绩表现。实践中,常采用调整后净营运现金流,具体的调整方法是,在净营运现金流基础上减去那些被资本化的、用于维护和更新的费用支出。

(2) 红利贴现模型。对于REITs投资者而言,REITs带来的是未来一系列的分红派息现金流。与股票估值类似,REITs也可以应用红利贴现模型来估值。由于分红派息可以看成是调整后净营运现金流乘分红率,REITs的红利贴现模型也可以表述为预期调整后净营运现金流的贴现之和。在一些假设条件下,红利贴现模型可由式(9-1)描述。

$$V = \sum_{i=1}^{\infty} \frac{DIV_i}{(1+r)^i} \tag{9-1}$$

式中:V 为REITs的单位价值;DIV 为年度分红水平;r 为REITs的资本成本。

(3) 资产净值法。资产净值法是指对REITs持有的基础资产价值进行评估,扣除负债后测算净资产价值,并以此作为 REITs 估值的标尺。资产净值法的核心在于不动产资产的价值。不动产资产价值评估方法包括收益法、市场法和成本法。

1) 收益法。收益法是基于对未来收益现金流预测的估值方法,适用于收益、风险、获利年限等可预测的资产,如购物中心、写字楼、基础设施等。

2) 市场法。市场法是通过与相同或类似的资产交易价格类比进行估值的方法,适用于拥有活跃交易市场的资产,如住宅、销售型写字楼、商铺等。

3) 成本法。成本法是通过假设重置资产而确认重置成本的估值方法,适用于不具备活跃交易市场或无法产生稳定收益的资产,如学校、图书馆、公园等公益型资产。

由于 REITs 是凭借基础资产的运营收益向投资者稳定分红,因此收益法最符合 REITs 估值逻辑的评估方法。收益法进一步可分为报酬资本化法和直接资本化法。报酬资本化法指的是贴现现金流分析,即资产价值等于其未来各年运营净收益的现值之和。直接资本化法是用估价对象未来一年运营净收益除以适当的资本化率来获得估价对象的价值,而资本化率等于运营净收益于资产交易价格价格的比值。REITs 估值就是在基础资产估值基础上调整得到的。

2. REITs 定价发行机制

(1) 国内外 REITs 常见定价发行机制。国内外 REITs 首次公开发行的定价机制主要由累计投标询价机制和固定价格机制。

1) 累计投标询价机制。国外成熟 REITs 市场首次定价发行通常采用累计投标询价机制,是一种相对主流的定价发行机制。该机制主要包括确定估值、确定价格区间、投标询价和公开发行 4 个阶段。在估值和价格区间确定阶段,作为主承销商的投资银行根据拟发行标的证券情况,结合专业经验和知识进行单方面定价。主承销商往往会以底层物业资产预期运营现金流为基础测算投资者每年的分红收益率,以此得到 REITs 的估值。在投标询价阶段,承销团向机构投资者推介、发放研究报告,给出询价区间,机构投资者根据其成熟的投资经验和能力对 REITs 的投资价值进行判断,从而可以在需求端获取 REITs 的公允价值。询价结束后,主承销商再剔除不符合条件的报价后,计算所有报价的中位数和加权平均数,并结合配售对象的报价情况,审慎合理确定认购价格。在正式进入公开发行阶段后,基于供给端和需求端在询价阶段确定的发行价或认购价格,再通过公开市场向个人投资者确认,如果公开发行阶段的认购数量不足,则发行失败,意味着前两个阶段的价格发行机制失效;若公开发行成功,则意味着 REITs 的公允价值已通过累计投标询价机制确定,并获得了市场的认可。

2) 固定价格机制。所谓固定价格机制就是采用固定基金份额数量和每份基金份额价格发售。比如中国台湾地区 REITs 发行均采用固定价格发售(统一为新台币 10 万元),每张 REITs 收益凭证为 1000 个收益权单位,面额为新台币 1 万元。

(2) 战略配售安排。战略配售安排也是首次发行定价机制的重要要素。为保护投资者的利益,原始权益人或其同一控制下的关联方可能会参与基础设施 REITs 的战略配售,对其配售比例和持有期做出明确规定。比如在我国,战略配售比例合计不得低于基金份额发售数量的 20%,但出于保持市场流动性的考虑,配售比例不宜过高,保持在一定比例(如 75%)以下为宜。关于持有期,基金份额发售总量的 20% 持有期自上市之日起不少于

60个月，超过20％部分持有期自上市之日不少于36个月。而其他专业机构投资者可以选择申请参与战略配售，配售比例由基金管理人和财务顾问合理确定，持有期限自上市之日不少于12个月。

但在国外REITs市场中相关法规通常不会明确要求REITs产品上市后原始权益人自持比例及锁定期，REITs关于发行人持股比例和持有期参照主板市场上市公司要求。如新加坡证券交易所要求，上市股票持有人数量不低于500人，对公众持股数量有一定限制，一般市值越大，公众持股比例要求越低，但对原股东并无上市后禁售限制，仅在创业板中规定，原股东自持不少于6个月。

五、资产交易

REITs的上市及后续的资产投资、处置等行为本质上是基础设施资产的投资交易活动，其对REITs投资者利益影响深远，因此资产交易中要特别注意资产交易价格的公允性。

不同国家和地区对REITs基础资产交易有不同的规定。整体看，美国对REITs资产交易要求最为宽松，仅对REITs资产类型进行了约束；而新加坡、印度、中国等对评估定价、关联交易、交易时间、交易范围等均进行了较为细致的规定。

(1) 美国REITs基础资产交易规定。美国对资产交易环节没有明确规定禁止或允许的行为，仅对REITs可投资产进行了较为详细的规定，具体如下：

1) 每年95％以上的总收入来源于股利、利息、不动产租金及出售或以其他方式处置股票、证券和不动产。

2) 每年总收入的75％来源于不动产租金、已抵押不动产或不动产权益为担保的债务利息、出售不动产所得，满足要求的其他不动产投资信托的可转让股份的股利或其他分配所得，以及出售或其他方式处置该等可转让股份所得以及其他合格收入。

3) 资产中不动产资产、现金和现金科目以及政府证券占资产的75％以上。

(2) 中国基础设施REITs资产交易要求。我国基础设施REITs处于起步阶段，为保护投资者的利益，对可投资产、资产交易的相关规定均较严格。

1) 投资资产要求。我国现行法规规定，基础设施REITs应投资于有稳定现金流的基础设施项目，且应获得所投资项目的完全所有权。更为详细的规定是，资产原则上应持续运营3年以上，投资回报良好，具备较好的增长潜力，以及现金流来源合理分散且市场化，不依赖补贴收入等。

2) 资产交易评估要求。规定在REITs上市及后续扩募中，应有独立的评估机构对资产的公允价值进行评估，且正常情况下应对基础设施REITs持有资产每年跟踪评估至少一次。

3) 资产扩募、收购和处置等交易要求。规定金额超过基金净资产20％且低于基金净资产50％的基础设施项目购入或出售、金额低于基金净资产50％的基础设施基金扩募、成立后发生的金额超过基金净资产5％且低于基金净资产20％的关联交易应进行投资人代表大会表决，并经参加大会的持有人所持表决权的1/2以上表决通过。同时，对于基础设施基金投资目标和投资策略的重大调整，以及金额占基金净资产50％及以上的基础设施项目购入或出售、金额占基金净资产50％及以上的扩募、成立后发生的金额占基金净资产20%及以上的关联交易均需获得参加持有人大会的 2/3 以上持有人的表决通过。此外，对上述资产交易规定了严格的信息披露制度。

第四节 REITs 会计与税务处理

一、会计处理

我国基础设施 REITs 采用的是"公募基金＋ABS＋项目公司"交易结构。因此基础设施 REITs 主要从项目公司、基础设施基金、原始权益人三个层面关注其会计处理问题。

1. 基础设施项目核心资产的常见会计处理方式

一般基础设施项目，其核心资产通常包括所持有的房屋、仓库、土地使用权、生产及运营设备等，持有这些资产的项目公司应根据企业会计准则的相关规定，确定上述资产的核算科目，包括固定资产、无形资产、投资性房地产或金融资产（通常为长期应收款）等。

按照现行会计专责和不同基础设施项目的经济特征，一些基础设施基金的常见会计处理方式见表 9-5。

表 9-5　　　　　　　　基础设施基金常见会计处理方式

基础设施类别	基础设施核心资产	经济特征	会计核算科目	后续计量模式
仓储物流	仓库	持有目的为自用	固定资产	成本
		持有目的为出租	投资性地产	成本或公允价值
产业园区	房屋及配套设备	持有目的为自用	固定资产	成本
		持有目的为出租	投资性地产	成本或公允价值
市政设施与公用事业项目	污水处理厂、供水（电、气等）项目、垃圾处理厂、河道治理等特许经营项目多持有的资产	不在《企业会计准则解释第 2 号》（简称《会计解释 2 号》）规定范围内的资产	固定资产	成本
		采用《会计解释 2 号》所述的 BOT 方式，合同规定项目公司在特许经营期间有权利向获取服务的对象收取费用，但收费金额不确定的，该权利不构成一项无条件收取现金的权利	无形资产	成本
		采用《会计解释 2 号》所述的 BOT 方式，合同规定项目公司在特许经营期间可以无条件地自合同授予方获取确定金额的货币资金或其他金融资产的权利	长期应收款	摊余成本

2. 公募基金合并基础设施项目的会计处理

公募基金合并资产负债表时，首先需要根据相关会计准则要求，判断取得的基础设施项目是否构成会计意义上的业务，进而根据业务和资产不同情形进行会计处理。

（1）业务定义。会计意义上的业务是指企业内部某些生产经营活动或资产的组合，该组合一般具有投入、加工处理过程和产出能力，能够独立计算其成本费用或所产生的收

第四节 REITs会计与税务处理

入,其中:

1) 投入是指原材料、人工、必要的生产技术等无形资产,以及构成产出能力的机器设备等其他长期资产的投入;

2) 加工处理过程是指具有一定的管理能力、运营过程,能够组织投入形成产出能力的系统、标准、协议、惯例或规则;

3) 产出包括为客户提供的产品或服务、为投资者或债权人提供的股利或利息等投资收益,以及企业日常活动产生的其他收益。

(2) 业务判断。构成业务的必要条件是合并方在合并中取得的组合应当至少同时具有一项投入和一项实质性加工处理过程,且两者相结合对生产能力有显著贡献,而该组合是否有实际产出并不是判断其是否构成业务的必要条件。

基础设施基金收购基础设施项目,判断应作为非同一控制下企业合并进行会计处理,还需进行集中度测试,也就是说,如果合并方取得的总资产的公允价值几乎相当于其中某一单独可辨认资产或一组类似可辨认资产的公允价值的,意味着通过了集中度测试,该组合不构成业务,即合并方不需要进一步评估,可以直接判断被收购标的不构成业务,应将收购标的(如基础设施项目)视为取得一组资产或负债(若有)进行确认和计量。

但需要说明的是,如果没有通过集中度测试,收购标的并不必然被视为业务,还需进一步判断。如果该项收购满足以下条件的一项,可被视为构成业务,具体如下:

1) 该加工处理过程对持续产出至关重要,且具备执行该过程所需技能、知识或经验的有组织的员工;

2) 加工处理过程对产出能力有显著贡献,且该过程是独有、稀缺或难以替代的。

如果前面两个条件(之一)仍不满足,还需继续进一步判断。如果收购同时满足下列两个条件:①该加工处理对投入转化为产出至关重要;②具备执行该过程所需技能、知识或经验的有组织的员工,且具备必要的材料、权利、其他经济资源等投入,则被视为构成业务,否则就会被视为资产或负债(若有)。

(3) 作为资产的会计处理。如果基础设施基金从原始权益人收购的项目公司股权属于会计意义上的资产收购,基金管理人在编制基础设施基金合并资产负债表时,应作为取得一组资产或负债(若有)进行确认和计量,无需按照企业合并准则进行处理。

(4) 作为业务收购的会计处理。如果基础设施基金从原始权益人收购的项目公司股权属于会计意义上的业务收购,企业应根据企业合并准则的相关规定,进一步判断是属于同一控制下的企业合并,还是非同一控制下的企业合并。

1) 同一控制下的企业合并会计处理。所谓同一控制下的企业合并,是指参与合并的企业在合并前后均受同一方或相同的多方最终控制,且该控制不是暂时性的。显然,同一控制下的企业合并,对于最终控制方而言,其在合并前后实际控制的经济资源并没有发生变化,因此有关交易事项不应被视为购买。基金管理人在编制基础设施基金合并财务报表是,应以被收购业务的资产、负债在最终控制方财务报表中的账面价值为基础进行确认和计量。该种情形下,基础设施基金合并财务报表中资产、负债的账面价值,与其在基础设施基金申报发行时的公允价值可能存在差异。

2) 非同一控制下的企业合并会计处理。所谓非同一控制下的企业合并,是指参与合并各方在合并前后不受同一方或相同的多方最终控制的合并交易。换言之，就是同一控制下企业合并外的其他企业合并。如果同时满足以下条件，一般认为实现了基础设施项目控制权的转移：①企业合并合同或协议已获原始权益人决策机构的批准；②需要经过国家有关主管部门审批的事项，已获得相关部门的批准；③基础设施基金的申报发行已获得监管机构的批准；④参与各方已办理了必要的财产权交接手续；⑤基础设施基金已支付了购买价款的大部分（大于50%），并且有能力、有计划支付剩余款项；⑥基础设施基金已经控制了基础设施项目的财务和经营政策，享有响应的收益并承担相应的风险。

对于非同一控制下的企业合并，会计处理方法为购买法。即基金管理人在编制基础设施基金合并财务报表时，应对基础设施项目各项可辨认资产、负债按照购买日确定的公允价值进行初始计量，其中确定购买日的基本原则时控制权转移的时点。需要进一步说明的是，如果基础设施基金支付的购买成本大于基础设施项目可辨认净资产公允价值份额的差额，应确认为商誉；如果购买成本小于可辨认净资产的公允价值，则其差额应当计入当期损益。

3. 公募基金发行后原始权益人的会计处理

（1）原始权益人合并公募基金情况下的会计处理。如果原始权益人合并基础设施基金及其持有的资产证券化、基础设施项目公司，按照实质终重于形式的基本原则，在原始权益人合并财务报表中，主要将原始权益人以外的基金份额确认为少数股东权益。这是因为我国基础设施REITs一方面具备完全权益属性，原始权益人及其关联主体对REITs基金或其外部基金份额持有人不承担任何增信担保义务；另一方面，基础设施REITs在未来实际运作中随着底层资产权属延期，或以增发扩募方式转入新的资产，发挥着资产上市平台性质，"永续"发展模式获得各方较为明确的共识。

（2）不合并公募基金情况下的会计处理。该种情形下，原始权益人应持有不少于20%的基金份额发售数量，其中基金份额发售总量的20%持有期自上市之日起不少于60个月，超过25%部分持有期自上市之日起不少于36个月，因此原始权益人持有的基金份额应确认为长期股权投资。

二、税务处理

1. 产品设立阶段的税收政策

基础设施REITs产品在设立发行、运营和退出阶段皆涉及多个税种，不同国家对此有不同的规定，但总体看，按照税务中性原则进行税收优惠，有利于REITs的推广运用。

在我国，基础设施REITs试点采用"公募基金＋基础设施资产支持证券"的交易结构，基础涉税资产需要同时符合以下特征：一是80%以上基金资产投资于基础设施资产支持证券，基金通过基础设施资产支持证券持有基础设施项目公司全部股权；二是基金通过资产支持证券和项目公司等载体取得基础设施项目完全所有权或经营权利；三是基金管理人主动运营管理基础设施项目，以获取基础设施项目租金、收费等稳定现金流为主要目的；四是采取封闭式运作，收益分配比例不低于合并后基金年度可供分配金额的90%。由此，在产品设立阶段，原始权益人需要进行两步操作：第一步将资产转让给项目公司，并获得项目公司股权；第二步将项目公司股权转让给REITs基金设立的SPV公司（即资产支持专项计划及项目公司）。在上述第一步中，由于基础设施REITs涉及资产主要为不动产，在资产转让环节通常涉及增值税、企业所得税、土地增值税、契税、印花税等多个税种，涉税金额极高。而对原始权益人来讲，其设立基础设施 REITs 的目的就是为了融资，在获得融资之前支付高额的税金对其是一笔不小的负担，还需要承担支付高额税金后募集资金失败的风险。而在上述第二步中，由于原始权益人必须持有基础设施 REITs 20%以上的份额，并且存在锁定期。也就是说，即便在步骤一中基金成功募集到符合规定的资金数额，由于原始权益人持基金份额及锁定期的要求，虽然战略配售的份额构成实际的资产交易，原始权益人实现到手的融资金额低于股权转让对应的金额，在该阶段对原始权益人自持份额征收企业所得税并不合理，且存在双重征税的风险，即现阶段征收的因股权转让而形成的企业所得税，退出时征收因出售基金份额而形成的企业所得税，不利于 REITs 市场的发展。

为促进我国基础设施 REITs 市场的发展，财政部、国家税务总局于 2022 年 1 月 29 日发布《关于基础设施领域不动产投资信托基金（REITs）试点税收政策的公告》（财政部 税务总局公告 2022 年第 3 号），对 REITs 设立前、设立阶段的相关资产交易或股权收购暂不确认企业所得税，允许递延纳税，在一定程度上降低了相关税负。具体规定如下：

（1）设立基础设施 REITs 前，原始权益人向项目公司划转基础设施资产相应取得项目公司股权，适用特殊性税务处理，即项目公司取得基础设施资产的计税基础，以基础设施资产的原计税基础确定；原始权益人取得项目公司股权的计税基础，以基础设施资产的原计税基础确定。原始权益人和项目公司不确认所得，不征收企业所得税。

（2）在设立阶段，原始权益人向基础设施 REITs 转让项目公司股权实现的资产转让评估增值，当期可暂不缴纳企业所得税，允许递延至基础设施 REITs 完成募资并支付股权转让价款后缴纳。其中，对原始权益人按照战略配售要求自持的基础设施 REITs 份额对应的资产转让评估增值，允许递延至实际转让时缴纳企业所得税。原始权益人通过二级市场认购（增持）该基础设施 REITs 份额，按照先进先出原则认定优先处置战略配售份额。

2. 产品运营阶段的税收政策

在产品运营阶段，我国基础设施 REITs 涉及的税收环节如下：

（1）基础设施资产运营产生的收益将作为项目公司的收入，需要在项目公司层面缴纳相应税收，之后形成项目公司税后净利润部分，再向资产专项计划分红，可能存在双重纳税问题。如果可以允许项目公司将通过资产支持专项计划和封闭式基金向投资者分配的金额作为项目公司层面计算企业所得税应纳税所得额的特殊扣除项目，就可以有效避免双重纳税问题，同时提高产品的现金分配能力，这有待进一步优化。

（2）在资产支持专项计划向公募基金分配收益环节，存在个人所得税的问题。按照我国现行封闭式证券投资基金的税收政策，上市公司或债券发行人在向公募基金支付股息或利息时，须代扣代缴个人所得税。至于基础设施 REITs 试点的结构中，是否需要资产支持证券管理人对分配的收益代扣代缴税款，目前并未明确。假如需要代扣税款，还要注意区分收益分配中返还本金的部分和实际收益部分，以免造成对本金扣缴税款的失误。

3. 产品退出阶段的税务处理

产品退出阶段的税务处理，与基础设施 REITs 到期退出方式密切相关。从国内外看，基础设施REITs到期退出方式主要有三种：

（1）项目公司处置基础设施资产后清算分配；

（2）资产支持专项计划处置项目公司股权后清算分配；

（3）公募基金处置资产支持证券后清算分配。

不同退出方式面临的税负不同。在上述第一种路径中，由于涉及基础设施资产权属的转移，税负较高，具体可参见产品设立阶段涉及基础设施资产转移的税负分析。因此要尽可能避免运用此种退出方式。

【案例阅读与思考】

案例一　博时招商蛇口REITs案例

一、博时招商蛇口REITs发行基本情况

"博时招商蛇口产业园封闭式基础设施证券投资基金"于2021年6月21日正式在深交所上市。基金基础设施项目位处蛇口网谷产业园，REITs的底层资产则是位于该产业园的万融大厦和万海大厦，两个项目的土地性质均为工业用地，主要为入驻产业园区的企业提供空间租赁及所需要的商业服务，主要收入来源为物业租金收入和物业费收入。具体产品要素见表9-6。

表9-6　　　　　　　　　　基金信息汇总表

项　目	内　容
基金全称	博时招商蛇口产业园封闭式基础设施证券投资基金
基金运作方式	契约型封闭式
基金管理人	博时基金管理有限公司
资产支持专项计划管理人	博时资本管理有限公司
财务顾问	招商证券股份有限公司，中信证券股份有限公司
原始权益人	招商局蛇口工业区控股股份有限公司
拟定募集	公募基金拟发行额20.79亿元，并购贷款3亿元
投资范围	投资于基础设施资产支持证券的资产比例不低于基金资产80%
基础设施项目	深圳市南山区蛇口网谷产业园内万融大厦、万海大厦
基础设施项目运营方	深圳市招商创业有限公司
产品期限	50年
成立时间	2021年6月7日

（1）基础设施运营方。深圳市招商创业有限公司，成立于1999年3月，主要从事持有型产业园区资产的经营与管理，招商蛇口为其全资股东，招商局集团为其实际控制人。

（2）原始权益人。招商局蛇口工业区控股股份有限公司（以下简称"招商蛇口"），设立于1992年2月，招商局集团为招商蛇口控股股东和实际控制人，直接及通过招商局轮船间接持有招商蛇口63.31%的股权。

（3）基础设施项目。万融大厦以及万海大厦，位于蛇口网谷产业园区内，具体业务范

案例阅读与思考

围是产业研发办公。

(4) 资产支持证券管理人。博时资本管理有限公司，为博时基金管理有限公司的全资子公司，资产支持证券的预期到期日为2062年9月29日。

二、交易结构基本情况

博时招商蛇口REITs发行方在项目中设计了"债券投资＋股权投资"的交易结构。首先，博时基金管理有限公司委托博时资本管理有限公司管理全部募集资金（扣除预留款项），博时资本管理有限公司设立并管理专项计划，取得招商蛇口博时产业园基础设施1期资产支持专项计划——资产支持证券，成为资产支持证券100%的持有人。随后，博时资本管理有限公司向专项计划托管银行发出划款指令，将SPV公司股权转让价款划拨至博时资本指定账户，成为SPV公司的股东并向SPV公司进行投资。其中，SPV（万海）向招商银行深圳分行借款30000万元用于向招商蛇口支付股权转让价款。计划管理人支付的投资款到位后，SPV公司依据股权转让协议向原始权益人支付对价用以购买目标基础资产，并依据投资协议完成对项目公司的投资，从而间接实现对全部标的资产的投资。最后，SPV（万融）及SPV（万海）则共同持有项目公司100%的股权。

博时招商蛇口产业园REITs整个运作结构中，在专项计划完成对SPV公司股权的收购后，又继续引入SPV（万海）发起的并购贷款，才最终完成了项目公司的收购。基金整体架构如图9-7所示。

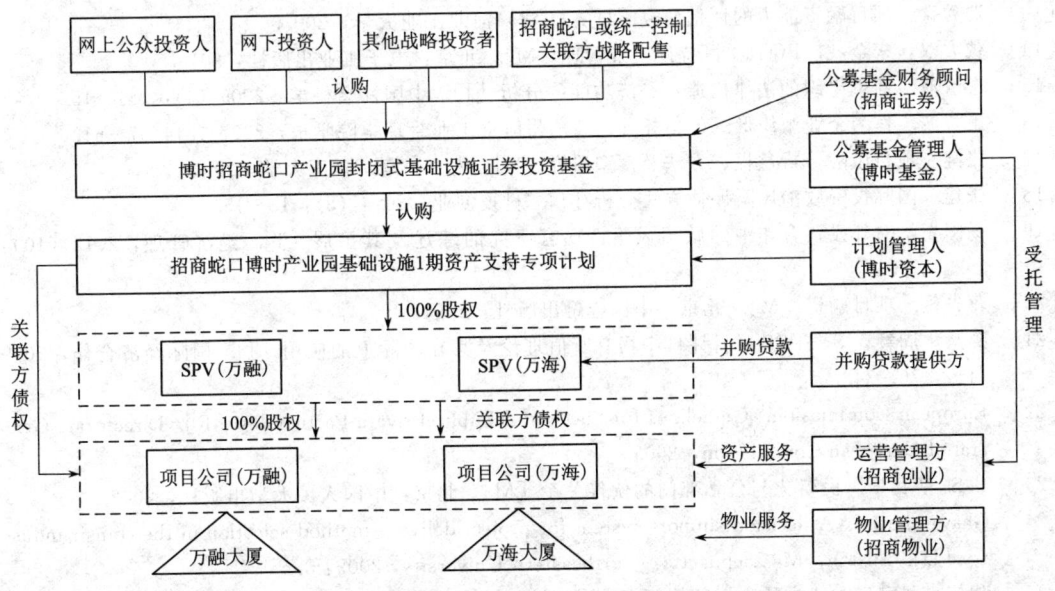

图9-7 基金整体架构（SPV公司吸收合并前）

思考：

(1) 我国采用"公募REITs＋ABS"交易结构的原因有哪些？
(2) 本案例中选取的REITs基础资产有哪些特点？
(3) 在我国REITs交易结构中，主要参与人有哪些？

参 考 文 献

[1] 文明. 融资投资实用全书 [M]. 北京：中国财政经济出版社，1995.
[2] 张极井. 项目融资 [M]. 北京：中信出版社，1997.
[3] 刘立群，田淑芬. 工程项目投资分析 [M]. 北京：化学工业出版社，2005.
[4] 郑立群. 工程项目投资与融资 [M]. 2 版. 上海：复旦大学出版社，2011.
[5] 叶苏东. 项目融资：理论、实务与案例 [M]. 2 版. 北京：清华大学出版社，2010.
[6] 李大胜，牛宝俊. 投资经济学 [M]. 太原：山西经济出版社，2000.
[7] 戴大双. 项目融资 [M]. 2 版. 北京：机械工业出版社，2009.
[8] 马秀岩，卢洪升. 项目融资 [M]. 2 版. 沈阳：东北财经大学出版社，2012.
[9] 刘亚臣，白丽华. 工程项目融资 [M]. 北京：机械工业出版社，2011.
[10] 王虹，徐玖平. 项目融资管理 [M]. 2 版. 北京：经济管理出版社，2012.
[11] 汤伟刚，李丽红. 工程项目投资与融资 [M]. 北京：人民交通出版社，2008.
[12] 国家发展改革委员会，建设部. 建设项目经济评价方法与参数 [M]. 3 版. 北京：中国计划出版社，2006.
[13] 邢秀青. 项目融资能力的评估研究 [D]. 天津：河北工业大学，2007.
[14] 戴大双，宋金波. BOT 项目特许决策管理 [M]. 北京：电子工业出版社，2010.
[15] 李清池. 商事组织的法律构造：经济功能的分析 [J]. 中国社会科学，2006 (4)：141-152.
[16] 王智波. 作为企业组织形式的信托 [J]. 郑州航空工业管理学院学报，2007 (8)：57-61.
[17] 张健. 项目风险分析过程、方法及模型研究 [D]. 南京：南京理工大学，2004.
[18] 张建. 国际投资政治风险评估方法分析 [J]. 科技创业，2004 (8)：13-15.
[19] 杨国亮. 对外投资合作中的政治风险：现有研究的综述及其扩展 [J]. 经济管理，2012 (10)：192-199.
[20] 蒋先玲. 项目融资 [M]. 北京：中国金融出版社，2001.
[21] 孙慧，周颖，等. PPP 项目评价中物有所值理论及其在国际上的应用 [J]. 国际经济合作，2009 (11)：70-74.
[22] European Commission. Guidelines for Successful Public-Private Partnership [R]. Directorate-General of European Commission，2003.
[23] E. S. 萨瓦斯. 民营化与公私部门的伙伴关系 [M]. 北京：中国人民大学出版社，2002.
[24] Ghavamifar K. A decision support system for project delivery method selection in the transit industry [D]. Boston, Massachusetts：Northeastern University, 2009：8.
[25] 胡伟. 国家采购法中的物有所值原理 [J]. 行政与法，2000 (5)：38-39.
[26] 周颖，孙秀峰. 项目投融资决策 [M]. 北京：清华大学出版社，2010.
[27] 李波，冯革，等. 项目融资管理 [M]. 上海：上海交通大学出版社，2010.
[28] 史万钧. 银团贷款与项目融资实务 [M]. 上海：上海财经大学出版社，2007.
[29] 李汝霞. 全寿命周期成本理论在高速公路建设方案决策中的应用研究 [D]. 长沙：长沙理工大学，2008.
[30] 张宗新. 中国融资制度创新研究 [M]. 北京：中国金融出版社，2003.
[31] 中国国际咨询公司. 投资项目可行性研究指南 [M]. 北京：中国电力出版社，2002.

[32] 李大胜. 投资经济学 [M]. 太原：山西经济出版社，2000.
[33] 邱秋露，简迎辉，等. 风险视角下水利 BOT 项目政府补贴研究 [J]. 武汉理工大学学报（交通科学与工程版），2014（4）：465-468.
[34] 简迎辉，邱秋露，等. 外生不确定条件下水利 BOT 项目特许期决策研究 [J]. 中国农村水利水电，2013（9）：173-175.
[35] 简迎辉，梅明月，等. 考虑工期—投资相关性的 BOT 项目特许期决策研究 [J]. 建筑经济，2014（5）：44-47.
[36] 边立明，简迎辉，等. 综合利用水利公私合作（PPP）项目运作模式和投资人选择指标体系研究 [J]. 中国水利，2013（8）：50-52.
[37] 冯珂，PPP 项目股权结构优化研究 [D]. 北京：清华大学，2018.
[38] 袁天野. 我国基础设施类 REITs 交易结构探究：以上海广朔实业资产支持票据为例 [D]. 成都：西南财经大学，2021.
[39] 陈杰. 商业信托制度研究 [D]. 重庆：西南政法大学，2014.
[40] Evan Hamman. The influence of environmental NGOs on project finance：a case study of activism, development and Australia's Great Barrier Reef [J]. Journal of Sustainable Finance & Investment，2016，6（1）：51-66.
[41] 孙汉康. 中国资产证券化产品比较研究：基于产品适用性、安全性、流动性、盈利性的对比 [D]. 保定：河北大学，2020.
[42] 蔡建春，刘俏，张峥，等. 中国 REITs 市场建设 [M]. 北京：中信出版集团，2021.
[43] 韩志峰，张峥. REITs：中国道路 [M]. 北京：人民出版社，2021.
[44] 朱永灵，曾亦军. 融合与发展：港珠澳大桥法律实践 [M]. 北京：法律出版社，2019.
[45] 谈婕. 政府和社会资本合作（PPP）作为地方政府融资工具的有效性研究 [D]. 杭州：浙江大学，2020.
[46] 陆挺仪. 以融资租赁方式开展借贷行为的法律适用与效力辨析：以《融资租赁公司监督管理暂行办法》为切入点 [J]. 商业金融，2021：107-110.
[47] 王剑. 融资租赁物范畴厘定及其规制进路的体系化重思 [J]. 交大法学，2021（2）：124-138.
[48] 王刚，中国融资租赁业税收政策研究 [D]. 天津：天津财经大学，2017.
[49] 李雪洁. 基于 EVA 模型的小水电价值管理研究：以四川省某 42MW 水电融资租赁方案为例 [J]. 小水电，2021（1）：67-70，94.
[50] 周小川. 出口信贷及其规则的制定 [J]. 上海金融，2013（11）：3-12.
[51] Organisation for Economic Co-operation and Development. Arrangement on Officially Supported Export Credits (January 2022) [EB/OL]. https：//www. oecd. org/trade/topics/export-credits/arrangement-and-sector-understandings/.
[52] 高梦博，简迎辉. 基于前景理论的 PPP 项目股权结构多属性决策研究 [J]. 工程管理学报，2022（2）：76-81.